現代解夢
현대 해몽법

韓健德 原典
韓載旭 編著

현대해몽법

한건덕 원전 / 한재욱 편저

머리말

누구나 꿈을 꾼다. 개중에는 꿈을 전혀 꾸지 않는다고 주장하는 사람도 있으나, 그들이 실제 꿈을 꾸지 않는 것이 아니라 다만 기억하지 못할 뿐이다. 그들이 진정 꿈을 꾸지 않는다면 십중팔구 미쳐 버리고 말 것이다. 누구에게 있어서나 꿈은 정신적 노폐물을 배설하는 생리적 기능을 수행하기 때문이다. 그러나 꿈이 지닌 보다 큰 의미는 우리의 잠재의식이 미래를 암시하기 위한 주된 도구로서 사용한다는 점이다.

유사 이래 인류가 기울여 온 많은 관심과 노력에도 불구하고 「꿈은 이런 것이다」 하는 명확한 정의가 내려지지 않고 있음은 참으로 안타까운 일이다. 또한 꿈이 미래를 예시한다는 엄연한 사실이 수천 년의 역사기록과 수많은 실존 체험으로 명명백백하게 입증되고 있는 이 마당에도 미신과 망상으로 치부되고 있음은 더욱 안타까운 일이라 아니할 수 없다.

이런 상황에 거짓된 예언과 술수로 단순한 사람들을 기만하려는 교활한 자들까지 활개 치다 보니 꿈을 이해하려는 진정한 노력들이 여러 가지 장애에 부딪치게 되는 것은 명약관화한 일이라 하겠다.

불행 중 다행이라 할 것은 19세기 종반에 이르러 이러한 무지를 일깨울 수 있는 한 가닥 실마리를 잡게 되었다는 사실이다. 즉, 이 시기 서구 유럽에서는 실증적이고 과학적인 방법으로 인간의 정신을 연구하려는 움직임이 시작되었는데, 그 중에도 꿈의 연구가 가장 활발하게 진행되었으며, 그 중심에 있던 프로이트는 잠재의식이라는 개념으로 꿈의 본질을 설명함으로써 이제까지 인류가 봉착했던 가장 큰 난제 중의 하나를 해결한 바 있다. 허나 아쉽게도 그 역시 잠재의식이 미래를 예시하는 능력을 갖고 있다는 사실은 인정하려 하지 않았다. 우리가 일상에서 흔히 접할 수 있는 영감(靈感)이라든가, 육감(六感), 또는 직관(直觀)이라는 신뢰도 높은 경험치가 엄연히 존재하고 있었음에도 말이다.

프로이트가 정의한 대로 잠재의식이란 의식이 접근할 수 없는 정신의 영역, 또는 우리들에게 자각되지 않은 채 활동하고 있는 정신세계를 말한다. 하의식(下意識), 또는 무의식으로도 불리는 이 잠재의식은 태초 인류가 출현한 이래 대자연의 생명력과 끊임없이 교류하고 있는 영자(靈子)의 매개체이며, 문명이 발달하고 인식력이 높아감에 따라 쇠퇴하고 있는 예지적 본능의 산실(產室)이기도 하다.

꿈은 잠재의식의 산물이다. 따라서 꿈은 당연히 미래를 예시하는 것이라 할 수 있다. 꿈은 꿈만의 독특한 표현방식으로 만들어진 상징어들로 가득 차 있다. 이 상징어를 해석하여 미래를 판단하는 것이 바로 꿈의 해석이다. 그런데 꿈을 만드는 잠재의식은 극히 개인적이므로 사람마다 그 상징어의 뜻하는 바가 모두 다를 수 있다. 꿈꾼 사람의 소망이나 지식, 또는 체험에 의해 만들어지기 때문이다. 이것을 창작적(創作的) 심벌이라 한다. 그러나 인간은 사회적인 동물이며 유전인자를 통해 전달된 선대의 경험들마저 잠재의식에 녹아 있기에 그 상징성은 일정 범위 내에서 어떤 유형적 공통점을 갖는다. 이것을 정형적(定型的) 심벌이라 한다.

이 책의 2부에 소개된 상징어들은 인간의 잠재의식에 어떤 유형적이며 정형적인 심벌이 있다는 가정 하에 분류·정의된 것들이다. 또한 그러한 관점으로 전국에서 수집한 수십 년간의 실제 사례들과 각종 문헌에 기록된 역사적인 꿈, 그리고 신문·방송·잡지 등을 통해 상담해 온 수많은 사례들을 분류·정리하여 그 정수(精髓)만을 모아 체계적으로 열거·설명한 것이다. 따라서 여기 정리된 5000여 개의 꿈은 모두가 실제의 사례에서 추출한 표본적인 것들이며, 현실체험을 바탕으로 그 정당성이 입증된 것들임을 미리 밝혀두고자 한다.

사람마다 제 나름대로 창작해 내는 상징표상들을 일일이 다 열거할 수는 없는 일이다. 그러므로 독자 제위는 각 항목에서 비슷한 것을 찾아내 자기의 소망과 체험들을 비교하여 스스로 판단할 필요가 있으리라 생각한다. 다시 말해 전체의 의도성에 알맞도록 각 상징구절의 뜻을 조합할 수 있는 유연한 사고와 깊은 통찰력이 필요하다는 것이다. 결국 자신의 꿈을 가장 잘 해석할 수 있는 사람은 자기 자신이기 때문이다.

인간의 정신은 광활한 우주만큼이나 오묘하고 신비스러운 세계다. 제아무리 인간이 만물의 영장임을 자처하며 우주공간으로 위성을 쏘아 올리는 시대를 살고 있지만, 정작 자신의 내면세계에 대한 이해는 극히 미미한 수준에 머물고 있는 것이 극명한 현실이다. 때문에 꿈의 예시능력을 어설픈 현미경 위에 올려놓고 짧고 우둔한 지식으로 저울질해서는 안될 것이다.

꿈을 믿건 안 믿건 그것이 중요한 것은 아닐 수도 있다.

다만 꿈을 보다 깊이 이해하여 우주를 향한 마음의 창을 활짝 열어젖힘으로써 자기성찰과 함께 풍요로운 삶을 영위하리라는 사실만은 틀림이 없다 할 것이다.

저자 한건덕

현대해몽법

차 례

제1부 꿈의 이해

제2부 꿈의 해석

1. 정동(情動)과 상념(想念)의 꿈

2. 행동(行動)의 꿈

제1부
꿈의 이해

❖ 잠(睡眠)의 본질

잠을 자거나 반수상태에 이르러야만 꿈을 꿀 수 있다. 따라서 꿈을 이해하려면 먼저 「잠이란 무엇인가」 라는 명제부터 풀어야 한다. 잠을 자는 이유에 대하여는 수많은 학자들이 여러 가지 가설(假說)들을 제시하고 있으나 그 중 어느 것 하나도 명쾌한 답이 되지는 못하다.

다만 지구상에 생명체가 탄생하고 진화하는 과정에 낮과 밤이 바뀌는 자전 주기에 맞추어 일정한 생체리듬이 생겨났다는 설이 가장 큰 설득력을 얻고 있다. 더불어 잠은 우리에게 절대적으로 필요한 것이며, 만약 잠을 자지 않을 경우 몸과 마음이 극심한 혼란을 겪게 된다는 사실만은 무수한 임상실험을 통해서 명확하게 입증되어 있다.

프로이트(Sigmund Freud, 1856~1939) 학파의 정신분석학자들은 잠의 목적을 외계와의 절연으로 얻어지는 생리학적 휴식으로 보았는데, 그것은 어둡고 자극이 없는 태내(胎內)생활로 되돌아가려는 본능적 욕구가 작용하는 것이라고 생각했다.

성인(成人)에게 적당한 수면 량은 일일 7~8시간으로 알려져 있다. 그런데 제아무리 건강한 성인이라도 100시간 정도 잠을 자지 못하면 균형을 잃게 됨으로써 정신착란을 일으키게 된다고 한다. 결국 잠은 육체의 피로를 풀어줌으로써 새로운 활력소를 제공할 뿐만 아니라, 정신활동에 필수적인 생체리듬을 유지시키는 것으로 이해될 수 있을 것이다.

잠은 생산적인 면도 가지고 있다. 밝혀진 바에 의하면 우리의 몸은 수면 중 낮에 섭취한 음식물을 소화·흡수하고 생장호르몬을 왕성하게 분비한다고 한다. 어린이의 성장은 전적으로 밤에 이루어지며,

성인의 수염이 밤중에 많이 자라는 이유가 바로 그것이다. 최근에는 수면 중 면역증강물질이 분비되어 우리 몸의 면역기능을 강화한다는 사실이 밝혀지기도 하였다.

❖ 잠(睡眠)과 꿈(夢)의 관계

「사람이 왜 꿈을 꾸는가?」 하는 생리학적 원인은 잠을 자는 것과 마찬가지로 아직까지 명확하게 규명되지 않은 상태다. 알려진 바에 의하면 호흡중추나 체온조절중추 등이 있는 교(橋)와 연수 부근에서 일어난 전기적 흥분이 대뇌피질에 전달되는 과정에 기억창고인 해마를 자극하게 됨으로써 꿈이 만들어진다고 한다. 그러나 이것은 아직 구체적 실증으로 증명되지 않은 하나의 추정에 머물고 있다.

정신분석학자들도 잠과 꿈의 관계를 설명함에 있어 「꿈이란 깨어 있을 때의 정신활동의 나머지로서 잠을 방해하려는 자극에 대한 반응」 이라고 정의한 바 있으나, 이것 역시 어디까지나 생리학적 측면의 단편적인 추론에 불과한 것이었다.

뇌파측정기로 수면상태를 연구해 온 학자들이 성인의 뇌파를 측정・분류한 데 따르면 깨어 있으면서 눈을 감고 있을 때 10 Hz 전후의 알파(α)파가 보이다가(覺醒期), 졸음이 오게 되면 알파파는 없어지고 진폭이 작은 4～6Hz의 서파(徐波)가 나타나며(入眠期), 이어서 방추파(紡錘波)라고 하는 14Hz 정도의 빠른 파가 나타난다고 한다. 더욱 나아가면 방추파 외에 진폭이 큰 3Hz 정도의 서파가 나타나다가(中等睡眠期), 완전히 잠에 빠져들면 방추파가 감소하여 거의 서파만으로 유지된다(深睡眠期)고 한다.

이상에서 보듯이 뇌파는 수면이 깊어짐에 따라 그 주파수가 느려지는 방향으로 변화하는 것을 알 수 있는데, 이를 서파수면 또는 오르토수면이라고 한다. 그런데 최근에 이르러 각성기의 뇌파에 가까운 빠른 형태를 보이면서도 감각 자극으로는 각성되기 어렵고, 신체의 긴장도 상당히 감소되어 있어 행동 면에서 볼 때 상당히 깊은 수면이라고 생각되는 시기가 있다는 사실이 발견되었다.

이것을 파라기(期)라 하는데, 연구에 참여한 학자들은 이 시기에 머리와 몸의 활동이 완전하게 분리된 상태가 된다고 주장한다. 즉 몸은 자고 있어도 머리는 각성기처럼 활동한다는 것이다. 각국에서 거의 동시에 발견된 이 파라수면은 뇌파상과 수면심도(睡眠深度)와의 관계가 지금까지의 상식과 일치하지 않는다는 점에서 역설수면이라 불리었다.

이후 명칭상의 통일이 필요해진 학자들은 REM(rapid eye movement : 급속안구운동 急速眼球運動) 수면이라고 명명하였는데, 유독 이 시기에만 안구운동이 나타난다는 점에 착안한 것이다.

오랫동안 「수면의 어느 단계에서 꿈이 꾸어지는가?」 하는 연구에 매달려 고심하던 대부분의 학자들은 이 발견을 계기로 안구운동이 시작되는 REM기에만 꿈을 꾸는 것으로 결론을 내리게 되었다.

즉, 뇌파측정으로 구분한 잠의 심도 A・B・C・D・E 의 5단계 중 오직 B단계(RAM기)에서 꿈을 꾼다는 학설이 우세를 점하게 된 것이다. 그들의 정의에 따르면 A는 졸음이 오는 단계이고, C는 중간단계이며, D・E는 깊은 잠에 빠져 꿈을 꾸지 않는 단계다.

그렇다면 얕은 잠에서 깊은 잠으로의 반복이 하룻밤 사이에도 4〜5회 정도(90분을 한 주기로)나 계속된다는 것이니 꿈도 4〜5회를 꾼다는 결과가 도출된다.

그러나 나는 나의 체험과 수많은 다른 사람들의 증언을 종합하는 과정에서 이것은 참이 아니라는 결론에 도달했다. 대부분의 사람들은 잠에 빠지자마자 곧바로 꿈을 꾸는 것으로 밝혀졌고, 최면몽이나 환각몽의 표현수단이 수면몽과 동일하다는 사실을 밝혀낸 나로서는 깊은 잠에 빠져들지 않는 한 언제든 꿈을 꾼다고 판단하기 때문이다.

따라서 꿈의 형성모태인 잠재의식이 활성화되는 반수상태(半睡狀態 : 말 그대로 반쯤 잠든 상태)에 이르면 언제든지 꿈을 꿀 수 있는 것이다. 만약 REM기에만 꿈을 꾼다는 사실을 인정할 경우, 「질식된 관념의 분비」 이론이나 수면 중의 「기균형성원리」 등은 설자리를 잃게 된다. 또한 잠꼬대나 가위눌림 등은 역설적 수면이 아닌 서파수면(徐波睡眠)의 10분 전후에 더 많이 발생한다는 사실도 설명할 수 없게 된다.

그래서 나는 위의 주장과는 정반대로 심수면기(深睡眠期)의 한두 시간을 제외한 잠의 전 과정에서 꿈이 형성된다고 주장하는 것이다.

다만 잠을 잘 때 눈동자가 움직이는 것은 뇌간의 자율신경운동 반응이라는 학설이 유력한 이상, 꿈이 신체적 반응을 일으켜 눈동자가 움직인다는 주장을 어느 정도는 수용할 수도 있을 것이다.

그러나 시각적 운동을 수반하지 않는 꿈, 즉 상념(想念)・언어(言語)・정동(情動) 등의 표상으로만 이루어진 꿈도 꿀 수 있다는 점을 감안한다면 반수상태에 몰입하기만 하면 언제든 꿈이 형성된다는 나의 주장이 보다 큰 설득력을 갖게 되는 것이다.

다시 말해 각성시의 최면상태나 환각상태, 그리고 잠이 들기 시작할 무렵(入眠時)이나, 잠을 깨기 직전(離眠時)과 같은 상태만이 아니라 수면심도의 변환주기(서파수면에서 심수면으로, 다음 심수면에서 역설수면으로 이어지는 90분간의 주기를 말함) 중에서 꿈을 기억할 수 없는 심수면기(深睡眠期)를 제외한 모든 수면상태를 반수상태로 정의될 수 있는 것이다. 이처럼 사람들은 깊은 잠에 빠졌을 때에만 꿈을 꾼다는 정반대의 생각을 하기 쉽다. 그러나 우리의 체험적 증거들은 잠들자마자 또는 입면초기상태에도 꿈을 꾼다는 사실을 명백하게 입증하고 있다. 이것은 일종의 환각몽으로서 비몽사몽이라고도 한다.

❖ 꿈과 건강(健康)

잠을 자는 목적이 피로와 긴장의 해소라는 관점에서 꿈이 이를 방해한다고 믿는 사람들이 의외로 많다. 이런 사람들은 꿈을 꾸지 않을 경우 더 건강해질 것이 아니냐는 반론을 제기하기도 한다. 즉 꿈이 안면을 방해함으로써 건강을 해친다는 생각인 것이다.

그러나 최근 관련학자들의 연구 결과에 의하면 꿈은 잠의 방해자가 아니라 우리 정신건강에 절대 필요한 요소이며, 꿈을 꾸지 못할 경우 오히려 극심한 불안상태가 되어 흥분하기 쉽고 집중력을 상실하게 된다고 한다. 다시 말해서 오랜 기간 꿈을 박탈당하면 일종의 신경쇠약증이 생긴다는 것이다. 실제 동물실험으로 꿈을 꾸지 못하게 하고 잠만 자게 하였더니 정신이상이 되거나 심지어는 죽어버리는 결과까지 도출되었다고 한다.

이런 관점에서 꿈은 외부로부터의 긴급사태에 대한 준비상태를 만들어내고 수면 중에 본능적인 기능을 발휘하여 그 욕구를 발산하는 것이라는 주장도 등장하게 되었다.

한편 꿈은 낮에 축적된 긴장을 해소시키는 안전판 구실도 한다고 한다. 이것은 로베르또가 주장한 것인데, 그는 꿈에 대한 심적 반응현상을 신체적 분비과정으로 보아 이를「질식된 관념의 분비」라는 개념으로 정의한 바 있다.

그는『꿈을 꾸는 능력을 빼앗긴 사람은 당장에 미친 사람이 될 것이다. 왜냐하면 미완성인 동시에 숙고되지 못한 많은 사상과 천박한 인상들이 그의 뇌에 축적되어 그 중압으로 말미암아 완성된 전체로서 기억에 편입되어야 할 사상이 질식되어 버릴 것이기 때문이다. 소화되지 않은 상태로 마음속에 남은 사상의 성분 중에서 분비되지 않은 것은 공상에 의거하는 사상 영역에 의하여 완성된 전체로 기록되며, 이리하여 해롭지 않은 공상화로서 기억 속에 편입된다.』 고 말하고 있다.

나는 로베르또의 견해를 재확인하는 과정에서 질식된 관념의 범위가 어디까지인가 하는 약간의 의문을 갖게 되었다. 그러나 꿈이 질식된 관념을 분비시킴으로써 정신적 긴장이 완화되고 뇌의 피로가 회복되며, 내일의 정신생활에 이바지할 활력과 희망을 가져다준다는 주장은 틀림없이 정론(正論)이라 할 것이다.

그런데 꿈을 꾸는 것이 괴롭다고 호소하는 사람들도 있다. 그들은 잠만 들면 꿈을 꾸고 그 꿈을 너무 많이 기억하게 됨으로써 이튿날 깨어나면 뒷머리가 아프고 전신에 힘이 빠져 의욕마저 상실한다고 호소하고 있다. 물론 아름다운 사연이 전개되는 꿈이라면 즐거움이 있겠지만, 공포・불안・초조 등의 심적 갈등을 유발하는 꿈이 지속된다면 충분히 일어날 수 있는 상황인 것이다.

만약 수면 중 뇌의 활동이 정지되지 않은 상태에서 낮 동안 해결되지 않은 관심사를 해소하기 위하여 꿈이 형성되는 것이라면 꿈을 꾸지 못하게 하는 것은(물론 꿈을 꾸지 못하게 할 수는 없지만) 잠을 자지 못하게 하는 것과 같은 결과를 초래할 것이다.

또한 설령 그러한 시도를 할 수 있다고 가정한다 해도 기껏해야 서파수면기(RAM기)에나 잠을 자지 못하게 하여 그동안 꿈을 꾸지 않았다고 단정하는 도리밖에 없는데, 결국 이런 실험은 단몽(斷夢)실험이 아니라 단수면(斷睡眠)실험에 불과할 것이다. 실제로 RAM기에서 단몽실험을 해 본 사람들이 있었으나 좋은 결과는 가져오지는 못했다.

❖ 꿈꾸는 동안의 신체적 변화

꿈을 꾸는 동안 여러 가지 신체적 변화가 일어남을 알 수 있는데, 관련학자들에 의하면 뇌파의 변화가 생기고 안구운동이 일어나며 근전도(筋電圖)에 변화가 있음을 확인하였다. 또한 근육이 긴장・이완되고, 맥박・혈압・호흡 등이 달라지며, 음경이 발기되는 등의 변화가 있음도 발견하였다.

이런 실험 결과 인간이 꿈을 꾸고 있다는 사실을 객관적으로 판정하게 되었는데, 꿈의 연구를 관념론적 경향으로부터 자연과학적 경향으로 이끌어 들였다는 점을 들어 그 과학적 공적을 높이 평가하는 사람들도 있다.

그러나 꿈을 꾸는 동안에만 이런 변화가 더 심각하게 나타나는 것인지, 아니면 꿈과는 관계없이 잠을 자는 심도에 따라 이런 현상이 발생하는 것인지 하는 것에 대하여는 명쾌한 판단이 내려지지 않고 있으며, 또 이러한 변화가 선행되어 꿈을 만드는 것인지 아니면 꿈속의 사고나 행위가 이러한 변화를 가져오는 것인지 하는 의문에 대한 해답도 유보된 상태다.

꿈의 내용이 강렬하고 심각할수록 꿈을 꾸는 동안 신체부위에 미치는 영향이 커지는데 꿈속에서 운동경기를 관전하고 있다면 안구운동이 두드러질 것이요, 남을 때리는 꿈을 꾸고 있다면 실제로 손이 움직일 수도 있을 것이다. 또한 성교를 하는 꿈에서 절정을 체험하였다면 몽정이 있을 수도 있는 것이다. 이처럼 꿈속의 정동(情動)이 극에 달하면 마침내 의식의 각성으로까지 영향을 미침으로써 잠을 깨게 되는 것이다.

❖ 꿈의 길이

우리는 잠을 깨고 나서 기억되는 내용이 간밤에 꾼 꿈의 전부라고 생각하거나, 객관적 측정에 의한 안구운동 기간만을 꿈으로 인정하거나, 또는 밤새 한 가지 꿈만 꾸었다고 생각하거나 하는 등의 오류에 빠지기 쉽다.

우리는 하룻밤에도 여러 가지 꿈을 꿀 수 있는데 그 대부분은 망각되기 쉽고, 설사 잘 기억된다 해도 그 중 한 가지, 그것도 극히 일부분에 지나지 않을 때가 많기 때문이다.

더구나 꿈은 시각상(視覺像)뿐 아니라 언어·상념(想念)·행동·정동(情動) 등 여러 가지 상징표상이 복합적으로 얽혀 있기 때문에 그러한 혼란은 더욱 가중된다. 따라서 사람들이 기억해내는 꿈이나 각종 문헌에 기록된 꿈의 대부분도 기실 따지고 보면 그 단편적 내용일 가능성이 높다.

한편 꿈속에서 「한 장의 그림엽서를 보았다」라는 매우 단순해 보이는 내용에도 기록을 하다 보면 의외로 많은 사연이 담겨 있음을 알 수 있는데, 그 출처와 처리, 그것을 보는 동안 일어난 일, 또 그것을 보고 느끼는 심적 동인(動因)까지도 모두 포함되어 하나의 꿈이 완성되기 때문이다.

이렇게 보면 꿈이 일반적으로 긴 사연을 말해 줄 것이라 생각하겠지만, 생각 외로 짧게 끝나는 경우도 많다. 잠재사상에 연유하였거나 잠재사상을 환기시키는 어떤 꿈의 재료를 이끌어내 예지나 판단이 이루어질 경우에는 단지 그것만으로 꿈이 종료될 수 있기 때문이다.

그러면 꿈속에서의 시간감(時間感)과 현실에서의 시간감 사이에는 어떤 차이가 있는가? 결론적으로 말하자면 현실보다 짧은 시간 내에 길다고 느껴지는 꿈을 꿀 수도 있으며, 현실적 시간감각과 동일한 흐름으로 진행되는 꿈을 꿀 수 도 있다는 것이다.

짧은 시간 속에서 길게 느껴지는 꿈을 꿀 수 있다는 것은 각성시 순간적으로 많은 기억들을 잇달아 회상하거나 책이나 영화의 내용을 되살릴 때 수많은 영상들이 압축되어 상기되는 것과 같은 이치다. 이와 관련하여 프로이트는 그의 《꿈의 해석》에 실린 모우리의 꿈 이야기를 예로 들어 설명한 바 있다.

모우리는 그가 막 잠이 드는 순간 침대의 판자가 떨어져 목의 척추를 때린 것이 긴 광장을 지나 단두대에 오르고 목을 늘여 칼을 받는 긴 꿈을 형성하였다고 진술한 바 있다.

프로이트는 이 모우리의 주장에 대하여 일면 수긍하면서도 긴 꿈의 사연에 견주어 현실 사건은 순간적이었다는 점을 들어 사건과 시간이 일치하지 않는다는 견해에 대한 많은 논란이 있었음을 밝히고 있다.

그러나 이 꿈은 결코 압축되지 않았다. 이 꿈은 모우리의 감각자극으로 형성된 것이 아니라 판자가 떨어져 자기 목의 척추를 때리리라는 예감으로 형성되었기 때문이다. 또한 그것은 모우리의 병이 나을 것이라는 자기 암시가 확고한 의도로서 표현된 것이다.

이 꿈에서 외부의 감각자극과 꿈의 표현이 동시성을 가질 수 있었던 것은 꿈의 끝 부분, 즉 판자가 뒤집혀 떨어지는 순간 꿈속에서 칼이 떨어지고 자신의 목이 잘려 놀라 깨는 정도였을 것이다.

감각자극으로 형성되어 신체운동을 수반하는 꿈들이 현실과 동시성을 갖는다는 주장을 입증할 명백한 증거가 있다. 즉 사람들이 꿈속의 행동대로 수족을 움직이고 잠꼬대를 하게 될 때, 꿈과 현실의 시간 경과가 정확하게 일치한다는 사실이다.

❖ 꿈의 망각(忘却)

간밤의 꿈을 모두 기억하는 사람은 아마도 없을 것이다. 제아무리 기억력이 뛰어난 사람일지라도 깨고 나서 기억해 낸 꿈의 내용은 극히 일부분에 지나지 않으며, 설사 전체를 기억한다 해도 꿈이 표현하고자 하는 자초지종을 빠짐없이 되살리기란 거의 불가능하다. 앞장에서 설명했듯이 결국 우리가 꿈이라고 생각하는 것은 조각조각 잘려나간 그 단편들에 불과한 것이다.

일반인의 경우, 꿈에 발현된 수많은 영상들은 잠에서 깨어난 직후 대부분 사라지고 시간이 경과함에 따라 몇 개의 단편들로 줄어들게 되는데 나중에는 그마저도 희미해져 밤새 꿈을 꾸었다는 사실만 겨우 기억해 낼 정도가 되는 것이 보통이다.

이처럼 꿈은 잊어버리기 쉽기 때문에 꿈의 중요한 부분을 제대로 되살릴 수 없어 꿈의 예지를 부정확하게 만들거나 아예 해석 자체를 무의미하게 하는 가장 큰 장애요소가 되고 있다.

그러면 꿈은 왜 잘 기억되지 않고 쉽게 잊어버리는가? 혹자는 각성시의 망각원인이 되는 모든 요소가 작용하고 있기 때문이라고 말한다. 즉, 체험이 여러 번 반복되지 않는 것과 감정이 포함되지 않은 것, 그리고 결합 또는 집결되지 않은 표상들은 망각하기 쉽다는 주장이다.

그러나 꿈을 쉽게 망각하는 요인을 분석함에 있어 꿈의 표상에만 관련지으려 할 것이 아니라 생리기능의 결합 여부를 먼저 관찰해야 할 것이다. 가령 술이나 마약에 취해 두뇌활동이 건전치 못한 사람,

지나친 정신활동으로 피로가 누적된 사람, 육체노동이 격심하여 눈을 감자마자 곧 깊은 잠에 빠지게 됨으로써 반수상태가 오래 지속될 수 없는 사람, 한 가지 일에만 골몰해 있고 별다른 소원이나 근심이 없는 사람, 언제나 잠이 부족한 사람, 또는 꿈에 관해 관심이 없는 사람 등은 꿈을 잘 기억하기 어렵다.

반면 꿈에 관심이 많은 사람・꿈에 익숙한 사람・꿈을 연구하는 사람・정신노동자・야망에 불타는 사람・역경을 타개하고자 분투 노력하는 사람・신경쇠약증이 있는 사람・공상을 많이 하는 사람・소화불량으로 뱃속이 불편한 사람・수시로 잠을 잘 수 있는 사람들은 보통의 사람들보다 꿈을 더 잘 기억해 낸다.

그런데 나는 꿈이 각성시보다 더 강렬한 인상을 남길 수 없는 근본 원인을 다른 곳에서 찾을 수 있었다. 즉, 반수상태에 이르면 신체의 다른 부위보다 뇌 조직에 더 많은 영적작용(영자靈子에너지)이 가해짐으로써 의식의 감각지각에는 상대적으로 소극적인 반응을 하게 되는데, 그 때문에 꿈의 기억들이 기억군(記憶群)에 편입되는 능력이 떨어진다는 사실을 발견하게 된 것이다.

꿈의 기억을 방해하는 또 다른 원인은 잠을 깨자마자 외부로부터 밀려오는 현실세계의 일로 뇌 기능이 분주해져서 그 힘 앞에 꿈의 표상들이 밀려나기 때문이다. 즉 각성시의 강렬한 인상 앞에서 꿈의 잔상(殘像)들이 태양아래 새벽별처럼 희미해지는 것이다.

잠을 깬 다음 꿈을 재음미해 보지 않은 상태에서 머리를 움직이거나 몸을 뒤척이면 혈액순환 등의 육체적인 조건이 영향을 미쳐 쉽게 잊어버린다는 것은 익히 알려진 사실이다.

기억에 선명하게 남아 좀처럼 망각되지 않는 꿈은 극도로 통쾌하거나 극도로 불쾌하거나 하는 내적 자극, 즉 공포・불안・고통・희열 등의 감정적 동요가 일어나는 것들이다. 이런 경우 우리는 잠을 깨고도 그 감정의 여운이 한동안 지속됨으로써 꿈의 내용을 보다 더 선명하게 되살릴 수 있다. 특히 성적(性的)인 꿈은 가장 강렬한 인상을 남긴다. 그것은 본능적 욕구 중에서도 가장 강렬한 것이므로 그에 상응하는 감정적 동요를 수반하기 때문이다.

신령이나 유령이 등장하는 꿈도 잘 기억되는데 꿈속에서 경외감이나 두려움이 유발되기 쉽기 때문에 꿈은 그 권능과 존엄성, 그리고 공포감 등을 재료로 삼아 어떤 암시적 의도를 강조하기도 한다. 신비스럽거나 과장된 것, 그리고 죽음이라는 표현 역시 극도의 정동(情動)을 환기시키므로 일반적으로 꿈을 기억하기 쉽게 하는 표상들이다.

반면 아무런 정동도 수반하지 않고 별다른 의미도 없어 보이는 평범한 꿈이 오래 기억될 수 있는 것은 신체적으로 좋은 조건을 갖추고 있을 때이다. 잠을 깰 무렵에 꾸는 꿈은 그 강도와 상관없이 기억에 잘 남는 이유가 바로 그것이다.

꿈을 좀 더 많이 기억할 수 있다는 것은 그만큼 미래의 현실에서 체험될 어떤 사건에 대하여 보다 더 정확하게 예지할 수 있다는 점에서 매우 유익하다. 미래를 미리 예견해 봄으로써 현재의 불안을 떨쳐버릴 수만 있다면 절망하지 않아도 되고 나아가 자기 운명에 능동적으로 대처하게 하는 원동력이 될 수도 있으니 그보다 더 좋을 수가 있겠는가?

더구나 꿈을 통해 현재 하고 있는 일에 대한 영감을 얻으려는 사람은 가급적 많은 꿈을 기억해 내는 것이 여러 면에서 유리할 것이다. 프로이트도 말했듯이, 꿈이 깨어 있는 동안의 지적 활동을 계승하여 낮에는 도달하지 못했던 결론을 내릴 수 있고, 의혹이나 문제에 대한 실마리를 얻을 수 있으며, 예술가에게는 영감의 원천이 되기 때문이다.

꿈을 더 많이 오래 기억하려면 첫째, 꿈에 대한 관심을 높일 것이요, 둘째, 꿈을 기억하려고 애쓸 것이며, 셋째, 꿈을 자주 해석해 보아야 한다. 그러나 뭐니 뭐니 해도 가장 좋은 방법은 잠이 깨자마자 꿈의 내용을 기록해 놓는 것이다. 꿈을 기억하기 가장 좋은 시점은 잠을 깬 직후이기 때문이다.

❖ 꿈의 예시(豫示)

프로이트는 꿈을 정의함에 있어 『꿈이란 낮 동안의 못 다한 일이나 과거의 기억, 그리고 잠재된 소원에서 재료를 이끌어와 꿈속에서의 소원충족을 실현하는 것』이라고 설명한 바 있다. 즉 반수상태(半睡常態)에서 질식된 관념(소원이나 억눌린 감정)을 분비시키는 현상이라는 것이다. 이것은 옳은 판단이다.

그러나 그는 꿈을 성적상징(性的象徵) 일변도로 판단함으로써 신경병리학(神經病理學)적 관심의 범위 밖으로 나가지 않는다는 견해를 가지고 있었다. 이러한 이론은 정상적인 사람들에게는 적절한 해답을 주지 못했다. 또한 꿈을 이해함에 있어 가장 중요한 명제인「꿈은 미래를 예지하는 것」이라는 믿음에 쐐기를 박아 미래로 향한 창을 굳게 닫아버렸다.

나는 꿈에 관한 많은 학설들을 나의 경험주의적 접근방식으로 비교 분석하였으며 이를 오랜 검증단계를 거쳐 완성함으로써 과거의 것들과는 전혀 다른 새로운 꿈의 구조와 해석 방법을 찾아내게 되었다.

이 경험주의적 접근방식에 가장 큰 힘이 된 것은「꿈이 과거・현재와 연관하여서 미래에 도래할 모든 인간사를 예지하는 정신활동이다」라는 확고한 신념이었다.

다시 말해서 「꿈이란 반수상태(半睡狀態)에서 발현되는 어떤 미해결의 관심사와 미래사(未來事)를 판단하고 예시하는 잠재의식의 한 표현이며, 또한 이러한 목적을 달성함으로써 질식된 관념을 분비하고 심신 양면의 리듬을 조화시켜 실생활에 활력과 희망을 가져다주는 생리적 현상이기도 하다」 라는 믿음이었던 것이다.

나는 꿈을 분석함에 있어서 단 하나의 상징어를 정의함에도 반드시 실제 경험으로 입증된 사실들로만 증명하려고 노력하였다. 이런 과정을 통해 꿈의 상징어들이 가지는 낱낱의 의미를 명확하게 규명하게 되었으며, 또한 꿈을 형성하는 주체가 잠재의식이고 그것은 선천적인 본능이 후천적으로 습득된 지식·경험의 집대성과 교합하여 예지적 능력을 갖게 된다는 사실도 입증하게 되었다.

이제까지 꿈을 연구해 온 사람들이 범한 가장 큰 오류는 기억 속의 표상들이 꿈의 장면을 구성하는 직접적인 재료로 된다는 믿음이었다. 그러나 나는 꿈의 표상재료라는 것이 잠재의식에 축적된 지식과 경험, 그리고 수면 중의 어떤 자극이나 인상에서 이끌려오는 것은 사실이지만 단 한 가지도 직접 사용되는 것은 없고 일단 저장된 다음 그때그때 필요에 의해 재생산되고 이것이 꿈속에서 발현될 때는 전혀 새로운 창작물로 변환된다는 사실을 발견하였다.

그렇기 때문에 꿈의 대부분(85～90%)은 현실적 경험의 재현이 아니며 심리의 왜곡된 표현도 아니라는 사실도 깨닫게 된 것이다. 이리하여 나는 꿈의 본질적인 사고내용 낱낱의 요소를 상징적인 언어로 바꿔 놓은 것이어서 그것은 마치 공상이나 암호문과 같은 형태를 취한다는 사실을 입증할 수 있었다.

이런 관점으로 꿈의 예지적 성격을 해명하는 나의 이론에는 프로이트가 주장하는 바와 같은 심적 검열에 의해서 억제되거나 왜곡된 표현은 존재하지 않으며, 유아기적 욕망이나 오이디프스적(的) 콤플렉스가 꿈의 자극원(刺戟源)이 되는 일도 없을 뿐더러, 성적(性的)인 욕구충동이 강렬하기 때문에 꿈의 표상 대부분이 성적 상징물이라는 논리도 성립되지 않는다.

과거 꿈의 연구자들은 꿈이 각성시의 사고를 지배하는 논리법칙에 따르지 않고 지리멸렬한 만화경적 표현을 하고 있다고 개탄했으나, 이것은 어디까지나 꿈이 그 본질적 사고내용의 대용물로 표현되기 때문이다. 다시 말해 꿈이 그 공상이나 잠재내용을 구성함에 있어서 나름대로는 어떤 독특한 논리적 법칙과 문법적 기준에 충실히 따르고 있다는 것이다.

그래서 나는 프로이트도 많은 관심을 두었던 「꿈의 상징이 일정불변하고도 법칙적인 형성원리를 갖고 있다」 라는 사실을 해명할 수 있었으며, 실제 경험을 통해 이론과 일치하는 수천 단어의 상징의미를 정립하게 됨으로써 꿈의 상징어에는 인류 공통의 형성원리와 의미를 지닌 정형적(定型的) 심벌이 존재하고, 이 정형성을 기준으로 그때그때 개인의 지식적 한계 내에서 생산해내는 창작적(創作的) 심벌이 있음도 발견하게 되었다.

따라서 꿈의 상징어는 인류 공통의 언어가 될 수 있기 때문에 고금동서의 어떤 꿈이라도 해석이 가능하고 이러한 해석법을 원용할 경우 신화나 전설, 그리고 샤머니즘 등의 상징어까지 능히 해석할 수 있으리라 장담한다. 이런 관점에서 볼 때 꿈은 어디까지나 자신의 마음이 창작해내는 것이기에 초인간적 존재의 영향을 받는다는 말은 어불성설이다.

꿈은 그 사람의 지조(志操)나 도덕관에 잘 맞추어져 형성되지만 악몽이나 부도덕한 꿈을 꾼 경우에도 그 현현내용(顯現內容)은 인간 본

연의 욕구를 표현하는 것이기에 현실적 사고와 결부시켜 자책하거나 불안해 할 필요는 없다.

본시 꿈의 표현이 추상적인데다 전체의 내용을 명확하게 기억해 내는 것이 거의 불가능하기 때문에 해석상의 과오를 저지르기 쉬우며, 꿈이 미래에 도래할 사건을 예시함에 있어서도 그 시간과 공간을 명확하게 표현하지 않기 때문에 꿈의 해석은 어디까지나 추정(推定)인 것이다.

❖ 잠재의식과 상징

자, 그러면 잠재의식은 무엇이며 꿈의 상징은 어떻게 만들어지는가 하는 의문을 풀어보자. 머리말에 소개했듯이, 잠재의식이란 의식이 접근할 수 없는 정신의 영역, 즉 우리들에게 자각되지 않은 채 활동하는 정신세계를 말한다. 또한 의식세계에서 만들어진 기억의 찌꺼기나 억눌린 감정 등이 앙금처럼 가라앉아 있는 상태를 말한다.

프로이트는 의식에 있어 고통스러운 것, 허용될 수 없는 것, 온당치 못한 것은 억제되어 무의식(프로이트는 잠재의식이라는 말을 극히 초기에만 사용하였다)의 세계로 추방된다고 생각함으로써 오늘날에 일반화된 「무의식」이라는 개념을 만들어냈다.

그는 정의하기를 『잠재의식은 의식이나 기억의 세계에 가로놓여 있다. 그것은 과거의 생각이나 마음가짐, 욕망을 저장하는 거대한 창고다. 그것은 일상 속에서 우리가 읽은 것, 관찰한 것, 본 것, 생각한 것, 받은 인상 등을 정리하여 저장한다. 따라서 그것은 의식보다 몇십 배나 넓고 깊은 세계다. 그것은 사람들이 지금까지 경험한 생활보다 더욱 광범위하고 풍부하며, 충실한 삶을 위하여 끊임없이 재료를 축적하고 있다. 또한 그 자체로서 창조하는 힘도 가지고 있으며 의식으로부터 주어진 명령에 복종하는데, 잠재의식은 의식과는 달리 선택권을 가지고 있지 않기 때문이다.』 라고 했다.

이 잠재의식은 우리가 깨어 있을 때, 의식에 의해 억제되어 침묵하다가 잠을 잘 때 의식의 지배력이 약화되면 비로소 활성화된다. 바로 이때 오관(五官)이 문을 닫은 상태에서 영적(靈的) 작용이 마음의 심층부를 차지한 주관지각(主觀知覺)에 비상한 힘을 가함으로써 꿈이 형성되는 것이다.

「꿈은 잠재의식을 들여다보는 통로」 라는 표현처럼 꿈은 이 잠재의식이 활성화되는 가장 대표적이고 전문적인 표현방식이며 미래를 예지하는 초월적 정신현상인 것이다.

이렇듯 잠재의식은 의식보다 더 큰 능력을 가지며 초의식적(超意識的)인 것과 연관되어 있음은 틀림없는 사실이다. 그런데 잠재의식의 소재는 어디이며 어떤 힘의 근원에서 능력을 발휘하는가 하는 것에 대하여는 아직 밝혀내지 못하고 있다. 아마도 뇌 조직이나 신체 어느 부위에만 국한하여 존재하는 것이 아니라 신경세포로 연결된 온몸에 퍼져 있으리라 생각한다. 나는 오랜 연구결과 이것을 휘둘러 깨우는 힘의 원천이 영적 작용이라고 판단하게 되었다.

꿈은 현실적인 것과는 전혀 다른 꿈만의 독특한 표현방식으로 그 의도를 표현한다. 이것을 꿈의 상징화작업이라 한다. 이 상징화작업으로 만들어진 표상들은 잠재의식에 기초하기 때문에 사람마다 약간씩 다른 의미를 나타낸다. 그런데 인간은 사회적인 동물이기에 집단적 사고의 잔재들이 모여 잠재의식을 형성할 수 있다.

여러 사람이 공유할 수 있는 동일한 상징어가 만들어지는 이유가 바로 그것이다. 또한 이것은 사회적 통념과 문화를 배경으로 하기 때문에 외래문화의 유입과 더불어 늘 변화한다.

아바비아 숫자인 「13」 을 예로 들어보자. 기독교문화에 뿌리를 둔 서구인들은 이 「13」 이라는 숫자를 매우 불길한 징조로 간주하는데 꿈에 등장할 경우에도 같은 의미로서 표현된다.

우리의 경우는 근세 이후 기독교문화가 이 땅에 정착하면서 이러한 개념이 들어왔다. 즉 전래의 불길한 숫자인 「4」 와 함께 「13」 이라는 숫자 역시 불길한 징조로서 간주하기 시작한 것이다.

굳이 이 상징적 의미를 부정하는 비기독교인의 경우라 할지라도 결과는 같다. 자신도 모르게 이러한 관념이 잠재의식화되기 때문이다. 다시 말해 현실에서는 무시되는 숫자적 암시라 할지라도 꿈의 표상으로 도입될 경우에는 흉조(凶兆)로서의 명백한 의미를 갖게 된다는 것이다.

칼 융(Jung, Carl Gustav, 1875~1961)은 집단무의식(集團無意識)이라는 개념을 정의한 바 있다. 그는 『무의식은 "역사적인 집단 혼"에 젖어 있다. 말하자면 우리의 무의식은 각자가 어린 시절에 체험했던 갈등의 흔적뿐만 아니라, 더 멀리 인류가 역사의 흐름 속에서 체험한 불안의 흔적도 있다.』 고 말한다.

이것을 달리 표현하자면 우리의 잠재의식에는 선험적 기억, 즉 유전인자를 통해 선대로부터 전승된 체험들이 녹아 있다는 말이 될 것이다. 즉 잠재의식은 생물학적(핵산核酸의 DNA) 유전이며 뇌수에 새겨진 조상의 유산이라는 말이다. 선대의 기억들이 유전인자를 통해 후대에 전해진다는 사실은 최근 여러 가지 임상실험을 통해 속속 밝혀지고 있다. 그렇기 때문에 인류의 공통적인 심벌(symbol)이 꿈에 등장할 수 있는 것이요, 꿈의 일반적 상징어를 정립할 수 있는 근거가 되는 것이다.

물론 유전적으로 가까운 혈족으로부터 같은 민족, 같은 나라, 같은 문화권, 같은 인종 등으로 확대될수록 그 공유하는 범위가 축소되겠지만 태초의 인류를 생각할 때, 동서고금 어떤 사람들의 경우도 대동소이하여 큰 차이가 없을 것이다.

결국 꿈의 해석이라는 것은 자신의 잠재의식이 만들어 낸 예시적 상징을 분석하는 것이므로 어느 정도는 개인적일 수밖에 없지만 그 개인의 사고라는 것이 사회라는 틀 속에서 일정한 유사성을 갖는 것이기에 보편적인 해석법이 존재할 수 있는 것이다.

❖ 꿈의 재료

꿈의 재료는 어디서 어떻게 이끌려오는 것인가? 상식처럼 인식되고 있는 것이 「꿈꾸기 직전까지의 체험에서 이끌어와 꿈속에 그대로 재현하거나 재구성된 것이며 기억이 상기(想起)된 것이다」 라는 주장인데 너무 쉬운 판단이 아닐까 싶다.

과거의 체험과는 전혀 상관이 없고 상상조차 못했던 일이 꿈속에서 전개되는 것을 어떻게 설명할 것인가? 다시 말해 기억의 저장고에서는 찾을 수 없는 현상들이 꿈속에 발현되고 미래의 현실에서 실제로 체험될 때, 과연 이것의 출처는 무엇일까 하는 의문에 부딪치게 된다는 말이다. 게다가 과거의 체험에서 이끌어 온 것일지라도 그대로 재현되는 것은 거의 없으며 대부분이 가공되어 나타난다는 점도 의문이긴 마찬가지다.

어린 시절의 경험이 현재의 상황 속에 등장하기도 하고, 눈에 익은 장소들이 중복되고 변형되어 전개되기도 하며, 과거에 꾸었던 꿈을 반복해서 꾸기도 한다. 즉, 과거나 현재의 신체적 · 심적 자극 인상에서 가져온 재료는 물론 전혀 상상할 수조차 없었던 신비롭고 괴상하며 요지경 같은 표상재료가 얼마든지 나타난다는 사실이다.

꿈의 재료선택에 관해서는 꿈의 재료가 됨직한 여러 가지 자극을 열거하며 이미 언급했는데, 그 각각이 기능적 특성에 따라 이끌어 온다는 점에는 의문이 없을 것이다. 그러나 꿈의 내용을 형성하는 표상재료들의 특수성 때문에 그 본래의 형태로 재료가 되는 경우는 거의 없다. 더구나 터무니없고 기괴한 표상과 공상들은 그 근원조차 찾기 불가능하다.

프로이트는 이런 문제점에 대하여 『심적・신체적 자극 인상과 기억군의 표상재료들은 우리의 무의식적 소원이나 의식적 소원 위에 전이되어 표현된다. 그 표현의 한 방법은 마음의 장치 속에 있을 검열기능에 의해 연상되고 왜곡되거나 바꿔 놓고 가공되기 때문에 꿈의 재료가 이상한 것으로 변한 것일 뿐, 알고 보면 잠재사상의 번역문과 같은 것이다.』 라고 설명하였다.

그러나 위와 같은 주장은 프로이트 스스로가 많은 관심을 가졌던 「초기억적인 재료」 라는 개념에 전면 배치된다. 나는 꿈의 재료는 어떤 것이나 잠재의식이 기억군에서 확실한 의도를 갖고 이끌어온 것들이며, 소원의 경향에 맞추어서 기억된 표상 그대로를 사용하거나 재생산(가공)되고 창작된 표상들로 어떤 기능에 의해 검열을 받아 왜곡된 것은 하나도 없다는 사실을 밝혀냈다.

즉, 어떤 감각・심적・정신자극이라도 본래의 형태대로 꿈의 표상재료가 되는 일은 없으며, 잠재의식에 의해 받아들여져 기억군 속에 편입된 다음 재평가되지 않으면 꿈의 표상재료로 등장할 수 없다는 견해인 것이다.

이러한 기억군(記憶群)이 바로 잠재지식(潛在知識)의 창고다. 이런 관점에서 보면 「잠재의식」 과 「잠재지식」 의 개념이 확연하게 구별됨을 알 수 있다.

의식과는 대조적인 마음의 한 기능이며 반수상태에서만 본격적으로 활동하는 또 하나의 정신현상을 잠재의식이라 정의한다면 잠재지식이란 다만 경험이나 지식이 잠재의식에 축적된 것을 말하는데 후천적으로 체득한 경험과 지식은 물론 선대로부터 이어져 온 지식까지도 포함하며 잠재의식의 작용에 의해서만 재료를 공급하는 일종의 창고와 같은 것이다.

이것은 앞서 설명한 칼 융의 집단무의식의 개념과 맥을 같이하며 프로이트가 후기에 라마르크의 학설에 따라 정의한『어떤 경험을 반복하면 그것이 유전되어 사고・감정・행위에 특별한 성질을 부여한다.』라는 주장과도 부합된다.

이것을 설명할 수 있는 좋은 예가 하나 있다. 선천적 맹인의 경우 특수한 상황이 되면 보통 사람들과 마찬가지로 꿈속에서 광선을 보고 제 나름대로의 색을 분간하며 여러 가지 감각적 표상을 만들어 낸다고 한다. 이것은 분명 집단적 무의식의 한 표현이며 정상인들과 동일한 정형적(定型的) 심벌임에 틀림이 없다.

엣센(Jessen)은『어쨌든 꿈의 내용이라는 것은 항상 개성・나이・지위・교육정도・평소의 생활양식, 그리고 그때까지의 전 생활 속의 사건과 경험들에 의하여 얼마간은 이미 결정되어 있다.』라고 했다.

아르테미도루스(Artemidorus)는 누구보다 먼저 이 점에 착안하여 꿈을 해석하였는데, 그의 주장에 의하면『동일한 꿈의 내용이라도 그것이 부자・기혼자・웅변가 등이 가지고 있는 뜻과 가난뱅이・미혼자・상인 등이 가지고 있는 뜻에는 상당한 차이가 있다.』고 말한 바 있다.

또한 트핑그드지(Tfinkddji)는『아랍인 해몽가는 꿈을 올바르게 해석하기 위하여 훌륭한 설명을 하기 위해 필요하다고 생각되는 모든 것들을 상대자로부터 듣는다. 물을 필요가 있는 점까지 답변을 충분히 듣기 전에는 해석을 내리지 않는다. 그 질문 중에는 부모・아내・자녀에 관한 것도 있으며, 어제 자기 전이나 오늘 아침에 성교를 했는가의 여부도 들어 있다. 그리고 해몽에 있어서 주요한 절차는 꿈을 그 반대물에 의해서 해석하는 일이다.』 라고 말했다.

프로이트는 처음부터 꿈꾼 사람에게 말을 시킴으로써 그가 되도록 많은 것을 연상하도록 유도한 바 있다.

이상 몇몇의 관찰이나 해석법에서 「그 사람의 지적 수준은 물론 꿈에 대한 습성・환경・신분・소원 등이나 계획한 일, 그리고 운명적 추세에 따라서도 각기 나름대로 적합한 꿈이 꾸어진다」 라는 사실을 발견하게 된다. 즉 동일한 꿈(완전히 동일한 꿈은 절대 있을 수 없지만)과 동일한 표상이라도 꿈꾼 사람에 따라서는 해석이 달라진다는 점이다.

아울러 한 사람이 자신의 꿈속에서 여러 번 동일한 표상을 체험해도 그것은 각각의 꿈의 의도성에 따라 달리 해석된다. 이것은 꿈이 자신의 소원이나 계획한 일, 그리고 운명적인 추세에 맞추어 꾸어지기 때문이고 자신의 지식적 한계 내에서 모든 지혜를 동원하여 자신의 생활환경에 맞는 표상들을 그려내기 때문이다.

이것을 좀 더 구체적으로 알아보자.

첫째, 사람마다 그 운명과 소망하는 일, 계획한 일이 다르기 때문에 절대 동일한 꿈이 형성될 수 없다. 가령 같은 회사에 취직을 희망하는 두 사람이 그 회사에 취직하는 똑 같은 꿈을 꾸었다 해도 그 표현수단은 분명 다를 것이며 또한 동일한 표상이 등장하였다고 해서 같은 소원의 재료라고 판단할 수는 없다. 더구나 취직하고자 하는 사람들의 직책이 다를 경우엔 더 이상 거론할 필요조차 없을 것이다.

둘째, 지적 수준이나 기억력, 그리고 풍부한 경험 등에 따라 사람마다 그 잠재의식의 수준에 질적·양적인 차이가 있다는 점이다. 아동기에는 단순한 신변잡기의 경험과 욕구충족, 그리고 영화나 텔레비전 등의 영상처럼 단순하고 직접적인 재료가 대부분의 꿈을 차지하는 것도 이런 이유 때문이다. 따라서 지식이 많고 기억력이 뛰어난 사람은 꿈의 문장이라고 일컬을 만한 학문적이고 풍자적이며 길고 난해한 꿈을 극히 상징적인 표현으로 생산해 낸다. 반면 지적 수준이 낮고 기억력이 좋지 않은 사람의 꿈은 대부분 짧은데, 설사 길더라도 난해한 표현은 하지 않는다. 이런 측면에서 작가들의 꿈들이 주로 신비롭고 기괴하며 창조적인 형태를 취하고 있다는 점에 주목할 필요가 있는 것이다.

그리고 꿈에 대한 습성이 강화된 사람, 즉 꿈에 대한 관심이 높거나, 꿈을 자주 꾸거나, 꿈을 연구하거나, 꿈으로 타인의 심리를 치료하는 사람 등에 있어서는 날이 갈수록 꿈의 상징성이 심화되는 경향이 있다.

개개인의 정신적·신체적 특성에 따라 어떤 이는 가위눌림의 꿈을, 어떤 이는 황당무계한 공상을, 또 어떤 이는 사실적·투시적인 꿈을 더 자주 꾸게 되는 사실도 이런 맥락에서 이해할 수 있을 것이다.

셋째, 사람마다 처한 환경과 신분에 적합한 꿈을 꾼다는 점이다. 가령 회사에서 중요한 프로젝트를 맡게 된 회사원의 꿈은 늘 그 문제에 관한 영상들로 채워진다. 신앙과 관계되는 사람은 신앙의 꿈을, 혼기에 임박한 사람들은 성적인 꿈을, 정치인은 권력에 관한 꿈을, 어린아이는 신변잡기의 꿈을, 죄수는 출옥에 관한 꿈을, 임산부는 태몽을 주로 많이 꾸게 되는 것이다.

이상에서 보듯이 꿈은 그 사람의 신분과 생활환경, 그리고 지식수준에 적합하게 형성됨을 알 수 있다. 따라서 타인의 꿈을 해석할 때에는 그 사람의 소원을 파악함에 앞서 그 주변 환경부터 충분히 이해해야만 올바른 판단을 할 수 있으리라 보는 것이다.

예로부터 용꿈은 부귀를 가져오는 상서로운 조짐으로 간주되었다. 그러나 같은 용꿈이라 해도 사람마다 그 신분에 따라 각기 다른 징조를 나타내며 다양한 꿈의 내용처럼 그 암시하는 바가 모두 제각각이다.

권세와 명예, 또는 재물의 상징일 수도 있고 벅차고 두려운 일과 관련된 것일 수도 있으며 어떤 타인의 동일시인 경우도 있는데, 이 역시 꿈꾼 사람의 신분이나 환경에 따라 그 의도하는 바가 달라진다는 사실을 증거하고 있는 것이다.

이처럼 동일한 꿈의 내용이나 표상재료라 하더라도 꿈의 잠재내용에 따라 달리 해석되는 이유는 꿈의 상징이 일정범위 내에서 다의적(多義的)인 의미를 지니기 때문이다. 이것은 마치 어떤 단어나 구절의 뜻이 사용되는 상황에 따라 약간씩 변화된 의미를 표현할 수 있는 것과 같은 이치다.

「물고기」의 상징표상을 예로 들어 설명하고자 한다. 형태상의 유사성을 들어 「남성성기」에 비유하는 것이 상식적인 통념이 되었으나, 이는 결코 남성의 성기를 상징하는 것이 아닐 뿐더러 한 가지 뜻만을 지니는 것도 아니다. 그 형태적 개념과 생태적 특성이 만들어내는 상징성은 재물·인적자원·이권·권세·명예 등의 여러 가지 의미로 정의된다.

동일한 표상재료라도 이와 같이 다의적 의미를 내포하고 있기 때문에 꿈이 암시하는 바를 정확히 파악하려면 반드시 꿈꾼 사람의 소원이나 신분, 그리고 환경 등을 먼저 이해하는 작업이 선행되어야 하는 것이다.

❖ 꿈의 종류(種類)

꿈을 그 형태로 분류할 때, 수면몽(睡眠夢)・백일몽(白日夢)・최면몽(催眠夢)・환각몽(幻覺夢) 등으로 나눌 수 있으며, 표현방식으로 분류할 때, 사실몽(事實夢)・투시몽(透視夢)・상징몽(象徵夢)・반사실몽(半事實夢) 등으로 구분할 수 있다. 또한 그 목적에 따라 소원충족・예언・경고・태몽 등으로 나누어지며 꿈의 동인(動因)에 따라 사고적인 꿈・감각자극에 의한 꿈 등으로 나뉜다.

① 사실몽(事實夢) : 옛사람들은 진몽(眞夢), 또는 영몽(靈夢) 등으로 불렀다. 상징・비유・역전 등으로 왜곡되지 않은 각성시의 일상이 사실대로 묘사됨으로써 꿈속에서 체험한 사건들이 미래의 현실에서 그대로 재현되는 꿈이다. 꿈속에 구현된 언어・행동・정동 (情動) 등은 모두 현실적이다.

② 투시몽(透視夢) : 사실몽의 한 가지다. 다만 꿈속에서 발현되는 장면은 동시간대의 현실에서 벌어지는 사건을 그대로 투사(透寫)한다. 이런 경우 가까운 혈족끼리는 같은 꿈을 꾸는 특수한 사례도 있는데 이것은 영자적 교류가 이루어짐으로써 꿈의 공명(共鳴)을 만들어 내는 것이다.

③ 상징몽(象徵夢) : 심몽(心夢), 또는 사몽(思夢)에 해당한다. 상징적인 이미지로 가득 차 있어 해석에 의하지 않고는 그 본뜻을 알 수 없는 꿈이다. 상징과 비유는 물론 바꿔놓기・압축・생략・역전 등의

왜곡된 표현들이 난무한다. 꿈의 70~80%가 이에 속한다.

④ 반사실몽(半事實夢) : 표상 중의 일부분은 사실적으로, 또 일부분은 상징적으로 묘사된 꿈이다. 꿈이 굳이 이런 표현방식을 취하는 이유는 그 암시적 의도를 강조하려 함에 있다.

⑤ 백일몽(白日夢) : 깨어 있을 때, 공상(空想)이 심하게 지속되면 상상 속의 사실들이 현실과 혼동이 되어 일종의 패닉상태에 빠지게 되는데 이를 일컬어 백일몽(白日夢)이라 한다. 소원충족의 형태를 취하며 대체적으로 유아기의 체험들을 재료로 삼는다는 점에서 밤의 꿈과 같다. 이것은 의식상태에서 체험하는 낮은 단계의 공상을 말하는 것이 아니라 몰아지경, 즉 백일공상이 극단에 이르러 닿게 되는 무의식상태의 환각을 지칭하는 것이다.

⑥ 최면몽(催眠夢) : 최면상태에서 어떤 시각적 환상이 떠오르는 것을 말한다. 최면은 자기최면과 타인최면으로 구분된다. 타인최면이란 시술자에 의한 최면이고, 자기최면이란 어떤 사물에 집중할 때 스스로 무아지경에 몰입하는 것을 말한다. 이 최면상태의 시각적 환상은 잠재의식의 상태에서 심적 자극이 가해져 그 이미지가 만들어진다는 점에서 꿈과 같다. 또한 의식의 일부가 개입된다는 점에서 자각몽을 연상하게 한다.

⑦ 환각몽(幻覺夢) : 깨어 있을 때 없는 물체가 보이는 현상으로 환상 또는 환영이라고도 한다. 순간적이나마 잠재의식의 경지가 조성되어 만들어지는 이미지들이 모두 상징적인 표상들이라는 점과 그것들이 어떤 암시적 기능을 수행하고 있다는 점에서 꿈의 한 형태로 간주된다. 간혹 잠에 몰입되는 순간 경험하게 되는 환영을 환각몽이

라 하는 경우도 있다.

⑧ 자극몽(刺戟夢) : 잠을 자는 동안 신체 내・외부에서 가해지는 자극으로 형성되는 꿈을 말한다. 가령 천둥이 치는 소리를 듣고 전쟁의 꿈을 꾸었다면 외적 감각자극이 될 것이고, 갈증을 느끼고 물을 먹는 꿈을 꾸었다면 내적 신체자극이 될 것이다. 프로이트는 이 자극원을 외적(객관적) 감각자극・내적(주관적) 감각자극・내적 기질적(氣質的) 신체자극・순수한 심리자극 등으로 분류했다.

⑨ 태몽(胎夢) : 아기가 잉태될 조짐을 나타내거나 그 아기의 운명을 예시하는 꿈이다. 산모와 가까운 혈족은 물론이요, 드물게는 혈족 관계가 아닌 다른 사람이 꾸는 경우도 있다. 보통의 꿈들과 비교할 때, 그 표현방식이 독특하여 강한 인상을 남기는 경우가 많다.

❖ 꿈의 특수현상(特殊現象)

① 꿈의 반복 : 과거 강한 인상을 남긴 사건들은 꿈의 소재로 자주 등장하는데 그 일이 종료된 후 수년 동안, 심지어는 일생 동안 반복해서 꿈으로 재현하기도 한다. 이런 꿈은 그 비중에 걸맞은(심로가 가는) 어떤 벅찬 일거리의 성취 여부를 암시하는 경우가 많다.

한편 반복되는 꿈이 진행형인 형태로 표현되는 경우도 있다. 가령 낯선 도시를 방문하는 꿈을 반복해서 꿀 경우, 지난번 꿈에 멈춘 자리에서 다시 시작한다거나, 지난 꿈에 만났던 사람을 대동하고 또 다른 사람을 만난다거나 하는 꿈들이 그런 사례에 해당한다.

이런 꿈은 대부분 운명적 큰 변화를 암시하는데, 수년 혹은 수십 년 후 현실에서 그와 유사한 경험을 하게 됨으로써 꿈의 기억이 되살아나는 경우도 있다.

대부분의 꿈은 각성시의 기억보다 희미하여 사라지기 쉽다. 그러나 너무 강한 인상들은 오래 남아 세월이 가면 마치 현실적인 기억처럼 또 다른 꿈의 소재가 되기도 한다. 이런 꿈들도 운명적 추세의 큰 변화를 암시하는 것이므로 주의 깊게 관찰하여야 한다.

② 꿈속의 꿈 : 우리는 꿈속에서 「이것은 단지 꿈에 불과하다」라고 생각하는 경우가 많다. 이런 현상을 프로이트는 『꿈이 그 기능상 꿈꾸었던 가치를 말소하려는 목적을 가지고 있기 때문이다.』라고 설명한다. 그러나 꿈속에서 상기되는 관념 자체가 어떤 의미의 바꿔놓기, 즉 상징이라는 점에 좀더 관심을 두었더라면 그 견해가 분명 달라졌을 것이다.

우리가 꿈속에서 또 다른 꿈을 꾸거나 과거에 꾸었던 꿈의 기억이 되살아나 그 꿈을 반복하거나 하는 것은 현재 꾸고 있는 꿈의 보충적인 역할을 한다. 그것은 마치 꿈속에서 영화나 텔레비전을 보는 것과 같은 이치인데, 이것은 어떤 암시적인 의도를 강조하는 표현이다. 의식이 개입되지 않는다는 점에서 자각몽과 구별된다.

③ 자각몽(自覺夢) : 루시드 드림(Lucid Dream)이라고 한다. 이것은 꿈속에 의식이 개입하는 현상을 말하는 것으로 꿈꾸는 사람 자신이 꿈을 꾸고 있다는 사실을 인식하고 때로는 꿈을 통제할 수도 있다. 꿈의 스토리가 공상적 흐름을 유지하면서도 비교적 합리적이어서 전개의 일관성이 있으며, 꿈을 꾸는 순간이나 나중에 회상할 때 놀랄 만큼 정교한 모습을 드러낸다. 이런 현상은 보통 잠을 깨기 직전에 나타나며 일반인의 경우도 흔히 경험할 수 있는데, 이 능력이 고도로 개발된 사람들은 손쉽게 꿈과 현실 사이를 오간다고 한다. 힌두교나 불교의 수도자들이 일상적으로 체험한다는

소위 유체이탈(幽體離脫)도 이 자각몽과 관련이 있는 것으로 알려져 있다.

④ 잠꼬대 : 꿈을 꾸는 사람은 무엇인가를 중얼거리고, 때로는 주위 사람이 알아들을 수 있을 정도의 언어를 구사하기도 한다. 이때 잠든 사람을 억지로 깨우거나 스스로 잠을 깨서 꿈을 되살려보면 꿈속에서의 행동이 실제로 신체적 반응을 불러온 것임을 알 수 있다. 그러나 자신이 꿈을 꾸고 있었으며 잠꼬대를 했다는 사실을 전혀 기억하지 못하는 경우가 대부분인데, 이것은 꿈을 깸과 동시에 뇌가 흔들림으로써 기억에서 지워졌기 때문이다.

⑤ 가위눌림 : 가위눌림은 좀더 강렬하게 표현된 잠꼬대라고 할 수 있다. 때로는 호흡이 멈추거나 심장이 멎을 것 같은 심각한 신체반응을 나타내기도 하는데, 대부분 무서운 꿈을 꾸었을 때 나타나는 현상들이다. 잠꼬대를 연구 대상으로 삼았던 사람들의 공통적인 견해는 잠꼬대의 내용이 감정적이라는 것과 잠꼬대는 꿈과 병행되는 것이 아니라는 것이었다. 꿈을 깨어 회상하면 꿈의 내용과 잠꼬대와는 전혀 무관하기 때문이라는 주장인 것이다.

그러나 이것은 꿈의 본질을 꿰뚫지 못한 어이없는 오류였다. 근자에 이르러 꿈속에서 감정이 격해져 소리치면 곧바로 신체반응을 나타낸다는 사실을 밝혀냄으로써 꿈의 사연이 그 동인(動因)임을 증명하였기 때문이다. 이 점이 쉽게 밝혀지지 않은 이유는 소리치는 시점의 전후 내용을 명료하게 기억할 수 없었을 뿐더러 그 상징적인 언어를 이해하기 어려웠기 때문이다.

가위눌림은 거의 상징적인 꿈을 꾸는 도중 나타나는데 해석을 해보면 가까운 미래에 실현될 어떤 일의 성사 여부와 관련된 경우가 많았다. 반면 신체적 자극이 꿈에 도입됨으로써 잠꼬대의 꿈을 형성하는 경우도 있다. 가령 잠자는 자세가 불안하여 신체의 일부분이 억눌림을 당하면 공포의 꿈을 꾸게 되고 그로 인해 잠꼬대를 하게 되는 것이다.

여기서 한 가지 주목할 것은 이 잠꼬대의 꿈이 심리적 압박감으로 형성되었건, 아니면 신체적 자극으로 형성되었건 간에 꿈의 의도는 미래사를 예시함에 있다는 사실이다. 즉 꿈속에서 소리치는 행위가 잠꼬대로 이어졌다 해도 그것은 어디까지나 가위눌림의 직접적인 공포가 꿈의 재료가 되었을 뿐 본래의 의도는 미래에 도래할 사건의 암시함에 있다는 것이다.

⑥ 몽중유행(夢中遊行) : 몽유병 또는 이혼병(離魂病)이라고도 불린다. 잠을 자다가 자신도 모르게 일어나서 어떤 행동을 하다가 다시 잠을 자는 병적인 증세를 말하는데, 깬 뒤에는 이 사실을 전혀 기억하지 못한다. 이것이 병증(病症)이기는 하지만 꿈의 노작(勞作) 중의 하나임에는 틀림이 없다. 그러나 지금까지도 몽유병이 이상수면상태(異狀睡眠狀態)인지 아니면 이상각성상태(異狀覺醒狀態)인지 분간을 할 수 없을 정도로 그 행동 자체가 애매하여 명확한 정의가 내려지지 않고 있다.

몽중유행을 하는 사람들은 꿈을 꾸면서 잠꼬대를 하거나, 눈을 뜨고 자거나, 때로는 수족을 움직여 옆 사람을 치기도 하는데, 이런 현상이 과도하면 꿈을 꾸는 상태로 일어나 꿈의 내용대로 실제 행동에 나서기도 한다. 이것은 반수상태에서의 움직임이다.

왜 각성이 되지 않은 상태에서 꿈인 줄 모르고 실제 행동처럼 착각을 하는가 하는 것은 병리학적 범주의 문제라 여겨진다. 다만 내가 꿈을 연구하는 과정에 밝혀낸 것은 사실적인 꿈을 꾸면서 몽중유행을 하는 사람은 그 행동이 이지적이며 질서정연하지만, 상징적인 꿈을 꾸는 사람은 그 행동이 무질서하여 마치 미친 사람의 행동처럼 보인다는 사실이다.

이에 관하여는 몇 가지 좋은 사례가 있다. 잠을 자던 소년이 잠을 자다 말고 갑자기 벌떡 일어나 낮에 남겨둔 숙제를 모두 해치운 다음 다시 잠에 들고 이튿날 이를 전혀 기억하지 못한 사례가 학계에 보고되어 있다. 집에서 멀리 떨어진 곳에서 수영을 하고 돌아오거나 남의 집에 침입하여 물건을 훔친 다음 자신의 발밑에 놓은 채 다시 잠에 든 사례도 기록되어 있다.

우리 전래의 민담에도 이와 같은 꿈 이야기가 있다. 나무를 베러 산에 올라갔던 사람이 산 속에서 잠을 자다가 갑자기 들판으로 달려가 연못에 뛰어드는 것을 주위사람들이 붙잡아 정신이 들게 한 다음 연유를 물어보니 그때 자신은 화려한 홍등가의 작부가 웃으면서 오라고 손짓하기에 술집으로 술을 마시러 가던 참이었다고 주장했다고 한다. 평소 홍등가를 가보고 싶었던 욕구충동이 너무 강하게 작용하면서 꿈속에서의 행동을 제어할 수 없는 상태가 되었던 것인데, 당시 사람들은 그가 도깨비에 홀린 것으로 생각하였을 것이다.

❖ 꿈의 상징표현

꿈의 상징표현이란 잠재사상(潛在思想)의 내용을 상징적 표상으로 바꾸어 그 현현내용(顯現內容)을 형성하는 것을 말한다. 과거에는 얼른 납득이 가지 않는 인상적인 요소들만 추려서 상징표상으로 간주하였으나 기실 대부분의 표상, 즉 감각・정동(情動)・상념(想念)・언어・행동 등의 경험 일체가 상징적 표현이다.

꿈의 표현이 논리법칙에 위배된다고 혹평하는 사람들은 표상과 표상 사이에 연결수단이 없고 과거와 현재, 그리고 미래의 일이 한 장소에서 동시성을 가지고 표현되거나 원인과 결과를 명시하지 않는다는 점을 그 증거로 제시하고 있다.

사실 압축・생략・합성・교착 따위로 왜곡됨으로써 표상 간의 술어적(述語的)이고 논리적인 접속이 결여된 듯 보이는 경우도 많긴 하다. 그러나 그것은 꿈꾼 사람의 기억이 부실하거나 꿈의 연상작업(聯想作業)을 이해하지 못하기 때문에 빚어지는 오해다.

단편조각처럼 보이거나, 엉뚱한 표상으로 바뀌거나, 갑자기 다른 장면들로 넘어가거나, 과거・현재・미래가 하나로 합성되거나 하는 것처럼 지극히 황당해 보이는 장면들도 그저 제멋대로 연출된 의미 없는 것은 아니다. 그것은 잠재의식에 의해 재창조된 일종의 암호문과 같은 것이며, 나름대로의 논리성으로 치밀하게 계산된 것이기 때문이다.

그런데 꿈꾼 사람이 꿈의 공상을 사실 그대로 진술하지 않고 현실감각에 끼워 맞추려 하기 때문에 꿈이 말하고자 하는 진실이 왜곡되는 것이다.

공상적인 꿈에는 반드시 설명조(說明調)의 흐름이 있어 꿈의 줄거리를 일정한 방향으로 이끌어 간다. 이것이 표상과 표상 사이의 연결을 유도함으로써 상징적인 표상들을 통일된 양식으로 조합하는 것이다.

이것은 우리가 훌륭한 풍경화 한 폭을 감상할 때 그림 속의 이미지 하나하나를 결합하여 전체로 연상한 다음 주관적인 사고경향에 따라 자기만의 심상(心象)을 만들어 내는 것과 비슷한 이치다.

이상에서 보듯이 꿈은 확실히 현실적인 사고와는 다른 표현을 하고 있으며 그 나름대로의 논리적 법칙과 독특한 문법에 의하여 형성됨을 알 수 있다. 이제 꿈의 독특한 표현방식에 관하여 알아보자.

① 압축·생략 : 꿈은 가능한 압축·생략하여 간결하게 표현하려는 속성을 가지고 있다. 따라서 꿈의 표현은 마치 긴 설명이 필요한 한 문구절이나 시구(詩句)처럼 함축된 의미를 내포한다. 그런데 모든 꿈이 압축·생략되어 표현되느냐 하면 반드시 그렇지만은 않다는 것이다. 사상(思想)의 본질적인 요소를 다른 어떤 것으로 바꿔 놓는 작업을 할 경우, 즉 상징적인 꿈에서만 압축·생략이 이루어지는 것이다.

② 교착(膠着) : 꿈은 동일한 성질의, 또는 전혀 다른 성질의 표상들이 부분적으로 결합하여 하나의 통일체를 구성하는 아주 기괴한 형상을 만들어내기도 한다. 이것을 교착상이라고 하는데 대부분의 꿈에서 빈번하게 구현된다. 스핑크스·반인반마(半人半馬)·반인반어(半人半魚)·용두사미(龍頭蛇尾) 등이 그 대표적인 형태다. 이러한 표상들은 새로 만들어진 통일체로서의 의미만이 아니라 전체를 구성하는 각 부분적 요소로서의 의미도 갖는다. 또한 이것은 이미 합성된 물상 위에 또 다른 것이 덧붙여진 형태로 나타나기도 한다.

③ 바꿔놓기(代置) : 상징적인 꿈에 등장한 대부분의 표상들은 본질적인 요소가 어떤 비슷한 것, 아니면 반대의 것으로 바뀐 것들이다. 현실의 어떤 사람이 신령적인 존재로, 사람이 동물로, 어떤 물건이 비슷한 물건으로, 자기 집이 관청으로, 고향집이 현재의 거처로 바뀌는 등의 현상은 극히 일반적인 사례다. 이 바꿔놓기 작업은 당초부터 어떤 확고한 의도 하에서 암시적 의도를 강조하기 위하여 고의적으로

저질러진다.

④ 동일시(同一視) : 꿈속에서는 실제의 인물을 손쉽게 다른 사람으로 바꾸어 놓는다. 이처럼 꿈속의 표상이 현실의 다른 사물과 같다고 인지하는 것을 동일시(同一視)라 한다.

동일시가 되었다는 것은 실제의 사물과 꿈의 표상을 연결하는 과정에 어떤 유사성이나 공통성 등의 관념적 매개가 개입되어 있음을 뜻한다. 이러한 관념적 동일시는 상징적인 꿈을 형성하는 기본이며 가장 중요한 표현수단이다. 이 동일시는 사람과 동물, 또는 사람과 물체 간에도 이루어진다.

⑤ 반대(反對) : 옛사람들이 꿈을 해석하던 방법은 대체로 단순했다. 꿈이 현실과는 반대의 의미를 나타내는 것이라 믿었기 때문이다. 실제로도 꿈이 길(吉)하면 현실에선 오히려 흉(凶)하고 극히 흉한 것 같은 꿈이 도리어 길한 결과를 가져오는 사례가 많았다. 그래서 꿈이 불길하다고 생각되면 좋은 방향으로 해석을 유도하여 흉한 일을 예방했다고 생각하게 되었기에 「꿈보다 해몽」 이라는 속담까지 생겨났던 것이다.

현재에도 반대로 해석되는 꿈이 상당히 있다. 그러나 꿈의 내용이 거꾸로 표현됐다 하여 무조건 반대로 해석을 함으로써 흉몽을 길하게 해석하는 일은 매우 위험천만이다. 그것은 일반적인 꿈보다 더 강력한 메시지를 담아 우리에게 무엇인가를 알려 주는 것이기 때문이다.

여하간 반대로 표현된 꿈이 그대로의 암시적 의미를 갖는 것은 꿈속에서 질식된 감정을 해소시키는 것으로 표현되었느냐 아니냐의 여부에 숨은 뜻이 들어 있을 경우에 한한다.

대성통곡을 하는 꿈이 길조로서 해석되는 이유를 예로 들어보자. 현실에서 운다는 행위는 슬픈 감정을 해소시키는 방도인데, 실컷 울고 나면 감정의 찌꺼기가 말끔히 사라질 수 있다. 이때의 심정은 마치 잔잔한 호수와 같아 만족한 상태에 놓이고 경우에 따라서는 쾌감마저 불러일으키는 일종의 카타르시스가 조성된다. 꿈은 이러한 개념적 동질성을 재료로 사용하는 것이다.

⑥ 역전(逆轉) : 폭포수가 거꾸로 솟아오르거나 바닷물이 하늘에 들러붙어 있거나, 또는 무식한 젊은이가 괴테나 톨스토이와 같은 대문호(大文豪)를 질책하거나 하는 등의 장면은 논리적으로 뒤집힌 표현들이다. 또한 현실에서는 훗날 일어날 일을 꿈에서는 과거의 일로 묘사하기도 하고, 어떤 사건의 결말 혹은 사고 과정의 결론을 꿈의 첫머리에 내놓기도 한다. 이런 표현들을 역전이라고 하는데, 이 역시 꿈의 암시를 강조하려 함에 그 목적이 있다.

⑦ 모호(模糊) : 꿈속의 장면들이 눈에 보이는 것처럼 완연하고 뚜렷한 것이 있는가 하면, 아무리 생각해도 선명하게 떠오르지 않는 것도 있다. 또 기억은 확실한데 중도에서 희미해지거나 당초부터 희미하게 느껴지는 경우도 있고, 꿈의 사연이 뒤죽박죽으로 섞여 있는 경우도 있다.

전체 꿈의 기억이 희미한 것은 꿈꾼 이의 기억이 부실함에 원인이 있을 것이다. 그러나 기억이 완연함에도 꿈 자체가 당초부터 희미한 것은 꿈의 의도성에 맞추어 고의적으로 연출된 것이다.

가령 꿈속에 등장한 어떤 인물상의 모습이나 말소리, 또는 옷차림 등이 희미하게 인식되었다면 그것은 장차 현실에서 어떤 사람과 상관함에 있어 그의 신분을 얼른 알아보지 못하게 된다는 뜻일 수가 있다. 아니라면 장차 현실에서 관여하게 될 어떤 사건에 있어 그가 제3자적 입장을 갖고 있음을 나타내는 것일 수도 있으며, 미완결의 사건이나 내용을 자세히 알 수 없는 어떤 일거리를 상징하는 것일 수도 있다.

꿈속에서 어떤 동물이 소인지 개인지 명확하게 분간할 수 없었으나 그 중 하나일 것이라는 느낌을 가졌다면 장차 현실에서 이 동물로 동일시된 어떤 인물과 상관하게 될 것인데, 그가 소와 같이 성실한 면이 있는가 하면 개와 같이 절조가 없는 이율배반적 성격의 소유자임을 나타내는 것이다.

⑧ 연상(聯想) : 깨어 있을 때 누군가와 대화를 하는 도중, 현재의 화제와는 전혀 관련이 없는 어떤 대상이 불현듯 떠오르는 경우가 있다. 가령 태풍피해를 논하는 자리에서 난데없이 복어라는 단어가 떠올랐다고 하자. 이런 경우 왜 그런 생각이 갑자기 떠올랐을까 하고 의아하게 생각한다. 그것은 마치 기름과 물이 그 불연속면을 깨고 합치는 것처럼 도무지 이해가 되지 않는 것이다. 결국 상당한 시간이 경과한 다음에야 어젯밤 방송에서 태풍피해에 관한 뉴스 뒤에 복어회 중독에 관한 뉴스가 바로 이어졌고 복어 독으로 입원한 사람들의 모습이 자극적인 인상을 남겼기 때문이라는 것을 알아차리게 된다. 이것은 현실에서 경험할 수 있는 시각적이며 언어적인 연상이라고 할 수 있을 것이다.

꿈은 연상의 연쇄(連鎖)라 할 만큼 각종 연상 작업이 복합적이고도 지속적으로 이루어진다. 이 연상이 표상과 표상을 연결하는 꿈만의 논리적 접속방식인데, 프로이트의 연상과는 조금 다른 의미다.

예를 들어 난간에서 떨어지는 꿈을 꾸고 있었다고 하자. 이때 난간에서 아래로 떨어지는 감각이 「공중에서 떨어지다」 라는 관념을 상기시킴으로써 처음 여객기를 탔을 때의 공포감을 되살려내어 갑자기 추락하는 비행기 속에 앉아 있는 장면으로 급반전하기도 하는 것이다.

단어의 음(音)이나 시각적 연상에 의한 장면전환은 좀더 빈번하고 구체적으로 이루어지는데, 이런 작업은 확대나 축소 등의 비약적 표현으로 매듭을 짓는 것이 보통이다.

이상에서 보듯이 연상결합에 중요한 구실을 하는 것이 꿈속에서 환기되는 심적 동향임을 알 수 있다. 잘 훈련된 사람이라고 해도 밤새 꾼 꿈을 모두 기억해 낼 수는 없다. 따라서 우리는 극히 일부분으로 전체를 해석할 수밖에 없는 상황에 부딪치는 경우가 많다. 이때 활용하는 것이 연상법이다. 즉 강한 인상을 남기는 몇 개의 장면들에서 어떤 연결고리를 찾아내 전체의 대의를 찾아내는 방법이다.

한편 간밤의 꿈을 전혀 기억할 수 없다 해도 그 암시적 의도를 알아내는 방법은 있다. 우리가 꿈속에서 느끼는 쾌·불쾌 또는 만족·불만족 등의 상반된 관념들이 장차 현실에서 체험할 어떤 감정적 동향을 보다 더 명료하게 암시하는 경우도 많기 때문이다.

가령 간밤에 긴 꿈을 꾸었는데 도무지 무슨 내용인지 기억되지는 않지만 몹시 불쾌하고 불안한 기분이 느껴졌다면 그것이 불길한 징조로서 작용할 수도 있다는 말이다.

⑩ 언어화(言語化) : 꿈은 시각적 표상을 곧잘 언어로 바꾸고, 반대로 불현듯 떠오르는 언어를 쉽게 시각적 표상으로 바꾸기도 한다. 가령 꿈속에서 큰 가지가 양쪽으로 벌어진 나무를 보고 영문의 V자를 연상하여 「Victory」 즉 승리라는 관념을 상기한다거나,

물이 마른 개천바닥과 석축을 보면서 홍수(洪水)라는 단어를 떠올리면 갑자기 장면이 바뀌어 흙탕물로 범람하는 강가에 서 있다거나 하는 장면들이 자유롭게 구현되는 것이다. 이것은 꿈이 그 전달하고자 하는 메시지를 보다 함축적이며 명료하게 나타내고자 할 때 동원하는 표현수단이다.

『교양 있는 사람들이 현실의 사고생활에 있어서 말의 기교나 격언, 또는 노래가사 등을 다양하게 인용하듯이 꿈속에서도 그런 종류의 위장수단에 빈번하게 이용한다.』 라는 프로이트의 말처럼 지적으로 개발된 사람들의 꿈에는 그렇지 않은 사람들의 꿈보다 격언이나 속담, 그리고 유행어 등이 더 자주 등장하는 것이 사실이다.

⑪ 변신(變身) : 필자의 체험과 수많은 사례들을 분석 종합한 결과, 꿈속에는 인식주체(認識主體)인 자기와 행동주체(行動主體)인 자기가 동시에 등장할 수 있음을 알았다. 일반인의 경우에도 자신의 뒷모습이나 육체의 일부분을 마치 타인을 대하듯 멀리서 바라보는 경험이 드물지 않을 것이다. 나는 이 인식하는 자기를 내부자아(內部自我), 그리고 행동하는 자기를 외부자아(外部自我)라고 명명한 바 있다.

그런데 흥미로운 것은 이 자아가 수시로 변신을 꾀한다는 점이다. 즉 꿈속에 등장한 모든 동적인 표상으로의 변환이 가능하다는 말이다. 가령 전쟁터에서 수많은 병사들이 부상을 당해 신음하고 있는 광경을 바라보다가 갑자기 자기 자신이 그 병사 중의 한 명으로 뒤바뀌어 고통을 겪는 경우도 있고, 심지어는 자기가 공격하여 상해를 입힌 상대방으로 변하는 경우도 있다. 실제로 「꿈속에서 일렬횡대로 다가오는 장교와 사병들이 각각 어떤 특징을 나타내고 있음에도 그 특징들이 단 한 사람의 묘사에 의해 각기 역할을 분담하고 있었다」라는 비슷한 사례가 학계에 보고된 바도 있다. 결국 「꿈속에 등장한 모든 동적인 표상들은 자기의 또 하나의 자아가 가면을 쓰고 그 이미지에 맞는 연기를 펼치고 있는 것이다」라고 판단해야 할 것이다.

이런 관점에서 『꿈속에 등장한 신령・혼백・조상 등은 실체가 아니라 자기의 또 다른 자아가 분장하고 나타나 자기 암시적 예언을 하고 있다.』라는 나의 주장이 논거를 갖게 되는 것이다. 프로이트의 자기 동일시작업과도 유사한 개념이다.

❖ 영감적(靈感的) 경지(境地)

인간의 잠재의식은 우주와 교감하는 능력이 있는데 그것은 고도화된 정신적 초월상태에서 발현된다. 흔히 영감(靈感)이라고 부르는 이 고도화된 잠재의식이 미래를 예시하는 주체다.

그러나 이 능력은 인간만이 가지고 있는 것은 아니다. 청개구리・나팔꽃 등이 비가 올 것을 미리 알고 대비한다거나, 난파 직전의 배에서 쥐떼가 대탈출을 시도한다거나, 고양이들이 지진이 나기 며칠 전 혹은 몇 시간 전에 미리 알아차리고 대이동을 한다거나 하는 등의 사례들은 하등동식물에게도 이러한 능력이 있음을 보여준다. 즉 지구상의 모든 생명체가 우주와 교감하는 능력을 갖고 있는 셈이다.

다만 인간의 경우에는 이 능력이 인식의 발달과 함께 점차 퇴화되어 마침내 잠자는 상태가 되었다가 특수한 자극이나 오랜 수련을 통해 일깨워지면 어떤 초월적인 상태를 만들어냄으로써 초능력을 발휘하게 한다. 이 우주와 교감하는 존재를 일컬어 혹자는 기(氣)라고 하고, 혹자는 영혼이라고도 한다. 나는 아직 실체가 규명되지 않은 이 가상의 존재를 영자(靈子)라고 명명하였다. 이것은 정신이 육체를 움직이고, 육체가 정신활동의 동기를 부여하는 물력전환(物力傳環), 즉 정신적 기전(機傳)의 원동력이다.

이 영자는 태초부터 우주공간에 흩어져 있다가 생명이 탄생할 때 비로소 결집하여 형체를 만들게 되며 죽음과 함께 다시 우주공간으로 흩어지게 된다.

생명은 난자와 정자만으로 이루어지지 않는다. 난자와 정자가 결합하여 하나의 세포를 구성할 때 우주공간, 즉 영해(靈海)에 흩어져 있던 영자들이 하나의 영체(靈體)를 완성하여 육(肉)에 깃들어야만 비로소 생명이 완성되는 것이다. 그것이 영(靈)과 육(肉)의 합일체, 즉 진정한 생명인 것이다.

이 영자는 사람마다 각기 다른 특색을 나타내는데, 육(肉)의 특성에 따라 각기 독특한 배합방식에 의해 결집되는 것으로 추정된다. 따라서 유전적으로 가까운 가족이 다른 사람들 보다는 좀더 유사성을 지니며 쌍둥이의 경우에는 거의 흡사하다 할 수 있다. 쌍둥이 간의 직감이 빈번하게 맞아떨어지는 것도 이러한 관점에서 이해될 수 있으며 산모가 수정란 초기에 태몽을 꾸는 이유기도 하다.

보통 때는 이 영자가 혈액처럼 온 몸에 퍼져 있지만 특수한 상황이 되면 신체의 일부분에 집중됨으로써 초능력을 발휘하기도 하는데 이를 영자에너지라 한다. 명재경각(命在頃刻)의 위기에 처한 사람이 초능력을 발휘하여 위험을 벗어나는 경우가 그런 사례에 해당하는 것이다.

수면 시간은 이 영자에너지가 뇌에 집중되는 시기다. 오관(五官)이 문을 닫고 의식이 잠들면 온 몸의 영자에너지가 뇌에 집중되어 잠재의식의 예시적 능력을 휘둘러 깨우는데 이때 미래를 예시하는 꿈이 형성되는 것이다. 이 영자는 우주와 교류하기도 하지만 사람과 사람, 또는 사람과 물상 간에 교류되기도 한다. 무당의 강신술(降神術), 목사의 안수기도, 최면술사의 최면, 예언자의 환각 등도 그런 사례에 해당한다. 이때 시술자와 피술자 사이의 영자적 교류가 없으면 아무런 변화도 일어나지 않는다. 멀리 떨어진 피붙이의 신상에 일어나는 사건을 꿈으로 자주 예견하는 것도 다 이런 이유 때문이다.

❖ 꿈과 운명론(運命論)

꿈의 예시론(豫示論)은 운명론에 기초한다. 운명론을 거부하는 사람이라면 이 책에서 얻을 가치가 없을 것이다. 인간의 삶이란 예정된 운명의 지배를 받는 극히 수동적인 것이라고 단언한다면 혹자는 퇴폐적인 생각이라 건설적일 수 없으며, 인간의 본질이 곧 신성(神性)이라는 진리와도 부합되지 않는다고 반론을 제기할지 모른다. 우리 사회는 운명론자를 구제할 수 없는 낙오자로 간주하려는 경향이 분명하니까 말이다.

하긴 인간의 행・불행이나 성공・실패는 오로지 확고한 신념 아래 오직 노력으로만 이루어진다고 하는 관점에서 보면 참으로 패배주의적 사고일 것이다. 따라서 그들의 주장은 지극히 정당하다고도 할 수 있다. 그러나 그들은 그 굳건한 의지와 확고한 신념, 그리고 분투하는 행위조차 이미 예정되어 있다는 사실은 모르고 있다.

운명(運命)과 의지(意志)라는 것은 서로 배치되는 것이 아니며 동일체로서 그 양면을 구성하는 것인데 이것은 마치 분수(分數)에 있어 분모와 분자의 관계와 같다고 할 수 있다. 분모는 예정된 운명이요, 분자는 의지적인 노력이라고 가정한다면 의지적인 노력은 예정된 운명의 수치를 채우기 위한 행위라고 할 수 있다. 즉, 자기 운명을 개척하려고 노력하는 것 자체가 이미 예정된 운명인 것이다.

이런 관점에서 우리가 지금 당장 무엇을 하겠다고 작심(作心)하여 몸을 움직이는 작은 동작부터가 이미 운명적 고리로 미래와 연결되어 있다는 말이 이해될 것이다. 더구나 인간의 운명은 그 개인에 국한된 것이 아니라 인류의 운명이라는 하나의 사슬에 매어 있다. 따라서 사람마다 각기 다른 개성・소질・능력・사고방식으로 살아가기는 하지만 종국에는 인간 전체의 운명을 달성하게 될 하나의 부분으로 존재하는 것이다.

인간사에 우연이란 없다. 모두가 필연인 것이다. 어떤 돌발적인 사건으로 우리의 삶이 영향을 받는다 해도 그것은 이미 예정된 운명이다. 정해진 운명을 미리 알 수 있다고 주장하는 사람들이 그 운명을 변경할 수 있다고 말하는 것은 그야말로 이율배반이요 자기기만이다.

태초에 생겨난 생명의 씨앗은 유구한 세월을 거치면서 도야・발전하여 인간이라는 최고의 생명체가 되었다. 그러므로 우리의 유전인자에는 태초 단세포동물일 때 입력된 정보들도 들어 있다. 굳이 학자들의 연구 결과를 인용하지 않더라도 꿈을 통해 우리는 이것이 진실임을 알 수 있다.

그러기에 우리의 잠재의식은 우주원리와 상통하며 우주가 인간이요 인간이 곧 우주가 되는 것이다. 이런 견해를 받아들인다면 우주만물이 예정된 것이듯 인간사도 예정된 것이라는 사실에 더 이상 거부감을 느끼지 않게 될 것이다.

❖ 꿈의 신뢰(信賴)

결론부터 말하자면 「꿈의 예시란 미래의 현실에서 체험으로 증명되기 전까지는 어디까지나 하나의 추정에 불과하다」 고 생각하는 것이 현명한 태도라는 점이다. 즉 어떤 기대는 할지라도 신앙시하면 안된다는 말이다. 어떤 사람들은 간밤의 꿈이 다음날 즉시 체험되는 것으로 오해하여 도박장으로 달려가기도 하고, 불길한 꿈을 꾸었다고 하여 이사나 여행을 포기함으로써 모처럼의 좋은 기회를 놓치기도 한다.

더욱 가관인 것은 길몽이라고 생각되면 그 길조가 훼손이라도 될까봐 전전긍긍하거나, 흉몽이라고 생각되면 어떤 예방이라도 해야만 그 흉조가 모면되는 줄로 알거나, 심지어는 꿈을 사거나 팔기도 한다. 이는 모두 꿈의 본질을 이해하지 못한 데서 빚어지는 어리석은 행위들이다.

꿈의 예시는 미래의 현실에서 반드시 일어나기로 예정된 사건이나 운명적 추세를 암시하는 것이지 그렇지 않은 것은 예시할 수 없다는 철칙에 묶여 있다. 그러므로 이미 예정된 사건이라면 무슨 수를 쓴다고 해도 예방이나 모면이 불가능하며 인위적으로 변경할 수도 없다.

또한 다른 사람에게 자기의 꿈 이야기를 했다고 하여 그 효과가 없어지지 않으며 다른 사람의 꿈을 돈을 주고 샀다고 해서 그 효력이 자기의 것이 되지도 않는다.

가능하면 꿈을 공개하는 것이 좋다. 그렇게 함으로써 보다 더 정확한 해석을 얻어낼 수 있을 것이되, 길몽이 아니라면 일찍 잊어버리는 것이 상책이다.

혹자는 이에 대하여 반론을 제기할지도 모른다. 꿈은 미래를 예지(豫知)하는 것이 아니라 예고(豫告)하는 것이며, 예고는 예방을 가능하게 하는 것이라고 주장할 것이기 때문이다. 그러나 누차 설명한 바와 같이 꿈이라는 것은 미래의 현실에서 확실히 일어나기로 예정된 일을 예지하고 판단하는 정신현상이다. 그런데 우리가 기억할 수 있는 꿈의 표상들은 완전하게 해석한 연후가 아니면 그 뜻을 알 수가 없으므로 그저 암시적 표현에 머문다. 따라서 꿈의 단편적인 표상들을 열거하며 근거 없이 속단하는 어리석은 행동을 해서는 안된다.

꿈의 예지(叡智 : 미리 앎)는 잠재의식이 예시한 것을 의식적인 자아가 확인하는 것이며, 체험을 통해 확정짓는 것이므로 어디까지나 능동적인 앎이다. 그런데 예고(豫告 : 미리 일러 줌)는 자아 이외의 다른 능력이 자기에게 알려주는 피동적인 것이므로 장차 일어날 어떤 사건에 대처할 수 있다는 융통성을 갖는다.

이 융통성은 퍽 좋을 성싶으나 그것은 잠재의식의 예지능력이 불완전하다는 것을 인정하는 것이므로 나쁜 꿈을 좋게 해석하면 길한 일이 생기고 좋은 꿈도 나쁘게 해석하면 불길하다고 해석하는 함정에 빠질 수 있다. 더구나 꿈의 암시는 시공(時空)을 불명확하게 표현하는 특질이 있다. 다시 말해 꿈이 예시하는 미래의 사건이 언제 어디서 일어날 것인지 명확하게 알 수가 없다는 점이다.

물론 경우에 따라서는 그 실현될 시간과 공간을 정확하게 나타내는 꿈도 있지만 대부분의 꿈에서는 모호하게 표현된다. 그리고 목전에 급박한 사건보다 먼 후일에 발생할 사건을 예시하는 경우가 더 많은데 이것은 대부분의 소원이 좀더 먼 훗날 실현되는 경우가 많기 때문이다. 그러므로 꿈이 자기의 간절한 소망에 대하여 어떤 해답을 주었다고 해도 그것이 하루아침에 이루어지는 것은 아니라는 것을 꼭 유념해야만 한다.

꿈의 예지가 현실적중을 가져올 때까지 늘 관심을 가진 상태로 오랜 기간을 참고 노력하며 기다려야 하는 이유 또한 거기에 있다.

꿈의 예시가 모두 무지개처럼 아름답고 환상적인 것만은 아니다. 그것은 절망·불안·공포·불쾌·불만·슬픔 등도 함께 가져온다. 따라서 어떤 경우에는 「차라리 꿈을 기억하지 않았으면 좋았을 것을…」 하며 후회할 수도 있다. 그러나 우리가 한 평생을 살아가려면 온갖 희비애락(喜悲哀樂)을 다 겪어야 할 것이기 때문에 「그런 꿈을 꾸지 않았더라도 어차피 체험될 운명이다」 라고 생각하는 것이 좋다. 즉 불행을 미리 알았더라도 상심하거나 노력을 포기할 필요는 없다는 말이다.

또한 자기의 해석이 진실로 정확한 것인지 현실에서 직접 체험해 보지 않고는 알 수 없는 것이기에 미리 겁먹고 생활의 지장을 초래하는 어리석음을 범하지 말아야 한다.

❖ 해몽의 역사와 미래

꿈을 향한 인간의 관심은 고대사회로 거슬러 올라간다. 이집트의 스핑크스 문헌에서 해몽에 관한 기록이 발견되었으며, 구약성서는 해몽에 관한 이야기로 가득 차 있다. 가장 오래된 문헌으로는 기원 전 2450년 수메르의 왕 에아나툼(Eannatum)의 기록이라 하니 해몽문화는 아마도 인류 역사의 여명기에 이미 나타났을 것으로 본다.

우리 문화의 뿌리는 동북아시아 일대인데, 이 지역은 시베리아·중앙아시아 등과 함께 샤머니즘의 발원지다. 그런데 해몽문화가 고대사회 무속에서 시작되었다는 설이 세계적 정설이 되고 있다. 따라서 우리나라는 이 해몽문화의 발원지 중의 하나라고 할 수 있다.

우리가 과학적 사고의 기준이라 신봉하는 서구의 물질문화도 최근에 이르러 그들의 한계를 인정하고 동양의 정신문화에 접근하려는 여러 가지 시도를 하고 있다. 소위 신과학운동이라는 것도 이런 맥락에서 이해될 수 있을 것이다. 그럼으로써 이제는 우리도 우리 전통의 뿌리인 이 해몽문화(解夢文化)를 대함에 있어 그저 단순히 미신에 불과하다는 편견에서 벗어나 스스로의 마음을 이해하는 합리적인 수단으로 받아들여야 할 때가 아닌가 생각한다.

제2부
꿈의 해석

1

정동(情動)과 상념(想念)의 꿈

❖ 기쁨 · 슬픔 · 웃음 · 울음

감정이 격해져 울컥 치솟아 오르는 것을 정동(情動)이라 하는데 꿈의 가장 중요한 표현수단 중의 하나다. 사물을 대할 때 느끼는 쾌 · 불쾌, 만족 · 불만족, 호(好) · 불호(不好), 또는 공포나 분노 등의 감정과 아프다 · 뜨겁다 · 무겁다 하는 등의 감각들을 각기 나름대로의 상징의의로서 꿈의 암시적 목적에 기여한다. 꿈이 그 의도를 표현함에 있어 정동을 중요시하는 것은 꿈꾼 사람의 심리적 동향을 적나라하게 드러내기 때문이다. 한편 상념(想念)이란 꿈속에서 사물을 대할 때 우리의 사고가 불러일으키는 어떤 관념을 말한다. 즉 정동으로 유발된 어떤 사상(事象)에 대하여 판단하고 인식하는 일체의 생각을 말한다.

기쁨과 즐거움으로 충만한 꿈은 소원충족의 표현이다.

☞ 이런 꿈을 꾸면 현실에서도 기쁘고 즐거운 일을 체험한다.

그러나 꿈에 상대가 기뻐하는 모습을 바라보면

☞ 그로 동일시된 어떤 사람으로 인하여 불쾌감을 느끼게 된다.

슬픔이 복받치는데도 울지 않는 꿈은 욕구불만의 표현이다.

☞ 이런 꿈을 꾸면 감정이 억눌림으로써 불쾌를 체험하게 된다.

상대가 슬퍼하는 모습을 바라보는 꿈은 연민이나 동정심 등을 불러일으켜 마음을 동요시키므로

☞ 불길한 징조가 된다. 그로 동일시된 어떤 사람으로 인하여 불안하고 불쾌한 체험을 하게 된다.

꿈에 등장한 조상(祖上)이 슬퍼하는 모습을 보면

☞ 가장에게 불행이 닥침으로써 자신도 그 영향을 받게 된다.

근심걱정을 하는 꿈을 꾸면

☞ 불안하고 초조한 감정이 유발되는 어떤 사건을 겪게 된다.

상대를 바라보며 빙그레 미소 짓는 꿈을 꾸면

☞ 누군가에게 자기 만족감을 표현하거나 불쾌감을 숨기게 된다.

♞ 상대를 바라보며 통쾌하게 웃는 꿈을 꾸면

☞ 벅찬 일을 성취하거나 경쟁자를 물리쳐 희열을 만끽하게 된다.

♞ 상대가 자기를 향해 빙그레 미소를 짓는 꿈을 꾸면

☞ 그로 동일시된 어떤 인물에게 모욕을 당하게 된다.

♞ 상대가 자기를 향해 통쾌하게 웃는 꿈을 꾸면

☞ 경쟁자에게 패배하여 굴욕감을 느끼거나 굴종(屈從)하게 된다.

♞ 젊은 여인이 요사스럽게 깔깔깔 웃어대는 꿈을 꾸면

☞ 교활한 자의 흉계로 큰 손해를 보거나 질병에 걸리게 된다.

♞ 상대와 마주보며 피차 빙그레 웃는 꿈을 꾸면

☞ 누군가에게 냉대(冷待)를 받거나 그와 몹시 다투게 된다.

♞ 정체불명의 웃음소리가 들리는 꿈을 꾸면

☞ 남들에게 비웃음을 사거나 병고(病苦)에 시달리게 된다.

♞ 자기가 무대나 단상 등에 올라가 연기나 연설을 할 때 청중들이 왁자하게 웃는 꿈을 꾸면

☞ 허세를 부리다가 망신을 당하거나 뜻하지 않은 시비에 휘말려 주위의 냉대를 받게 된다.

♞ 자기가 희극배우의 연기를 보고 다른 관객들과 함께 왁자하게 웃는 꿈을 꾸면

☞ 누군가를 비판하거나 그에게 시비를 걸게 된다.

♞ 큰 소리로 웃거나 대성통곡(大聲痛哭)을 하는 꿈은 불쾌・불만 등의 감정적 찌꺼기를 말끔히 씻어낸다는 욕구충족의 표현이다.

☞ 이런 꿈을 꾸면 벅찬 일을 성사시켜 성취감을 만끽하거나 오랜 근심걱정에서 벗어나게 된다.

♞ 소리 내지 않고 숨죽여 흐느껴 우는 꿈을 꾸면

☞ 소원을 성취하고도 무엇인가 걸리는 것이 있어 혹여 소문이나 나지 않을까 노심초사하게 된다.

♞ 기쁨에 겨워 우는 꿈을 꾸면

☞ 좋은 일이 생겨 희열을 만끽하게 된다.

♞ 상대가 흐느껴 우는 꿈을 꾸면

☞ 그로 동일시된 어떤 사람으로 인해 불쾌한 사건을 겪게 된다.

♞ 상대가 엉엉 소리 내어 우는 꿈을 꾸면

☞ 그로 동일시된 어떤 인물에게 압도당함으로써 굴욕감·열등감·불쾌감 등을 느끼게 된다.

♞ 젊은 여인이 가련하게 흐느껴 우는 꿈을 꾸면

☞ 불길한 사건을 만나 몹시 당황하거나 두려움에 휩싸이게 된다.

♞ 조상이 통곡하는 꿈을 꾸면

☞ 가정에 우환이 생긴다.

♞ 젊은 여인이 산발(散髮)한 채 통곡하는 꿈을 꾸면

☞ 중병(重病)에 걸리거나 신분이 추락할 위기를 맞게 된다.

♞ 우는 아이를 달래는 꿈을 꾸면

☞ 하는 일을 제대로 수습할 수 없어 고통을 당하게 된다.

♞ 자기가 여러 사람들과 함께 우는 꿈을 꾸면

☞ 이익분배나 권리다툼으로 시비·분쟁 등에 휘말리게 된다.

♞ 국장(國葬)을 거행하며 군중들이 우는 꿈을 꾸면

☞ 나라의 헌법이 개정되거나 새로운 사회질서가 자리잡게 된다.

♞ 백악관의 방마다 울음소리가 그치지 않았다는 링컨의 꿈은

☞ 머지않아 자신이 암살당한다는 예시였다.

♞ 상대와 마주보고 소리 내어 우는 꿈을 꾸면

☞ 누군가와 시비를 벌이게 된다.

☗ 시신(屍身) 앞에서 다른 사람들과 함께 우는 꿈을 꾸면
☞ 유산·이익분배 등으로 송사(訟事)를 벌이게 된다.

❖ 냉정·무관심·명랑·우울·쾌·불쾌·사랑·미움

꿈속에서 어떤 사물(事物)을 대할 때, 슬픔·증오·불쾌·공포 등이 유발됨으로써 감정이 격앙되는 것은 좋지 않은 징조다. 반면 어떤 충격적인 자극을 받고도 감정적 동요가 일어나지 않는 것은 심리가 안정되었다는 욕구충족 의미로 표현된다. 누군가가 죽거나 심하게 다쳤는데도 무관심한 태도를 취하거나, 이성이 나체가 되었는데도 아무런 욕정도 일어나지 않거나, 누군가가 적대적인 말이나 행동을 하는데도 무심하게 생각하는 등의 꿈을 꾸면 현실에서 만족한 체험을 하게 된다. 이 무관심의 꿈이 자기와는 직접적인 관계가 없다는 의미로 표현되는 경우도 있다.

☗ 유쾌하고 명랑한 기분이 느껴지는 꿈을 꾸면
☞ 즐겁고 유쾌한 일이 생기거나 걱정거리가 사라진다.
☗ 우울하거나 불쾌한 기분을 느끼는 꿈을 꾸면
☞ 걱정거리가 생기기나 불쾌한 사건을 겪게 된다.
☗ 상대가 명랑한 표정을 지어보이는 꿈을 꾸면
☞ 누군가와 흉금을 털어놓고 무언가 타협을 하게 된다.
☗ 상대가 우울한 표정을 짓고 있는 꿈을 꾸면
☞ 어떤 인물이 속내를 감춘 채 미온적인 태도를 취함으로써 불쾌감을 느끼게 된다.
☗ 몸에 오물이 묻어 불쾌감을 느끼는 꿈을 꾸면
☞ 실수를 저질러 창피를 당하거나 죄책감을 느끼게 된다.
☗ 상대의 말과 행동 때문에 불쾌감을 느끼는 꿈을 꾸면
☞ 누군가에게 심한 모욕을 당하게 된다.

♞ 상대에게 거절을 당해 불쾌감을 느끼는 꿈은 꾸면
☞ 하는 일이 실패하거나 하고자 하는 일이 무산된다.
♞ 꿈속에서 느끼는 애정·연민·동정 등의 감정들은
☞ 불쾌감을 은폐하려는 왜곡된 표현으로 욕구불만의 상징이다.
♞ 사물을 대할 때 애정·연민·동정 등의 감정이 유발되는 꿈은
☞ 근심걱정·불쾌·불만 등의 감정적 체험을 하게 된다는 뜻이다.
♞ 신령이나 조상이 자기에게 애정을 표하는 꿈을 꾸면
☞ 은인·협조자에게 큰 도움을 받게 된다.
♞ 이성(異姓)이 자기에게 애정을 표하는 꿈을 꾸면
☞ 누군가에게 현혹되거나 어떤 일에 애착을 갖게 된다.
♞ 이성에게서 욕정을 느끼는 꿈을 꾸면
☞ 어떤 일이나 사람으로 인해 미수·불쾌·불만 등의 감정적 체험을 하게 된다.
♞ 욕정을 성교행위로 해소시키는 꿈을 꾸면
☞ 당면한 소원을 충족시킬 수 있다.
♞ 누군가를 미워하는 꿈을 꾸면
☞ 현실에서도 누군가를 미워하며 적대시하게 된다.
♞ 어떤 사람이나 동물이 추하다고 생각하는 꿈을 꾸면
☞ 마음에 들지 않는 사람이나 일거리를 만나게 된다.
♞ 불길함이 느껴지는 꿈을 꾸면
☞ 뜻하지 않은 사건으로 창피를 당하거나 불쾌감을 느끼게 된다.
♞ 거북하거나 메스꺼운 기분을 느끼는 꿈을 꾸면
☞ 누군가의 모함을 받아 자존심을 손상당하게 된다.
♞ 음식·율동·음악 등을 접하여 감미로움을 느끼는 꿈을 꾸면
☞ 좋은 일이 생겨 희열을 느끼게 된다.

♞ 꽃 · 빛 · 그림 · 풍광 등을 보고 아름답다고 생각하는 꿈을 꾸면
☞ 무엇인가에 매혹되거나 매우 유쾌한 체험을 하게 된다.

❖ 평안 · 공포 · 불안 · 분노 · 연민 · 황홀 · 감탄 · 암담

♞ 심신이 안락하여 평안함을 느끼는 꿈을 꾸면
☞ 억제에서 벗어나 마음의 안정을 되찾고 자유를 구가하게 된다.
♞ 교통수단을 타고 갈 때 안락감을 느끼는 꿈을 꾸면
☞ 사업이 안정되고 일신이 평안하게 된다.
♞ 상대에게서 공포감을 느끼는 꿈을 꾸면
☞ 실제 공포감을 체험하거나 마음을 격동시키는 어떤 사건에 직면하여 심적 고통을 당하게 된다.
♞ 신령적인 존재에게 두려움을 느끼는 꿈을 꾸면
☞ 어떤 권력자에게서 두려움을 느끼게 된다.
♞ 맹수를 보고 두려움을 느끼는 꿈을 꾸면
☞ 위험한 상황에 직면하거나 벅찬 일거리를 맡게 된다.
♞ 불안감을 느끼는 꿈을 꾸면
☞ 궁지에 몰리거나 신분상의 위기를 겪게 된다.
♞ 꿈에 비행기나 배, 또는 자동차를 타고 가면서 불안감을 느끼면
☞ 사업상, 또는 직장생활에서 위기를 겪게 된다.
♞ 자기의 죄상이 탄로날까봐 불안하게 생각하는 꿈을 꾸면
☞ 직무상의 큰 실수를 저질러 퇴출 위기에 몰리게 된다.
♞ 무엇인가에 쫓겨 불안감을 느끼는 꿈을 꾸면
☞ 사업 · 취직 · 입학 · 결혼 등의 소망이 좌절된다.
♞ 분노가 치밀어 오르는 꿈을 꾸면
☞ 사기를 당하거나 속 썩이는 일이 생겨 불쾌감을 느끼게 된다.

♞ 상대에게 분노를 폭발시키는 꿈을 꾸면

☞ 경쟁자를 제압하거나 골치 아픈 일거리를 처리함으로써 통쾌감을 만끽하게 된다.

♞ 반대로 상대가 자기에게 분노를 폭발시키는 꿈을 꾸면

☞ 경쟁자에게 패배하거나 일에 실패하여 열등감을 느끼게 된다.

♞ 상대가 측은하다고 생각하여 연민(憐愍)을 느끼는 꿈을 꾸면

☞ 그로 동일시된 누군가로 인해 불쾌한 체험을 하게 된다.

♞ 공격할 목적으로 상대를 가해(加害)하려고 하는데 그가 애원을 하는 통에 놓아주는 꿈을 꾸면

☞ 한순간의 방심으로 큰 손실을 보거나 재수 없는 일을 겪게 된다.

♞ 상대를 위로(慰勞)하는 꿈을 꾸면

☞ 경쟁자에게 패배하거나 하는 일이 실패하여 심리가 위축된다.

♞ 어떤 사물을 보고 황홀감을 느끼는 꿈을 꾸면

☞ 누구가의 유혹에 빠지거나 감동적인 사건을 체험하게 된다.

♞ 어떤 사물을 보고 감탄하는 꿈을 꾸면

☞ 영광된 일을 체험하게 된다.

♞ 상대가 측은하게 생각되어 탄식하는 꿈을 꾸면

☞ 타인의 사건을 보고 충격을 받아 불안감을 느끼게 된다.

♞ 답답한 기분이 느껴지는 꿈을 꾸면

☞ 현실에서도 답답하고 암담한 심정을 느끼게 된다.

♞ 장애물에 부딪쳐 암담한 심정을 느끼는 꿈을 꾸면

☞ 현실에서도 절망적인 상황에 봉착하여 암담한 심정이 된다.

♞ 어둠·안개 등에 시야가 가려 답답함을 느끼는 꿈을 꾸면

☞ 근심걱정에 휩싸여 불안한 심정이 된다.

♞ 지하실이나 굴속으로 들어가면서 불안감을 느끼는 꿈을 꾸면

☞ 수색 · 탐구 · 조사 등의 일이 지지부진하여 애를 태우게 된다.

하늘이 흐리거나 물이 탁하여 기분이 개운치 못한 꿈을 꾸면

☞ 하는 일의 전망이 어두워져 답답한 상황에 놓이게 된다.

햇빛 · 불빛 등이 어둠을 걷어내 기분이 밝아지는 꿈을 꾸면

☞ 영예로운 일을 성취하거나 근심걱정이 사라진다.

맑은 물이나 하늘, 또는 투명한 물건을 바라보면서 산뜻한 기분이 느껴지는 꿈을 꾸면

☞ 하는 일이 순조롭고 만사형통하며 근심걱정이 해소된다.

탁한 물이 밀려와 몸을 휘감는 꿈을 꾸면

☞ 질병에 걸리거나 사회적 재난 · 범죄 등에 휘말리게 된다.

더러운 물에서 고기를 잡으면

☞ 부정축재를 하게 된다.

❖ 난폭 · 온순 · 악의 · 양심 · 만족 · 불만 · 거짓 · 절망

상대의 표정이나 행동이 사나워 두려움을 느끼는 꿈을 꾸면

☞ 장차 상관하게 될 어떤 인물이 강대한 권세를 배경으로 위압적인 자세를 취함으로써 위축되게 된다.

상대가 온순하게 보이는 꿈을 꾸면

☞ 장차 상관하게 될 어떤 인물이 미온적인 태도를 취하거나 허약함을 드러내어 속을 끓이게 된다.

자신에게서 어떤 악의(惡意)가 생기는 꿈은 소원을 충족하고자 하는 욕망이 표현되는 것인데

☞ 그러한 꿈이 실제 범죄로 이어지는 장면을 연출했다면 그 욕구가 실현성을 갖는다는 뜻이다.

다만 이런 꿈에서 범죄를 저지르고 죄책감이나 연민, 또는 두려

움을 느끼면
☞ 본능적 욕구를 억제함으로써 감정적 앙금을 남기는 것이므로 불길한 징조가 된다. 불쾌 · 미수 · 불만 등의 감정적 체험을 하게 된다.
♞ 상대에게 사죄를 하여 그가 자기를 용서하는 꿈을 꾸면
☞ 누군가에게 자기의 경력 · 자격 · 능력 등을 인정받게 된다.
♞ 무엇인가 만족하다고 생각하는 꿈을 꾸면
☞ 당면한 어떤 소원을 충족하게 됨으로써 통쾌 · 만족 · 희열 등의 감정적 체험을 하게 된다.
♞ 무엇인가 불만스럽다고 생각하는 꿈을 꾸면
☞ 당면한 어떤 소원을 충족할 수 없게 됨으로써 좌절하게 된다.
♞ 음식을 양껏 먹어 포만감을 느끼는 꿈을 꾸면
☞ 분수에 넘친 일을 하거나, 벅찬 일거리를 떠맡거나, 뇌물을 받아 심적 고통을 당하게 된다.
♞ 그릇에 담긴 물이 흘러넘치는 꿈을 꾸면
☞ 분에 넘치는 재물들이 조금씩 흩어지게 된다.
♞ 갈증을 느끼는 꿈을 꾸다가 물을 마시지 못한 채 잠을 깨면
☞ 입학 · 취직 · 사업 등의 당면한 소원을 충족할 수 없다.
♞ 공복감으로 허기를 느끼는 꿈을 꾸면
☞ 결핍 · 소진 · 부족 · 불만 등의 일을 체험하게 된다.
♞ 감정이 격해지는 꿈을 꾸다가 이를 해소하지 못한 채 잠을 깨면
☞ 당면한 소원을 충족할 수 없어 심적 고통을 당하게 된다.
♞ 상대가 활기 넘치고 강건하여 위압감을 느껴지는 꿈을 꾸면
☞ 경쟁자에게 패배하여 열등감을 느끼게 된다.
♞ 상대가 생기 없고 연약하여 허술하게 보이는 꿈을 꾸면

☞ 장차 상관하게 될 어떤 인물이 미숙하거나 부족하다고 생각하며 우월감을 느끼게 된다.

비록 꿈이 위장과 왜곡, 그리고 가장의 나열이라고 해도 그 본질은 진실을 찾아내고자 함에 있다. 꿈속에서 진실이라고 인식하는 것은 진실을 추구하고자 하는 자기 암시적 표현이다. 가령 자기가 잘못을 저질렀는데 누군가가 그러면 못쓴다 하는 식의 충고를 하였다면 그것은 자기의 잠재의식이 무엇인가를 각성시킴으로써 조만간 현실에서 겪게 될 어떤 사건에 대한 경고를 하고 있는 것이다. 꿈속에서 성경구절이나 격언 등을 읊조리는 것은 장차 현실에서 누군가로부터 진리를 깨우치게 되거나 가르침을 받아 뉘우치게 된다는 뜻이다. 반면 꿈속에서 거짓이라고 정의된 것은 현실에서도 거짓으로 통한다. 꿈속에서 상대방을 속여야겠다고 생각하였다면 장차 현실에서 누군가에게 권모술수를 부리게 된다. 또한 꿈속에서 상대의 말과 행동이 거짓이라고 생각하였다면 조만간 현실에서 어떤 불순한 자가 자기를 현혹하여 속여 넘기려고 접근하는 것을 알아차리게 될 것이다.

꿈에 무엇인가를 소원·희망하는 것은 욕구불만의 표현이다.

☞ 이런 꿈을 꾸면 무언가를 갈망하거나 욕구불만을 느끼게 된다.

꿈속에서 〈할 수 없다〉 〈안 된다〉 〈어쩔 수 없다〉는 등의 관념이 상기되며 절망감을 느끼는 것은

☞ 욕구불만의 표현이다. 이런 꿈을 꾸면 하고자 하는 일이 좌절되어 절망감에 빠지게 된다.

상대에게 거절을 당하는 꿈 역시 욕구불만의 표현이다.

☞ 무엇인가 실패하여 절망감을 느끼게 된다는 뜻이다.

꿈에 등장한 어떤 사물이 충실하다고 느끼는 것은

☞ 적극적이고 활기차다는 뜻이다.

반면 부실하다고 느끼는 것은

☞ 소극적이며 연약하다는 뜻이다.

❖ 승리 · 패배 · 고통 · 안이 · 존경 · 건강 · 시기 · 감사

♞ 꿈속에서 공격적인 행동이나 심리가 묘사되는 것은 꿈꾼 사람의 본성을 나타내는 것이 아니라,

☞ 어떤 일거리에 대한 욕구 · 애착 · 소망 등을 나타내는 것이다.

♞ 적을 패퇴시키거나 경쟁자를 물리쳐 승리감에 도취하는 꿈을 꾸면

☞ 소원을 충족하여 통쾌 · 희열 등의 감정적 체험을 하게 된다.

♞ 반대로 적이나 경쟁자에게 패배하여 열등감을 느끼는 꿈을 꾸면

☞ 하는 일이 실패하여 불쾌 · 좌절 등의 감정적 체험을 하게 된다.

♞ 무거운 짐을 지거나, 험한 절벽을 기어오를 때 고통을 느끼는 꿈을 꾸면

☞ 벅차고 어려운 일거리를 맡아 순탄치 못한 나날을 보내게 됨으로써 심적 고통을 당하게 된다.

♞ 억압 · 방해 등이 없어 편안하고 즐거운 기분이 느껴지는 꿈을 꾸면

☞ 하는 일이 순조롭고 일신이 안락하여 평온한 삶이 이어진다.

♞ 존경하는 인물을 만나 공경심이 생기는 꿈을 꾸면

☞ 현실에서도 존경의 대상이 될 만한 인물과 상관하게 된다.

♞ 상대를 업신여기는 꿈을 꾸면

☞ 그로 동일시된 어떤 인물을 천시하거나 경멸하게 된다.

♞ 장애인이나 중환자의 경우 자신이 건강하다고 생각하는 꿈은 육체적 건강을 뜻하는 것이 아니라 정신적인 건강, 즉 억압된 심리 상태를 해방시킨다는 의미를 나타낸다.

☞ 이런 꿈을 꾸면 장차 현실에서 어떤 벅차고 고통스러운 상황을 극복하게 됨으로써 만족 · 희열 등의 감정적 체험을 하게 된다.

- 몸에 통증이 느껴져 마음이 동요되는 꿈을 꾸면
☞ 하는 일이 진통을 겪게 되거나, 실제 질병에 걸릴 수 있다.
- 상대가 과장된 말이나 행동을 한다고 생각되는 꿈을 꾸면
☞ 누군가를 신뢰할 수 없다고 생각하거나 어떤 일이 실속 없을 것이라고 판단하게 된다.
- 상대와 비교하면서 그를 부러워하는 꿈은 욕구불만의 표현이다.
☞ 불쾌·불만·미수·열등감 등의 감정적 체험을 하게 된다.
- 상대를 시기하는 꿈 역시 욕구불만의 표현이다. 이런 꿈을 꾸면
☞ 현실에서도 누군가로 인해 패배·질투·열등감을 느끼게 된다.
- 성인(聖人)을 만나거나, 교회나 사찰에 들어가거나 신비스런 자연현상을 접하거나 하여 거룩하고 성스럽다고 생각하는 꿈을 꾸면
☞ 어떤 위인에게 정신적 감화를 받거나 종교·사상 등에 몰입하게 됨으로써 인생의 큰 변화를 맞게 된다.
- 상대의 후의(厚意)에 대하여 감사하는 마음이 생기는 꿈을 꾸면
☞ 누군가의 도움으로 소원을 충족함으로써 희열을 만끽하고 감사하는 마음을 갖게 된다.
- 상대에게 어떤 물건을 주면서 아깝다고 생각하는 꿈을 꾸면
☞ 어떤 일에 소극적인 태도를 취함으로써 만족스럽지 못한 결과를 가져오게 된다.
- 어지럽다고 생각하는 꿈을 꾸면
☞ 누군가의 꼬임에 넘어가거나 정신적 혼란을 겪게 된다.

❖ 기타의 감각(感覺)

- 어떤 물체가 빠르다고 생각하는 꿈은 마음의 부담을 털어낸다는 뜻의 욕구충족으로 표현된다.

☞ 가령 자기가 탄 비행기가 쾌속으로 날아가고 있다고 생각하는 꿈을 꾸면 하는 일이 예상보다 신속하고 수월하게 처리된다.

♞ 반면 어떤 물체의 움직임이 느리다고 생각하며 답답함을 느끼는 꿈을 꾸면

☞ 하는 일이 지지부진하여 심적 고통을 받게 된다.

♞ 무엇인가 안타깝게 생각하는 꿈은 욕구불만의 표현이다.

☞ 이런 꿈을 꾸면 불안한 상황을 맞아 초조한 상태가 된다.

♞ 무엇인가 시원스럽다고 생각하는 꿈을 꾸면

☞ 오랜 걱정이 일시에 사라짐으로써 통쾌감을 만끽하게 된다.

♞ 주변이 조용하여 평온함이 느껴지는 꿈을 꾸면

☞ 현실에서도 한동안 평안한 삶이 이어진다.

♞ 반면 주변이 시끄러워 짜증이 나는 꿈을 꾸면

☞ 번잡스런 인간관계로 인해 불안하고 초조한 상태가 된다.

♞ 어떤 물체의 끝을 알 수 없어 그저 무한하다고 생각하는 꿈을 꾸면

☞ 비현실적이거나 허망한 일에 관여하게 된다.

♞ 어떤 물체의 짜임새가 곱고 치밀하다고 생각되는 꿈은

☞ 어떤 사람이나 단체와의 관계가 단단하게 결속되었다는 뜻이다.

♞ 반대로 그 짜임새가 엉성하다고 생각되는 꿈은

☞ 느슨한 인간관계나 실속 없는 일거리를 상징한다.

♞ 어떤 물체가 딱딱하다고 느끼는 꿈을 꾸면

☞ 고집 센 인물을 만나거나 처리하기 어려운 일거리를 맡게 된다.

♞ 반대로 어떤 물체가 부드럽다고 느끼는 꿈을 꾸면

☞ 하는 일이 예상보다 수월하다고 생각하게 된다.

♞ 어떤 물체가 뜨겁다고 생각되는 꿈을 꾸면

☞ 충격적인 사건에 직면하거나 정신적 문제에 부딪치게 된다.

♞ 반대로 어떤 물체가 차다고 느끼는 꿈을 꾸면
☞ 거친 세파에 시달려 일신이 곤고(困苦)해진다. 또는 급작스런 사회변화로 삶이 위축된다.
♞ 상대에게서 향기를 느끼는 꿈을 꾸면
☞ 고매한 인물로부터 정신적 감화를 받게 된다.
♞ 어떤 물체에서 악취가 진동하는 꿈을 꾸면
☞ 불쾌한 사건에 휘말려 좋지 않은 소문을 내게 된다.
♞ 어떤 물체의 수량이 많다고 생각하는 꿈을 꾸면
☞ 당면한 소원을 충족하여 만족감을 느끼게 된다.
♞ 반면 적다고 생각하는 꿈을 꾸면
☞ 불만 · 결핍 등을 느끼게 된다.
♞ 어떤 물체를 대할 때 높거나 깊다고 생각하는 꿈을 꾸면
☞ 존경심이나 경외감을 불러일으킬 어떤 사건을 체험하게 된다.
♞ 반대로 낮거나 얕다고 생각하는 꿈을 꾸면
☞ 천박하거나 경솔하다고 생각하게 될 어떤 사건을 겪게 된다.
♞ 어떤 물체가 넓다고 생각하는 꿈을 꾸면
☞ 운세가 트여 자기의 세(勢)가 확장된다.
♞ 반대로 그 물체가 좁다고 생각하는 꿈을 꾸면
☞ 운세가 기울어 삶이 위축된다.
♞ 자기가 소유한 어떤 물체가 굵고 단단하다고 생각하는 꿈을 꾸면
☞ 하는 일이나 협조자가 건실하여 든든함을 느끼게 된다.
♞ 자기가 소유한 어떤 물체가 가늘고 약하다고 생각하는 꿈을 꾸면
☞ 하는 일이나 협조자가 부실하여 불안감을 느끼게 된다.
♞ 자기가 소유한 어떤 물체의 길이가 길다고 생각되는 꿈을 꾸면
☞ 하는 일이 오래도록 지속되거나 그 일이 성사되기까지 상당한 기

간이 소요된다.

반대로 자기가 소유한 물체의 길이가 짧다고 생각하는 꿈을 꾸면

☞ 하는 일이 한시적이거나 그 일이 신속하게 처리된다.

자기가 소유한 어떤 물체가 점점 커진다고 생각하는 꿈을 꾸면

☞ 운세가 확장되어 신분・지위 등이 상승하게 된다.

반면 자기가 소유한 어떤 물체가 점점 작아지는 꿈을 꾸면

☞ 운세가 기울어 신분・지위 등이 몰락하게 된다.

어떤 물체가 낡고 오래된 것이라고 생각하는 꿈은

☞ 연륜이 깊거나, 지식이 많거나, 고달픈 처지라는 뜻이다

❖ 기타의 사고(思考)

어떤 상황에 처하여 힘에 벅차다고 생각하는 꿈을 꾸면

☞ 힘에 겨운 상황에 직면하거나 분수에 넘치는 일을 하게 된다.

어떤 상황에 처하여 망설이는 꿈을 꾸면

☞ 현실에서도 신속한 결정・판단을 내리지 못해 실패하게 된다.

스스로 〈괜찮다〉 고 생각하는 꿈을 꾸면

☞ 스스로 어떤 결단을 촉구하게 될 일이 생긴다.

스스로 〈별 수 없다〉 고 생각하는 꿈을 꾸면

☞ 외압에 못 이겨 마지못해 어떤 일에 관여하게 된다.

상대가 조심하라고 알려주거나 스스로 조심해야겠다고 생각하는 꿈을 꾸면

☞ 일신상의 큰 위기가 소리 없이 다가온다. 경고를 위한 자기 암시적 표현이다.

천재지변・전쟁 등이 발생하여 큰일이 났다고 생각하는 꿈을 꾸면

☞ 자기에게 좋지 않은 영향을 미칠 어떤 사회적 변화를 겪게 된다.

상대가 믿을 수 없는 사람이라고 생각하는 꿈을 꾸면

☞ 누군가의 설득을 거부하며 그가 진실이 아니라고 판단하게 된다.

어떤 사물이 이해할 수 없어 이상하다고 생각하는 꿈을 꾸면

☞ 현실에서도 어떤 납득할 수 없는 사건으로 혼란을 겪게 된다.

상대가 가난하여 아무것도 할 수 없을 것이라고 생각하는 꿈을 꾸면

☞ 장차 상관하게 될 어떤 인물이 청렴결백하거나, 지식이 일천하거나, 사고력이 부족하다고 생각하게 된다.

반면 상대가 부유하다고 생각하는 꿈을 꾸면

☞ 어떤 인물이 야심이 많고 탐욕적이거나, 지식이 풍부하거나, 사고력이 높다고 생각하게 된다.

어떤 사물을 대할 때 과거에 한번 본 적이 있다고 생각하는 꿈을 꾸면

☞ 〈어떤 다른 장소·일·사건 등과 비교할 만하다〉 또는 〈비교해서 생각한다〉 라고 판단할 일이 생긴다. 또는 보류되었던 어떤 일을 다시 시작하게 된다.

오랜만에 만난다거나, 오랜만에 이루어진다고 생각하는 꿈을 꾸면

☞ 하는 일이 성취되기까지 예상보다 더 오랜 기간이 소요된다.

시간적으로 늦었다고 생각하는 꿈을 꾸면

☞ 어떤 일의 준비가 덜 되어 그 착수시기를 연기하게 된다.

〈잠시 동안만〉 이라고 생각하는 꿈을 꾸면

☞ 어떤 중요한 일이나 사건이 목전에 임박해 온다.

〈벌써 이루어졌다〉 라고 생각하는 꿈을 꾸면

☞ 꿈속의 표현 그대로 어떤 일이나 사건이 종결되었음을 뒤늦게 알아차리게 된다.

♞ 〈왜?〉 라는 의문이 생기는 꿈을 꾸면

☞ 무엇인가 심사숙고해야만 할 일이 생긴다.

♞ 〈옳다〉 라고 긍정하는 꿈은

☞ 정당한 일과 관계가 있다.

♞ 〈아니다〉 라고 부정하는 꿈은

☞ 불합리한 일과 관계가 있다.

2

행동(行動)의 꿈

❖ 걷다

행동표상(行動表象)이 꿈의 주된 암시로 표현될 경우, 물체의 움직임은 그 각각의 양태에 따라 고유한 상징의의를 나타낼 수 있는데 그것은 마치 벙어리가 수화(手話)를 하듯 어떤 암시적 신호를 보내 의사를 전달하는 것과 같다. 정동(情動)이나 상념(想念)처럼 행동표상 역시 꿈의 중요한 상징어인데 그 자체가 관념적 표현으로서 언어·감각 등의 여러 가지 경험들을 수반한다. 같은 행동이라 하더라도 꿈의 사연에 따라서는 그 뜻이 달라질 수 있으며, 자기가 행동의 주체가 되었다 해도 그것이 자기에 관한 것이 아니라 타인이나 사회적인 것을 암시하는 경우도 많다.

♞ 걷는 꿈은

☞ 현실에서의 장소이동·직책변동·시간경과·일의 진척·대화의 다채로움 등을 나타낸다.

♞ 길을 걷다가 멈추어 쉬는 꿈을 꾸면

☞ 하던 일을 중지하거나, 휴식을 취하거나, 답답한 상황에 처한다.

♞ 탄탄대로(坦坦大路)를 활기차게 걸어가는 꿈을 꾸면

☞ 하는 일이 순탄하게 진척되어 일신이 안락해진다.

♞ 좁고 험한 길을 걷는 꿈을 꾸면

☞ 하는 일이 여러 가지 곤경에 처하여 일신이 곤고(困苦)해진다.

♞ 기복이 심한 산길이나 들길을 걷는 꿈을 꾸면

☞ 하는 일이 여러 가지 우여곡절을 겪게 된다.

♞ 비록 책상과 책상 사이의 짧은 거리를 이동하였다 하더라도 그것이 꿈의 주된 암시로 표현되었다면

☞ 직책의 변동이나 책임의 전가 등을 상징하는 것이다.

♞ 목적도 없이 무작정 길을 걷는 꿈을 꾸면

☞ 언제쯤 성취될지 알 수 없는 일에 착수하게 된다. 환자의 꿈이

라면 병이 오래 지속된다.

♞ 출발했던 곳으로 되돌아오는 꿈을 꾸면

☞ 계획을 수정하여 처음부터 다시 시작하게 된다.

♞ 꿈에 상대와 반대방향으로 걸어가는 것은

☞ 같은 분야에 종사하는 어떤 사람과 정 반대의 방식으로 일을 처리하게 된다는 뜻이다.

♞ 멀리서 다가오는 상대를 마중하는 꿈을 꾸면

☞ 누군가와의 의견 차이를 좁히게 된다.

♞ 꿈에 자기 옆을 언뜻 스치고 지나가는 사람이라 할지라도

☞ 장차 상관하게 될 어떤 중요한 인물을 투시하는 경우가 많다.

♞ 앞서 가는 어떤 사람의 뒤를 따라 길을 걷는 꿈을 꾸면

☞ 자기 의사를 따라 줄 어떤 협조자의 도움을 받아 일이 순조롭게 진척된다.

♞ 여러 사람들을 제치고 선두에 나서서 길을 걷는 꿈을 꾸면

☞ 어떤 경쟁적인 환경에서 자기의 기득권을 빼앗기지나 않을까 하고 노심초사하게 된다.

♞ 지팡이에 의지하여 길을 걷는 꿈을 꾸면

☞ 협조자의 도움을 받아 일을 진행시키게 된다.

♞ 짐을 지거나 갓난아기를 업고 길을 걷는 꿈을 꾸면

☞ 여러 가지 부담을 안고 일을 시작함으로써 고초를 겪게 된다.

♞ 기다리는 사람이 멀리서 다가오는 꿈을 꾸면

☞ 실제 그 사람과 상봉할 때까지 상당한 기간이 소요될 것이다.

♞ 연인과 함께 산책을 할 때, 주변 경관이 자주 바뀌는 꿈을 꾸면

☞ 하는 일이 다양한 변화를 겪게 되거나, 누군가의 다채로운 이야기에 흠뻑 빠지게 된다.

♞ 마음은 급한데 발걸음이 무거워 애를 태우는 꿈을 꾸면
☞ 하는 일이 뜻대로 진척되지 않아 심적 고통을 받게 된다.
♞ 결혼식장으로 들어가는 꿈을 꾸면
☞ 어떤 집회・결사・결연에 가담하게 된다.
♞ 병이나 장애가 있어 거동이 불편한 사람이 마음껏 활보하는 꿈을 꾸면
☞ 오랜 억제에서 벗어나 소원을 충족함으로써 만족감을 느끼게 된다.
♞ 상대가 대문 밖에서 방안에 앉아 있는 자신을 들여다보는 꿈은
☞ 조만간 누군가가 자기를 찾아와 상관하게 된다는 뜻이다.
♞ 지금까지 같은 공간에 있던 상대가 밖으로 나가는 꿈은
☞ 오래도록 마음을 짓누르던 어떤 부담에서 벗어난다는 뜻이다.
♞ 조상(祖上)이 밖으로 사라져 종적을 감추는 꿈을 꾸면
☞ 가운(家運)이 기울어 살림살이가 궁색해진다
♞ 상대와 어깨를 나란히 하여 같은 방향으로 걸어가는 꿈을 꾸면
☞ 동업자・협조자 등과의 관계가 원만하여 하는 일이 순조롭게 진척된다.
♞ 길을 걷다가 어떤 장애물에 부딪쳐 되돌아가는 꿈을 꾸면
☞ 하는 일이 장애에 부딪침으로써 다른 방법을 모색하게 된다.
♞ 고향이나 집으로 돌아가는 꿈은
☞ 어떤 일의 종결이나 완성을 의미하는 것이다.
♞ 많은 사람들이 자기에게 몰려오는 꿈은
☞ 하는 일이 여러 가지 어려움에 직면하게 된다는 뜻이다.
♞ 가축(家畜)들을 몰고 가는 꿈은
☞ 하는 일이 자기의 뜻대로 잘 조절된다는 뜻이다.

♞ 가축·애완동물 등을 줄에 묶어 억지로 끌고 가는 꿈은
☞ 어떤 부담이 생겨 하는 일을 성사시키기 어렵다는 뜻이다.
♞ 이리저리 배회(徘徊)하는 꿈을 꾸면
☞ 새로운 사업·과제 등을 얻기 위해 무엇인가 모색하게 된다.
♞ 한정된 공간에서 이리저리 왔다 갔다 하는 꿈을 꾸면
☞ 하는 일이 방향을 잃고 표류함으로써 한동안 진척되지 않는다.
♞ 대문을 들락거리는 꿈은
☞ 어떤 기관에 같은 일로 여러 번 청원하게 된다는 뜻이다.
♞ 지하실·아래층·땅속 등 아래로 내려가는 꿈은
☞ 하위기관·지하조직 등에 관여하거나 지위가 하락한다는 뜻이다.

❖ 뛰다

「뛰다」라는 행동은 걸음을 빨리 하여 힘껏 내달리거나 제자리에서 비상한 힘을 발휘하여 위로 솟구쳐 오르는 것이므로 심적 동요를 유발하게 된다. 꿈은 이를 재료로 삼아 장차 현실에서 급하다·초조하다·고통스럽다 하는 등의 관념을 불러일으킬 어떤 사건을 암시한다. 또한 꿈속에서 걷는 행동이 신분·직장이 변동된다는 뜻을 나타내므로「뛰다」라는 행동은 그 일이 급박하게 이루어짐을 의미한다.

♞ 달리기 경기에서 우승하여 희열을 느끼는 꿈을 꾸면
☞ 당면한 소원을 충족함으로써 만족감을 만끽하게 된다.

무엇인가에 쫓기는 꿈이 의외로 많다. 이것은 꿈꾼 사람의 심리상태가 꿈속에 투영되는 것으로 잠재의식에 내재된 불안·초조심리가 만들어 낸 영상들이다. 누군가에게 쫓기면서 뛰어 달아나는 꿈을 꾸었다면 조만간 현실에서 어떤 급박한 일거리나 사건을 접하여 불안·초조를 느끼게

될 것인데 종국에는 실패·좌절이라는 결과를 가져오게 될 것이다. 반면 꿈속에서 누군가를 붙잡으려고 뒤쫓아 뛰는 행동은 대부분 무위로 끝나는 경우가 많다. 이런 꿈을 꾸면 현실에서 어떤 일거리를 다급하게 추진하게 될 것이나 아무런 성과도 얻지 못한 채 손을 놓게 된다.

위아래로 움직이는 꿈은

☞ 보통 직위변동과 관련이 있다.

가령 바닥에서 몇 층 위의 건물로 뛰어오르는 꿈을 꾸었다면

☞ 벼락출세를 함으로써 몇 단계의 직급을 뛰어넘게 된다.

남들은 계단을 뛰어 올라가는데 자기는 발이 떨어지지 않아 애를 태우는 꿈을 꾸면

☞ 진급인사에 탈락하여 좌절하게 된다.

멀리뛰기를 하는 꿈을 꾸면

☞ 근무처를 바꾸거나 거처를 옮기게 된다.

연인과 손을 맞잡고 뛰어가는 꿈은 의외로 불길한 징조다.

☞ 동업을 하는 과정에 급박한 상황을 만나 불안·초조를 체험한다.

상대와 어깨동무를 하고 뛰는 꿈을 꾸면

☞ 동업자·동료 등과 시비가 붙어 서로 책임전가에 급급하게 됨으로써 심적 고통을 받게 된다.

담·나무·철책 등의 장애물들을 단숨에 뛰어넘는 꿈을 꾸면

☞ 어떤 일을 처리하는 과정에 큰 장애를 만날 것이나 무난히 극복하여 성공적인 결과를 이루어낸다.

산봉우리나 강물을 뛰어넘거나 바다에 떠 있는 섬 사이를 건너뛰는 꿈은

☞ 직장을 바꾸거나, 해외여행을 하게 되거나, 큰 권리를 행사하게 될 것인데, 그것은 별다른 수고나 방해 없이 순조롭게 이루어진

다는 뜻이다.

❖ 앉다 · 서다

꿈속에서 움직이거나 서 있다가 어떤 장소를 선택하여 앉는 것은 현실에서의 휴식 · 휴직 · 일의 보류 등을 암시하는 것이다. 반면에 자리에 앉아 있다가 일어서는 것은 현재 진행하고 있는 일에서 손을 떼게 된다는 암시다.

♞ 자기의 의자를 찾아가 앉는 꿈을 꾸면

☞ 취직 · 입학 등을 하게 됨으로써 새로운 지위를 얻게 된다.

♞ 앉을 의자를 찾지 못해 애를 태우는 꿈을 꾸면

☞ 면직 · 퇴학 · 낙방 등의 불행을 겪게 된다.

♞ 테이블을 사이에 두고 상대와 마주앉거나 서 있는 꿈을 꾸면

☞ 그 사람으로 동일시된 어떤 인물과 대립하게 된다.

♞ 상대와 의자를 나란히 하여 같은 방향으로 앉아 있는 꿈을 꾸면

☞ 동업자와 관계가 원만하여 하는 일이 순조롭다.

♞ 상대가 다리를 굽혀 앉을 듯이 엉거주춤 서 있는 꿈을 꾸면

☞ 누군가가 진퇴양난에 처하여 고민하는 것을 지켜보게 된다.

♞ 걸어다니다가 한 곳에 멈춰서 무언가를 하는 꿈은

☞ 어떤 임시적인 장소에 잠깐 머물게 된다는 뜻이다.

❖ 눕다

꿈에 바닥에 눕는 행동은 휴식 · 기다림 · 와병(臥病) 등의 상징이다. 그러나 병원 · 여관 등에 들어가 눕거나, 부부가 나란히 눕는 것은 직장에서의 사건들과 연관이 있다.

♞ 꿈에 검은 이불을 덮고 누우면

☞ 머지않아 병석에 들게 된다.

♞ 이불을 덮지 않고 옷을 입은 채 방바닥에 눕는 꿈을 꾸면

☞ 한동안 휴식을 취하거나 어떤 소식을 기다리게 된다.

♞ 한 방에 다른 사람들과 함께 누워 있는 꿈을 꾸면

☞ 다른 사람들과 함께 어떤 일의 성과가 나오기를 기다리게 된다.

♞ 누워 있던 방안에서 일어나 밖으로 나오는 꿈을 꾸면

☞ 오랜 기다림이나 휴식상태를 벗어나 새로운 국면을 맞이하게 된다.

♞ 상대와 같은 이불을 덮고 누운 꿈을 꾸면

☞ 동업자와 오랜 기간 같은 길을 가며 순탄한 관계를 유지한다.

♞ 상대와 머리를 맞대고 반대 방향으로 눕는 꿈을 꾸면

☞ 같은 목적을 가진 경쟁자에게 패배하게 된다.

♞ 방안에 누운 자기 발쪽에 누군가가 앉아 있는 꿈을 꾸면

☞ 누군가의 방해를 받아 소원을 충족할 수 없게 된다.

♞ 상대의 면전에서 바닥에 엎드리는 꿈을 꾸면

☞ 어떤 경쟁에 패배하여 상대의 처분만을 기다리게 된다.

♞ 반대로 상대가 자기 앞에 엎드리는 꿈을 꾸면

☞ 그로 동일시된 어떤 인물을 자기 의지대로 조정하게 된다.

♞ 지금까지 잠을 자고 있었다고 생각하는 꿈을 꾸면

☞ 오래 잊고 있던 어떤 일거리를 다시 시작하거나 어떤 각성(覺醒)의 계기를 맞게 된다.

♞ 상대가 잠들어 있는 광경을 바라보는 꿈을 꾸면

☞ 어떤 일이 침체·보류·유보된 상태임을 확인하게 된다.

♞ 윗사람의 무릎에 머리를 얹고 눕는 꿈을 꾸면

☞ 어떤 유력자에게 일신을 의탁하거나 일거리를 맡기게 된다.

❖ 춤추다

꿈에 춤을 추는 행동은 욕구충족의 표현으로 길조의 상징이다. 이런 꿈을 꾸면 현실에서 공격하다·지휘하다·승리하다 하는 등의 관념을 불러일으킬 어떤 통쾌한 체험을 하게 된다.

♞ 새튜로스 신이 자기 방패 위에서 춤을 추었다는 알렉산더 대왕의 꿈은

☞ 타이어 시를 공략하여 함락시킴으로써 튜로스를 정복하게 된다는 암시였다.

♞ 칼·총 등의 무기를 들고 춤을 추는 꿈을 꾸면

☞ 협조자나 유리한 방도의 힘을 빌려 경쟁자를 공략하게 된다.

♞ 어떤 자극을 받아 미친 듯이 날뛰는 꿈을 꾸면

☞ 충격적인 돌발사건에 접하여 정신이 혼미해진다.

♞ 상대가 자기 물건을 가리키며 손짓이나 발짓을 하는 꿈을 꾸면

☞ 불순한 자가 나타나 자기 작품이나 사업 등을 비방하며 방해하려 할 것이다

♞ 고전무용이나 원무(圓舞) 등의 단체무용 등을 보고 매혹되는 꿈을 꾸면

☞ 여러 사람들로부터 집단 괴롭힘을 당하거나, 공개적인 망신을 당하게 된다.

❖ 때리다·걷어차다·떠밀다·짓밟다

꿈에 상대를 때리는 행위는 정신적인 타격, 즉 시비·비판·야유·모함 등으로 상대를 궁지에 몰아넣는다는 뜻이다. 반면 자기가 상대로부터 매를 맞는 꿈은 장차 현실에서 누구가로부터 공격을 받아 정신적·물질적 손실을 입게 된다는 뜻이다.

벌 · 모기 등의 독충을 손바닥으로 때려잡는 꿈을 꾸면

☞ 형제들의 도움으로 불순한 인물이나 방해적인 요인들을 제거하게 된다.

집단구타를 당하는 꿈을 꾸면

☞ 여러 사람들로부터 자기 작품 · 업적에 대한 평가를 받게 된다.

상대와 주먹으로 치고받는 꿈을 꾸면

☞ 누군가와 심한 설전이나 공방을 벌이게 되는데, 그것은 피장파장의 결과가 될 것이다.

상대와 마주하여 격투를 벌이려고 자세를 취하는 꿈을 꾸면

☞ 누군가와 심한 언쟁을 벌이게 된다.

동물을 때리는 꿈을 꾸면

☞ 하고 있는 일을 냉철하게 분석하여 수정 · 보완하게 된다.

상대에게 걷어차이는 꿈을 꾸면

☞ 누군가로부터 멸시를 당해 자존심을 훼손당하게 된다.

낯선 강아지가 따라오는 것을 발로 차 쫓아버리는 꿈을 꾸면

☞ 병마 · 방해자 · 장애요소 등을 물리칠 수 있다.

상대의 등을 떠미는 꿈을 꾸면

☞ 누군가를 설득하거나 해를 가하려고 음모를 꾸미게 된다.

귀찮게 따라오는 젊은 여자를 떠밀어 넘어지게 하였다는 꿈은

☞ 어떤 교활한 사람을 설득하여 자기 뜻에 동조하도록 유도하게 될 것이라는 암시였다.

큰 바위를 힘껏 밀어서 다른 곳으로 옮기는 꿈을 꾸면

☞ 어떤 기관 · 단체를 움직여 그 변화를 유도하게 된다.

산정에서 큰 바위를 밀어 아래로 떨어뜨리는 꿈을 꾸면

☞ 장차 어떤 기관 · 단체를 해체할 만한 큰 권한을 갖게 된다.

☗ 상대에게 떠밀려 넘어지는 꿈을 꾸면
☞ 누군가의 모략으로 신분·지위·사업 등이 몰락하게 된다.
☗ 바닥에 쓰러진 사람을 부축해서 일으키는 꿈을 꾸면
☞ 모처럼 좋은 기회가 생길 것이나, 누군가의 계략에 말려 수포로 돌아가고 만다.
☗ 꿈속에서 상대를 때리고 짓밟는 행위는 욕구충족의 표현으로
☞ 누군가를 억압하여 항복을 받아낸다는 뜻이다
☗ 반면 자기가 상대에게 짓밟히는 꿈을 꾸면
☞ 누군가의 공격을 받아 인격·체면 등이 손상당하게 된다.
☗ 어떤 사람이나 동물이 자기 집의 화초를 짓밟아 놓는 꿈을 꾸면
☞ 가문의 명예가 훼손될 어떤 불행한 사건을 겪게 된다.

❖ 쓰다듬다·인사하다·악수하다

꿈에 다른 사람이나 동물을 쓰다듬는 행위는 애정·동정·자위 등을 상징한다. 자기가 상대를 쓰다듬거나, 상대가 자기를 쓰다듬거나, 또는 자기 자신의 몸을 쓰다듬거나 하는 각각의 경우에 따라 달리 해석된다. 그러나 어떤 경우에도 불쾌·불만·거세·불안의 상징으로 표현되어 불길한 징조임을 나타낸다.

☗ 새·강아지 등의 애완동물을 쓰다듬는 꿈은 욕구불만의 표현으로서
☞ 욕구를 충족시키지 못한 상태에서 마음의 동요만 불러일으킬 어떤 사건을 겪게 된다는 뜻이다.
☗ 가령 앵무새를 쓰다듬는 꿈을 꾸고 결혼한 남자는
☞ 배우자로 인해 심적 고통을 받다가 결국 헤어지게 된다.
☗ 동물을 쓰다듬는 태몽을 꾸면

☞ 아이가 부모의 속을 썩인다.

♞ 발가벗은 갓난아이의 몸을 쓰다듬는 꿈을 꾸면

☞ 자위행위를 하거나 몹시 불쾌한 체험을 하게 된다.

♞ 어린아이의 머리를 쓰다듬는 꿈을 꾸면

☞ 실존의 그 아이, 또는 자기 일거리로 인해 속을 썩이게 된다.

♞ 꿈에 이성의 육체를 애무하는 행위가 성교로 이어지지 않았다면

☞ 누군가의 인연이 불쾌하게 끝나거나 하는 일이 실패하게 된다.

♞ 상대가 길게 늘어진 자기의 수염을 쓰다듬는 꿈을 꾸면

☞ 누군가에게 모욕을 당해 자존심이 손상된다.

♞ 조상이 나타나 자기 머리나 등을 쓰다듬으며 우는 꿈을 꾸면

☞ 조만간 병에 걸리거나 불행한 일을 겪게 된다.

♞ 상대에게 절을 하는 꿈을 꾸면

☞ 그로 동일시된 어떤 인물에게 청원하여 그 응답을 받게 된다.

♞ 반면 상대가 자기에게 절을 하는 꿈을 꾸면

☞ 자기가 상대의 청에 대하여 어떤 응답을 해야 할 입장에 놓인다.

♞ 상대에게 절을 할 때 그가 답례를 하는 꿈을 꾸면

☞ 누군가에게 청탁한 일이 수포로 돌아간다.

♞ 상대에게 절을 할 때 그가 빙그레 웃는 꿈을 꾸면

☞ 청탁한 일이 성사될 것이나 개운치 않은 뒷맛을 남기거나 약간 불쾌한 체험을 하게 된다.

♞ 상대가 자기의 절을 받지 않으려고 외면하는 꿈을 꾸면

☞ 그로 동일시된 어떤 인물이 자기의 청탁을 거절하게 된다.

♞ 국기(國旗)에 대하여 경례를 하는 꿈을 꾸면

☞ 공직에 진출하거나 공공사업에 참여하거나 하는 등으로 국가권력과 직접적인 관계를 갖게 된다.

대통령에게 거수경례를 하는 꿈을 꾸면

☞ 어떤 조직체의 일원이 되어 정부에 무엇인가 청원을 하게 된다.

누군가에게 큰절을 하는 꿈은 자기 운세에 큰 변화가 있기를 바라는 잠재의식에서 꾸어지는데,

☞ 그럴 만한 영향력을 가진 어떤 인물에게 청원을 하게 됨으로써 그 소망을 이루게 된다는 뜻이다.

현재 중병에 걸린 사람이 후손들에게 큰절을 받는 꿈을 꾸면

☞ 머지않아 죽음의 길을 떠나게 된다.

조상에 큰절을 하는 꿈을 꾸면

☞ 유산을 상속받게 된다.

신이나 우상에 절을 하는 꿈을 꾸면

☞ 어떤 권력자에게 무엇인가 청원하여 그 소망을 이루게 된다.

제상(祭床) 앞에서 절을 하는 꿈을 꾸면

☞ 상부기관이나 윗사람에게 청원하여 그 소망을 이루게 된다.

신랑이나 신부가 되어 배우자와 맞절하는 꿈을 꾸면

☞ 어떤 기관에 의뢰한 자기의 일거리가 반려된다.

신랑이나 신부가 되어 하객들에게 큰절을 하는 꿈을 꾸면

☞ 자기의 일거리를 어떤 권력기관이나 권력자에게 의뢰하여 성사되게 한다.

상대와 악수하는 꿈을 꾸면

☞ 누군가와 결연・결합・합작・결혼 등을 하게 된다.

그러나 악수를 하면서 서로 맞잡은 손을 흔드는 꿈을 꾸면

☞ 누군가와 결연・연합・합작 등이 여러 번의 위기를 겪게 된다.

악수를 할 때, 맞잡은 상대의 손이 차갑게 느껴지는 꿈을 꾸면

☞ 그 사람으로 동일시된 어떤 인물에게 냉대를 받게 된다.

반대로 악수를 할 때 상대의 손에서 온기를 느끼는 꿈을 꾸면
☞ 결연 · 합작 등과 관련하여 상대의 환대와 호의를 받게 된다.
상대의 손을 자기의 손으로 꼭 감싸 쥐는 꿈을 꾸면
☞ 의형제 · 제자 · 연인 등의 인연을 맺게 된다.
상대와 손을 맞잡고 걷는 꿈을 꾸면
☞ 누군가와 결혼 · 결연 · 연합 등을 하게 된다.
위기에 처하여 구원을 요청하는 사람의 손을 잡아 끌어올리는 꿈을 꾸면
☞ 현실에서도 곤란에 처한 어떤 사람을 구해낼 것이다. 그러나 그 때문에 연대책임을 지게 된다.
상대가 자기의 손을 잡아 위로 끌어올리는 꿈을 꾸면
☞ 누군가의 도움을 받아 난국을 극복하게 된다.

❖ 보다 · 눈짓하다 · 키스하다 · 포옹하다

보다 명확한 해석을 원한다면 꿈에 바라본 어떤 물체의 움직임이나 형태의 변화만이 아니라 꿈꾼 사람의 심적 동향까지 분석할 필요가 있다. 어떤 대상을 바라볼 때 그것이 멀리 보이거나 가까이 보이거나 하는 등으로 거리감을 느끼는 것은 장차 현실에서 체험될 어떤 사건이 실제로 일어나기까지 시간적 · 공간적 차이가 있음을 나타낸다. 가령 꿈에 그리운 사람이 멀리서 다가오는 광경을 보았다면 현실에서 그가 상당한 시간이 경과한 후에야 도착하게 된다는 뜻이요, 그가 이미 방안에 들어와 있었다면 가까운 시일 내에 당도한다는 뜻이다. 또한 자기에게 미치는 영향의 정도를 나타내기도 하는데, 가령 꿈에 자기 집 대문에서 벌어지는 장면은 장차 현실에서 자기에게 직접적으로 영향을 미칠 어떤 사건을 암시하는 것이요, 대문 밖에서 벌어지는 장면은 자기에게 간접적으로 영향을 미칠 어떤 사건을 암시하는 것이다.

♞ 건물·상자·물·그릇·기계 등의 내부를 들여다보는 꿈은
☞ 그 표상이 암시하는 어떤 일에 한동안 종사·관여·연구하게 된다는 뜻이다.
♞ 상대가 자기를 유심히 바라보는 꿈을 꾸면
☞ 누군가가 자기의 신분·사상·배경 등에 관심을 갖고 어떤 조사를 하거나 예의 주시하게 된다.
♞ 강렬한 햇빛이나 불빛 등으로 눈이 부신 꿈을 꾸면
☞ 누군가의 지식·업적·세력·능력 등에 압도당하게 된다.
♞ 자기보다 큰 사람을 올려다보거나 자기 눈높이보다 더 위에 있는 물체를 쳐다보는 꿈을 꾸면
☞ 상부(上部)와 연관이 있는 어떤 일에 관여하거나 윗사람에게 무엇인가 갈구하게 된다.
♞ 바닥에 누워서 하늘을 쳐다보는 꿈을 꾸면
☞ 사회·국가적인 어떤 소망을 갖게 된다.
♞ 앞에 가로놓였던 물체가 시야에서 완전히 사라지는 꿈을 꾸면
☞ 어떤 일거리를 상실하거나 근심걱정이 해소된다.
♞ 상대가 열심히 일하는 모습을 물끄러미 바라보는 꿈을 꾸면
☞ 어떤 연구 활동이나 신앙생활에 몰두하게 된다. 이때 그 상대방은 자기의 또 다른 자아(自我)다.
♞ 자기가 상대에게 눈짓을 하는 꿈을 꾸면
☞ 누군가와 암거래(暗去來)를 하게 된다.
♞ 이성(異性)의 윙크를 받아 마음이 설레는 꿈을 꾸면
☞ 누군가의 모략에 빠져 불쾌한 체험을 하게 된다.
♞ 자기의 윙크에 상대가 따라오는 꿈을 꾸면
☞ 누군가가 자기의 계략에 말려들게 된다.

♞ 이성과 키스를 하는 꿈을 꾸면
☞ 중요한 소식을 듣거나, 누군가의 속마음을 알아내거나, 누군가로부터 자백을 듣게 된다.
♞ 이때 키스로 유발된 성욕을 해소하지 못하고 꿈을 깨면
☞ 미수·실패·불만·불쾌 등을 체험하게 된다.
♞ 여성이 호감이 가는 남성과 만족스럽게 키스를 하는 꿈을 꾸면
☞ 당면한 큰 소망을 실현할 수 있다.
♞ 이성과 키스를 하고 싶은 욕구가 생겼지만 상대가 응하지 않아 불만을 느끼는 꿈을 꾸면
☞ 어떤 인물의 속마음을 알아내려 하지만 별 성과가 없어 애를 태우게 된다.
♞ 반가움의 표시로서 상대의 이마·손등·볼 등에 키스하는 꿈을 꾸면
☞ 누군가에게 수동적인 자세를 취하여 어떤 맹서를 하거나 굴종적인 동의를 표하게 된다.
♞ 유명인과 키스하는 꿈을 꾸면
☞ 최고의 영예를 얻게 된다.
♞ 이성과 포옹을 함으로써 성욕이 유발되는 꿈을 꾸면
☞ 불쾌·불만 등의 감정적 체험을 하게 된다.
♞ 반가움이나 기쁨의 뜻으로 상대와 포옹을 하는 꿈을 꾸면
☞ 누군가와 의견일치를 보거나 결속을 다지게 된다.
♞ 윗사람의 품에 안기는 꿈을 꾸면
☞ 어떤 권력자에게 은혜와 자비를 구할 일이 생긴다.
♞ 갓난아기를 품에 안는 꿈을 꾸면
☞ 벅찬 일거리를 맡아 심적 고통을 당하게 된다.

♞ 어떤 물체를 두 팔로 감싸 안는 꿈을 꾸면

☞ 머지않아 중요하게 생각될 어떤 것을 소유하게 된다.

♞ 값진 물건이나 귀한 동물을 가슴에 꼭 감싸 안는 태몽을 꾸면

☞ 출생할 아이가 장차 그 물체로 상징되는 어떤 일거리나 재물을 소유하게 된다.

❖ 성교(性交)하다

꿈속에서의 성교행위는 미래의 어느 시점에서 이루어질 어떤 계약·점유·탐지 등과 관련된 일이나 사건 또는 소원의 성취 여부를 암시하는 상징 표현이다. 꿈속에서 상대방의 육체를 완전히 점령함으로써 만족할 만한 성교를 하였다면 장차 현실에서 하고자 하는 일이 무난하게 성취되어 기쁨과 만족감을 체험하게 될 것이다. 반면 꿈속에서 성교행위가 좌절되는 것은 미수·불쾌·불만 등을 체험하게 된다는 뜻이다.

♞ 꿈에 성교의 대상으로 등장하는 사람이나 동물은

☞ 애착을 갖고 성취시키려는 어떤 일거리를 상징하는 것이다.

♞ 많은 사람들이 바라보고 있는데도 아무런 부끄러움 없이 어떤 여성과 성교를 하였다는 꿈은

☞ 여러 사람들의 관심이 집중된 가운데 어떤 벅찬 일거리를 성사시키게 된다는 암시였다.

♞ 여성을 위협하거나 완력을 가하여 억지로 성교하는 꿈을 꾸면

☞ 심적인 부담을 안고 어떤 일거리를 강압적으로 추진하게 된다.

♞ 유부녀나 유부남과 간통(姦通)하는 꿈을 꾸면

☞ 다른 사람의 일에 개입하여 자기에게 이득이 되도록 조정한다.

♞ 다른 남자(여자)가 자기의 부인(남편)과 간통하는 꿈을 꾸면

☞ 어떤 불순한 자가 암암리에 자기의 일거리를 노리게 된다.

♞ 괴한이 침입하여 성교를 중단하는 꿈을 꾸면
☞ 예상치 못한 방해자가 나타나거나 불의의 사건이 발생하여 자기의 일이 중단되게 된다.
♞ 불안한 마음으로 성교를 하는 꿈을 꾸면
☞ 현실에서도 불안한 상태에서 어떤 일을 추진하게 된다.
♞ 죄의식(罪意識)을 느끼며 성교를 하는 꿈을 꾸면
☞ 남에게 드러내지 못할 어떤 행위를 감추려고 전전긍긍하게 된다.
♞ 부부(夫婦)간에 성교하는 꿈을 꾸면
☞ 집안일과 관련한 어떤 소원을 충족시키게 된다.
♞ 미혼남녀가 연인과 성교하는 꿈을 꾸면
☞ 오래 지속되어온 어떤 일을 성취하게 된다.
♞ 남성이 여성상위의 체위로 성교를 하는 꿈을 꾸면
☞ 누군가의 억제를 당하게 됨으로써 수동적 위치에 놓이게 된다.
♞ 남성이 여성의 배후에서 성교를 하는 꿈을 꾸면
☞ 누군가의 이면을 탐문·조사할 일이 생긴다.
♞ 상대가 옷을 입고 있는 상태에서 성교를 하는 꿈을 꾸면
☞ 누군가가 방어적 자세를 취하면서 그 속내를 드러내지 않으려고 노력하는 것을 알아차리게 된다.
♞ 성교를 할 때 상대의 성기가 돋보이는 꿈을 꾸면
☞ 자기가 하는 일에서 독특한 장점을 발견하게 된다.
♞ 홍등가에서 윤락녀와 성교하는 꿈을 꾸면
☞ 머지않아 다른 사람들과 질펀한 술자리를 벌이게 된다.
♞ 나이 많은 여성과 성교하는 꿈을 꾸면
☞ 연륜이 오래된 어떤 일거리를 성사시키게 된다.
♞ 사별한 배우자나 헤어진 연인을 만나 성교를 하는 꿈을 꾸면

☞ 오래 보류했으나 단념할 수 없었던 어떤 일거리를 다시 시작하여 성사시키게 된다.

♞ 다른 남녀의 성교 장면을 훔쳐보는 꿈을 꾸면

☞ 누군가가 큰 성공을 거두게 됨으로써 자기는 상대적 박탈감이나 패배의식을 갖게 된다.

♞ 이성의 나신(裸身)을 보고 성적 충동이 일어났으나 이를 충족시키지 못하는 꿈을 꾸면

☞ 미수 · 불만 등의 불쾌를 체험하게 된다.

♞ 여신(女神) · 선녀 등의 신령적 존재와 성교를 하는 꿈을 꾸면

☞ 신앙생활에 몰두하거나 중요한 계약을 맺게 된다.

♞ 근친상간의 꿈은 자기가 애착을 가지고 성취시키려는 어떤 일거리와 관련이 있는데

☞ 꿈꾼 사람이 느끼는 쾌 · 불쾌 또는 죄의식 등의 감정적 양태에 따라 그 상징의의가 달라진다.

♞ 로마의 영웅 시저가 자기 어머니와 관계하였다는 꿈은

☞ 장차 대지(大地), 즉 큰 영토를 갖게 된다는 암시였다.

♞ 동물이 교미(交尾)하는 장면을 바라보는 꿈을 꾸면

☞ 어떤 두 사람이나 두 개의 단체가 연합하는 것을 목격하게 된다.

♞ 잠을 잘 때 성기가 자극을 받아 형성되는 성교의 꿈도 있는데 그것이 비록

☞ 신체적 자극으로 만들어진 것이라 해도 꿈의 의도는 미래사를 암시함에 있음을 유념해야 한다.

♞ 몽정(夢精)을 수반하는 성교의 꿈도 욕구충족의 표현인데

☞ 미래에서 체험될 어떤 소원충족을 암시하는 것이다.

♞ 어떤 남성은 성교 후 자기가 사정한 것을 확인하는 꿈을 자주 꾼

다고 진술한 바 있다.

☞ 이런 꿈은 어떤 일거리를 성취하게 될 것이나, 정신적·물질적 소모가 뒤따르게 된다는 뜻이다.

♞ 동물과 성교를 하여 만족감을 느끼는 꿈을 꾸면

☞ 그 동물이 상징하는 어떤 소원을 충족하게 됨으로써 성취감을 만끽하게 된다.

♞ 승려(僧侶)가 성교의 꿈을 꾸는 것은 수행이 부족함을 나타내는 것이 아니라 어떤 깨우침을 얻게 된다는 뜻이다.

☞ 그러나 이때 마음의 갈등을 느꼈다면 온갖 번뇌에서 아직 벗어나지 못했음을 나타내는 것이다.

❖ 죽이다·죽음을 당하다

현실에서의 살인은 극악의 범죄이지만 꿈속에서의 살인은 최고의 길조라는 점에서 참으로 역설적이다. 이런 꿈이 길조가 될 수 있는 것은 살해되는 상대가 실존의 인물을 동일시하는 것이 아니라 자기의 일거리를 상징하기 때문이다. 살인을 한다는 것은 법·윤리·양심 등의 제약을 받는 어려운 일을 감행하는 것이므로 「질식된 관념의 분비」로서 표현된다. 따라서 이는 장차 큰 소원을 이루게 된다는 암시적 표현인 것이다. 그러나 이때 살인을 하고 양심의 가책을 받아 괴로워하거나 처벌될까 두려워 전전긍긍하는 것은 불길한 징조를 나타내는데, 장차 현실에서 어떤 벅찬 일거리를 성취하게 되지만 후환이 생겨 고통을 당하게 된다는 뜻이다.

♞ 사람·짐승·곤충 따위의 생명체를 죽이는 꿈은

☞ 현실에서 어떤 일거리를 성취하게 된다는 암시다.

♞ 꿈에 상대를 무자비하게 죽일 수 있는 사람은

☞ 하고자 하는 일을 통쾌하게 성취시킬 수 있는 운세를 갖는다.

♞ 신하가 자신을 살해하는 꿈을 꾸었다 하여 그를 처형한 로마의 황제는 큰 과오를 저지른 것이다.

☞ 신하의 꿈에 등장한 황제 자신은 최고·최대의 영광이나 가장 아름찬 일거리를 상징하고 있었기 때문이다.

♞ 총·칼 등의 무기를 사용하여 적을 죽이는 꿈을 꾸면

☞ 협조자나 유용한 수단을 동원하여 벅찬 일을 성취하게 된다.

♞ 자기에게 해가 되지 않는 어떤 무고한 사람을 죽이는 꿈은

☞ 심적인 부담감 없이 어떤 일거리를 수월하게 성취하게 된다는 뜻이다.

♞ 벌·파리·모기 등 자기를 괴롭히는 해충을 죽이는 꿈을 꾸면

☞ 근심걱정이 해소되거나 집단적 방해에서 벗어나게 된다.

♞ 사나운 기세로 덤벼드는 동물을 죽이는 꿈을 꾸면

☞ 벅찬 일을 성사시킴으로써 큰 만족감을 느끼게 된다. 그러나 태몽이라면 태아가 유산된다.

♞ 살인사건을 목격하는 꿈을 꾸면

☞ 누군가가 벅찬 일거리를 성취하는 것을 지켜보게 된다.

♞ 자기가 살인혐의로 피소된 법정에서 정당방위를 주장하는 꿈을 꾸면

☞ 어떤 큰 업적을 이루고도 그에 합당한 대가나 평가를 받지 못하게 된다.

♞ 자기가 살인죄를 저지르고 경찰에 쫓기는 꿈을 꾸면

☞ 벅찬 일거리를 성취하고도 여러 가지 문제들을 남기게 됨으로써 심적 고통을 받게 된다.

♞ 사형수가 처형되는 광경을 바라보는 꿈을 꾸면

☞ 공공사업에 관여하게 된다.

♞ 자기가 죽인 상대가 되살아나서 도망가는 꿈을 꾸면

☞ 어렵게 성사시킨 어떤 일이 아무런 성과도 가져오지 못해 낙심하게 된다.

♞ 자기가 타고 가던 차량이 사람을 치어 죽이는 꿈을 꾸면

☞ 자기가 소속된 기관·단체가 어떤 과업을 달성함으로써 그 이익을 취하게 된다.

♞ 타인에게 살해당한 자신의 시체를 물끄러미 내려다보는 꿈은

☞ 새로운 신분을 얻거나 새로운 사업에 착수하게 된다는 뜻이다.

♞ 자살(自殺)하는 꿈은

☞ 과거를 청산하고 새로운 삶을 살아가게 된다는 뜻이다.

♞ 죽음 직전에 놓인 사람이나 동물을 구해주는 꿈을 꾸면

☞ 어떤 일거리로 고통을 당하거나 위기에 처한 사람을 도와주고 그로 인해 연대책임을 지게 된다.

❖ 헤엄치다

꿈에 등장하는 바다·강·개울 등은 자기의 사회적 기반을 상징하는 것이므로 그런 장소에서 헤엄을 친다는 것은 이 기반을 발판삼아 적극적으로 삶을 개척해 나간다는 뜻이다. 헤엄을 치는 꿈은 그 양태에 따라 여러 가지 다른 상징의의를 나타내는데, 가령 옷을 입은 채 헤엄을 치는 것과 알몸으로 헤엄을 치는 것이 다르고, 단순히 즐거움을 얻기 위해 헤엄을 치는 것과 어떤 목적을 가지고 헤엄을 치는 것이 각각 다른 뜻을 나타낸다. 또한 잔잔한 물살을 타는 것과 세찬 물살에 휘말리는 것이 다르며, 물이 맑고 깨끗한 것과 탁하고 더러운 것이 다르다.

♞ 꿈에 잔잔한 수면 위를 시원하게 헤엄쳐나가는 것은 소원충족의 표현이다. 이런 꿈을 꾸면

☞ 직장·사업·가정 등의 여러 가지 일들이 순조롭게 진척되어 성공의 기쁨을 만끽하게 된다.

아무리 헤엄을 쳐도 앞으로 나아가지 않아 애를 태우는 꿈을 꾸면

☞ 하는 일이 노력한 만큼의 성과를 가져오지 않아 낙담하게 된다. 성적불만의 표현인 경우도 있다.

길을 걷다가 바다나 강을 만나 그곳에서 수영을 하는 꿈을 꾸면

☞ 한시적인 일거리에 종사하거나 임시직장을 얻게 된다.

수영 후에 벗어 놓은 옷을 찾지 못해 애를 태우는 꿈을 꾸면

☞ 신변에 위험이 닥치거나, 협조자를 잃거나 고독해진다.

더러운 물에서 헤엄을 치는 꿈을 꾸면

☞ 질병에 걸리거나, 남의 꾐에 넘어가거나, 죄악의 구렁텅이에 빠지게 된다.

강에서 헤엄을 치다가 세찬 물살에 떠내려가는 꿈을 꾸면

☞ 강력한 세력이 그 영역을 확장함에 따라 자기 기반이 붕괴된다.

파선(破船)된 뒤 바다를 표류하다가 다른 배에 구조되는 꿈을 꾸면

☞ 파산·면직·이혼 등의 극한적 곤경에서 벗어남으로써 운세가 극적으로 호전된다.

물에 빠진 사람을 구해서 뭍으로 헤엄쳐 나오는 꿈을 꾸면

☞ 하는 일에 큰 부담이 생겨 심적 고통을 당한다.

땅속을 헤엄치는 꿈을 꾸면

☞ 제도권이 아닌 실험적 활동에 참여하거나 지하조직에 가입한다.

강을 헤엄쳐 건너편 둑 위로 올라서는 꿈을 꾸면

☞ 어렵사리 진급·진학·전직 등의 소망을 실현하게 된다.

♞ 옷을 입은 상태로 헤엄치는 꿈을 꾸면

☞ 낡은 습관 · 사고방식 등을 고수한 채 새로운 환경을 접하게 됨으로써 여러 장애에 부딪친다.

♞ 호랑이 · 곰 등의 동물이 물속에서 자유롭게 헤엄치는 꿈을 꾸면

☞ 어떤 기관에 의뢰한 자기의 일거리가 순조롭게 진척된다.

❖ 날다

공중을 자유롭게 날아다니는 장면은 유년시절의 꿈에 빈번하게 등장한다. 그러나 어른의 꿈속에도 심심찮게 등장하는데, 이런 꿈들은 대부분 신분 상승이나 자아과시, 또는 자유의지 등과 연관된 일이나 사건을 암시한다. 공중을 나는 꿈이 만들어지는 동기에 관해서는 두 가지 학설이 있다. 그 중 하나는 신체적 감각, 즉 피부로 느낀 감촉이나 폐의 호흡운동에서 기인한다는 것이요, 다른 하나는 어린 시절부터 잠재의식화되어 있는 비상(飛翔)의 소망에서 유래한다는 것이다. 그러나 꿈이 형성되는 동기야 어떠하든 그 의도하는 바가 미래사를 암시하는 것에 있다는 사실만은 변함이 없다 할 것이다. 즉 꿈은 공중을 나는 자극적인 표현을 동원함으로써 꿈꾼 사람의 미래사를 암시하는 강조수단으로 사용한다는 점이다. 수영을 하는 꿈과 마찬가지로 공중의 나는 꿈 역시 꿈속에서의 소원충족이므로 보통 길조의 상징이다. 한편 꿈속에서 공중(空中)이라는 관념이 상기되는 것은 사회 · 국가적인 기반이라는 의미를 나타내는데, 꿈꾼 사람의 미래사가 그것과 연관되어 있다는 뜻이다.

♞ 공중을 훌쩍 날아 난관을 피하는 꿈을 꾸면

☞ 현실에서도 비상한 수단을 동원하여 위기를 벗어나게 된다.

♞ 공중을 날아 높은 나무에 올라앉는 꿈을 꾸면

☞ 고속승진을 하거나 매혹적인 이성과 사랑에 빠지게 된다.

♞ 연인과 손을 잡고 새처럼 가볍게 하늘을 나는 꿈을 꾸면

☞ 제도·속박 등에 억눌려 있던 자기 일거리가 자유롭게 됨으로써 수월하게 진척된다.

♞ 지인(知人) 중의 누군가가 깨끗한 옷을 차려입고 하늘 저 멀리 날아가 시야에서 완전히 사라지는 꿈을 꾸면

☞ 그 사람, 또는 그로 동일시된 어떤 사람이 사망한다.

♞ 땅으로 떨어질 듯이 공중을 낮게 나는 꿈은 불안정한 심리상태를 나타내는데 꿈의 암시도 이와 같다.

☞ 이런 꿈을 꾸면 일신이 불안정한 상태에 놓이게 됨으로써 근심 걱정에 휩싸이게 된다.

♞ 층계 위를 훌쩍 날아 위층의 방으로 들어가는 꿈을 꾸면

☞ 승진을 하거나 신분이 상승한다.

♞ 용·호랑이·거북 등의 상서로운 짐승이 공중을 나는 꿈을 꾸면

☞ 자기의 업적·작품 등이 사회적인 평가를 받아 영예와 권세를 얻게 된다.

♞ 집채만 한 바위가 공중을 둥둥 떠다니는 꿈을 꾸면

☞ 자기가 소속된 어떤 기관·단체가 그 존립 근거를 상실함으로써 존폐 위기에 몰리게 된다.

♞ 그러나 자동차·기차·배 등의 움직이는 물체가 공중을 날아가는 꿈은 길조로서 표현되는데,

☞ 자기가 소속된 단체가 기존의 제도·형식에 얽매이지 않고 자유롭게 활동함으로써 사회적 관심을 불러 모으게 된다는 뜻이다.

♞ 공중에 떠 있는 어떤 건물에 홀로 앉아 있는 꿈을 꾸면

☞ 머지않아 죽음의 길을 가게 된다.

♞ 어린이들이 꾸는 비상(飛翔)의 꿈은 성장과 관계된 신체반응으로 형성되는데,

☞ 이 역시 소원충족을 표현하는 것으로 장차 통쾌한 체험을 하게 된다는 암시다.

♞ 자기가 독수리나 매 등의 맹금류(猛禽類)가 되어 하늘을 나는 꿈을 꾸면

☞ 어떤 조직에서 비위를 적발하고 시정하는 임무를 맡게 된다.

❖ 떨어지다 · 오르다 · 빠지다 · 미끄러지다

꿈에 높은 곳에서 떨어지는 것은 두렵고 불안한 감정이 유발된다는 점에서 불길한 징조를 나타낸다. 장차 현실에서 겪게 될 불안 · 공포 · 좌절 · 낙담 등의 감정적 체험들을 암시하는 것이 보통이다. 그러나 스스로 뛰어내려 통쾌한 기분을 느끼는 것은 소원충족을 암시하는 것으로 조만간 만족 · 희열 등의 감정적 체험을 하게 된다는 뜻이다.

♞ 꿈에 높은 곳에서 떨어지는 바람에 놀라 깨면

☞ 신상에 위험이 닥쳐 불안 초조를 느끼거나 애정 · 희망 등을 상실하게 된다.

♞ 꿈에 절벽을 기어오르다가 실족하여 낭떠러지로 떨어지는 바람에 놀라 깨면

☞ 신분몰락 · 사업실패 · 애정파탄 등의 불행을 겪게 된다.

♞ 높은 곳에서 떨어져 죽은 자신의 시체를 아무런 느낌도 없이 그저 바라만 보았다는 꿈 이야기가 있다.

☞ 자신의 죽음을 바라보는 것은 과거를 청산하고 새 출발을 한다는 뜻인데, 이런 꿈을 꾸면 새로운 사업을 시작하거나 직업을 바꾸게 된다.

♞ 나무에서 떨어져 팔다리가 부러지는 꿈을 꾸면

☞ 신분이 추락하거나, 협조세력이 꺾이게 된다.

절벽에서 떨어졌는데 중간에 나뭇가지에 걸려 간신히 빠져나왔다는 꿈은
☞ 신분몰락의 위기에서 누군가의 도움을 받아 구원받게 된다는 암시였다.
이층 이상의 건물에서 아래로 뛰어내리는 꿈을 꾸면
☞ 조만간 실직(失職)하게 된다.
낮은 곳에서 높은 곳으로 오르는 꿈을 꾸면
☞ 머지않아 신분상승·소원충족·운세호전 등을 체험하게 된다.
땅에 고정시킨 장대나 기둥에 기어오르는 꿈을 꾸면
☞ 어떤 권력자에게 매달려 그 도움을 청하게 된다.
힘겹게 산을 오르는 꿈은
☞ 출세나 사업성취와 관련이 있는데, 그 여정이 고단함을 뜻한다.
천신만고 끝에 산정에 올라 사방을 조망하는 꿈을 꾸면
☞ 여러 가지 난관을 극복하고 성공하여 부귀공명을 누리게 된다.
상대의 어깨 위에 올라타는 꿈을 꾸면
☞ 경쟁세력을 제압하여 자기의 의지대로 조정하게 된다.
나무·풀·돌부리 등을 잡고 산정에 오르는 꿈을 꾸면
☞ 사업성취나 출세 등을 위해 협조자의 도움을 받게 된다.
혼자서 지붕 위나 옥상에 올라가는 꿈을 꾸면
☞ 은퇴를 하거나 고립무원(孤立無援)의 궁지에 빠지게 된다.
벽에 사다리를 기대 놓고 그 위로 올라가는 꿈을 꾸면
☞ 단계적인 과정을 거쳐 신분·직위 등이 상승하게 된다.
사다리가 공중에 뻗쳐 그 끝을 알 수 없는 상태에서 하염없이 올라가는 꿈을 꾸면
☞ 머지않아 치명적인 병에 걸려 사경을 헤매게 된다.

한옥(韓屋)의 댓돌 위로 오르는 꿈을 꾸면

☞ 조만간 직장 내에서 자기의 직위가 상승한다.

처녀가 신을 벗고 마루 위로 오르는 꿈을 꾸면

☞ 머지않아 시집을 가게 된다.

수렁이나 물에 빠지는 꿈은 예상치 못한 급작스런 위기에 처한다는 뜻이다. 이런 꿈을 꾸면 불가항력적 위험에 빠져 일신이 곤고(困苦)해진다. 함정(陷穽)에 빠지면 남의 모략에 빠진다. 물에 빠지면 자기의 신분이 위태로워지거나, 사상・종교 등에 몰입하게 된다. 그러나 자기 스스로 뛰어드는 꿈은 다르다.

꿈에 수렁에 빠져 허우적거리다가 잠을 깨면

☞ 불원간 중병에 걸리거나 범죄를 저지르게 된다. 또는 신분・가산이 몰락할 수도 있다.

자기의 오른발이 수렁에 빠져 뽑아내려고 애를 쓰는 꿈을 꾸면

☞ 자기의 정당한 행위가 어떤 불순한 자의 모함을 받아 누명을 쓰게 된다.

자기 집 황소가 수렁에 빠져 점점 가라앉는 것을 어찌할 수가 없어 안타깝게 바라보는 꿈을 꾸면

☞ 가장이나 호주(戶主)가 중병에 걸리거나 신분 몰락의 위기에 처하게 된다.

지붕이나 바닥이 무너져 그 속으로 빠지는 꿈을 꾸면

☞ 집안에 우환이 생겨 가세가 몰락하거나, 근친 중의 누군가가 심한 부상을 당하게 된다.

남이 파놓은 함정에 빠져 허우적거리는 꿈을 꾸면

☞ 어떤 음흉한 자의 계략에 말려 재기불능상태에 놓이게 된다.

바닥에서 미끄러지는 꿈을 꾸면

☞ 직장에서 면직되거나, 시험에 낙방하거나, 병에 걸린다.

♞ 빙판에서 미끄러지는 꿈을 꾸면

☞ 계획이나 소망이 좌절된다.

♞ 계단을 올라가다가 실족해서 미끄러지는 꿈을 꾸면

☞ 승진시험이나 입학시험에 실패하여 고통을 당하게 된다.

♞ 얼어붙은 강이나 호수 위를 조심스럽게 건너가는 꿈을 꾸면

☞ 사업·직장생활 등에 있어 어떤 위기가 찾아온다.

♞ 이때 얼음이 깨져 그 속에 빠지는 꿈을 꾸면

☞ 직장에서 해고되거나, 사업에 실패하거나, 병에 걸리게 된다.

❖ 묶(이)다·가르치다·가리키다·읽다·쓰다·그리다

꿈에 자기 신체의 일부가 수갑이나 포승 따위로 묶이는 것은 조만간 매우 불쾌한 경험을 하게 된다는 뜻이다. 또한 정신적인 자유가 억제를 당한다는 뜻으로도 표현되는데, 이것은 어떤 제도·규범·법규·계약 등에 얽매이게 됨으로써 고통을 느끼게 된다는 뜻이다. 간혹 죽음이나 질병의 상징으로 표현되는 경우도 있다. 그러나 꿈속에서 속박(束縛)을 당하는 자신이 자기의 일거리를 상징하는 경우 그 해석이 전혀 달라지는데, 장차 그 일거리가 어떤 기관에 의해서 받아들여져 성취된다는 뜻을 나타낸다.

♞ 상대가 포승(捕繩)에 꽁꽁 묶여 있는 꿈을 꾸면

☞ 그로 동일시된 어떤 사람이 고통을 당하거나, 병이 들거나, 죽는 것을 지켜보게 된다.

♞ 자기가 손목에 수갑을 찬 채 경찰관에게 끌려가는 꿈을 꾸면

☞ 자유를 속박당할 일이 생기거나 죽음이 임박해 온다.

♞ 자기가 다른 사람을 결박한 채 끌고 오는 꿈을 꾸면

☞ 누군가를 마음대로 조정하거나 손쉬운 일거리를 얻게 된다.

♞ 꿈에 도둑이나 간첩을 포박하여 감시하는 것은 중간거래를 하게 된다는 뜻인데 이런 꿈을 꾸면

☞ 누군가에게 인수한 상품·권리 등을 제삼자에게 넘기기 위해 그 대상을 물색하게 된다.

♞ 포로들을 결박하여 일렬로 꿇어앉혔다는 꿈은

☞ 비교적 수월한 일거리를 맡아 책임지게 된다는 암시였다.

♞ 적의 포로가 되어 다른 사람들과 함께 포박당한 꿈을 꾸면

☞ 자기가 출원한 일거리가 다른 출원자들의 것과 함께 어떤 기관의 처분을 기다리게 된다.

♞ 소를 집안으로 끌고 와 그 고삐를 기둥에 묶는 꿈을 꾸면

☞ 새로운 식구, 즉 며느리·양자·가정부 등이 들어오게 된다.

♞ 교직자의 신분이 아닌 사람이 학생들을 가르치는 꿈을 꾸면

☞ 아랫사람들에게 심한 잔소리를 하거나 무언가 지시하게 된다.

♞ 칠판에 그림을 그려 놓고 학생들이 따라 그리게 하는 꿈을 꾸면

☞ 소속 직원들에게 새로운 사무분장을 하게 된다.

♞ 누군가가 자기가 갈 방향을 손가락으로 가리키는 꿈을 꾸면

☞ 사업·학업 등의 목표를 설정함에 있어 지도자나 윗사람의 지도를 받게 된다.

♞ 자기가 상대에게 방향을 가리키는 꿈을 꾸면

☞ 누군가에게 자기 의사에 따라주기를 강요하게 된다.

♞ 책을 읽는 꿈은

☞ 자기의 사상이나 생각을 타인에게 전달한다는 뜻이다.

♞ 소리를 내어 책을 읽는 꿈을 꾸면

☞ 여러 사람들에게 자기의 생각을 털어놓거나 누군가에 관한 이야

기를 제삼자에게 들려주게 된다.

♞ 소리를 내지 않고 책을 읽는 꿈을 꾸면

☞ 윗사람의 지시에 말없이 순응하게 된다.

♞ 청중 앞에서 연설문을 낭독하는 꿈을 꾸면

☞ 여러 사람들에게 자기의 생각을 피력하여 설득하게 된다.

♞ 이성에게 시구(詩句)를 읽어주는 꿈을 꾸면

☞ 연인에게 사랑을 호소하게 된다.

♞ 표제(標題)·간판·이정표 등이 꿈의 주된 암시로서 등장하였을 경우

☞ 그 내용이 장차 자기가 시작하게 될 어떤 사업의 성격을 표현하는 경우가 많다.

♞ 글씨를 쓰는 꿈은

☞ 자기의 사상이나 진심을 타인에게 알리거나 상대에게 어떤 지시나 약속을 하게 된다는 뜻이다.

♞ 상대가 자기의 글씨가 훌륭하다고 칭찬하는 꿈을 꾸면

☞ 벅찬 일거리를 맡아 고심하게 될 것인데, 누군가의 지시에 따라 그 일을 행하게 될 것이다.

♞ 상대가 어떤 글씨를 써서 자기에게 보여주는 꿈을 꾸면

☞ 누군가가 자기 의사를 분명하게 밝히거나 애정표현을 해온다.

♞ 꿈에 연필·펜·붓 등 필기구를 손에 쥐고 있는 것은

☞ 조만간 어떤 방도나 계획이 구체화된다는 뜻이다.

♞ 자기의 필기구를 남에게 주는 꿈을 꾸면

☞ 누군가에게 자기의 일거리를 빼앗기게 된다.

♞ 손에 쥐고 있던 필기구가 부러지는 꿈을 꾸면

☞ 계획이 무산되거나 방도를 잃게 된다.

♞ 그림을 그리는 꿈을 꾸면

☞ 자기 운세에 어떤 변화가 나타나거나, 누군가의 인물됨을 알아보게 된다.

♞ 상대가 그림을 그려 자기에게 보여주는 꿈을 꾸면

☞ 누군가가 자신의 소개를 하거나 어떤 제안을 해온다.

❖ 시험(試驗)을 보다 · 이야기하다 · 연설(演說)하다

시험에 관한 꿈은 꿈꾼 사람이 수험생이냐 아니냐 하는 것에 따라 해석이 달라진다. 시험 결과를 예시하는 꿈이 상징적으로 표현되는 경우는 드물어 사실적으로 표현되는 것이 보통이다. 일반인이 시험의 꿈을 꾸는 것은 자기 계획이나 소망에 대한 어떤 해답을 얻어내는 것이다.

♞ 시험을 앞둔 학생이 수험장에 지각을 하는 꿈을 꾸면

☞ 현실의 시험에서 불합격될 가능성이 높다.

♞ 답안지를 쓰려는데 필기구가 없어 당황하는 꿈을 꾸면

☞ 시험에 불합격하거나 취직 · 전직 등의 소망이 좌절된다.

♞ 시험장에서 커닝 등의 부정행위를 하는 꿈을 꾸면

☞ 시험합격 · 취직 등의 소망을 이룰 수 있다. 방도를 얻는다는 표현이기 때문이다.

♞ 수험생이 꿈에 합격자 명단에서 자기의 이름을 보았다면

☞ 틀림없이 합격을 하게 된다.

♞ 수험생의 경우 자기의 이름이 합격자 명단의 맨 위에, 또는 별도로 적혀 있는 꿈을 꾸면

☞ 수석합격을 하거나 제2차 시험에 합격하게 된다.

♞ 수험생이 불합격된 슬픔에 소리 내어 우는 꿈을 꾸면

☞ 시험에 합격한다. 질식된 관념의 분비로 표현되었기 때문이다.

☗ 일반인이 시험장에서 답안지를 작성하는 꿈을 꾸면
☞ 다른 사람들에게 자기의 업적이나 행적을 심사받거나 자기의 사상을 피력하게 된다.
☗ 시험장이 등장하지는 않았지만 〈시험〉 이라는 관념이 상기되는 꿈을 꾸면
☞ 벅차고 어렵게 생각되는 일거리를 어쩔 수 없이 처리해야 한다.
☗ 구술시험을 보는 꿈을 꾸면
☞ 누군가와 논쟁을 벌이게 된다.
☗ 면접관의 질문에 답하지 못해 쩔쩔매는 꿈을 꾸면
☞ 불쾌 · 불만 등의 감정적 체험을 하게 된다.

상대와 대화하는 꿈은 현실에서 누군가와 시비(是非)할 일이 있음을 뜻한다. 이런 꿈에 묘사된 대화의 내용은 꿈의 전체 사연과 밀접하게 결부되어 있는 것이 보통이다. 따라서 대화 내용만 따로 떼어내 해석에 붙일 수 없다. 꿈에 등장하는 언어표상은 대부분 풍자 · 은유 또는 함축되어 표현되는 것이 일반이며 간혹 반의적으로 표현되는 경우도 있다. 자기와 대화하는 상대가 신령 · 조상 또는 상서로운 동물로 간주되는 경우 이를 예언의 꿈이라고 하는데, 이는 자기의 또 다른 자아가 분장하고 나타나 스스로에게 암시하고 있는 것이다.

☗ 신령 · 조상 등이 나타나 미래의 사건을 예시하는 꿈을 직접적인 예언의 꿈이라고 하는데,
☞ 사실적으로 표현되는 것이 일반이며, 일부가 상징되었다 해도 지나치게 과장 · 왜곡되어 이해하기 힘든 경우는 드물다.
☗ 어둠 속에서 누군가가 「사월 초파일 신림동으로 이사하면 대길할 것이야」 라고 말하는 꿈을 꾸었다는 어느 상인은
☞ 오랜 시일이 경과한 어느 해 사월 초파일 실제로 신림동에 가게

를 얻어 이사를 하게 됨으로써 꿈의 기억이 되살아나 소스라치게 놀랐다고 한다.

♞ 누군가가 자식이 아홉 딸린 과부를 중신하겠다고 말하는 것을 듣고는 화가 치밀어 미친 소리 작작하라고 쏘아붙이며 고개를 돌려 버렸다는 꿈 이야기가 있다.

☞ 이 사람은 그 후 어떤 부동산업자의 강권에 못 이겨 아홉 칸짜리 빈 집을 얻게 되었는데 이사를 하자마자 아홉 가지 근심거리를 얻게 되었다고 한다.

♞ 공중에서 정체를 알 수 없는 어떤 존재의 말소리가 들려오는 것은 대부분 예언의 꿈인데,

☞ 자기 운세의 대변화에 즈음하여 어떤 경고를 목적으로 표현되는 자기 암시적 꿈이다.

♞ 자기가 연사(演士)가 되어 청중을 향해 열변을 토하는 꿈은 소원충족의 표현인데

☞ 자기의 생각 · 사상 등을 피력함으로써 다른 사람들에게 영향을 주게 된다는 뜻이다.

♞ 강연장에서 다른 사람들과 함께 연사의 강연을 듣는 꿈을 꾸면

☞ 정부의 시책에 따르거나 상부의 지시에 순응하게 된다.

♞ 산봉우리에 홀로 서서 광야를 내려다보며 연설하는 꿈을 꾸면

☞ 장차 세상을 감동시킬 만한 큰 업적을 이루게 된다.

♞ 연설 도중 청중이 점점 모여들어 장내가 혼잡해지는 꿈을 꾸면

☞ 감당하기 힘든 일에 직면하여 고심하게 될 것이다.

❖ 박수치다 · 동의하다 · 언쟁하다 · 충고하다 · 사죄하다

♞ 자기가 무대에서 연기나 연설을 하는데 수많은 청중이 야유를

보내며 아우성치는 꿈을 꾸면

☞ 하는 일이 여러 사람들의 반대에 부딪치거나 시비의 대상이 된다.

♞ 반면 자기가 관중의 한 사람이 되어 연사나 연기자에게 아우성을 치며 야유를 보내는 꿈을 꾸면

☞ 상부에 항거하는 집단시위에 참가하거나 윗사람의 의견에 반박할 일이 생긴다.

♞ 자기의 연설·연기 등에 감동한 청중들이 박수갈채를 보내는 꿈은 소원충족의 표현인데,

☞ 조만간 자기의 능력이나 업적 등과 관련하여 매우 만족할 만한 체험을 하게 된다는 뜻이다.

♞ 대화·연기·연설 등의 장면이 묘사된 꿈에서 〈좋다·옳다·OK〉 등으로 동의를 표하는 것은

☞ 현실적 의미 그대로 찬성의 뜻을 나타낸다. 누군가에게 동의를 표할 일이 생긴다.

♞ 반면에 〈싫다·틀렸다·아니다·NO〉 등으로 반대를 표하는 것은

☞ 반대의 뜻을 나타낸다. 누군가와 의견대립이 생긴다.

♞ 상대를 꾸짖는데 그가 묵묵히 듣고 있는 꿈을 꾸면

☞ 경쟁적인 상대방을 제압하게 된다.

♞ 상대와의 언쟁에서 자기가 밀리는 꿈을 꾸면

☞ 누군가와 시비가 붙어 불쾌한 체험을 하거나, 하는 일이 미수로 끝나게 된다.

♞ 자기는 격분하여 마구 욕설을 퍼붓는데 상대는 아무런 대꾸도 하지 않은 채 빙그레 웃고만 있었다는 꿈 이야기가 있다.

☞ 이런 꿈을 꾸면 어떤 일을 성취하게 되지만 그 완벽한 뒤처리를 하지 못해 장차 화근의 불씨가 될 어떤 빌미를 남기게 된다.

♞ 상대에게 충고를 듣는 꿈을 꾸면

☞ 양심의 가책을 받을 만한 일을 저지르거나 누군가와 비교하여 열등의식을 느끼게 된다.

♞ 남편이 첩을 데리고 온 것에 격분하여 온갖 욕설을 퍼부었으나 남편은 잠자코 듣고만 있었다는 어느 유부녀의 꿈은

☞ 남편이 새로 시작한 어떤 사업에 대한 불안감을 표출한 것이었다. 첩은 남편의 사업이고 욕설을 퍼부은 것은 불안감을 해소하려는 잠재의식의 발로였다.

♞ 꿈에 상대에게 호통을 치는 것은 억제된 감정을 해소시킨다는 욕구충족의 표현이다. 이런 꿈을 꾸면

☞ 상대에게 심적 타격을 가해 자기에게 복종시킴으로써 만족감을 느끼게 된다.

♞ 반면 상대가 자기에게 호통을 치는 꿈을 꾸면

☞ 누군가의 억압에 굴복함으로써 심한 굴욕감을 느끼게 된다.

♞ 상대에게 애걸하거나, 용서를 구하거나, 사죄하는 꿈을 꾸면

☞ 실패 · 중단 · 절망 · 불만 · 패배 등의 불쾌한 체험을 하게 된다.

♞ 괴한에 쫓겨 막다른 골목에 이르자 별수 없이 무릎을 꿇고 목숨만 살려달라고 애걸하였다는 꿈은

☞ 흉조(凶兆)였다. 이런 꿈을 꾸면 중병에 걸려 사경을 헤매거나, 교통사고를 당하거나, 큰 실패를 겪게 된다.

♞ 자기가 포획한 상대를 용서하여 놓아주는 꿈을 꾸면

☞ 실패 · 미수 · 불만 등의 불쾌한 체험을 하게 된다. 또는 큰 실수를 한 다음 뒤늦게 후회하게 된다.

- 성직자나 윗사람에게 지은 죄를 고백하며 소리 내어 우는 꿈을 꾸면

☞ 어떤 벅찬 일거리를 완수하여 스스로 크게 만족하고 윗사람에게 높은 평가를 받게 된다.

- 죄를 짓고 양심의 가책을 받아 감정적 동요가 일어나는 꿈을 꾸면

☞ 근심걱정이 생기거나 어떤 자책감으로 심적 고통을 받게 된다.

❖ 사고팔다 · 부딪치다 · 깔리다 · 치다 · 여행하다

꿈속에서 상인에게 돈을 지불하고 물건을 산다는 것은 장차 현실에서 그 물건으로 상징되는 어떤 일거리나 재물을 얻게 된다는 뜻이다. 이때 상인에게 지불한 대금의 액수는 그 일거리나 재물을 얻기까지 소요될 일정 기간을 암시하는 것이 보통이다. 꿈에 물건을 사는 행위는 남에게서 일거리나 재물을 얻어온다는 뜻이요, 물건을 파는 행위는 남에게 일거리를 위임하거나 재물을 넘겨준다는 뜻이다. 어떤 물건을 샀다고 생각되는데 돈을 지불하였는지의 여부가 확실하지 않은 꿈은 기간에 관계없이 어떤 재물이나 일거리를 얻게 된다는 뜻이다.

- 꿈에 슈퍼에서 오천 원어치의 과일을 샀다는 어떤 장교는

☞ 얼마 뒤 5개월간 파견근무 명령을 받게 되었다 한다.

- 점포 주인이 되어 손님으로부터 돈을 받고 물건을 파는 꿈을 꾸면

☞ 누군가에게 맡긴 자기 일이 성사되기까지 그 물건 값이 상징하는 기간만큼 기다리게 된다.

- 물건 값이 상기되지 않은 상태에서 손님에게 물건을 파는 꿈을 꾸면

☞ 누군가에게 그 물건으로 상징되는 어떤 도움을 주게 된다. 가령 옷을 파는 꿈을 꾸면 누군가의 신원보증을 하게 된다.

♞ 집이나 소를 파는 꿈을 꾸면

☞ 사업체나 배우자를 잃게 된다.

♞ 앞에서 다가오는 사람·동물·물체 등과 충돌하는 꿈은

☞ 이해를 같이하는 두 사람이나 단체가 충돌·조정·합의 등의 과정을 겪게 된다는 뜻이다.

♞ 상대와 머리를 부딪치는 꿈을 꾸면

☞ 누군가와 공감대를 형성하거나 이론적인 동조를 하게 된다.

♞ 자기가 타고 있던 자동차·배·기차 등이 다른 물체와 충돌하는 꿈을 꾸면

☞ 가정·직장 등에 큰 변화가 생긴다. 이때 공포감으로 마음의 동요가 일어났다면 그 변화가 자기에게 좋지 않은 영향을 미치게 된다.

♞ 비행기가 추락하여 기체가 산산조각 나면서 화염에 휩싸이는 꿈을 꾸면

☞ 혼란스럽게 하는 걱정거리들이 사라진다. 두통환자는 그 증상이 사리지고 연대책임을 걱정하는 사람은 그 부담을 벗게 된다.

♞ 자기 자신이 자동차나 기차와 충돌하는 꿈을 꾸면

☞ 자기가 의뢰한 일거리가 어떤 기관에 의해 처리된다.

♞ 바위·건물 등에 깔리거나 자동차·수레 등에 치는 꿈을 꾸면

☞ 어떤 권력집단에 의해서 자기의 일거리가 성사된다.

♞ 여행을 하는 꿈속에서 겪는 여러 가지 사건들은

☞ 하는 일이 성사되기까지의 과정이나 여생(餘生)에서 겪게 될 여러 우여곡절을 나타낸다.

♞ 단체여행을 하는 꿈은

☞ 어떤 기관·단체의 일원으로 활동하게 된다는 뜻이다.

♞ 여행을 하면서 어떤 교통수단을 이용하는 꿈을 꾸면

☞ 어떤 일을 추진하는 과정에 협조자의 도움을 받게 된다.

♞ 짐을 들거나 어린아이를 데리고 여행을 하는 꿈을 꾸면

☞ 일을 처리하는 과정에 어떤 부담이나 걱정거리가 생긴다.

♞ 경찰관이 되어 밤거리를 순찰하는 꿈을 꾸면

☞ 생소한 지방으로 전근이 되거나 외근업무에 종사하게 된다.

♞ 학창시절로 되돌아가 수학여행을 하는 꿈을 꾸면

☞ 기관·단체의 일원이 되어 어떤 일에 관여하게 된다.

♞ 외국여행을 떠나는 꿈을 꾸면

☞ 미개척 분야에 뛰어들게 된다.

♞ 여행 도중 여러 가지 고초를 겪는 꿈은

☞ 남은 생애(生涯)에 많은 고비를 넘기게 된다는 뜻이다.

❖ 숨기다·드러내다·얻다·잃다·훔치다·꼼짝을 못하다

꿈에는 무엇을 감추려는 마음가짐과 행동이 있고, 반대로 무엇을 드러내 보이려는 마음가짐과 행동이 있다. 이 상반된 현상은 전적으로 꿈의 의도성에 따른 것이지 꿈의 잠재사상에서 연유한 것은 아니다. 프로이트의 주장처럼 의지의 갈등이나 거부현상에서 기인한 것이 아니며, 검열로 억압되거나 왜곡된 표현도 아니다. 꿈속의 은폐와 노출행위는 당초부터 꿈의 의도에 적합한 상징표현으로 만들어진다. 은폐(隱蔽)의 꿈은 보호하다·독점하다·시비를 피하다·공개하지 않는다 하는 등의 관념이 유발되는 어떤 일이나 사건을 암시하며, 노출(露出)의 꿈은 과시하다·증거를 제시하다·공개하다·시위하다 하는 등의 관념과 관련이 있다.

♞ 적이나 맹수에게 쫓겨 몸을 숨기는 꿈을 꾸면

☞ 기지와 슬기를 발휘하여 일신상의 위기를 모면하게 된다.

♞ 홍수가 밀어닥쳐 높은 곳으로 몸을 피하는 꿈을 꾸면

☞ 사회적 대변혁기(大變革期)를 큰 피해 없이 넘기게 된다.

♞ 시험장에서 다른 사람이 볼까봐 답안지를 감추는 꿈을 꾸면

☞ 불순한 자의 염탐행위로부터 자신의 비밀을 지키거나 타인의 무리한 요구를 거절하게 된다.

♞ 살인을 한 다음 피 묻은 옷을 감추는 꿈을 꾸면

☞ 부정한 방법으로 획득한 재물을 감추려고 애를 쓰게 된다.

♞ 자기가 저지른 죄상이 남에게 발각되지나 않을까 하며 전전긍긍하는 꿈을 꾸면

☞ 비밀누설이나 사생활 침해 등을 걱정하며 노심초사하게 된다.

♞ 괴한이 몸을 숨기고 자기의 행동을 엿보는 꿈을 꾸면

☞ 어떤 불순한 자가 자기의 일을 방해하거나 병마가 찾아든다.

♞ 벌거숭이(裸體)가 되어 거리를 활보하면서도 아무런 수치심도 느끼지 못하는 꿈을 꾸면

☞ 자기의 능력이나 업적을 과시하거나 남에게 자기의 비밀을 털어놓게 된다.

♞ 반면 모욕감이나 부끄러움을 느껴 나신(裸身)을 감추려고 애를 쓰는 꿈을 꾸면

☞ 자기의 사생활이 무방비상태로 노출됨에 따라 불안·불쾌·모멸 등의 감정적 체험을 하게 된다.

♞ 검은 천으로 성기를 감추는 꿈을 꾸면

☞ 자식에게 변고가 생기거나 자존심을 손상당하게 된다.

♞ 바닥에 떨어진 물건을 주운 다음 옆의 시선을 살피며 슬쩍 감추는 꿈을 꾸면

☞ 남보다 유리한 조건으로 권리·재물 등을 획득하였다는 이유로 심리적 압박감을 받게 된다.

♞ 과일을 훔쳐 치마폭이나 허리춤에 감추는 꿈을 꾸면

☞ 아이를 잉태한다.

♞ 시계를 훔쳐 항문 속에 감추면

☞ 소실(小室)을 얻게 된다.

♞ 벌거숭이가 되어 고향으로 돌아가는 꿈을 꾸면

☞ 일신이 곤궁(困窮)하고 불안하며 고독이 엄습해온다.

♞ 상대에게 자기의 소지품을 공개하며 자랑하는 꿈을 꾸면

☞ 누군가에게 자기의 재산·인맥·비밀 등을 공개하게 된다.

꿈은 극단적으로 이기주의적이라는 것을 여러 차례 강조한 바 있다. 꿈에 타인으로부터 무엇인가를 얻거나 뺏거나 훔치거나 하는 등의 장면이 자주 연출되는 것도 다 이런 이유 때문이다. 이때 주저하거나 양심의 가책을 받거나 하여 심적 갈등을 느끼면 불길한 징조가 된다. 한편 자기 주변에서 물건이 떠나가는 것, 즉 잃거나 빼앗기는 것은 좋지 않은 징조다. 이처럼 물건을 얻거나 잃는 행동들은 대체로 그 사람의 신분·세력·재물·권세 등의 변동을 암시하는 재료로서 등장하는데, 이러한 행위를 할 때 수반되는 감정적 동향이 그 양상(樣相)을 좀더 구체적으로 표현해낸다. 꿈에 얻는 물건은 싱싱한 새 것이라야 좋은 징조가 된다.

♞ 일반적으로 꿈에 어떤 물건을 얻는 것은

☞ 재물·권리·방도·협조자 등을 얻게 된다는 뜻이다.

♞ 낡은 물건을 버리고 새 것을 얻는 꿈을 꾸면

☞ 신분·명예·소유물 등이 새롭게 바뀐다.

♞ 꿈에 누군가의 물건을 강탈하거나 훔치는 것은

☞ 욕구충족이나 목적달성을 암시하는 상징적 표현에 불과하다.

썩은 물건을 얻는 꿈을 꾸면

☞ 창피를 당하거나 시비에 휘말리게 된다.

남이 쓰던 물건을 얻는 꿈을 꾸면

☞ 남의 일을 도와주거나 남의 일로 인해 근심 걱정을 하게 된다.

녹슨 식기나 자물쇠 등을 얻는 태몽으로 출생한 사람은

☞ 초년고생(初年苦生)이 극심할 운세를 지닌다.

남에게서 소액의 돈을 빼앗거나 훔치는 꿈은

☞ 좋지 않은 징조다. 그 액수가 암시하는 기간 동안 근심 걱정으로 시달리게 된다.

그러나 남의 가축을 빼앗거나 훔치는 꿈을 꾸면

☞ 새로운 재물·일거리·인재 등을 얻게 된다.

남의 과일이나 곡식을 훔치는 태몽을 꾸면

☞ 장차 큰 부자가 될 자손이 태어난다.

남의 물건을 훔치면서 가책이나 두려움을 느끼는 꿈을 꾸면

☞ 어떤 벅찬 일을 성취한다 해도 불쾌·불안감을 떨쳐낼 수 없다.

훔친 물건을 주인에게 되돌려주는 꿈을 꾸면

☞ 어렵게 얻어낸 성과가 가치 없는 것이 되어버리고 만다.

누군가가 자기의 옷을 훔쳐가는 꿈을 꾸면

☞ 신분이나 지위가 몰락한다.

누군가가 자기의 신발을 훔쳐가는 꿈을 꾸면

☞ 의지할 사람이나 거주할 집을 잃게 된다.

그러나 지갑에 넣어둔 소액의 돈을 훔쳐가는 꿈을 꾸면

☞ 근심 걱정이 해소된다.

난처한 상황을 피하려 하지만 꼼짝도 할 수 없는 꿈을 꾸면

☞ 어떤 위기에 직면하여 절망감과 패배의식을 느끼게 된다.

♞ 적을 공격하려 하지만 수족이 말을 듣지 않아 꼼짝도 할 수 없는 꿈을 꾸면

☞ 계획하는 일이 착수단계에서 좌절된다.

♞ 위험에 빠진 사람을 구하려 하는데 몸이 말을 듣지 않아 꼼짝도 못하는 꿈을 꾸면

☞ 자기의 일거리가 남의 손에 넘어갈 위기에 처했는데도 이를 막아낼 힘이 없어 실패・좌절・패배 등을 체험하게 된다.

♞ 사나운 맹수 앞에서 꼼짝도 못하는 꿈을 꾸면

☞ 두려운 상황에 직면하여 당황하거나 어떤 벅찬 일거리를 처리할 능력이 없어 방치하게 된다.

♞ 뛰어야 하는 상황에서 발이 떨어지지를 않아 꼼짝도 못하는 꿈을 꾸면

☞ 어떤 급한 일이 제대로 진척되지 않아 애를 태우게 된다.

♞ 다리가 몸에 깔리는 등의 신체적 자극이 도입되어 꼼짝도 못하는 장면이 연출되는 꿈은 두 가지 경향으로 해석되는데,

☞ 단순히 현재의 신체적 불편함을 호소하는 경우와 예시적 꿈의 한 장면으로 삽입되어 암시적 기능을 수행하는 경우로 나뉜다.

❖ 돕다・공격하다・쫓다・쫓기다・뒹굴다・거꾸로 서다

♞ 상대를 도와주는 꿈을 꾸면

☞ 누군가의 지시에 순응하게 되거나 실제로 다른 사람을 도와 줄 일이 생긴다.

♞ 상대의 짐을 맡아 보관하는 꿈을 꾸면

☞ 누군가의 사업이나 일거리에 관여하여 도움을 주게 된다.

♞ 병상에서 간호원의 도움을 받는 꿈을 꾸면

☞ 협조자의 도움을 받아 이제까지 지지부진하여 고심을 하던 어떤 일거리를 성사시키게 된다.

♞ 은사·은인 등이 나타나 자기를 도와주는 꿈을 꾸면

☞ 실존의 그 사람이나 협조자의 도움을 받게 된다.

♞ 무기를 사용하여 상대를 공격하는 꿈을 꾸면

☞ 어떤 유리한 방도나 수단을 동원하여 일을 처리하게 된다.

인간 본성에 내재된 원초적 본능 가운데 하나가 공격성이다. 이것은 갓난아기가 젖을 빠는 것과 같이 생리적이며 선험적(先驗的)인 욕구다. 이 원초적 욕구를 충족할 수 있느냐의 여부가 꿈속에서의 소원충족 여부를 판정한다. 꿈속에서는 억제된 본능이 고개를 든다. 현실이라면 부도덕하고 불법적인 것으로 간주되는 행위라고 해도 꿈속에서는 얼마든지 저지를 수 있는 이유가 바로 그것이다. 최대한의 능력을 발휘하여 상대를 공격하고 제압하는 꿈은 소원충족의 표현이다. 따라서 수단방법을 가리지 않고 상대를 때리고 찌르고 충격을 가하여 패퇴시키는 꿈을 꾸어야만 현실에서의 소원을 충족할 수 있다. 이 공격적 행동표현은 성적 욕구충족과 더불어 꿈이 가장 즐겨 사용하는 상징수단 중의 하나다. 그러나 꿈의 궁극적인 의도는 상대를 공격하여 승리를 거두는 것이므로 단지 공격욕구나 행위가 표현되었다고 해서 현실에서의 어떤 성과를 나타내는 것은 아니다.

♞ 상대를 공격할 때 연민이나 공포심으로 주저하는 꿈을 꾸면

☞ 미수·불만·불쾌 등의 감정적 체험을 하게 된다.

♞ 혼자서 여러 명의 적을 공격하여 패퇴시키는 꿈을 꾸면

☞ 대중(大衆)을 상대로 한 어떤 벅찬 일거리를 성취하게 된다.

♞ 상대가 자기를 공격하려는 순간 놀라서 꿈을 깨면

☞ 누군가에게 심한 공박을 당하여 신분이 위험에 노출된다.

♞ 상대에게 겁을 먹고 도망치는 꿈을 꾸면

☞ 패배·불안·초조·열등감 등의 감정적 체험을 하게 된다.

어린이가 도망치는 꿈을 꾸는 것은 성장과정에서 여러 가지 욕구들이 억제되어 있기 때문인데 설사 그렇다 해도

☞ 꿈은 단순히 현재적 심리상태를 표현하는 것에 그치지 않고 장차 불만·불쾌 등을 체험하게 된다는 것을 암시한다.

무엇엔가 쫓기는 꿈은 도망치는 꿈과 비슷하지만

☞ 더 불안하고 고통스런 상황에 처하게 된다는 뜻이다.

사자·호랑이 등의 맹수에게 쫓겨 몸을 숨기는 태몽을 꾸면

☞ 태아가 유산되거나 태어나도 꿈꾼 사람과 헤어져 살게 된다.

사람·바위·건물 등이 땅위에 구르는 꿈을 꾸면

☞ 머지않아 사업장의 이전·직장의 변경·신분의 변동 등의 일이 생긴다.

산위에서 누군가의 발에 채여 밑으로 굴러 떨어지는 꿈을 꾸면

☞ 직장에서 면직된다. 와병 중인 사람의 꿈이라면 죽음의 징조다.

평지에서 몸을 굴려 박차고 일어서는 꿈을 꾸면

☞ 비상한 수단을 동원하여 어떤 벅찬 일을 성사시키게 된다.

상대가 발로 찬 공이 자기에게 굴러오는 꿈을 꾸면

☞ 누군가의 도전을 받아 어떤 대비책을 강구해야 할 처지에 몰리게 된다.

해나 달이 땅에 떨어져 구르는 꿈을 꾸면

☞ 국가적인 권세·능력 등을 획득하여 세인의 이목을 끌게 된다.

물체가 뒤집혀 있는 꿈은 어떤 역전현상을 나타내는데

☞ 이면(裏面)·반대편·불안정·고통 등과 관련이 있다.

자기가 거꾸로 서 있는 꿈을 꾸면

☞ 사업·작품 등의 과정이 뒤집혀 혼란을 겪게 된다.

상대가 자기 앞에 거꾸로 서 있는 꿈을 꾸면

☞ 누군가의 주장·제의(提議) 등을 역이용하게 된다.

배가 뒤집힌 채 물위에 거꾸로 떠 있는 꿈은 아주 불길한 징조인데, 이런 꿈을 꾸면

☞ 자기 사업체나 집안사정이 걷잡을 수 없을 정도로 불안정한 상태가 되어 심한 고통을 받게 된다.

❖ 엎어놓다·뒤집다·덮다·열다·닫다

그릇을 엎어 놓는 것과 어떤 물체가 뒤집혀 있는 꿈은

☞ 중단·반대·패배·몰락 등을 암시하는 불길한 징조다.

상대를 엎어누르는 꿈을 꾸면

☞ 경쟁자를 굴복시킨다.

자기가 엎드린 꿈을 꾸면

☞ 신분몰락·패배·복종·중절 등의 불행을 겪게 된다.

엎어진 사람을 젖혀 눕혔다는 꿈 이야기가 있다. 이런 꿈도 불길한 징조를 나타내는데,

☞ 손쉽게 처리할 수 있는 어떤 일을 한때의 방심이나 오판으로 실패하게 된다는 뜻이다.

엎어 놓은 배를 바로잡아 물위에 띄워 타고 가는 꿈을 꾸면

☞ 절망적인 상황에 놓여 보류했던 어떤 일이 호전되어 성사된다.

어떤 물체에 무엇인가를 덮어 드러나지 않게 가리는 꿈은

☞ 보관·유지·보장·저장·종결·매장 등의 일과 관련이 있다.

상대가 자기의 온몸을 천으로 덮어씌우는 꿈을 꾸면

☞ 누군가에게 억압을 당하거나 죄를 뒤집어쓰게 된다.

시체를 홑이불로 덮어씌우는 꿈을 꾸면

☞ 재물을 안전하게 보관하기 위한 모종의 조치를 취하게 된다.

▲ 상대가 복면・가면 등으로 얼굴을 가리고 나타나는 꿈을 꾸면

☞ 음흉한 자가 신분을 숨긴 채 자기에게 해를 가하려고 접근해 온다.

▲ 자기가 상대의 머리를 천이나 종이로 덮어씌우는 꿈을 꾸면

☞ 누군가에게 포교(布敎)를 하거나 사상을 주입하여 그의 정신세계를 변화시키게 된다.

▲ 검은 천으로 몸의 일부를 가리거나 전신을 덮는 꿈은

☞ 사망・상해・범죄・거세 등 여러 불상사(不祥事)를 암시한다.

▲ 산・바위・흙더미 등이 제거되어 길이 훤히 트이는 꿈을 꾸면

☞ 어떤 절망적인 상황이 타개됨으로써 운세가 트이게 된다.

▲ 가문(家門)을 일으켰던 조상이 대문을 열고 들어오는 꿈을 꾸면

☞ 머지않아 가운이 활짝 트인다.

▲ 갓난아기를 품에 안은 사람이 문을 살짝 열고 집안을 들여다보는 꿈을 꾸면

☞ 그로 동일시된 어떤 인물로 인해서 집안에 불쾌한 사건이 벌어지게 된다.

▲ 방안에 어떤 동물을 가두고 문을 닫아버리는 태몽을 꾸면

☞ 출생할 아이는 어린 나이에 죽는다.

▲ 연인이 창문을 열고 밖에 서 있는 자신을 바라보는 꿈을 꾸면

☞ 그 연인이 마음을 열게 됨으로써 애정을 꽃피우게 된다.

▲ 열쇠로 자물쇠를 여는 꿈을 꾸면

☞ 유리한 방도나 재물 또는 지위를 얻게 된다.

▲ 그릇이나 상자의 뚜껑을 닫거나 병마개를 막는 꿈을 꾸면

☞ 그 기물에 들어 있는 물질의 상징의의로 암시된 어떤 일의 보호

·종결 등의 목적이 이루어진다.

❖ 결혼하다·물다·속삭이다·놀라다·졸도하다

결혼하는 꿈이 상징적으로 표현된 것이라면

☞ 계약·결사·결연·모임 등의 일과 관련이 있다.

결혼식장은

☞ 그러한 일이 행해지는 장소다.

결혼식장의 주례는

☞ 중개인·지도자의 동일시이다.

결혼예물을 교환하는 꿈은

☞ 어떤 계약의 증거물을 교환하게 된다는 뜻이다.

혼례복을 입고 결혼식장으로 들어가는 꿈을 꾸면

☞ 입학·취직·계약·사업 등의 소망을 이루어 신분이 바뀐다.

여성의 경우 신랑도 내빈도 없는 결혼식장에 혼자 들어가는 꿈을 꾸면

☞ 취직·입학·계약 등의 소망을 이루기까지 상당한 기간을 기다려야 한다.

결혼식장에서 신랑이 다른 여자와 나란히 서 있는 꿈을 꾸면

☞ 한동안 마음을 졸이게 될 어떤 중요한 계약이 성사된다.

여성의 경우 족두리를 쓴 자신의 모습을 거울에 비춰보는 꿈을 꾸면

☞ 그리운 사람이 성공하여 훌륭하게 변한 모습을 보게 된다.

이혼(離婚)하는 꿈을 꾸면

☞ 계약이 해지되거나, 근심걱정이 해소되며, 이별을 하게 된다.

법원에서 이혼절차를 마무리하는 꿈을 꾸면

☞ 어떤 기관・단체와의 계약을 파기하거나 직무상 중요한 책임에서 벗어나게 된다.

♞ 자기가 다른 사람이나 동물을 이빨로 무는 꿈을 꾸면

☞ 누군가에게 정신적인 영향을 주거나, 무엇인가를 감정(鑑定)하거나, 병세를 진단하게 된다.

♞ 반면 자기가 상대에게 물리는 꿈을 꾸면

☞ 상대방의 사상・권세・명예 등을 흡수함으로써 자기 자신을 이롭게 한다.

♞ 자기가 독수리나 솔개가 되어 닭・뱀 등의 작은 동물을 물어 죽이는 꿈을 꾸면

☞ 장차 강력해진 자기의 권세나 권력을 동원하여 경쟁자들을 제압・굴복시키게 된다.

♞ 동물이 자기의 팔다리를 물고 놓지 않은 상태에서 꿈을 깨면

☞ 누군가에게 넘겨받은 권리・권세 등을 오래도록 유지한다.

♞ 물린 자리에서 피가 나는 꿈을 꾸면

☞ 재물의 손실이 발생한다.

♞ 동물이 다른 동물을 물고 있는 꿈을 꾸면

☞ 두 개의 세력이 연합・합병・공조하는 것을 지켜보게 된다.

♞ 이때 물린 동물이 죽거나 피를 흘리는 꿈을 꾸면

☞ 어느 한쪽의 권세가 몰락하여 다른 쪽에 흡수된다.

♞ 화학자 케크레는 뱀이 제 꼬리를 물고 있는 꿈을 꾸고

☞ 벤젠(benzene)의 구조식이 육각형이라는 것을 발견하였다고 한다.

♞ 누군가가 자기에게 귓속말을 하는 꿈을 꾸면

☞ 확실하지 않은 소식을 듣고 갑갑해 할 것인데 그 진상은 먼 훗날

에나 밝혀지게 된다.

♞ 어떤 연유로든 깜짝 놀라는 꿈을 꾸면

☞ 사상적으로 감화(感化)되거나 착잡한 심경이 된다.

♞ 나쁜 일을 저지르다가 깜짝 놀라는 꿈을 꾸면

☞ 하는 일이 충격적인 사건에 휘말리게 된다.

♞ 크게 놀라 졸도하는 꿈을 꾸면

☞ 큰 감동을 받게 되거나 사상적으로 세뇌된다.

♞ 상대에게 무릎을 꿇거나, 허리를 굽혀 절을 하거나, 납작 엎드려 올려다보거나 하는 등의 꿈을 꾸면

☞ 그로 동일시되는 누군가에게 절대 복종해야 할 처지에 놓이게 된다.

♞ 상대와 마주보며 웃음을 주고받는 꿈을 꾸면

☞ 누군가에게 냉대를 받거나 그와 다투게 된다.

❖ 깨다 · 부수다 · 뚫다 · 기침하다 · 토하다 · 쌓다 · 얽히다

♞ 그릇 · 거울 · 달걀 · 병 등을 실수로 깨뜨리는 꿈을 꾸면

☞ 실패 · 좌절 · 절망 등의 일을 겪거나 깊은 인연이 끊어진다.

♞ 반면 그러한 물건을 자기가 일부러 깨뜨리는 꿈을 꾸면

☞ 누군가를 압도하거나, 경동(驚動)시키거나 무엇인가를 해명하게 된다.

♞ 큰 건물을 부수어 완전히 붕괴시키는 꿈을 꾸면

☞ 새로운 업적을 쌓거나 새로운 사업을 시작하게 된다.

♞ 벽에 터널을 내는 등, 어떤 물체에 구멍을 뚫는 꿈을 꾸면

☞ 관철 · 통찰 · 개방 · 통과 등의 일이 성사된다.

♞ 도둑이 자기 집의 벽을 뚫어 놓은 꿈을 꾸면

☞ 집안사정이 주변에 알려지거나, 자기의 사생활을 공개하게 된다.

♞ 자기가 구멍을 뚫고 그 속으로 들어가는 꿈을 꾸면

☞ 채용시험에 합격하거나 중요한 진리를 깨우치게 된다.

♞ 기침하는 꿈을 꾸면

☞ 억제된 감정을 해소하게 된다.

♞ 재채기하는 꿈을 꾸면

☞ 정신적 자극을 받아 어떤 의문을 풀게 된다.

♞ 먹은 음식을 토(吐)하는 꿈을 꾸면

☞ 뇌물이나 강탈한 물건을 내놓게 되거나, 남에게 빌려온 사업자금이나 물건을 되돌려 주게 된다.

♞ 해·달·동물 등을 삼켰다가 토해내는 꿈을 꾸면

☞ 어렵사리 획득한 권리·명예·재물 등을 잃게 된다.

♞ 곡식이나 장작 등을 높이 쌓아올리는 꿈을 꾸면

☞ 큰 재물을 축적하거나 공적을 쌓게 된다.

♞ 반면 높이 쌓여 있던 물건더미가 일시에 무너지는 꿈을 꾸면

☞ 자기의 업적·재물·신분 등이 일시에 붕괴된다.

♞ 물건더미를 다른 곳으로 옮겨 쌓는 꿈을 꾸면

☞ 사업체·부동산 등을 다른 곳이나 다른 형태로 이전하게 된다.

♞ 축대나 방축을 쌓는 꿈을 꾸면

☞ 공적을 쌓아 명망(名望)을 떨치게 된다.

♞ 실이나 머리카락, 또는 끈이 얽혀 있는 꿈을 꾸면

☞ 하는 일이 제대로 풀리지 않아 골치를 앓게 된다.

♞ 실이나 머리카락이 길게 이어져 있는 꿈을 꾸면

☞ 일·인연 등이 오래도록 지속해서 유지된다.

♞ 얽혀있는 실이나 끈을 풀어내는 꿈을 꾸면
☞ 지지부진하던 일거리가 술술 풀려나가게 된다.

3

신분과 직업에 관한 꿈

❖ 꿈속에 등장하는 사람

과거 꿈을 연구했던 사람들이 쉽게 빠졌던 오류 중의 하나가 인물상의 해석이었다. 실존의 인물로 해석했기 때문이다. 그러나 꿈에 등장하는 인물상은 보통 상징적으로 표현된다. 즉 대부분의 경우 실존의 인물로 묘사되는 것이 아니라 그와 비슷한 이미지를 지닌 다른 어떤 사람을 동일시하거나, 자기의 일거리를 상징하거나, 자기의 또 다른 자아가 분장하고 등장하는 것이다.

- 등장인물의 인상이 희미하거나 모호하게 표현된 꿈은

☞ 장차 상관할 어떤 인물·사건 등이 불명확하다는 뜻이다.

- 사실적인 꿈에 등장한 인물상은

☞ 실존의 인물을 동일시한다.

- 꿈에 등장하는 신령이나 혼백 또는 조상 등은 자기의 자아가 분장한 모습일 가능성이 높은데,

☞ 이러한 꿈들은 어떤 예언이나 계시, 또는 자기암시로서 표현되는 경우가 많다.

반사실적(半事實的)인 꿈에 있어서는 등장인물이 실존의 그 사람을 동일시하지만 그 배경이 되는 장소·사건·언어 등이 상징적으로 묘사되는 경우가 많다. 반대로 그 배경은 사실적으로 표현되지만 등장인물이 상징적으로 묘사되는 경우도 있다. 어떤 인물의 성격을 나타냄에 있어서 반인반수(半人半獸)의 합성상을 만들어내는 경우도 있다.

- 꿈에 등장한 어떤 여성이 현실의 남성을 동일시하는 경우. 그것은 그의 인품을 표현하는 것인데,

☞ 성격·용모 등이 여성과 비슷하거나 교활하고 음흉한 간계를 가지고 있다는 뜻이다.

꿈속에 등장한 인물이 어떤 일거리의 성격을 나타내는 것이라면
☞ 남성은 남성적인 일거리를, 여성은 여성적인 일거리를 각각 나타낸다.

자기 일거리를 상징하는 인물이 늙은 사람이라면
☞ 상당히 오래된 일이다.

젊은 사람이라면
☞ 현재의 일이다.

처녀・총각이라면
☞ 미개척 분야의 일이다.

아린아이라면
☞ 규모가 작거나, 부담이 되거나, 골치 아픈 일이다.

자기를 상대와 비교할 때 나이 차이가 느껴지는 꿈은
☞ 누군가의 지적 수준이나 능력이 자기와 차이가 있다는 뜻이다.

꿈에 등장한 상대가 자기 일거리의 상징일 경우, 그와 나이 차이가 느껴지는 것은
☞ 그 일이 성사되기까지 상당한 기간이 더 소요된다는 뜻이다. 또는 그 나이 차이만큼의 햇수가 이미 경과하였다는 뜻이다.

어린 시절로 돌아가 고향의 친구들과 어울려 노는 꿈은
☞ 현재의 직장에서 동료들과의 상관관계를 나타내는 것이다.

실존의 친구가 그 나이보다 늙은 모습으로 꿈에 등장하였다면
☞ 지금 그가 생활고나 병고에 시달리고 있음을 뜻한다.

실존의 동료들이 백발이 성성한 모습으로 꿈에 등장하였다면
☞ 자기는 편한 데 반하여 동료들은 상당히 고달픈 직무에 시달리고 있음을 나타낸다.

❖ 갓난아기 · 어린아이 · 청년 · 노인

꿈에 등장한 갓난아기가 사실적으로 표현된 것이라면 실존의 인물을 동일시한다. 그러나 상징적으로 표현된 것이라면 자기의 창작물이나 일거리, 또는 성기(性器) 등을 상징한다. 누구의 꿈에나 자주 등장하는 갓난아기의 표상은 보통 불쾌 · 근심 · 방해물 등으로 해석되는데 옛사람들의 견해도 이와 비슷했다. 그런 연유로 갓난아기를 업은 젊은 여인이 꿈에 나타나면 이를 해산여귀(解產女鬼)라고 하여 불길한 징조로 받아들였다. 이처럼 갓난아기가 근심이나 방해물로 표현되는 이유는 갓난아기를 대할 때 연민이나 애착심을 불러일으킴으로써 마음의 동요를 일으킨다는 점에서 장차 현실에서 겪게 될 유사한 심적 동향을 묘사하기에 매우 적절한 상징물이기 때문이다.

갓난아기의 알몸을 쓰다듬는 꿈을 꾸면

☞ 재수 없는 사건에 부딪치거나 자위행위를 하게 된다.

갓난아기를 안거나 업은 여인이 자기의 뒤를 따라오는 꿈을 꾸면

☞ 누군가가 시비를 걸거나 방해하여 마음의 부담을 갖게 된다.

신령이 나타나 갓난아기를 건네주는 태몽을 꾸면

☞ 출생할 아이는 장성하여 학문적으로 큰 업적을 남기게 된다.

갓난아기를 안아주는 꿈을 꾸면

☞ 심로(心勞) · 애착(愛着)이 가는 어떤 일거리로 인해 한동안 고심을 하게 된다.

꿈에 갓난아기의 똥을 만지면서도 불쾌하거나 더러운 느낌이 들지 않았다면

☞ 이제까지 부담스럽게 생각해온 어떤 일거리로 인해 의외의 큰 돈을 얻게 된다.

자기 곁에 있던 누군가가 갓난아기를 안고 사라지는 꿈을 꾸면

☞ 근심걱정이 사라진다.

꿈에 갓난아기의 대소변이 자기의 몸이나 옷에 묻어 불쾌한 기분이 들었다면

☞ 남에게 구설을 듣거나 창피를 당하게 된다.

우는 갓난아기를 달래는 꿈을 꾸면

☞ 어떤 고민거리가 생겨 초조하고 불안해진다.

갓난아기를 업고 길을 걷거나 기차를 타면

☞ 매우 고통스러운 일거리를 맡아 그것을 감내해야만 한다.

꿈에 부모나 조상 중의 누군가가 갓난아기를 업고 걸어가는 뒷모습을 보았다면

☞ 집안의 호주나 직장의 상사가 병이 들거나 사업상 어려움에 처하게 된다.

갓난아기를 때리는 꿈을 꾸면

☞ 지금 하는 일에 어떤 인위적인 작용을 가해 변화를 주게 된다.

갓난아기를 죽이는 꿈은

☞ 참혹한 표현이지만 길조의 상징이다. 작품・일거리 등이 성사되거나 근심걱정이 해소된다.

꿈에 갓난아기의 시체가 관에 담겨진 광경을 보았다면

☞ 오래도록 미해결로 남아 있던 어떤 일거리가 성취됨으로써 근심걱정이 사라지게 된다.

자기가 임신하는 꿈을 꾸면

☞ 현재 하고 있는 어떤 일거리가 구체적인 성과를 나타낸다.

꿈에 등장한 임산부가 자기 일거리를 상징하는 것이라면

☞ 지금 하고 있는 사업을 기반으로 어떤 이차적인 사업을 시작하게 된다는 뜻이다.

♞ 남성인 자신이 임신을 하고 산달〔解産月〕이 가까워졌다고 생각하는 꿈을 꾸면

☞ 이차적인 사업의 성과가 가시화되거나 원금에 대한 이자소득이 생긴다.

♞ 자기가 아기를 낳거나 다른 사람이 아기를 낳는 꿈을 꾸면

☞ 오랜 진통 끝에 완성한 작품이나 일거리로 인하여 명예・재물 등을 획득하게 된다.

♞ 방금 태어난 아기가 곧바로 걸어다니는 꿈을 꾸면

☞ 작품・생산물 등이 완성되자마자 상업적인 성과를 가져온다.

꿈에 등장하는 어린아이들은 갓난아기로 묘사된 대상보다는 좀더 성숙되고 더 많이 공들인 일・작품 등을 상징한다. 사실적인 꿈에서는 실존의 인물로 묘사된다.

♞ 실존의 어른이 어린아이의 모습으로 등장하는 꿈을 꾸면

☞ 그로 동일시된 어떤 사람의 학식・지혜・능력・인격 등이 자기보다 미숙하거나 세련되지 못하다고 느끼게 된다.

♞ 과거 어린 시절로 되돌아가 어른들과 상관하는 꿈을 꾸면

☞ 자기보다 지식・지혜・능력이 뛰어난 사람과 상관하게 된다.

♞ 어린아이와 성교하는 꿈을 꾸면

☞ 교양이나 사고력이 부족한 사람과 동업・협의 등을 하게 된다.

♞ 상대가 청년의 모습으로 등장한 꿈은

☞ 어린아이로 동일시된 인물이나 일거리보다는 더 성숙되고 비중있는 일・작품 등을 상징한다.

♞ 상대가 노인의 모습으로 등장한 꿈은

☞ 존경할 만한 사람・학식이 풍부한 사람・윗사람 등을 동일시하거나 오래되어 낡고 쓸모없는 일, 또는 많은 지식과 노력을 쏟아

부어야 할 일 등을 각각 상징한다.

- 꿈에 수염이 길고 백발이 성성한 모습으로 등장한 노인은
- ☞ 관록이 있고 고매한 인품의 소유자나 대학자를 동일시한다.
- 꿈에 등장한 노파(老婆)는
- ☞ 인자하고 온화한 성품의 학자를 동일시한다.

❖ 가족(家族)

사실적인 꿈에서의 가족은 실존의 인물들로 해석된다. 그러나 상징적인 꿈에서는 그들 각각의 이미지를 지닌 어떤 다른 인물로 묘사되는 것이 보통이다. 드물게는 자기의 일거리나 작품을 상징하는 경우도 있다. 현재 핵가족을 이루고 있는 사람이라 할지라도 꿈속에선 멀리 떨어져 사는 부모·형제·자식들까지 함께 모여 대가족을 이루는 경우가 많다.

- 멀리 떨어져 사는 가족들이 한 자리에 모이는 꿈은
- ☞ 직장 내의 상하관계에서 빚어지는 여러 가지 사건들을 암시하는 것이 보통이다.
- 꿈에 등장한 아버지〔父〕는
- ☞ 실존의 아버지이거나 아버지에 준하는 백부·삼촌·스승 등을 동일시한다. 간혹 친구의 부친이나 직장의 상사로 묘사되기도 하고 신중을 기해야 할 어떤 일거리로 표현되기도 한다.
- 꿈에 등장한 어머니〔母〕는
- ☞ 실존의 어머니거나, 어머니의 이미지를 지닌 친근한 인물, 즉 숙모·누나·아버지·스승·후원자·상관·호주 등을 동일시한다.
- 꿈에 등장한 어머니가 관념적 비유로서 표현되었다면
- ☞ 대지(大地)·고향·요람(搖籃) 등을 상징한다. 간혹 친숙한 일거리를 상징하는 경우도 있다.

♞ 꿈에 등장한 할아버지(祖父)와 할머니(祖母)는

☞ 사실적인 꿈에서는 실존의 인물로 묘사된다. 상징적인 꿈에서는 조무모의 이미지에 부합되는 존경의 대상, 즉 윗사람 · 교장 · 사장 · 친척 등을 동일시한다.

♞ 조상이나 이미 돌아가신 부모가 꿈에 등장하였다면 이는

☞ 가운(家運)을 짊어진 가장 · 호주 또는 은인 · 협조자 등을 동일시하는 것이다.

♞ 생전에 자기에게 도움을 준 인물이 등장한 꿈을 꾸면

☞ 머지않아 은인 · 협조자 등으로부터 큰 도움을 받게 된다.

♞ 생전에 자기에게 해를 끼쳤던 인물이 등장한 꿈을 꾸면

☞ 경쟁자 또는 적대적인 인물에게 해를 입게 된다.

♞ 위와 같이 생전에 도움을 주거나 해를 끼친 인물이 등장한 꿈은

☞ 그들의 언행이 암시하는 현실의 어떤 이해관계를 나타낸다.

♞ 객지(客地)에 나온 사람이 온 가족이 모여 있는 꿈을 꾸면

☞ 집안에 큰 걱정거리가 생기거나 직장 내에서 중대한 사건이 벌어진다.

♞ 꿈에 등장한 형과 오빠는

☞ 실제의 인물이거나 남편 · 애인 · 상사 · 친척 · 아버지 등을 동일시한다. 또는 애착이 가는 일거리를 상징한다.

♞ 멀리 떨어져 살던 가족이 집으로 돌아오는 꿈을 꾸면

☞ 실존의 인물이 집으로 돌아오거나 그와 비슷한 이미지의 인물이 자기를 방문하게 된다.

♞ 거울에 비친 자기의 모습을 바라보는 꿈을 꾸면

☞ 그리운 사람과 상봉하게 된다. 간혹 신상에 중대한 변화가 생긴다는 뜻으로 표현되기도 한다.

- 꿈에 등장한 또 다른 자기는
☞ 가족·동업자 등을 동일시하거나 작품·일거리를 상징한다.
- 손·팔·다리 등 자기 몸의 일부만을 바라보는 꿈은
☞ 그 신체부위로 동일시되는 어떤 가족에 관한 사건을 암시한다.
- 상처를 입은 자기의 손을 멀리서 바라보는 꿈을 꾸면
☞ 형제자매 중의 누군가가 상해(傷害)를 입게 된다.
- 또 다른 자기가 희미한 모습으로 나타나는 꿈은
☞ 자기의 작품이나 일거리의 성격이 불분명하다는 뜻이다.

다른 사람이 전혀 등장하지 않은 상태에서 자기의 행동만으로 표현된 꿈이라 할지라도 그 해석이 다른 사람에 관한 운명을 암시하거나 사회적인 사건을 예시하는 경우가 많다. 이것을 대행의 꿈이라 한다.

- 꿈에 등장한 누나와 누이동생은
☞ 실제의 인물이거나 애인·배우자·동업자 등을 동일시한다.
- 꿈에 등장한 아들·딸·조카 등은
☞ 소중히 생각하는 사람을 동일시하거나, 애지중지하는 일·작품 등을 상징한다.
- 친삼촌과 외삼촌이 함께 등장한 꿈은 주로 직장 내의 상사관계를 나타내는데
☞ 이때 친삼촌은 내근직의 상사를, 외삼촌은 외근직의 상사를 각각 동일시한다.
- 꿈에 등장한 삼촌·숙모는
☞ 실제의 인물들이거나, 부모·형제·상관·친구의 부모 등을 동일시한다.
- 꿈에 등장한 사촌은
☞ 친근한 관계에 있는 지인(知人)들을 동일시하는 것이 보통이나

간혹 적대적인 경쟁자로 묘사되기도 한다.

꿈에 등장한 외사촌은

☞ 동업자·동지 등을 동일시하며 관계가 친밀하지 못한 친형제를 비유하기도 한다.

삼촌댁을 나와 친구 집으로 가다가 꿈을 깨었다는 어떤 사람은

☞ 같은 계통의 딴 직장으로 옮기게 되었다고 한다. 간혹 사업장을 이전한다는 뜻으로도 표현된다.

출가(出家)한 여인의 꿈에 등장한 친정식구는

☞ 시댁 식구의 동일시가 보통이며, 간혹 직장동료를 동일시하는 경우도 있다. 임산부라면 산부인과 직원들의 동일시다.

꿈에 등장한 처가는

☞ 실제의 처가이거나 거래처 또는 자기 일을 청탁한 기관·단체의 상징이다.

꿈에 등장한 남편이나 아내는

☞ 실제의 인물이거나 부모·스승·자식·애인 등의 동일시이다. 또는 애착과 연민을 갖는 어떤 일거리의 상징이다.

꿈에 등장한 애인(愛人)은

☞ 남편·아내·친구 등의 동일시거나 애착을 갖는 작품·일거리의 상징이다. 사실적인 꿈이라면 실존의 애인이다.

낮 동안에 아쉬움을 남겼던 애인과의 데이트가 꿈에 지속되면

☞ 실존의 애인과는 상관없이 미래에서 실현될 자기 일거리의 진행 양상을 나타내는 것이다.

현재 열애 중인 사람의 꿈에 두 사람의 애인이 등장하여 서로 싸우는 장면을 연출하였다면

☞ 실제 애인과의 사이에 어떤 장애가 나타나 관계가 흔들리게 됨으

로써 심적 고통을 받게 된다.

- 현실에서 짝사랑을 하던 여인이 자기 품에 안기는 꿈을 꾸면
☞ 오래도록 염원하던 어떤 일을 시작하게 된다.
- 문 밖에서 죽은 애인이 자기를 부르는 꿈을 꾸면
☞ 지금 진행 중인 혼담이 성사된다.
- 꿈에 등장한 형수(兄嫂)와 계수(季嫂)는
☞ 실제의 인물이거나 업무상 상관하게 될 어떤 인물의 동일시이다.

❖ 친척 · 친구 · 기타

가족 다음으로 빈번하게 등장하는 인물상이 친구다. 꿈이 친구와 친척을 자주 등장시키는 의도는 현실에서 자기와 이해관계가 생길 어떤 인물들과의 친밀도를 나타내기 위함이다. 죽마고우가 등장하는 꿈은 자기의 또 다른 자아가 분장하고 나타나 스스로 자문자답하는 경우에 해당된다.

- 꿈에 등장한 먼 친척은
☞ 동업자 · 동지 · 동료 · 상관 · 부하, 또는 지인(知人) 등의 동일시이다.
- 꿈에 등장한 친구는
☞ 실제의 인물이거나 그 친구의 이미지에 부합되는 어떤 다른 사람의 동일시이다. 남편 · 아내 · 동료 · 동업자 등의 동일시일 수 있으며, 자기의 작품 · 책 · 애완용구 등의 상징일 수도 있다.
- 친구가 자기에게 무엇인가 충고하는 꿈은
☞ 자기의 또 다른 자아가 자기 암시적 예시를 하는 것이다.
- 꿈에 등장한 친구의 부모는
☞ 실제의 인물이거나 동업 중인 어떤 일거리의 상징이다.
- 꿈에 등장한 아는 사람(知人)은

☞ 실제 지인(知人)의 동일시이거나 친숙한 일거리의 상징이다.

낮에 길거리에서 잠깐 마주친 인물이 꿈에 등장하는 것은

☞ 실제의 그 사람과 상관하게 된다는 뜻이 아니라 그 사람의 이미지에 부합되는 어떤 다른 사람을 만나게 된다는 뜻이다.

전혀 모르는 사람을 꿈에 만나는 것은

☞ 실제 그 사람과 후일 만나게 되거나, 어떤 새로운 일거리가 생긴다는 뜻이다.

❖ 통치자 · 정치인 · 고급관리

꿈의 표현은 자유분방하기에 마치 불가능이란 없는 것처럼 보인다. 자기가 직접 대통령이 되는 것은 물론이요 황제 · 황후 · 왕 · 왕비 등이 되어 백성을 호령하며 부귀영화를 누리는 꿈도 가능한 것이다. 이처럼 우리네 꿈에 자주 삽입되는 통치자에 관한 장면들은 대부분 상징적으로 묘사되는데 장차 자기가 상관하게 될 어떤 고귀한 신분의 인물을 동일시하거나 최고 · 최대의 명예와 영광을 상징하는 것이 보통이다.

꿈에 등장한 대통령은

☞ 실제의 대통령이거나, 정부 · 국운(國運) · 정부기관 등을 상징하며, 아버지 · 남편 · 목사 등을 동일시하고, 최고의 명예 · 권리 · 영광 등을 상징한다.

꿈에 등장한 대통령 부처(夫妻)는

☞ 실제의 대통령 부처이거나, 부모 · 장차관(長次官) · 사장과 부사장 · 교장과 교감 · 목사와 전도사 등을 동일시한다.

대통령이 수행원을 대동하여 자기 집을 방문하는 꿈을 꾸면

☞ 영예로운 중책(重責)을 맡거나 국책사업에 관여하게 된다.

대통령이 자기 집을 방문하겠다고 약속하는 꿈을 꾸면

☞ 후일 최고의 명예 · 권리 · 중책 등이 주어진다.

♞ 대통령의 뒤를 따라 그의 집무실로 들어가는 꿈을 꾸면

☞ 진급 · 영전 등의 명예를 얻게 되거나 벅찬 일거리를 성취한다.

♞ 대통령과 악수하는 꿈을 꾸면

☞ 정부기관과 어떤 계약을 맺거나 평소 존경하던 어떤 윗사람과 동업을 하게 된다.

♞ 군중 사이에서 대통령에게 환호를 보내는 꿈을 꾸면

☞ 국가시책에 적극 호응함으로써 그 반사이익을 얻게 된다.

♞ 대통령이 여행을 떠나는 꿈을 꾸면

☞ 정부부처가 다른 곳으로 이전되거나, 헌법 · 국가시책 등에 큰 변화가 생긴다.

♞ 대통령의 차림새가 흐트러져 있는 꿈을 꾸면

☞ 국정이 흔들려 사회가 혼란스런 상황을 맞게 된다. 이때 대통령이 아버지의 동일시라면 그의 사생활이 문란해짐으로써 인격 · 신분 등이 손상되는 것을 지켜보게 된다.

♞ 황제 · 왕 · 대통령 · 수상 등의 통치자가 사망하는 꿈을 꾸면

☞ 헌법이 개정되거나 국권이 회복되는 등, 나라의 운명을 좌우할 만한 큰 사건이 발생한다. 이런 꿈이 자기에 관한 암시인 경우라면 자기가 가질 수 있는 최고의 명예를 얻게 된다.

♞ 거수경례나 절을 하여 대통령에게 경의를 표하는 꿈을 꾸면

☞ 공직에 진출하게 됨으로써 공무원선서를 하게 된다

♞ 대통령 표창을 받는 꿈을 꾸면

☞ 실제 어떤 명예로운 상을 받게 되거나, 특별한 권리를 얻게 되거나, 또는 영전을 하게 된다.

♞ 대통령이 주는 명함을 받았다는 어떤 사람은

☞ 주택복권에 일등으로 당첨되기도 하였다.

♞ 대통령과 나란히 걸어가는 꿈을 꾸면

☞ 가장 존경하는 사람과 진솔한 대화를 나누거나, 그와 어떤 일을 함께 추진하게 된다.

♞ 대통령에게 음식을 대접하는 꿈을 꾸면

☞ 존경할 만한 인물에게 무엇인가 청탁을 하게 되는데, 그 소망은 이루어질 것이다.

♞ 외국의 대통령과 같은 차에 동승하였다는 어떤 직장인은

☞ 자기 회사와 버금가는 어떤 다른 회사의 사장에게 발탁되어 영전하였다 한다.

♞ 통치자인 자기를 죽이는 꿈을 꾸었다는 이유로 신하를 처형한 로마의 황제는 큰 실수를 한 것이다.

☞ 그것은 그 신하가 어떤 벅찬 일거리를 성취함으로써 명예를 얻게 된다는 뜻이었기 때문이다.

♞ 자기 자신이 대통령이 되는 꿈을 꾸면

☞ 어떤 기관의 장이 되거나 단체의 지도자가 되어 최고의 명예나 권세를 누리게 된다.

♞ 꿈에 등장한 부통령이나 국무총리는

☞ 어떤 조직의 제2인자를 동일시한다. 또는 두 번째로 가치가 있는 명예·권리 등을 상징한다.

♞ 꿈에 등장한 각부 장관은

☞ 어떤 조직체의 부서별 책임자를 동일시한다.

♞ 부처별 명칭이나 특성이 어떤 인물의 성격이나 신분을 암시하는 경우도 있는데

☞ 가령 꿈에 문교부장관을 만났다고 할 경우, 조만간 어떤 교육자

를 만나는 것으로 실현될 수도 있다.

꿈에 등장한 황제와 황후는

☞ 고귀하다고 생각되는 어떤 사람의 동일시이다. 대체로 대통령과 동일한 상징의의를 가지며 최고의 명예와 권세를 상징한다.

황제가 베푼 만찬에 참석하는 꿈을 꾸면

☞ 막강한 권력을 휘두르는 권력자와 상관하거나 최고의 명예가 연상되는 어떤 일에 관여하게 된다.

황제의 사진이나 초상화를 바라보는 꿈을 꾸면

☞ 장차 고전(古典)이나 역사(歷史)를 연구하게 된다.

자기가 왕이나 왕비가 되는 꿈을 꾸면

☞ 최고·최대의 영예를 차지하게 된다. 가령 정치인이 이런 꿈을 꾼다면 소속당의 대표가 될 수 있고, 대학생이라면 총학생회장에 피선될 수 있다.

여성이 왕비가 되어 왕의 뒤를 따라가는 꿈을 꾸면

☞ 남편의 사업에 참여하거나, 한 조직의 두 번째 자리를 차지한다.

자기가 왕자나 공주가 되는 꿈을 꾸면

☞ 유산상속자·수제자·대리인·서리 등의 신분을 갖게 된다.

왕자·공주 등과 동행하거나 결혼하는 꿈을 꾸면

☞ 큰 권리·명예 등을 가진 인물과 동업이나 계약을 하게 된다.

자기가 국무총리가 되어 내각을 조직하는 꿈을 꾸면

☞ 어떤 기관·단체의 인사·기획담당자라는 직책을 갖게 된다.

자기가 외국주재의 대사가 되는 꿈을 꾸면

☞ 몸담고 있는 직장에서 교섭·중개 등의 대외업무에 종사하게 된다.

꿈에 등장한 국회의원·검사·변호사·판사 등은

☞ 자기와 상관하게 될 목사·경찰관·신문기자 등을 동일시한다.

국회의원의 연설을 듣는 꿈을 꾸면

☞ 자기의 일과 관련하여 누군가의 비판을 듣게 되거나 윗사람의 설교 · 잔소리 등을 듣게 된다.

자기가 국회의원으로 선출되는 꿈을 꾸면

☞ 여러 사람의 추대를 받아 영광된 자리에 오르거나 어떤 이익집단의 대표가 된다.

당원의 신분도 아닌데 어떤 정당으로부터 지역구 의원후보로 공천을 받았다는 어떤 학자의 꿈은

☞ 자기의 이론이 사회적인 평가를 받아 큰 영예를 차지하게 될 것이라는 암시였다.

정치 지망생이 되어 여러 사람들 앞에서 정견을 발표하는 꿈은

☞ 자신의 글이 신문 · 잡지 등에 실리게 된다.

변호사 · 판사 앞에서 자기 스스로를 변론하는 꿈을 꾸면

☞ 수사관이나 기자에게 어떤 사건에 관한 진술을 하거나, 신부 앞에서 고해성사를 하게 된다

법정에서 검사가 죄인에게 준엄한 논고를 펴는 꿈을 꾸면

☞ 자기의 작품이 혹독한 비평을 받게 되거나 자기의 일거리가 주무당국에 의해 실격으로 처리된다.

꿈에 등장한 재판관(裁判官)은

☞ 의사 · 경찰관 · 심판관 등의 동일시거나 양심의 상징이다. 신앙인의 경우라면 목사 · 신부 · 스님 등의 동일시다.

법정에서 재판관이 죄인에게 선고를 내리는 꿈을 꾸면

☞ 자기의 일 · 작품 등이 사회적인 평가를 받게 된다. 이때 사형선고를 받았다면 그러한 일들이 성공적으로 완성된다.

자기가 죄수가 되어 법정에서 재판을 받는 꿈을 꾸면

☞ 신앙고백을 하거나 죄과를 뉘우치거나 윗사람의 책망을 듣는다.

❖ 군인 · 경찰관 · 신문기자

♞ 군인이 등장한 꿈은 제복과 규율이라는 잠재지식을 재료로 삼는데 이때의 군인은

☞ 경찰 · 학생 · 교도관 · 승려 등을 동일시하며 법규 · 규율 · 구속 등을 상징한다.

♞ 꿈에 등장한 적군(敵軍)은

☞ 적대적인 경쟁자를 동일시하거나 벅찬 일거리를 상징한다.

♞ 군인의 신분이 아님에도 군복을 입고 완전무장하는 꿈을 꾸면

☞ 어떤 조직체의 일원으로 중책을 맡거나, 훌륭한 협조자를 얻거나, 새로운 권리 · 방도 등이 생긴다.

♞ 군인들이 대오(隊伍)를 이루며 정연하게 행진하는 꿈을 꾸면

☞ 현재 자기가 하고 있는 일이 순조롭게 진척된다.

♞ 군대가 전쟁을 하기 위해 완전무장한 채 이동하는 꿈을 꾸었다는 어떤 작가(作家)는

☞ 오래 준비해온 그의 작품이 지상(紙上)에 발표되어 큰 성과를 얻게 됨으로써 실현되었다고 한다.

♞ 아군이 적진을 향해 군기를 앞세우고 돌격해 들어가는 꿈은

☞ 자기의 계획이나 정책이 성공적인 결과를 가져온다는 뜻이다. 정치가의 경우라면 더할 나위 없는 길몽이 될 것이다.

♞ 피아(彼我)를 구분할 수 없는 일단의 군대가 자기를 향해 전진해 오는 꿈을 꾸면

☞ 지금 하고 있는 일이 어떤 불확실한 상황에 놓여 감당할 수 없을 만큼 큰 위험에 부딪치게 된다.

자기가 적군과 총격전을 벌여 모두 사살하는 꿈을 꾸면

☞ 계획하는 일이 완벽하게 성사됨으로써 성취감을 만끽하게 된다.

적군에 쫓겨 달아나는 꿈을 꾸면

☞ 유행성 질병에 걸린다. 또는 현재 하고 있는 일에 매듭을 짓지 못해 큰 실패를 보게 된다.

적이 쏜 총탄이 자기의 몸을 관통하는 부상을 당하는 꿈을 꾸면

☞ 지금 관여하고 있는 일을 추진하는 과정에 큰 피해를 입게 된다.

군모(軍帽)를 잃어버리는 꿈을 꾸면

☞ 직장에서 직위가 강등되거나 직책을 상실하게 된다.

무기를 잃어버리는 꿈을 꾸면

☞ 충실한 협조자나 유용한 수단을 잃어버리게 된다.

학생이 장교나 하사관이 되어 사병을 지휘하는 꿈을 꾸면

☞ 학생회장·과대표·반장 등으로 선출된다. 일반인의 꿈이라면 득세(得勢)의 상징으로서 장차 어떤 조직체의 리더가 된다는 뜻이다.

사령관에게 훈장 받는 꿈을 꾸면

☞ 어떤 큰 영예를 차지하게 된다.

상급자로부터 기합을 받는 꿈을 꾸면

☞ 직장의 상사나 선생으로부터 문책을 당하게 된다.

장교에게 구타당하는 꿈을 꾸면

☞ 직장에서 벅차고 어려운 일거리가 주어진다.

군에 입대한 가족이 사복을 입고 나타나는 꿈을 꾸면

☞ 머지않아 휴가를 얻어 집에 오게 된다.

휴가가 예정된 사람이 군복을 입은 채 나타나는 꿈을 꾸면

☞ 어떤 사정이 생겨 예정된 휴가를 받을 수 없게 된다.

민간인의 꿈에 등장한 장교는

☞ 고위공직자 · 직장상사 · 교사 등을 동일시한다.

♞ 꿈에 등장한 적(敵)의 지휘관은

☞ 가장 처리하기 힘든 일거리를 상징하거나 적대적인 경쟁자를 동일시한다.

♞ 자기가 장교가 되어 사병을 지휘하는 꿈을 꾸면

☞ 관리자의 신분으로 자기 능력과 역량을 최대한 발휘하게 된다.

♞ 장교로서 등장한 자기가 지휘 · 통솔하는 사병들은

☞ 자기의 인적 배경이나 세력권을 상징한다.

♞ 꿈에 정복차림으로 등장하여 훈장을 달거나, 군도 · 권총을 휴대하거나, 지휘봉을 들고 있는 장교는

☞ 명예 · 권세가 뛰어난 어떤 인물을 동일시한다. 또한 높이 평가받을 어떤 작품을 상징한다.

♞ 꿈에 등장한 경찰관(警察官)은

☞ 기자 · 심사관 · 검사 · 군인 · 우체부 등을 동일시하며 법률 · 양심 · 정의 등을 상징한다.

♞ 중환자의 꿈에 등장한 경찰관은

☞ 죽음의 사자(使者)일 수 있다.

♞ 경찰에게 연행되는 꿈을 꾸면

☞ 곤경에 처할 일이 생긴다.

♞ 경찰이 자기의 손목에 수갑을 채워 끌고 가는 꿈을 꾸면

☞ 조만간 병에 걸리게 된다. 현재 와병(臥病) 중인 사람의 꿈이라면 죽음을 뜻한다.

♞ 경찰관이 총을 겨누며 위협하는 바람에 겁에 질린 꿈을 꾸면

☞ 벅차고 고통스런 상황에 봉착하여 불안 · 초조감을 느끼게 된다.

♞ 경찰관이 어떤 문서에 날인을 받아 가는 꿈을 꾸면

☞ 가족 중의 누군가가 사망할 가능성이 많다.

♞ 경찰관이 구속영장이나 출두명령서 등을 건네주는 꿈을 꾸면

☞ 실제 가족 중의 누군가가 구속되거나 병에 걸리게 된다. 간혹 당선·입학·취직 통지서로 비유되는 경우도 있다.

♞ 경찰관들이 자기 집을 포위하는 꿈을 꾸면

☞ 주변에서 위험한 사건이 발생하거나 신변상의 위기가 닥친다.

♞ 형사에게 취조당하는 꿈을 꾸면

☞ 자기 신상과 관련하여 신문기자의 취재에 응하게 된다.

♞ 경찰관에게 쫓기는 꿈을 꾸면

☞ 시험·취직 등에 실패한다.

♞ 현역 군인의 꿈에 등장한 경찰관은

☞ 헌병의 동일시다.

♞ 경찰관이 문 밖에서 자기를 부르는 꿈을 꾸면

☞ 우체부·신문기자 등이 자기 집을 방문한다.

♞ 꿈에 등장한 신문기자는

☞ 형사나 탐정 또는 자기의 비밀을 캐내려는 어떤 음흉한 인물을 동일시한다.

♞ 신문기자가 자기를 찾아오는 꿈을 꾸면

☞ 자기의 비밀이 탄로 나지나 않을까 하여 노심초사하게 된다.

♞ 직장인의 경우 신문기자와 인터뷰하는 꿈을 꾸면

☞ 직장상사로부터 근무성적에 관한 평가를 받게 된다.

♞ 신문기자가 자기의 사진을 찍거나 목소리를 녹음하는 꿈을 꾸면

☞ 누군가에게 자유를 속박 당함으로써 한동안 그의 간섭이나 지배를 받게 된다.

♞ 가족 중의 누군가가 전사하여 그 유골을 안고 오는 꿈을 꾸면

☞ 온갖 우여곡절 끝에 어려운 일거리를 성취하게 된다.

군복을 입고 전진(戰塵)의 한가운데를 걸어가는 꿈을 꾸면

☞ 하는 일이 위험스럽고 적대적인 환경에 처하게 된다. 또는 자기의 일이나 작품이 까다로운 심사과정을 거치게 된다.

초병(哨兵)에게 검문을 당하는 꿈을 꾸면

☞ 사업상의 방해자 나타나거나 병마(病魔)가 찾아든다.

검문소에서 신분증을 제시하는 꿈을 꾸면

☞ 어떤 기관에 이력서 · 사업계획서 · 명세서 등을 제출하게 된다.

❖ 교직자 · 학생 · 의사 · 배우 · 목사 · 죄수 · 승려 · 목공 등

꿈에 등장한 교사나 교수는

☞ 은인 · 지도자 · 감독관 · 목사 등을 동일시하거나 교양서적이나 백과사전을 상징한다.

학창시절 존경하던 은사가 등장하는 꿈을 꾸면

☞ 어떤 충실한 협조자를 만나 큰 도움을 받게 된다.

학창시절 자기를 괴롭혔다고 생각되는 선생이 나타나는 꿈을 꾸면

☞ 마음에 들지 않는 어떤 윗사람으로부터 질책이나 책망을 들어 불쾌감을 느끼게 된다.

교장과 교감이 함께 등장하는 꿈은

☞ 자기와 직접적으로 연관이 있는 어떤 윗사람들의 관계를 나타내는데, 최상급자와 차상급자의 관계를 표현한다.

현직 교사의 꿈에 등장한 교장 · 교감은

☞ 실존의 인물로 묘사되는 것이 보통인데, 아닐 경우 장학사나 학무과장의 동일시다.

꿈에 등장한 제자 · 학생 · 부하 등은

☞ 수족과 같은 아랫사람의 동일시이고 세력·연구과제의 상징이다.

♞ 자기 부하가 적에게 공격을 받아 부상을 당하는 꿈을 꾸면

☞ 자기의 심복(心腹)이나 아랫사람이 남의 간계에 빠져 큰 과오를 저지르거나, 팔·다리 중 어느 한 부위가 병들거나 상해를 입는다.

♞ 상대가 많은 부하를 거느리고 나타나는 꿈을 꾸면

☞ 적대적인 어떤 인물이 갑자기 세를 확장하거나, 새로운 방도를 마련하여 자기를 압박해 온다. 또는 어떤 벅찬 일거리가 갈수록 어려워져 처리하기 힘들어진다.

♞ 자기가 학생이 되어 선생에게 질책을 듣는 꿈을 꾸면

☞ 어떤 조직체의 일원으로서 상사에게 자기 과오에 대한 추궁을 당하게 된다.

♞ 선생이 되어 교단에 서서 학생들을 가르치는 꿈을 꾸면

☞ 수많은 대중들에게 자기의 사상이나 이론을 피력하며 동조를 구하게 된다.

♞ 학생이 잃어버린 모자를 찾지 못해 애를 태우는 꿈을 꾸면

☞ 낙제를 하거나 입학시험에서 떨어진다.

♞ 교실에서 자기 책상이나 걸상을 찾지 못해 애태우는 꿈을 꾸면

☞ 정학이나 퇴학을 당하게 된다.

♞ 사복으로 등교하는 꿈을 꾸면

☞ 휴학을 하게 된다.

♞ 책을 잃어버리는 꿈을 꾸면

☞ 정든 선생과 작별을 하게 된다.

♞ 수많은 학생들로 가로막혀 앞으로 나아가지 못하는 꿈을 꾸면

☞ 소망이 좌절된다.

♞ 꿈에 등장한 의사(醫師)는

☞ 자기 일에 간섭하려는 직장상사 · 감독자 · 형사 · 기자 등의 비우호적인 인물을 동일시하는 것이 보통이다.

♞ 꿈에 등장하는 간호사는

☞ 아내 · 동생 · 부하직원 · 협조자 등 우호적 인물의 동일시다.

♞ 의사가 자기를 진찰한 다음 병이 있다고 진단하는 꿈을 꾸면

☞ 어떤 과오를 저지르거나, 근무성적이 불량하여 직장 상사로부터 질책을 받게 된다.

♞ 간호원이 자기의 상처 난 부위를 붕대로 감아주는 꿈을 꾸면

☞ 협조자의 도움을 받아 자기의 비밀을 감출 일이 생긴다.

♞ 꿈에 등장한 목공(木工)과 석공(石工)은

☞ 작가 · 학자 · 건축가 · 미술가 등을 동일시한다.

♞ 목수가 집을 짓는 광경을 바라보는 꿈을 꾸면

☞ 자기의 창작물이나 일거리가 구체적인 형태를 잡아간다.

♞ 석공이 되어 돌로 사람의 형상을 만드는 꿈을 꾸면

☞ 인재(人才)를 양성하는 직업을 갖게 된다.

♞ 석공이 비석(碑石)에 글을 새기는 광경을 바라보는 꿈을 꾸면

☞ 조만간 후세에 남기게 될 큰 업적을 이룬다.

♞ 꿈에 등장한 화가나 조각가는

☞ 심리학자 · 역사학자 · 문학가 · 관상가 · 예언자 등의 동일시다.

♞ 꿈에 등장한 연극 · 영화배우는

☞ 인생사(人生事)를 표현하는 사람이라는 의미에서 자기의 또 다른 자아일 가능성이 많다. 또는 대리인 · 선전원 등을 동일시한다. 간혹 사상 · 이념 · 인생관 · 선전물 등을 상징하는 경우도 있다.

♞ 꿈에 등장한 배우가 어떤 연기를 펼치는 것은

☞ 자기의 사상이나 이념을 나타내는 자기 암시적 표현이다.

유명한 영화배우와 만나 이야기를 나누거나. 동행하는 꿈을 꾸면

☞ 장차 대중적 인기와 관련된 직업을 갖게 된다.

배우가 연기하는 비극을 보고 심적 동요가 느껴지는 꿈을 꾸면

☞ 의외의 돌발사건을 만나 심한 불쾌감을 느끼게 된다.

자기가 배우가 되어 비극을 연기함으로써 관객을 울리는 꿈을 꾸면

☞ 감명 깊은 작품을 발표하여 세인(世人)을 감동시키게 된다.

무대에 등장한 배우가 호탕하게 웃는 꿈을 꾸면

☞ 누군가에게 압도되어 패배감 · 열등의식 등을 느끼게 된다.

배우가 무대 위에서 춤을 추는 꿈을 꾸면

☞ 누군가의 공박(攻駁)을 받아 상당히 불쾌한 체험을 하게 된다.

배우가 나체(裸體)가 되어 춤을 추는 꿈을 꾸면

☞ 누군가가 자신의 치부까지 드러내면서 큰 시비를 걸어온다.

배우의 나신(裸身)을 보고 성적 충동을 느끼는 꿈을 꾸면

☞ 자기 체면이 치명적인 손상을 입게 된다.

꿈에 등장한 가수(歌手)는

☞ 전도사 · 선전원의 동일시이며, 선전 · 광고 · 라디오 · 텔레비전 등의 상징이다.

가수가 노래를 불러 자기의 마음을 뒤흔드는 꿈을 꾸면

☞ 누군가에게 현혹을 당하거나, 슬프고 속상한 일에 직면한다.

꿈에 등장한 무용가(舞踊家)는

☞ 지도자 · 감독관 · 선전원 등의 동일시이며 작품의 상징이다.

꿈에 등장한 목사 · 전도사 · 신부 등은

☞ 선생 · 법관 · 학자 · 승려 등을 동일시하며 교양서적이나 양심 등을 상징한다.

목사의 설교를 듣는 꿈을 꾸면

☞ 존경하는 윗사람으로부터 꾸중을 듣거나 질책을 받게 된다. 간혹 법정에서 재판관의 판결을 듣는 것에 비유되는 경우도 있다.

♞ 신부 앞에서 고해성사 하는 꿈을 꾸면

☞ 법정에서 판사에게 자기의 억울한 처지를 호소하게 된다.

♞ 전도사가 자기 집을 방문하여 전도하는 꿈을 꾸면

☞ 조만간 어떤 외판원이 자기 집을 방문하여 무엇인가를 사라고 강요하게 된다.

♞ 잘 알려진 유명한 목사와 함께 걸어가는 꿈을 꾸면

☞ 어떤 훌륭한 지도자나 학자와 상관하게 되거나 감명 깊은 책을 읽게 된다.

♞ 꿈에 등장한 신도(信徒)는

☞ 학생·구직자·연구생 등을 동일시하고 정신적인 일거리를 상징한다.

♞ 자기가 많은 신도들 앞에서 설교하는 꿈을 꾸면

☞ 강의를 하거나, 논문발표를 하거나, 남을 설득할 일이 생긴다.

♞ 자기가 설교하는 도중에 신도들이 모두 죽거나 잠드는 꿈을 꾸면

☞ 수많은 사람들을 설복시켜 심복으로 만들게 된다.

♞ 꿈에 등장한 스님(僧)은

☞ 학자·연구원·학생·추천인·중개인·청부업자·진리탐구자·종교인·단체인·고독한 사람·사자(使者) 등의 동일시이다.

♞ 스님에게 시주하는 꿈을 꾸면

☞ 중개인을 통해 어떤 기관에 무엇인가 청원하게 될 것인데 그 소원은 충족될 것이다.

♞ 스님이 자기 집 대문 앞에서 목탁이나 꽹과리를 두드리며 염불을 외는 꿈을 꾸면

☞ 세상에 자기 가문(家門)의 명성을 떨칠 좋은 일이 생긴다.

스님이 어떤 중개인을 동일시할 때, 그에게 잡곡을 시주하는 꿈은

☞ 그 중개행위가 좋지 못한 결과를 가져온다는 뜻이다.

스님이 문전에서 염불을 욀 때 시주하는 태몽을 꾸면

☞ 장차 출생할 아이는 장성하여 학자로 성공한다.

스님이 문전에서 꽹과리를 두드릴 때 시주하는 태몽을 꾸면

☞ 군인으로 출세한다.

자기가 스님이 되는 꿈을 꾸면

☞ 중개업자 · 군인 · 학생 등과 상관할 일이 생긴다.

길에서 스님과 마주치는 꿈을 꾸면

☞ 머지않아 학문적인 일에 관여하게 된다. 또는 어떤 고독한 사람과 상관하게 된다.

법당에서 불경을 외는 꿈을 꾸면

☞ 어떤 권력기관에 청원을 하게 되고 그 소망은 이루어진다.

도승(道僧)이나 화상(和尙)을 만나는 꿈을 꾸면

☞ 석학(碩學) · 종교지도자 · 은자 · 진리탐구자 등과 상관하게 된다.

꿈에 등장한 노승(老僧)은

☞ 장차 상관하게 될 어떤 학식이 많은 사람을 동일시한다.

노승 · 화상 · 도승 등에게서 불경을 얻는 꿈을 꾸면

☞ 난국을 타개할 수 있는 훌륭한 방도를 얻게 되거나, 출세에 도움을 줄 큰 지혜를 얻게 된다.

법의를 갖추지 않은 파계승(破戒僧)을 대하는 꿈을 꾸면

☞ 천박한 사람 · 부랑자 · 흑심을 품은 중개인 · 믿을 수 없는 동업자 등과 상관하게 된다.

수녀원에 들어가는 꿈을 꾸면

☞ 학교 · 교도소 · 보호소 등에 갈 일이 생긴다.

꿈에 등장한 교도관(矯導官)은

☞ 경찰관 · 법관 · 지도자 · 심사관 등을 동일시하며, 법규 · 양심 · 범죄 등을 상징한다.

꿈에 등장한 죄수(罪囚)는

☞ 수녀 · 수도사 · 승려 · 군인 · 학생 등을 동일시하거나 어떤 권력 기관에 의해 심사 · 검토 받고 있는 자기 일거리를 상징한다.

죄수복을 입는 꿈을 꾸면

☞ 조만간 병원에 입원하여 환자복을 입게 된다. 또는 자기의 작품이나 업적이 심사 · 평가의 대상이 된다.

❖ 명사 · 농부 · 어부 · 정보원 · 가정부 · 거지 · 창녀 · 도둑

꿈에 등장한 명사(名士)와 유지(有志)는

☞ 자기와 상관하게 될 어떤 유명인 · 권력자 등을 동일시하거나 명예 · 명성 · 권위 등을 상징한다.

꿈속에서 어떤 모임 · 회의 등에 자신과 함께 참석하는 사람들은

☞ 자기와 같은 분야에 종사하거나, 같은 일에 관심을 갖고 있는 사람들을 동일시한다.

바위에 새겨진 자기 이름 앞에 명사의 호칭이 붙여진 꿈을 꾸면

☞ 후일 실제 유명인사가 되거나 작품이 대성공을 거두게 된다.

꿈에 등장하는 농부는 그 경작과정이 창작과정에 비유되어

☞ 문필가(文筆家)를 동일시하는 경우가 많다.

꿈에 묘사된 농부의 경작과정(耕作過程)이

☞ 자기 일의 진척상황을 암시하는 경우가 많다. 가령 씨를 뿌리는 것은 시작을 뜻하고 추수를 하는 것은 결과를 뜻한다.

♞ 농부가 밭에서 김을 매는 광경을 바라보는 꿈을 꾸면

☞ 자기의 일이나 작품에서 군더더기를 제거하는 작업을 하게 된다.

♞ 여러 명의 농부들이 가래질을 하는 것을 바라보는 꿈을 꾸면

☞ 다른 사람들과 동업을 하게 된다.

♞ 꿈에 등장한 어부(漁夫)는

☞ 상인 · 사업가 등을 동일시하는 경우가 많다.

♞ 꿈에 어부가 바다에 그물을 던져 고기를 잡는 것은

☞ 사업자금을 투자하여 상당한 수익을 올린다는 뜻이다.

♞ 꿈에 어부가 낚시로 물고기를 잡는 것은

☞ 어떤 계교(計巧)로써 재물을 획득하게 된다는 뜻이다.

♞ 꿈에 등장한 기능공(技能工)과 광부(鑛夫)는

☞ 문필가 · 화가 · 발명가 · 교육자 등을 동일시한다. 간혹 자기의 연구 작업을 돕는 사람들을 동일시하기도 한다.

♞ 공장에서 기계가 힘차게 돌아가고 일관작업 라인이 순조롭게 이어지며 작업자들이 일사불란(一絲不亂)하게 움직이는 가운데 완제품이 쏟아져 나오는 꿈은

☞ 현재 자기가 하고 있는 일이 순조롭게 진척되고 있다는 뜻이다. 벅찬 일거리나 중대 사업을 놓고 고심 중인 사람이 이런 꿈을 꾸었다면 대단한 길조가 된다.

♞ 꿈에 등장한 운전기사 · 선원 · 조종사(操縱士) 등은

☞ 지도자 · 부대장 · 안내원, 또는 남편의 동일시다.

♞ 꿈에 등장한 뱃사공은

☞ 기관 · 단체 · 가정(家庭)의 리더를 동일시한다.

♞ 자기가 뱃사공이 되는 꿈을 꾸면

☞ 장차 중책을 짊어지고 어떤 조직체를 이끌어나가게 된다.

운전기사나 다른 승객이 없는 버스 등의 승합차에 홀로 타고 어디론가 가는 꿈을 꾸면

☞ 직장생활이나 사업을 유지함에 있어 불안한 상황이 지속됨에 따라 일신이 곤고(困苦)해진다.

운전기사 없는 검은색 자동차가 집 앞에 주차해 있는 꿈을 꾸면

☞ 조만간 집안에 초상이 난다.

꿈에 등장한 열차승무원이나 여객기 스튜어디스 등은

☞ 자기의 일을 도와 줄 어떤 충실한 협조자를 동일시한다.

안내원을 따라 열차나 비행기의 탑승구로 올라가는 꿈을 꾸면

☞ 어떤 기관·단체에 의뢰한 자기 일을 처리하기 위해 중개인이나 협조자를 동원하게 된다.

승무원의 안내를 받아 밀폐된 방으로 들어가 그곳에 갇히는 꿈을 꾸면

☞ 모함에 빠지거나, 구속을 당하거나, 죽음의 위기에 몰리게 된다.

꿈에 등장한 정보원(情報員)은

☞ 기자·청부업자를 동일시한다.

가정부가 음식을 가져다주는 꿈을 꾸면

☞ 어떤 직장에서 음식물로 상징되는 어떤 일거리에 한동안 종사하게 될 것이다.

젊은 여성이 가정부가 되어 다른 집에서 일을 하는 꿈을 꾸면

☞ 조만간 시집을 가거나 관공서에 취직을 하게 된다.

일꾼이 비로 마당을 쓰는 광경을 바라보는 꿈을 꾸면

☞ 어떤 기관·단체에 의뢰한 자기의 일거리를 담당실무자가 잘 처리해 준다.

꿈에 등장한 거지〔乞人〕는

☞ 신분이 몰락한 사람 · 고독한 사람 · 불쾌한 사람 · 무력한 사람 등을 동일시한다. 간혹 자기의 근심을 덜어주게 될 어떤 인물을 동일시하는 경우도 있다.

거지에게 적선하는 꿈을 꾸면

☞ 당면한 근심 · 걱정이 해소된다.

아는 사람이 거지행색으로 등장한 꿈을 꾸면

☞ 그의 신분이 몰락하거나 외로운 처지에 빠졌음을 알게 된다.

자기가 남들 앞에 거지행색을 하고 나타나는 꿈을 꾸면

☞ 남들의 동정을 살 만한 불행한 일을 겪게 되거나, 신분이 몰락하게 된다.

거지와 동행하는 꿈을 꾸면

☞ 어떤 외로운 사람을 만나 그에게 협조하거나, 어떤 일을 함께 추진하게 된다.

꿈에 등장한 윤락녀(淪落女)는

☞ 다루기 힘든 현실의 어떤 사람을 동일시하거나, 술 · 안주 · 악기 · 외설잡지 등을 상징한다.

윤락녀와 어울려 노는 꿈을 꾸면

☞ 조만간 질펀한 술좌석에 참여하여 술과 안주를 만끽하게 된다.

윤락녀가 추파를 던지는 꿈을 꾸면

☞ 체면을 손상당하는 불쾌한 체험을 하게 된다.

꿈에 등장한 악한(惡漢)이나 괴한(怪漢)은

☞ 자기에게 해를 끼칠 사람을 동일시하거나, 벅찬 일거리나 장애요소, 또는 질병 등을 상징한다.

악한이나 괴한에게 쫓기는 꿈을 꾸면

☞ 모처럼 얻은 좋은 기회를 놓치게 됨으로써 좌절감이나 자책감을

느끼게 된다.

미혼녀(未婚女)가 악한의 꿈을 자주 꾸는 이유는

☞ 혼담이 여러 번 계속되지만 그 모두가 마음에 흡족하지 않음을 뜻한다.

악한을 처치하는 꿈을 꾸면

☞ 몹시 급박하고 벅찬 상황에서 벗어나게 된다.

악한·괴한 등에게 상해를 당하는 꿈을 꾸면

☞ 어떤 언론매체나 심사기관에서 자기의 작품·업적 등을 혹독하게 비평하게 된다.

악한·괴한 등에게 살려달라고 애원하는 꿈을 꾸면

☞ 자기가 하는 일이 진퇴양난에 빠져 중단될 위기에 처하거나, 병마로 신음을 하게 되거나, 교통사고를 당하게 된다.

꿈에 등장한 도둑은

☞ 악한·간첩·정보원·기자·중개인·세도가 등을 동일시하며 벅찬 일거리나 방해물을 상징한다.

도둑을 보고 두려워서 벌벌 떠는 꿈을 꾸면

☞ 자기 일에 반대하는 사람이 나타나 속이 상하거나, 걱정거리가 생겨 노심초사하게 되거나, 질병에 걸리게 된다.

도둑이 들어 귀중품을 훔쳐가는 꿈을 꾸면

☞ 소중히 생각하는 일거리나 물건을 상실하게 된다.

강도에게 적은 돈을 강탈당하면

☞ 당면한 근심거리가 해소된다.

꿈에 등장한 미친 사람(狂人)은

☞ 정신적 충격을 받은 사람, 정신적 감화를 받은 사람, 믿을 수 없는 사람 등을 동일시하며 병마·재난(특히 화재)·사상적 일거리

(책 · 논문 따위) 등을 상징한다.

미친 여자가 쫓아오는 꿈을 꾸면

☞ 화재 등의 재난으로 고통을 받게 된다.

미친 노인이 방안을 들여다보면

☞ 두통이나 신경통을 앓게 된다.

낯선 노파(老婆)가 산발을 하고 옷을 풀어헤친 채 방안으로 들어오거나, 알지 못하는 젊은 여자가 빤히 쳐다보며 깔깔 웃거나, 백발노인이 젊은 여자를 껴안은 채 자기를 바라보며 빙그레 웃거나 하는 등의 꿈을 꾸면 머지않아 정신질환을 앓게 된다.

❖ 예언자 · 무당 · 거인 · 군중 · 방청객 · 합성상

꿈에 등장한 예언자나 점쟁이는

☞ 철학 · 심리학 계통의 학자를 동일시하며, 예언서 · 경서 · 백과사전 등을 상징한다.

예언자나 점쟁이의 집을 찾아가는 꿈을 꾸면

☞ 어떤 학자의 집을 방문하거나 학술적 자료가 보관된 박물관 등을 견학하게 된다.

예언자나 점쟁이에게 자기 운세에 관하여 상담하는 꿈을 꾸면

☞ 어떤 학자에게 자문을 구하거나, 심리학자 · 정신과의사에게 심리치료를 받게 된다.

관상가에게 골상(骨相)이나 수상(手相)을 보는 꿈을 꾸면

☞ 누군가로부터 자기의 소망에 대한 언약(言約)을 듣게 된다.

꿈에 등장한 무당(巫堂)은

☞ 중개인 · 영매 · 구조원 · 전도사 · 의사 등을 동일시한다.

무당이 굿하는 광경을 바라보는 꿈을 꾸면

☞ 자기의 사업이 번창하여 온 나라 안에 광고·선전하게 된다. 또는 출판물 선전광고나 약장수의 가두공연을 구경하게 된다.

♞ 거인(巨人)이 등장한 꿈을 꾸면

☞ 어떤 인물의 권세·명예·능력·지위 등이 크고 뛰어나다고 생각하며 열등의식을 느끼게 된다.

♞ 거인이 태아표상으로 등장한 태몽을 꾸면

☞ 장차 국운(國運)을 좌우할 만한 큰 인물이 태어난다.

♞ 꿈에 등장한 거인이 어떤 사람의 동일시가 아닐 경우

☞ 벅찬 일거리를 상징하거나 사회적으로 큰 변화를 몰고 올 어떤 사건을 상징한다.

♞ 꿈에 큰 산을 두 손으로 떠다 옮기는 거인은

☞ 정치적인 지도자를 동일시한다.

♞ 두 명의 거인이 악수하는 꿈을 꾸면

☞ 국가연합이나 사회단체 통합 등의 사건을 목격하게 된다.

♞ 꿈에 등장한 군중(群衆)은

☞ 보통 사회적인 사건들과 연관이 있다. 대중적 논란거리나 근심걱정의 상징이요, 경쟁자·동업자 등의 동일시다.

♞ 수많은 사람들 틈에 끼어 시위에 참가하는 꿈을 꾸면

☞ 어떤 단체의 일원이 되어 행정당국이나 상부기관에 무엇인가를 청원하게 된다.

♞ 관람석에 앉아 연극·영화·연설·스포츠 등을 구경하는 꿈을 꾸면

☞ 정치쟁점·사상·이론 등에 있어 어떤 시시비비(是是非非)를 가려야 할 일이 생긴다.

♞ 타인들과 열을 지어 행진하는데 자기가 맨 앞에 서는 꿈을 꾸면

☞ 어떤 불안하고 위험스런 상황에서 벅찬 일거리를 추진하게 된다.

자기가 호령하여 군중(群衆)을 움직이는 꿈을 꾸면

☞ 장차 큰 권세를 휘두르게 되거나 자기의 계책이 실효를 거두어 많은 사람들이 동조하게 된다.

수많은 사람들이 장례행렬을 이루고 전진하는 꿈을 꾸면

☞ 장차 세상에 자기의 명성을 떨치게 됨으로써 그 공적을 기리는 사람들이 생겨난다.

많은 사람들이 자기에게 등을 보이고 서 있는 꿈을 꾸면

☞ 장차 자기의 의사나 지시에 따라 줄 사람들이 많아진다.

꿈에 등장한 합성인물상(合成人物像)은

☞ 장차 자기와 상관하게 될 어떤 인물의 성격 · 운세 등이 복합적임을 나타낸다.

꿈에 등장한 반인반견(半人半犬)의 합성상은

☞ 겉으로는 인격자로 보이나 그 행실은 개같이 지조 없고 비굴한 사람을 비유하는 것이다.

꿈에 등장한 용두사미(龍頭蛇尾)나 사두어미(蛇頭漁尾) 등의 합성상은

☞ 인물 · 단체 등이 이중적인 면을 가졌다는 뜻으로 표현되는데, 어떤 조직체의 지도자가 뛰어남에 비해 그 구성원은 볼품이 없다는 뜻이거나 평범한 위치의 사람이 뛰어난 능력을 지녔다는 뜻으로 표현된다.

태아표상으로 등장한 닭 · 뱀 등이 사람으로 변하는 태몽은

☞ 출생할 아이의 운명적 추세를 비유하는 것인데, 처음 닭이나 뱀과 같던 신분 · 성격 등을 탈피하여 입지전적인 큰 인물로 성장하게 된다는 뜻이다.

4

신령(神靈)과 영혼에 관한 꿈

❖ 하나님 · 예수님 · 성모마리아 · 부처님 · 산신령 기타

신(神), 또는 기타 신앙의 대상을 향해 간절하게 기원하면 꿈을 통하여 어떤 응답을 받는 경우가 있다. 이때 꿈에 등장하는 신령이나 영혼은 실존이 아니라 우리의 잠재의식이 만들어 낸 가공의 인물상이다.

♞ 꿈에 등장한 하나님은

☞ 진리 · 양심 · 우주법칙 · 대자연의 섭리 등의 관념적 표상인 것이 보통이다. 사람의 동일시라면 통치자 · 성직자 · 백성 · 은인 · 부모 등에 비유되며 간혹 절대적 권력을 소유한 어떤 인물로 묘사되는 경우도 있다.

♞ 궁지에 몰렸을 때 하나님을 찾는 꿈을 꾸면

☞ 어떤 절대적 권력자에게 도움을 청하거나 진리 · 양심 등에 의존하게 된다.

♞ 정치인이 하나님을 찾는 꿈을 꾸면

☞ 국민의 여론을 수렴하여 통치자에게 건의하게 된다.

♞ 교인(敎人)이 하나님께 속죄의 기도를 올리는 꿈을 꾸면

☞ 훗날 양심의 가책을 받을 만한 짓을 저지르고 회개를 하거나 고해성사를 하게 된다.

♞ 꿈에 하나님 상(像)이 소원충족의 욕구로서 표현되는 것은

☞ 장차 어떤 은혜로운 사람에게 도움을 청하여 근심걱정을 해소하게 된다는 뜻이다.

♞ 천상(天上)의 옥좌에 앉아 계신 하나님을 알현하는 꿈을 꾸면

☞ 국가원수나 존경하는 고위 성직자를 만나게 된다. 또는 성경이나 불경을 연구하게 된다.

♞ 하나님의 계시를 받는 꿈을 꾸면

☞ 운명을 좌우할 만한 어떤 사건을 겪게 되거나, 큰 진리를 깨우치게 되는데, 그 운세는 꿈속에서의 계시 내용에 따라 달라진다.

♞ 공중에서 하나님의 목소리가 우렁차게 들려오는 꿈은

☞ 자기의 잠재의식이 자기 암시적 예시를 하는 것으로서 주로 사회적인 사건이나 진리의 깨우침과 관련이 있다.

♞ 하나님께 천당에 가게 해달라고 기도하는 꿈을 꾸면

☞ 높은 관직에 오르거나 결혼을 하게 된다.

♞ 천당을 구경하는 꿈을 꾸면

☞ 교회·사찰 등 성스럽고 경건한 장소에 가게 되거나 성가대나 부흥회 등 종교와 관련한 행사에 참여하게 된다.

♞ 꿈에 등장한 예수님은

☞ 하나님의 해석과 같다.

♞ 교인이 예수님께 영세를 받는 꿈을 꾸면

☞ 입학·취직·결혼 등의 소망을 실현할 수 있다.

♞ 예수님께서 구름을 타고 하늘에서 자기를 향해 내려오는 것을 보았다는 꿈은

☞ 장차 국가적인 영예가 주어짐으로써 국가적인 인물과 상관하게 된다는 뜻이었다.

♞ 교인의 경우 예수님께서 교회에 나타나는 꿈을 꾸면

☞ 장차 훌륭한 성직자를 만나 큰 은혜를 받게 된다.

♞ 교인의 경우 예수님께서 걸어가는 뒷모습을 바라보는 꿈을 꾸면

☞ 머지않아 사회적으로 영향력이 있는 어떤 유력자에게 청탁을 하게 될 것인데 그 소망은 실현된다.

♞ 예수님의 조각상이나 초상화를 바라보는 꿈을 꾸면

☞ 성경·예언서 또는 어떤 진리에 관한 책을 탐독하게 된다.

예수님이 찬란한 의상을 걸치고 등장하는 꿈을 꾸면

☞ 나라에 위대한 지도자가 출현하거나 새로운 진리가 펼쳐진다.

꿈에 등장한 성모(聖母) 마리아는

☞ 어머니 · 아내 · 애인 · 은사 등의 은혜롭고 자애로운 어떤 여성을 동일시하는 것이다.

성모 마리아 상 앞에 무릎을 꿇고 간절히 기도하는 꿈을 꾸면

☞ 오랫동안 열망하던 어떤 소망이 실현되어 큰 기쁨과 만족감을 느끼게 된다.

성모 마리아 상이 발(發)하는 빛이 자기 몸을 비추는 꿈을 꾸면

☞ 신앙적 깨달음을 얻거나 진리를 깨우치게 된다.

꿈에 움직이며 행동하는 성모 마리아상은

☞ 인자한 지도자 · 은혜로운 협조자 · 예언자 등을 동일시한다.

교인의 경우 성모 마리아 상이 눈물을 흘리는 꿈을 꾸면

☞ 집안에 우환이 생겨 심적 고통을 당하게 된다. 또는 존경하는 인물이 불행을 겪게 된다.

천사가 나팔을 부는 꿈을 꾸면

☞ 부흥회에서 음악이 연주되고 성가대가 합창을 하는 것을 듣게 된다. 또는 온 나라를 뒤흔들 만한 큰 사건이 발생한다.

천사가 자기를 하나님에게 데리고 가는 꿈을 꾸면

☞ 고위 공직에 진출하게 된다. 그러나 꿈꾼 사람이 고령자나 중병 환자라면 죽음의 암시가 된다.

죽었다가 살아나는 꿈에 등장하는 천당 · 극락세계 · 서기장 · 상계 · 하계 등의 표상들은

☞ 죽음에 관한 잠재지식에서 이끌어 낸 재료들인데 자기 암시적 상징물로 표현된다.

부활의 꿈에 천사가 지상(地上)으로 되돌아가라고 하는 것은

☞ 죽음 직전의 위기에서 벗어나게 된다는 자기 암시다.

꿈에 등장한 부처님(佛陀)은

☞ 대학자 · 은인 · 위대한 인물 · 성직자 등을 동일시한다.

꿈에 등장한 불상(佛像)은

☞ 그런 사람들이 남긴 업적 · 진리 등을 상징한다.

부처님이 나타나 설법을 펼치는 꿈을 꾸면

☞ 은인이나 유력인사로부터 큰 도움을 받게 된다. 이때 그 설법의 내용이 자기 운세의 중요한 대목을 암시하는 경우가 많다.

태몽에서 태아표상으로 등장한 금불상(金佛像)은

☞ 출생할 아이가 장성하여 남기게 될 위대한 업적이나 진리를 뜻한다.

일반인이 금불상을 얻는 꿈을 꾸면

☞ 최고의 명예 · 지위 · 재물 등을 얻게 된다.

미혼남녀의 경우 관음상(觀音像)을 얻는 꿈을 꾸면

☞ 배우자가 될 사람을 만나게 된다.

관음상을 얻는 태몽을 꾸면

☞ 장차 큰 인물로 성장할 후손이 태어난다.

석가모니의 손가락에서 흐르는 피를 마시는 꿈을 꾸면

☞ 어떤 훌륭한 사람으로부터 정신적인 감화를 받게 된다.

석가모니가 흘린 핏자국을 따라가는 꿈을 꾸면

☞ 훌륭한 학자나 지도자의 행적을 따르거나 그 지도를 받게 된다.

석가모니가 좌선하는 광경을 바라보는 꿈을 꾸면

☞ 어떤 학자나 진리탐구자가 연구에 몰두하는 모습을 보게 된다.

불상에 절을 하거나 염불하는 꿈을 꾸면

☞ 조만간 어떤 유력자에게 무엇인가 청원을 하게 될 것인데 그 소

망은 실현될 것이다.

꿈에 등장한 동상(銅像)이나 석상(石像)은

☞ 어떤 위인의 업적 · 서적 · 사진 등을 상징한다.

동상이 살아 있는 것처럼 움직이는 꿈을 꾸면

☞ 동상의 주인공이 관련된 역사적 사건과 흡사한 체험을 하게 된다.

꿈에 등장한 샤머니즘적 숭배의 대상, 즉 단군왕검 · 칠성님 · 산신령 등은

☞ 정신적인 지도자, 즉 스승 · 학자 · 은인 등을 동일시하며 정신적 일거리나 서적 등을 상징한다.

신령(神靈)이 주는 음식을 받아먹는 꿈을 꾸면

☞ 어떤 존경할 만한 인물이 맡겨주는 일거리에 종사하게 된다. 회임(懷妊)이 가능한 여성이라면 곧 태기(胎氣)를 느끼게 된다.

신령이 주는 약(藥)을 받아먹는 꿈을 꾸면

☞ 지병이 치료된다. 건강한 사람의 경우라면 좋은 방도를 얻어 하는 일을 무난하게 추진할 수 있다.

신령이 자기에게 길을 인도하는 꿈을 꾸면

☞ 훌륭한 지도자의 가르침을 받아 인생 진로를 수정하게 된다.

신이나 우상에 제물을 바치는 꿈을 꾸면

☞ 어떤 권력자에게 무엇인가 청탁할 일이 생긴다.

교인(敎人)의 꿈에 등장한 선악과(善惡果)는

☞ 인생의 이정표가 될 만한 종교적 진리를 깨우치거나 옳고 그른 것을 분별하는 직책을 갖게 된다는 뜻이다.

산신령이 등장하여 어떤 예언을 하는 꿈은

☞ 잠재의식이 자기 암시적 예시를 하는 것이다.

백발노인이 나타나 「독바위 골에 가면 집터가 있을 것이다」라

고 말하며 옥동자를 안겨 준 꿈은

☞ 2백년 묵은 산삼의 소재를 알려준 실제 사례다. 자기 암시적 표현에 해당한다.

♞ 토끼설화나 심청전의 이야기처럼 바다에 빠져 죽기 직전 용왕이 목숨을 건져주었다는 꿈은

☞ 생사를 가르는 위기에 처했을 때 어떤 권력자의 도움을 받아 구사일생하게 된다는 뜻이다.

♞ 꿈에 등장한 신선(神仙)은

☞ 석학(碩學)·권력자·고위관리·고승·성직자 등을 동일시하거나, 골동품·고서적·유물 등을 상징한다.

♞ 천산(天山)에서 신선(神仙)과 장기나 바둑을 두는 꿈을 꾸면

☞ 장차 출세하여 국운을 좌우할 만한 위치에 서게 된다. 이런 꿈을 꾼 사람이 국가 지도자라면 전쟁을 암시하는 꿈이 될 수도 있다.

♞ 꿈에 등장한 선녀(仙女)는

☞ 국가원수의 보좌관·학자·여류배우·여류작가 등을 동일시하며 인기 있는 작품이나 일거리를 상징한다.

♞ 하늘에서 선녀가 아기를 품에 안고 내려와 자기에게 건네주는 태몽을 꾸면

☞ 장차 출생할 아이는 장성하여 후세에까지 높이 평가될 만한 학문적 업적을 남기거나 국가적 영향을 줄 만한 큰일을 하게 된다.

♞ 꽃봉오리 속에서 아름다운 선녀가 나타나 너울너울 춤을 추며 하늘로 올라갔다는 꿈은

☞ 사업이나 작품이 큰 성공을 거두어 세인의 주목을 받고 부와 명예를 거머쥔다는 뜻이었다.

♞ 신선이나 선녀가 되는 꿈을 꾸면

☞ 큰 명예와 권리를 획득한다.

선녀와 혼인하는 꿈을 꾸면

☞ 사회적 저명인사와 인연을 맺게 된다.

선녀와 관계하는 꿈을 꾸면

☞ 명예로운 일을 성취한다.

❖ 역사적 인물

신령표상과 마찬가지로 역사적 인물표상 역시 자기의 또 다른 자아가 가면을 쓰고 등장하여 그 이미지를 충실하게 구현하고 있는 것이다. 꿈의 암시는 그 인물들의 역사적 사건과 밀접하게 연관되어 있다.

꿈에 등장한 역사적 인물은

☞ 미래의 현실에서 상관하게 될 어떤 중요한 인물을 동일시하거나 그의 내력·권세·명예·업적 등을 상징한다.

고 이승만 대통령에게 절을 하였다는 꿈은

☞ 후일 이 대통령의 이미지를 지닌 어떤 사람에게 청탁을 하고 그 소망이 실현된다는 뜻이었다.

선조대왕이 나타나 「광해군을 폐하고 손자를 세우겠다」 라고 말한 백사 이항복의 꿈은

☞ 인조반정(仁祖反正)을 암시한 것으로 여기 등장한 선조는 인조의 동일시였다.

역사학을 전공하던 어느 여대생의 꿈에 등장한 나폴레옹은

☞ 후일 만나게 될 어떤 유명인사의 동일시였다.

관운장이 온몸에 더러운 피를 뒤집어쓴 채 자기 군막 앞에 서 있는 모습을 보았다는 주창의 꿈은

☞ 관운장(關雲長)이 여몽(呂蒙)의 간계에 빠져 죽음을 당한다는

암시였다.

- 정중부(鄭仲夫)가 나타나 「잠시 너희 집에 머물다 가게 되었다」고 말한 정희중의 꿈은
- ☞ 후일 반역을 도모하여 죽음을 당한 아들 정여립(鄭汝立)을 낳는다는 태몽이었다.
- 부왕과 모후가 나타나 자기를 어루만지며 슬퍼하였다는 단종(端宗)의 꿈은
- ☞ 수양대군의 사약을 받아 자기가 죽게 될 것이라는 암시였다.
- 금빛 갑옷을 입은 동자 하나가 구름을 타고 하늘에서 내려와 집으로 들어왔다는 만명(萬明)부인의 꿈은
- ☞ 저 유명한 김유신(金庾信) 장군의 탄생을 알리는 태몽이었다.
- 사명대사가 하늘에서 해를 따서 건네주었다는 태몽은
- ☞ 출생할 아이가 장성한 뒤 사명대사에 비견될 만한 능력을 가진 권력자로부터 권리·명예·지위 등을 물려받게 된다는 암시였다.
- 원효대사나 혜초스님과 같은 고승(高僧)을 만나는 꿈을 꾸면
- ☞ 후일 진리탐구자나 위대한 지도자와 상관하게 된다.
- 아인슈타인이나 퀴리 부인 등의 과학자를 만나는 꿈을 꾸면
- ☞ 과학적인 연구에 관여하거나 과학서적을 탐독하게 된다.

❖ 조상(祖上)·고인(故人)

꿈에 등장하는 조상(祖上)이나 고인(故人)은 실존이 아닌 가족이나 직장 동료, 또는 아는 사람의 동일시인 것이 보통이며, 간혹 일거리의 상징일 경우도 있다.

- 돌아가신 조부모가 자기를 향해 빙그레 웃는 꿈을 꾸면
- ☞ 실존의 부모나 직장 상사로 인하여 불쾌한 체험을 하게 된다.

조부가 소를 몰고 밭을 갈러 나가는 꿈을 꾸면

☞ 조만간 가족의 생계를 책임진 가장이 사업목적이나 직업을 바꾸게 된다.

제삿날 그 조상이 꿈에 나타나는 것은

☞ 제사를 지내는 일과 관계가 있다.

조상이 나타나 눈물을 흘리면서 슬피 우는 꿈을 꾸면

☞ 부모나 호주에게 불행이 닥치고 집안에 액운이 찾아든다.

생전에 높은 벼슬을 했거나 가세를 일으켰던 선조(先祖)가 대문을 열고 안으로 들어오는 꿈을 꾸면

☞ 머지않아 가운(家運)이 활짝 열리게 된다.

반대로 가문을 쇠락(衰落)의 길로 이끌었던 선조가 문을 열고 안으로 들어오는 꿈을 꾸면

☞ 가세가 기울게 된다.

조상이 또 다시 죽는 꿈을 꾸면

☞ 전에 성취하였던 일에 착수하여 또 다시 성공하게 된다.

고인이 된 친구의 어머니에게 절을 하는 꿈을 꾸면

☞ 우호적인 직장 상사로부터 칭찬이나 보상을 받게 된다.

돌아가신 할아버지가 실팍하고 윤기 흐르는 암소 한 마리를 끌고와 자기 집 안마당이나 외양간에 매었다는 꿈은

☞ 조만간 집안에서 새 며느리를 맞게 된다는 암시였다.

새로운 일에 착수할 때마다 조상이 꿈에 나타나는 것은

☞ 그 일의 성패 여부를 암시하거나 협조자의 출현을 예시한다.

돌아가신 아버지가 나타나 어떤 지시나 예언을 하는 꿈은

☞ 당면한 일에 대한 자기 암시적 표현이거나 그 일과 관련하여 어떤 협조자의 도움을 받게 된다는 뜻이다.

조상이 나타나 생전에 사랑하던 자손을 어루만지는 꿈을 꾸면
☞ 집안에 우환이 생기거나 그 아이가 병든다.

조상이 자손의 손을 이끌고 문 밖으로 사라지는 꿈을 꾸면
☞ 미구에 그 아이가 죽는다.

집안에 큰일이 있을 때, 죽은 남편이나 아내가 꿈에 나타나면
☞ 그 일의 성패나 행·불행의 결과를 암시하는 것이다. 또는 우호적인 협조자를 동일시하거나, 한번 실패했던 일을 되살리게 된다는 뜻으로 표현되기도 한다.

딸의 결혼을 앞두고 죽은 아내가 문 밖에서 말없이 자기를 바라보았다는 꿈은
☞ 그 결혼식과 관련하여 딸과 의견충돌을 빚게 된다는 암시였다.

꿈에 죽은 딸이 등장하는 것은
☞ 생존한 다른 딸이나 친인척 중의 누군가를 동일시하는 것이 보통이다. 그러나 원귀(寃鬼)라는 생각이 확고한 사람에게는 불길한 징조가 될 수 있는데, 어떤 장애요소나 병마의 상징이다.

죽은 아내나 애인과 성교하는 꿈은
☞ 장차 현실에서 계약이나 동업 등의 일로 상관하게 될 어떤 사람에 대한 쾌·불쾌의 체험을 암시적으로 표현하는 것이다. 그러나 꿈의 사연에 따라서는 병마의 상징이 될 수도 있다.

❖ 유령·도깨비·귀신

우리가 소위 유령이나 도깨비라고 인식하는 것은 사람이 어떤 외부환경의 자극을 받아 극도의 공포감이 유발됨으로써 급조된 환각현상이라고 말할 수 있다. 이것은 위축된 심리를 반영하는 것인데, 꿈은 이러한 심적 동향을 그 암시적 재료로 삼는다.

꿈에 등장한 유령 · 도깨비 · 귀신 등은

☞ 악한이나 괴한을 동일시하며, 벅찬 일거리나 정신적 산물(產物)을 상징한다.

억울하게 죽은 사람이 꿈에 등장하는 것은

☞ 자기를 괴롭히려는 어떤 인물을 동일시하는 것이거나 심적 고통이나 병마를 상징하는 것이다.

붉은 망토를 입은 흉악한 얼굴의 유령 셋이 춤을 추는 광경을 보고 두려운 생각이 들었다는 꿈은

☞ 동네 불량배 세 사람에게 집단구타를 당해 피를 흘리게 된다는 암시였다.

산발한 소복의 여인이 달려들면

☞ 조만간 병에 걸리게 된다.

꿈에 산발한 채 공중을 날아와 자기 머리채를 휘어잡은 유령은

☞ 두통(頭痛)의 상징이었다.

꿈에 어두컴컴한 공간에 희미한 모습으로 나타나는 귀신은

☞ 그 뜻이 모호하여 본질을 파악할 수 없는 정신적 산물(작품 · 논문 등)을 상징한다.

자는 동안 외부에서 가해지는 감각적 자극에 의해서도 귀신의 꿈이 꾸어질 수 있는데

☞ 이런 꿈들 역시 어떤 암시적 목적을 위해 동원되는 표상들이다.

유령 · 도깨비 · 귀신 등을 퇴치하여 사라지게 하는 꿈을 꾸면

☞ 근심 걱정이 해소됨으로써 정신적 압박감에서 벗어날 수 있다.

귀신 · 도깨비 · 유령에 쫓기며 심적 동요를 느끼는 꿈을 꾸면

☞ 벅찬 일거리나 걱정거리로 인해 심리적 압박감에 시달리게 된다.

5

죽음·시체·장례·제사 등에 관한 꿈

❖ 죽음

죽음이라는 주제만큼 꿈에 자주 도입되는 재료도 드물다. 또한 깨고 난 다음에 그토록 오랫동안 불쾌하고 두려운 잔상을 남기는 것도 없을 것이다. 그러나 꿈속의 죽음은 소원충족의 상징으로 길조를 나타낸다. 종말이 아니라 완성을 뜻하기 때문이다. 죽음은 대부분 일거리의 상징이다.

♞ 꿈에 표현된 죽음은

☞ 일의 성취 · 완성 · 갱신(更新) 등을 상징한다.

♞ 자살하는 꿈을 꾸면

☞ 새로운 직장 · 신분 · 새집 등을 소유하게 되거나 어떤 새로운 일에 도전하게 된다.

♞ 자기가 자신의 시체를 내려다보는 꿈은

☞ 진통 끝에 걸작품이 완성되거나 사업체가 폭발적으로 번창하게 된다는 뜻이다.

♞ 살해(殺害)를 당하는 꿈을 꾸면

☞ 외부적 환경변화나 누군가의 도움으로 출세를 하게 된다.

♞ 다른 사람이 죽는 꿈은

☞ 자기에게 직 · 간접적으로 영향을 미칠 다른 사람의 일거리가 성사된다는 뜻이다.

♞ 자기가 저절로 죽었다고 생각하는 꿈은

☞ 환경이나 운세의 변화에 따라 자기가 직접적인 작용을 가하지 않더라도 자기의 일거리가 자연스럽게 성취된다는 뜻이다.

♞ 타인의 총 · 칼 등에 의해 살해를 당하는 꿈을 꾸면

☞ 인적 배경이나 특별한 수단을 동원하여 출세를 하거나 하는 일을 성사시키게 된다.

- 자기가 타인이나 동물을 살해하는 꿈을 꾸면
☞ 노력 끝에 어떤 벅찬 일거리를 성취할 수 있다.
- 부모가 죽는 꿈을 꾸면
☞ 가정사와 관련이 있는 결혼·주택·사업 등의 최대 관심사가 성취된다. 상황에 따라서는 간혹 유산상속을 뜻하는 경우도 있다.
- 단지 누군가가 죽을 것이라고 생각하는 꿈을 꾸면
☞ 예기치 않은 기회가 생겨 기대하지 않았던 어떤 벅찬 일거리가 성취된다.
- 은사가 죽었다는 부고(訃告)가 도착하는 꿈을 꾸면
☞ 어떤 친한 사람의 작품이나 프로필이 신문잡지에 실리거나 그가 부귀해짐을 보고 함께 기뻐할 일이 생긴다.
- 아는 사람의 유물이라고 생각하며 그의 사진이나 유서 등을 바라보는 꿈을 꾸면
☞ 그 사람으로 동일시된 어떤 지인(知人)의 작품·사진이 신문·잡지에 실린 것을 보게 된다.
- 애인이나 자식이 죽는 꿈을 꾸면
☞ 애착을 갖고 혼신의 힘을 쏟아 부은 어떤 일거리가 성취된다.
- 이미 죽은 사람이 나타나 또다시 죽는 꿈을 꾸면
☞ 과거에 자기가 성취한 바 있는 어떤 일거리를 다시 시작하여 성공하게 된다. 가령 오래 전에 손을 뗀 어떤 장사를 다시 시작하여 큰돈을 벌 수도 있다.
- 죽은 사람이 누구라는 것을 확인하지 않고 그저 부고를 받았다고 생각하는 꿈을 꾸면
☞ 합격통지서·채용통지서 등을 받아보게 된다.

❖ 시체 · 해골

♞ 꿈에 등장한 시체(屍體)는

☞ 성취된 일 · 작품 · 재물 · 유산 · 부채 · 증거물 등을 상징하며, 사건의 진상 · 비밀스런 일 · 거추장스런 일 등을 비유한다.

♞ 누군가와 시체를 맞들고 오는 꿈을 꾸면

☞ 다른 사람과의 동업이 성공하여 큰 재물을 얻게 된다.

♞ 집안에 있던 시체를 선산에 매장하는 꿈을 꾸면

☞ 새로 들어온 재물을 금융기관에 저축하게 된다.

♞ 집안에 있던 시체를 밖으로 내가는 꿈을 꾸면

☞ 모처럼 획득한 재물을 상실하게 된다.

♞ 자기가 죽인 시체를 땅에 묻는 꿈은

☞ 어떤 사건의 뒤처리를 하거나 비밀에 붙인다는 뜻이다.

♞ 시체를 공동묘지에 묻는 꿈은

☞ 사회사업에 투자한다는 뜻이다.

♞ 꿈에 다른 사람이 시체를 매장하는 광경을 보면

☞ 그로 동일시된 인물이 비밀을 감추려는 것을 목격하게 된다.

♞ 시체를 보고 무서워서 도망가는 꿈을 꾸면

☞ 큰 재물이 생길 모처럼의 기회를 놓치게 된다.

♞ 자기가 죽인 시체에서 전리품을 거두는 꿈을 꾸면

☞ 어떤 일의 성취 과정에서 기대 이상의 소득을 올리게 된다. 또는 어떤 물적 증거를 남기게 된다.

♞ 방안에 놓인 시체가 갑자기 커져서 방을 꽉 채우는 꿈을 꾸면

☞ 어떤 기회를 만나 자기의 재산이 폭발적으로 증대된다.

♞ 시체에 절을 하고 통곡을 하면

☞ 유산을 상속받게 된다.

- 시체가 쫓아와 도망치는 꿈을 꾸면

☞ 심적 고통을 받거나 생활고에 시달리게 된다.

- 꿈에 가족의 죽음을 보고 슬픔을 느꼈으나 울음이 나오지 않았다면

☞ 장차 어떤 일의 결과로 재물을 획득하게 될 것인데, 그 재물이 화근이나 불만의 원인이 된다.

- 사랑하는 자식이 죽어 그 시신을 내려다보며 슬피 우는 꿈을 꾸면

☞ 애착을 갖고 성사시키려던 벅찬 일거리가 성취됨으로써 크게 기뻐하게 된다.

- 꿈에 자동차나 바위에 깔려 죽은 시체는

☞ 공적(公的)인 일의 성취 결과를 상징한다.

- 길바닥이나 구덩이, 또는 굴속에서 그 신체의 일부가 떨어져 나갔거나 신체의 일부를 붕대로 감고 있는 시체를 보면

☞ 머지않아 교통사고로 사람이 죽는 광경을 목격하게 된다.

- 가족 중의 누군가가 바위에 깔려 죽는 꿈을 꾸면

☞ 어떤 권력층이 세력을 넓히는 와중에 그 세를 빌어 가업을 확장하고 큰 재물을 모으게 된다.

- 누군가와 맞들고 가는 관 속에 반드시 들어 있어야 할 시체가 없었다면

☞ 어떤 사람과의 동업이 별 소득 없이 끝나버리거나, 오랜 계획이나 소망이 무산되게 된다. 사기를 당할 수도 있다.

- 시체가 되살아나는 꿈을 꾸면

☞ 어렵게 성사시킨 일이 수포로 돌아가거나 사업이 원점으로 돌아가게 된다.

- 시체 또는 시체를 넣은 관을 장작더미에 올려놓고 불로 태우는

꿈을 꾸면
☞ 현재 추진 중인 자기의 사업에 새로운 자금을 투입하여 대단위로 확장하게 된다.
♞ 꿈에 시체를 태워 재만 남은 광경을 보았다면
☞ 한때 융성했던 사업이 파산지경에 몰리게 된다.
♞ 부모나 조부모 등 웃어른의 시신 앞에 굴건제복(屈巾祭服)을 하고 곡(哭)하는 꿈을 꾸면
☞ 유산을 상속받거나 관직에 진출한다. 실제 초상을 치르게 됨으로써 상복을 입는 것으로 묘사되는 경우도 있다.
♞ 방안에 놓인 시체에서 썩는 냄새가 진동하는 꿈을 꾸면
☞ 가업(家業)이 번창하여 주위의 부러움을 사게 된다.
♞ 꿈에 시체에서 생긴 구더기가 우글거리는 광경을 보면
☞ 큰돈을 벌어 부자가 된다.
♞ 관속의 송장에서 썩은 물이 흘러나와 개울을 만드는 꿈을 꾸면
☞ 장차 자기 사업이 번창하여 큰 재물을 모으고 사회적인 영향력을 행사하게 된다.
♞ 꿈속에서 미라가 된 시체는
☞ 상업적 흥행에는 실패하였으나 오래 기억될 작품의 상징이다.
♞ 정신병자의 시체를 바라보는 꿈을 꾸면
☞ 어떤 정신적 소산(所産), 즉 논문・문학작품・그림 등을 지면(紙面)을 통해 세상에 발표함으로써 명성과 재물을 얻게 된다.
♞ 물에 빠져 죽은 사람의 시체를 건져 올리는 꿈을 꾸면
☞ 어떤 공적인 일거리를 관계기관을 통해 성취함으로써 소원충족을 하게 될 것인데, 그러한 사실은 세상에 널리 공개된다.
♞ 시체에서 흘러나온 피가 물통에 가득 고인 것을 보았다는 꿈은

☞ 경이로운 발명을 하거나 신기술을 개발함으로써 사회에 영향을 끼치고 큰 재물을 모으게 된다는 암시였다.

▲ 꿈에 누군가가 출처를 알 수 없는 시체를 운반해와 몰래 땅에 묻는 광경을 바라보면

☞ 주변의 어떤 인물이 큰 재물을 모을 것인데 그가 그러한 사실을 감추기 위하여 애를 쓰는 것을 지켜보게 된다.

▲ 이미 죽은 사람이 등장하여 그 자신의 시신(屍身)과 함께 있는 꿈을 꾸면

☞ 과거의 동업자가 나타나 이것저것 간섭함으로써 하는 일이 난관에 부딪치게 된다.

▲ 시체의 살이 썩어 남은 해골(骸骨)은

☞ 무형의 재물인 특허권・저작권, 또는 상장・업적・증거물 등을 상징한다. 또는 오래 묻혀 있던 비밀이 만천하에 드러나게 된다는 뜻으로 묘사되기도 한다.

▲ 대청마루 밑에서 해골을 파내는 꿈을 꾸었다는 어떤 학생은

☞ 얼마 후 우수한 성적을 거두어 장학증서를 받게 되었다 한다.

▲ 누군가가 해골을 실어와 자기에게 건네주는 꿈을 꾸면

☞ 머지않아 약속어음이나 차용증서 등을 받게 된다.

▲ 길바닥에 쌓인 해골 무더기를 바라보는 꿈을 꾸면

☞ 큰 사업을 일으켜 많은 업적을 이루게 된다.

▲ 논밭을 갈다가 해골을 캐내는 꿈을 꾸면

☞ 어떤 일을 추진하는 과정에 놀랄 만한 비밀을 발견하게 된다.

❖ 제사・장례

▲ 제사(祭祀)와 관련한 장면들이 꿈에 묘사되는 것은

☞ 제삼자나 권력자에게 무엇인가 청탁을 하게 된다는 암시로서 표현된다.

다른 사람이 제사를 지내는 광경을 바라보는 꿈을 꾸면

☞ 지인(知人) 중의 누군가가 당국에 무엇인가를 출원하여 그것이 처리되는 과정을 지켜보게 된다.

제물(祭物)이 풍성하게 잘 차려졌다고 생각하는 꿈을 꾸면

☞ 당국에 출원한 어떤 일이 가치가 있는 것이라고 생각하게 된다.

제상 주변에 촛불 등의 조명이 매우 밝다고 생각하는 꿈을 꾸면

☞ 당국에 출원한 일이 아무런 하자 없이 신속하게 처리된다.

제사를 지내는 과정에 잔에 술을 부어 제상에 올리는 꿈을 꾸면

☞ 관계당국에 자기의 일거리를 출원함에 있어 어떤 유효한 수단을 동원하게 된다.

이때 첨작(添酌 : 이미 헌작되어 있는 술잔에 술을 조금 더 붓는 것)을 하면

☞ 그 일에 완벽을 기하기 위해 어떤 방편을 추가로 사용하게 된다.

첨작했던 잔을 내려 퇴주(退酒)를 하면

☞ 그 일이 완전하게 처리되거나 취소된다.

제상에 놓인 위패(位牌)·영정 등이 유난히 인상적인 꿈을 꾸면

☞ 그 위패 등으로 암시된 어떤 권력자에게 청탁을 하게 된다.

이때 영좌(靈座)만 덩그러니 놓여 있고 그 위에 있어야 할 영정이나 지방이 보이지 않았다면

☞ 자기의 청원을 들어 줄 사람이 상당한 권력자임을 짐작할 수 있을 것이나 그가 누구인지는 분명치 않을 것이다.

시제(時祭 : 문중의 종묘제사)를 지내는 꿈을 꾸면

☞ 가업(家業)과 관련하여 어떤 기관에 협조를 요청하게 된다.

♞ 기제(忌祭)를 지내는 꿈을 꾸면
☞ 어떤 특정한 날을 근거로 관계기관에 무엇인가를 청원하게 된다.
♞ 제상 앞에서 자기가 축문(祝文)을 읽거나 심금(心琴)을 울리는 염불 · 찬송 등을 하여 듣는 이로 하여금 숙연케 하는 꿈을 꾸면
☞ 장차 자기가 하는 일이 세상에 큰 공헌을 하게 됨으로써 수많은 사람들을 감동시키게 된다.
♞ 자기 집에 초상이 나서 수많은 조객들이 들락거리고 곡성이 끊이지 않는 꿈을 꾸면
☞ 가업(家業)이 크게 번창하여 세상에 가문의 명성을 날리게 된다.
♞ 성묘(省墓)하는 꿈을 꾸면
☞ 은인이나 후원자에게 무엇인가 청원을 하게 될 것인데 그 소망은 실현될 것이다.
♞ 남의 집에서 초상이 난 광경을 바라보는 꿈을 꾸면
☞ 가까운 지인(知人)의 집에 경사가 생긴다.
♞ 맏상제가 되어 제사를 주도하거나 장례식을 거행하는 꿈을 꾸면
☞ 유산을 상속받게 된다.
♞ 제사나 장례와 관련된 꿈속에서 처녀가 상복(喪服)을 입으면
☞ 조만간 결혼을 하게 된다.
♞ 이런 꿈에 유부녀가 상복을 입으면
☞ 남편의 직위가 높아지거나 사업이 확장된다.
♞ 유부녀의 경우 남편이 죽어 상복을 입는 꿈을 꾸면
☞ 남편의 신분이 상승함으로써 그녀 역시 영귀(榮貴)해진다.
♞ 만장(萬丈)을 휘날리며 수많은 조문객이 뒤를 따르는 상여행렬을 바라보는 꿈을 꾸면
☞ 장차 사회 · 국가적인 업적을 이루어 부귀영화(富貴榮華)를 누

리게 된다.

♞ 이런 꿈이 태몽이라면 장차 출생할 아이는

☞ 국가적인 업적을 이룰 큰 인물로 성장하여 수많은 추종자를 거느리게 된다.

♞ 꿈에 등장한 상여(喪輿)는

☞ 사업성과 · 결사 · 부귀 · 명예 · 업적 등을 상징한다.

♞ 자기 집의 문 앞에 놓인 상여 주변에 아무도 없는 꿈을 꾸면

☞ 실제로 집안에 초상이 난다.

♞ 어떤 집의 마당에 상여가 놓여 있는 꿈을 꾸면

☞ 그 집안과 결연 · 결혼 등의 인연을 맺게 된다.

♞ 대문 앞의 영구차가 머리를 밖으로 향한 채 대기하고 있는데 아무도 타고 있지 않는 꿈을 꾸면

☞ 실제로 집안에 초상이 난다.

♞ 이때 그 영구차에 기사나 조문객이 타고 있었다면 해석이 전혀 달라지는데

☞ 집안에 큰 경사가 생기거나 가업(家業)이 크게 번창한다.

♞ 영구차가 대문 안으로 들어와 있는 꿈을 꾸면

☞ 어떤 기관 · 단체와 금전적인 협상을 벌이게 된다.

♞ 영구차가 질주하는 꿈을 꾸면

☞ 자기가 하는 일이 아무런 장애 없이 순조롭게 진척된다.

♞ 상여소리가 산야에 울려 퍼지면

☞ 세상에 명성을 떨치게 된다.

♞ 조문(弔問)을 가서 상제에게 절하는 꿈을 꾸면

☞ 어떤 유산상속자의 권리 중 일부를 넘겨받게 된다.

♞ 초상집에서 상제에게 조위금을 전달하는 꿈을 꾸면

☞ 어떤 기관에 청원서를 제출하게 된다.

♞ 국장(國葬)이 거행되는 광경을 바라보는 꿈을 꾸면

☞ 국가적인 업적을 이룩하게 됨으로써 최고의 명예를 획득하고 만인이 우러러보는 신분이 된다. 사회적인 꿈이라면 개헌 등의 사회변혁이 생긴다.

♞ 영구차가 움직이면서 장례식장에 장송곡이 울려 퍼지는 꿈을 꾸면

☞ 여러 사람들과 더불어 온 나라에 소문을 낼만 한 큰일을 성취하게 된다. 간혹 결혼식의 웨딩마치에 비유되는 경우도 있다.

♞ 꿈에 여러 사람들이 곡을 하는데 자기는 조금도 슬픈 감정이 들지 않아 그저 바라만 보았다면

☞ 주변 사람들이 모두 함께 하는 어떤 경사(慶事)에서 자기만이 제외될 것이다.

♞ 조문할 때 상제나 조문객이 슬피 우는 모습을 보고 측은한 생각이 들어 마음이 흔들리는 꿈을 꾸면

☞ 조만간 여러 사람들의 시비에 휘말리는 불쾌한 사건을 겪게 된다.

❖ 무덤

♞ 꿈에 등장한 무덤〔墓〕은

☞ 은인·협조자를 동일시하거나, 은행·금고·학원·비밀장소 등을 상징한다.

♞ 능(陵)을 참배하는 꿈을 꾸면

☞ 국가적인 권력자에게 무엇인가를 청탁하게 될 것인데 그 소망은 실현될 것이다.

♞ 능이나 고분을 파헤치는 꿈을 꾸면

☞ 새로운 학문적 이론을 정립하게 되거나 새 직업을 구하게 된다.

묘원(墓園)에 있는 자기 조상의 분상(墳上)이 주변의 것보다 월등히 크고 넓어 두드러져 보이는 꿈을 꾸면

☞ 직장에서 수많은 경쟁자를 물리치고 소원하는 직위나 직책을 차지하게 된다.

수많은 봉분 중에서 자기 조상의 것을 찾지 못해 애태우는 꿈은

☞ 원하는 직장이나 협조자를 구할 수 없어 고뇌하게 된다는 뜻이다.

꿈에 즐비하게 늘어선 공동묘지의 봉분(封墳)들은

☞ 자기의 힘이 되어줄 협조자나 협조세력을 상징한다.

꿈에 공동묘지를 철거하고 그 자리에 집터를 다지는 광경을 바라보면

☞ 구습(舊習)이 타파되어 기성세대의 권위가 무너지는 사회적인 변화를 체험하게 된다.

꿈에 등장한 공동묘지(共同墓地)가

☞ 군영(軍營)이나 구획 정리된 주택단지에 비유되는 경우도 있다.

공동묘지에 매장하는 꿈을 꾸면

☞ 사회사업에 투자하게 된다.

꿈에 선산에서 할아버지나 아버지, 또는 숙부의 묘 등으로 일일이 구분하는 것은

☞ 장차 현실에서 상관하게 될 어떤 협조자들의 친밀도를 나타내는 암시적 표현이다.

조상의 묘역(墓域)이 넓고 그 분상이 커서 흡족하게 생각하는 꿈은

☞ 자기의 세력을 넓히거나 든든한 인적 배경을 갖게 된다는 뜻이다.

선산에 아름다운 정자(亭子)가 세워진 광경을 바라보는 꿈은

☞ 장차 집안에 큰 인물이 태어나 가문의 영광을 빛내게 된다.

조상묘의 분상이 높이 솟아 구름이 걸친 광경을 보면

☞ 조만간 가문의 영광을 빛낼 아이를 출산하게 된다.

♞ 조상의 분상이 방치되어 그 일부가 훼손되거나, 낭떠러지에 걸쳐 있거나 하는 등의 꿈을 꾸면

☞ 머지않아 자기의 운세나 가운(家運)이 쇠락하여 몰락하게 된다.

♞ 조상의 무덤 위에 큰 나무가 자라는 꿈을 꾸면

☞ 집안에 큰 인물이 태어나거나 가업이 크게 번창한다.

♞ 조상의 분상이나 그 주변에 꽃이 만발한 꿈을 꾸면

☞ 머지않아 집안에 큰 경사가 생긴다.

♞ 조상의 무덤 위로 금빛 햇살이나 오색찬란한 서기가 쏟아지는 꿈을 꾸면

☞ 자기의 신분이 급상승하거나 가업이 번창하게 된다. 유부녀의 경우라면 재혼할 징조다.

♞ 조상의 무덤이 빛을 발해 사방을 환히 밝히는 꿈을 꾸면

☞ 자기의 업적이 높은 평가를 받아 신분이 고귀해지고 많은 재물을 얻게 된다.

♞ 조상의 무덤에 불이 나는 꿈을 꾸면

☞ 가운(家運)이 활짝 열리고 사업이 번창하게 된다.

♞ 자기가 바라보고 있는 무덤이 갑자기 둘로 갈라지거나 무덤의 문이 스스로 열리는 꿈은

☞ 대길몽이다. 만사형통의 징조다.

♞ 무덤에서 피가 흐르는 꿈을 꾸면

☞ 협조기관의 재정지원을 받거나 종교의 감화를 받게 된다.

♞ 무덤에서 사람의 손이 나오는 꿈을 꾸면

☞ 채권자의 빚 독촉으로 고통을 받게 된다.

♞ 깊은 산중에서 무덤을 발견하는 꿈을 꾸면

☞ 위대한 학자 · 지도자 · 협조자를 만나게 된다.

주인을 알 수 없는 어떤 무덤의 비문을 읽는 꿈을 꾸면

☞ 외국서적을 번역하거나 위인의 업적을 연구하고 찬양하게 된다.

미리 파 놓은 구덩이에 여러 사람들이 관을 내리는 광경을 보면

☞ 큰돈을 저축하거나 값진 물건을 창고에 쌓아두게 된다.

흙구덩이에 시체를 가매장(假埋葬)하는 꿈을 꾸면

☞ 어떤 비밀을 간직하거나, 자기가 이룩한 성과를 숨기거나, 무엇인가를 일시적으로 보관하게 된다.

오래된 무덤을 파헤쳐 그 속에서 부장품을 꺼내는 꿈을 꾸면

☞ 어떤 비밀을 캐내어 세상에 공개하거나 새로운 학문적 이론을 정립하게 된다.

명당(明堂)을 찾아내는 꿈을 꾸면

☞ 자기의 세력을 형성할 만한 어떤 기반을 마련하게 된다.

무덤 앞에 세워진 망부석은

☞ 상업상의 중개인을 동일시한다.

흙구덩이를 파면서 가족의 묘로 쓸 자리라고 생각하는 꿈을 꾸면

☞ 일생을 통해 애착을 가질 만한 좋은 일거리를 얻게 된다.

무덤에서 금은보화가 쏟아져 나오는 꿈을 꾸면

☞ 자기가 이룩한 학문적 성과가 많은 재물을 가져다주거나 누군가로부터 유산을 상속받게 된다.

6

인체(人體)에 관한 꿈

❖ 얼굴

꿈이 우리의 육신(肉身)을 상징재료로 도입할 경우, 그것은 크게 두 가지로 표현되는데, 그 하나는 몸 전체가 하나의 상징의의로 표현되는 것이고 다른 하나는 전체와 연결된 각 부위가 분리되어 묘사됨으로써 어떤 고유의 상징성을 나타내는 것이다.

♞ 꿈에 등장한 사람의 얼굴은

☞ 어떤 사람의 신분 · 저서 · 사진 · 마음 · 간판 등을 상징하고 그 사람의 인품을 나타낸다.

♞ 얼굴에 무엇인가가 묻어 몹시 거추장스럽지만 이를 씻어내지 못해 애를 태우는 꿈을 꾸면

☞ 머지않아 답답하고 난처한 일에 부딪치게 된다.

♞ 얼굴에 묻은 오물을 물로 깨끗이 씻어내는 꿈을 꾸면

☞ 신분이 새로워지거나 근심걱정을 털어내게 된다.

♞ 얼굴에 붉은 반점이나 종기가 생기는 꿈을 꾸면

☞ 어떤 업적으로 남의 이목을 끌거나 논란거리를 제공하게 된다.

♞ 얼굴에 난 종기가 곪아터지는 꿈을 꾸면

☞ 좋지 못한 소문으로 창피를 당하게 된다.

♞ 얼굴부위에 수술하는 꿈을 꾸면

☞ 기자나 수사관으로부터 자기 신상에 관한 조사 · 심문 등을 받게 된다.

♞ 자기의 코를 수술할 때 짜릿한 감각이 느껴지는 꿈을 꾸면

☞ 누군가로부터 인신공격을 받아 자존심을 손상당하게 된다.

♞ 머리부위에 수술 받는 꿈을 꾸면

☞ 사상검토를 당하거나 정신감정을 받게 된다.

환부치료가 아니라 성형을 목적으로 얼굴에 수술받는 꿈은

☞ 개선・갱신 등의 의미로서 간판・제목・상호 등이 바뀌게 된다는 뜻이다.

자기 얼굴에 상처가 났다고 생각하면서 붕대로 감는 꿈을 꾸면

☞ 어떤 협조자의 힘을 빌려 자기의 신분을 보호하게 된다.

상대가 얼굴에 붕대를 감고 있는 꿈을 꾸면

☞ 누군가에게 사기를 당하거나 자기가 교통사고를 일으켜 그 피해보상을 해 줄 일이 생긴다.

거울에 자신의 얼굴을 비춰보는 꿈을 꾸면

☞ 조만간 반가운 사람을 만나거나 그 소식을 듣게 된다.

가면・동상・인형・사진・초상화 등의 얼굴부분이 크게 확대되어 인상적인 꿈을 꾸면

☞ 자기 운세에 큰 변화를 줄 만한 어떤 인물과 만나게 된다.

복면(腹面)한 사람이 등장하는 꿈을 꾸면

☞ 조만간 자기를 음해할 인물이 나타난다.

거울에 비친 자기 얼굴이 검게 변한 꿈을 꾸면

☞ 탐탁하지 않은 사람과 마지못해 상관하게 됨으로써 심적 고통을 받게 된다.

남편이나 애인의 얼굴이 검게 변한 꿈을 꾸면

☞ 그에게 배반을 당하거나 그로 인해 속을 썩게 된다.

얼굴이 검은 아이를 데리고 다니는 꿈을 꾸면

☞ 몹시 고통스러운 일거리를 맡게 된다.

어떤 인물의 얼굴이 몹시 흉악하여 소름마저 돋을 정도로 두려움을 느끼는 꿈을 꾸면

☞ 실제로 무서운 사람을 만나게 되거나 크게 놀라게 될 어떤 사건

을 체험하게 된다.

상대의 얼굴이 갑자기 바뀌거나 동물의 얼굴로 변하는 꿈을 꾸면

☞ 자기 사업체의 상호・성격 등이 바뀌게 된다.

❖ 귀・눈・코

꿈에 등장한 귀(耳)는

☞ 소식통・통신기관・연락처・심사기관 등을 동일시하며 소문・소식・명성 등을 상징한다.

상대의 귀가 크고 아름답다고 생각하는 꿈을 꾸면

☞ 자기 의사에 공감하며 동조해 줄 부귀한 사람을 만나게 된다.

상대의 귓밥이 두터워 풍성하다고 생각하는 꿈을 꾸면

☞ 자기를 도와줄 어떤 사람의 재력이 든든하다고 느끼게 된다.

자기의 귓바퀴가 갈라져 있는 꿈을 꾸면

☞ 누군가에게 사기를 당하거나 어떤 사람과 심하게 다투게 된다.

상대의 귀가 동물의 귀로 보이는 꿈을 꾸면

☞ 누군가의 모함에 빠져 고통을 당하게 된다.

자기가 누군가의 귀를 자르는 꿈을 꾸면

☞ 그 사람으로 동일시된 어떤 인물과의 인연을 끊게 될 것인데 그는 신분이 몰락하게 된다.

자기 귓구멍에서 기다란 털이 자라는 꿈을 꾸면

☞ 오래 기다리던 소식이 도착하게 된다.

귀가 잘 들리지 않는 꿈을 꾸면

☞ 기다리는 소식이 감감무소식이라 답답함을 금치 못하게 된다.

귀지를 파내는 꿈을 꾸면

☞ 사업상 정보전달 체계의 장애가 되어온 어떤 고질화된 요인을 제

거하게 된다.

귀에 벌레 등의 이물질(異物質)이 들어가서 막히는 꿈을 꾸면

☞ 정보·명령계통에 이상이 생김으로써 답답하고 곤란한 처지에 놓이게 된다.

귓속에서 긴 머리카락을 끄집어내는 꿈을 꾸면

☞ 근심걱정이 해소되거나 기쁜 소식을 듣게 된다.

눈을 그 기능면에서 판단할 때 지각(知覺)의 문호(門戶)인 동시에 정감(情感)의 노출부(露出部)이기도 하다. 우리는 이것을 통해 사물을 인식하고 판단하며 타인과 정을 주고받는다. 눈은 외적인 자극을 수동적으로 받아들이기도 하지만 능동적으로 사물을 인식하는 기능도 가지고 있다. 꿈은 이러한 잠재지식을 재료로 도입한다.

꿈에 등장한 사람의 눈(眼)은

☞ 마음·정신·지혜·정력 등을 상징하며 통찰력이나 판단력의 수단으로 표현된다.

상대의 안광(眼光)이 형형(炯炯)하다고 생각하는 꿈을 꾸면

☞ 기상이 늠름하고 통찰력이 있으며 재기 넘치는 인물을 만난다.

상대의 안광이 희미하여 생기가 없다고 생각하는 꿈을 꾸면

☞ 식견이 좁고 도량이 넓지 못한 사람을 만나거나 가까운 지인 중의 누군가가 기력이 몹시 쇠퇴한 모습을 보게 된다.

눈이 커서 시원한 애인과 키스하는 꿈을 꾸면

☞ 그 애인으로부터 속 시원한 고백을 듣게 되거나, 청혼에 대한 확답을 받을 수 있다.

자기가 기르는 동물의 눈이 광채를 발하는 꿈을 꾸면

☞ 자기의 작품이 만인에게 큰 감명을 주게 된다.

애꾸눈의 인물과 상종하는 꿈을 꾸면

☞ 소견이 편협한 사람과 상관하게 된다. 또는 어떤 일거리가 균형이 잡히질 않거나 자기 작품이 편견에 치우쳐 있음을 깨닫게 된다.

♞ 상대방의 눈길이 인자하게 느껴지는 꿈을 꾸면

☞ 어떤 은혜로운 사람으로부터 많은 것을 배우게 된다.

♞ 상대의 눈길에서 싸늘하고 매서움을 느끼는 꿈을 꾸면

☞ 후일 상대하게 될 어떤 인물의 성품이 냉정·냉혹하다고 생각하게 된다.

♞ 꿈에 등장한 장님〔盲人〕은

☞ 자기의 의지대로 움직여 줄 어떤 인물을 동일시한다.

♞ 길에서 장님과 마주치거나 인도를 하면

☞ 자기가 하는 일이 별 탈 없이 진척된다.

♞ 자기가 장님이 되는 꿈을 꾸면

☞ 뜻하지 않은 절망적 상황에 봉착하게 된다. 간혹 성기능 상실을 암시하는 경우도 있다.

♞ 자기가 장님이 되었다가 갑자기 눈을 뜨는 꿈을 꾸면

☞ 오랜 절망에서 벗어나 새로운 운세가 눈앞에 펼쳐진다.

♞ 그러나 장님으로 생각되는 어떤 사람이 눈을 뜨는 꿈을 꾸면

☞ 지금까지 수족처럼 부리던 어떤 인물이 무엇인가를 깨닫고 자신의 고집을 내세우게 됨으로써 혼란스럽게 할 것이다.

♞ 눈에 들어간 티끌을 뽑아내는 꿈을 꾸면

☞ 자기의 주된 관심사를 조사하다가 어떤 방해적인 요소를 발견하고 그것을 제거하게 된다.

♞ 눈병을 앓는 꿈을 꾸면

☞ 사업상 문제가 생기거나 집안에 우환이 찾아든다.

♞ 꿈에 등장한 사람의 코〔鼻〕는

☞ 자존심 · 의지 · 감식 · 검토 · 심사 · 탐지 등을 상징한다.

♞ 상대의 코가 유난히 커 보이는 꿈을 꾸면

☞ 지적 수준이 높고 의지력과 자존심이 강한 어떤 사람과 만나 위축됨으로써 열등감과 패배의식을 느끼게 된다.

♞ 일반적으로 꿈에 등장한 상대의 코가 크다는 것은

☞ 동일시된 인물이 부귀를 누리고 있다는 뜻이다.

♞ 꿈에 등장한 상대의 코가 비틀어진 것은

☞ 동일시된 인물이 품위와 긍지가 없으며 성격이 굴곡(屈曲)되었다는 뜻이다.

♞ 자기의 콧등에 종기가 나서 그 염증이 곪아터지는 꿈을 꾸면

☞ 누군가에게 자기의 과거나 죄상을 고백하거나 모욕을 당함으로써 자존심을 훼손당하게 된다.

♞ 자기 콧등에 상처가 난 꿈을 꾸면

☞ 누군가에게 음해 · 시비 · 모략을 당하게 된다.

♞ 자기의 코가 길게 늘어나는 꿈을 꾸면

☞ 어떤 감독기관의 심사관이 되어 자기 권한을 십분 행사함으로써 권위를 내세우게 된다.

♞ 자기 콧등에 붉은 점이 생기는 꿈을 꾸면

☞ 인기를 얻게 되어 남의 이목을 끌게 된다.

♞ 자기가 코끼리로 변한 꿈을 꾸면

☞ 부귀를 누리게 된다.

♞ 자기 코가 갈라지거나 깎이는 꿈을 꾸면

☞ 신분 · 명예 · 권세가 추락하고 자존심 · 주장 등이 꺾이게 된다.

♞ 코를 푸는 꿈을 꾸면

☞ 자신의 처지를 설명하거나 소신 · 주장을 내세울 일이 생긴다.

❖ 입 · 혀

꿈에 등장한 사람의 입〔口〕은

☞가문 · 관청 · 회계기관 · 방송국 · 공보실 · 소식통 · 심사기관 등을 상징한다. 간혹 여성의 성기에 비유되는 경우도 있다.

입을 벌려 큰 호랑이를 삼켰다는 태몽은

☞ 호랑이처럼 큰 운세를 지닌 훌륭한 인물이 태어나 가운(家運)을 활짝 열게 된다는 암시였다.

꿈에 입으로 음식물을 먹는 것은

☞ 어떤 일을 맡거나, 그에 따른 권리를 얻거나, 그 일을 감식 · 음미한다는 뜻이다.

다른 사람이 주는 음식물을 받아먹는 꿈을 꾸면

☞ 그 사람으로 동일시된 어떤 인물의 의사에 순응하며 그가 지시한 일을 하게 된다.

입안에 가득한 머리카락을 꺼내는 꿈을 꾸면

☞ 집안의 걱정거리를 해소하게 된다.

입안에 머리카락이 가득한데 끄집어내지 못하는 꿈을 꾸면

☞ 가족 중의 누군가가 중병이 걸리는 우환이 생겨 근심 걱정이 오래 지속된다.

입으로 벌레를 뱉어내는 꿈을 꾸면

☞ 집안의 골칫거리로 남아 있던 어떤 해로운 요소를 제거함으로써 평온한 상태를 회복하게 된다.

먹은 것을 토하는 꿈을 꾸면

☞ 무엇인가 갱신할 일이 있다.

꿈에 등장한 입이 큰 사람은

☞ 의욕이 왕성한 사람·권력자·부자 등을 동일시한다.

음식을 먹는 쾌감이 성교행위와 유사하다 하여 입이 여성의 성기를 상징한다는 주장이 일면 설득력을 얻고 있다. 그러나 입에 수저를 넣은 행위가 모두 성교를 상징한다면 남성의 경우에는 황당할 것이다. 다만 음식을 먹는다는 말의 연상(聯想)에서 어느 정도 수긍할 수는 있을 것이다.

♞ 꿈에 등장한 사람의 혀〔舌〕는

☞ 중심세력·조정자 등을 동일시하고 방도·의결권 등을 상징한다.

♞ 상대가 혀를 길게 내미는 꿈을 꾸면

☞ 어떤 자의 감언이설에 속아 넘어가게 된다.

♞ 자기의 혀가 잘리는 꿈을 꾸면

☞ 집이나 직장에서 주도권을 상실하게 된다.

♞ 꿈에 혀가 두 갈래로 갈라진 사람은

☞ 거짓말을 잘하는 사람을 동일시한다.

♞ 어떤 여성의 음부에서 혀가 나왔다가 들어가는 것을 보았다는 꿈은

☞ 어떤 공산품 생산업자가 과대광고를 했다가 급히 철회하는 것을 보게 된다는 암시였다.

❖ 치아(齒牙)

프로이트는 이를 뽑는 꿈이 고통에서 해방되려는 소원의 경향이고 타인을 배척하는 것이며, 거세 또는 자위에 대한 죄의식, 섹스에 대한 불안이나 경도에 대한 불쾌감 등을 표현하는 것이라고 정의했다. 우리 조상은 가까운 사람 중의 누군가가 죽게 되는 불길한 징조로서 간주하였는데 후자 쪽이 보다 합리적이라 할 것이다.

♞ 꿈에 등장한 사람의 이〔齒〕는

☞ 가족・친척・직원 등을 동일시하며 권력・방도・조직・거세・경도〔月經〕 등을 상징한다.

이를 뽑거나 빠지는 꿈을 꾸면

☞ 가족이나 친척 중의 한 사람이 죽는다.

윗니는

☞ 손윗사람을

아랫니가 빠지면

☞ 손아랫사람을

어금니는

☞ 먼 친척을

앞니는

☞ 직계비속을

덧니는

☞ 사위・며느리를 각각 상징한다.

충치는

☞ 현재 병을 앓고 있는 사람을

의치(義齒)는

☞ 양부모・양자 등을 상징한다.

앓던 이가 빠지는 꿈을 꾸면

☞ 중환자가 사망하거나 근심 걱정이 해소된다.

이가 빠지면서 통증이 오래 지속되었다고 생각하는 꿈을 꾸면

☞ 그 이로 동일시되는 인물이 오랫동안 앓다가 죽는다.

이가 빠진 자리에서 피가 솟아나는 꿈을 꾸면

☞ 가족이나 친척 중의 누군가가 사망함으로써 큰 재물을 잃는다.

그러나 상대가 이를 뽑으면서 피를 흘리는 꿈을 꾸면

☞ 그 사람의 죽음으로 인하여 재물을 얻게 된다.

이빨이 흔들리는 꿈을 꾸면

☞ 가족・친지 중의 한 사람이 병에 걸리거나 그 신변이 위태롭게 됨으로써 근심 걱정이 생긴다.

성한 아래쪽 앞니가 부러지는 꿈을 꾸면

☞ 아들딸 또는 손자손녀 등 직계비속 중의 누군가가 병에 걸리거나 그 신분이 추락하게 된다.

의치(義齒)를 하는 꿈을 꾸면

☞ 양자를 들이거나 외부에서 인재를 영입하게 된다.

의치가 황금빛으로 빛나면

☞ 훌륭한 인물을 채용하게 된다.

자기의 이빨이 검거나 누렇게 변색되는 꿈을 꾸면

☞ 집안에 걱정거리가 생기거나 불길한 사건이 발생한다.

이가 뽑힌 자리가 허전하다고 느껴지는 꿈을 꾸면

☞ 가까운 사람의 죽음으로 인해 고독감을 느끼게 된다.

이가 저절로 빠지는 꿈을 꾸면

☞ 정리해고를 당하거나 성적 기능이 감퇴된다.

자기의 이가 우수수 쏟아지는 꿈을 꾸면

☞ 자기가 몸담고 있던 어떤 단체가 와해되거나 가세(家勢)가 급작스럽게 몰락하게 된다.

이가 빠진 곳에 새로운 이가 생겨나는 꿈을 꾸면

☞ 집안에 새 식구가 생기거나 사업체에 새 인력을 보충한다.

덧니가 생긴 것을 거울에 비쳐보는 꿈을 꾸면

☞ 첩을 두게 된다. 여성의 경우라면 샛서방을 두게 된다.

남의 이에 물린 자국이 나면

☞ 계약・권리양도를 하게 된다.

❖ 털

♞ 꿈에 등장한 사람의 털〔體毛〕은

☞ 협조세력이나 가족・친지를 동일시하며, 수명・정력・인품・자존심・근심・흉계 등을 상징한다.

♞ 이발이나 면도를 한 뒤에 개운한 느낌이 드는 꿈을 꾸면

☞ 무엇인가 속이 시원하고 만족한 체험을 하게 된다.

♞ 그러나 옛사람들처럼 머리를 깎는 것이 신체를 손상한다고 생각하거나, 외관을 돋보이게 하기 위하여 긴 머리를 고집하는 사람이 이런 꿈을 꾸면

☞ 불만이나 불쾌를 체험하게 된다.

♞ 이발관에 갔을 때 상대가 자기보다 먼저 이발을 끝낸 꿈을 꾸면

☞ 진급이나 영전에 있어 경쟁자에게 밀리게 된다.

♞ 이발사가 자기의 머리를 깎는 도중에 갑자기 멈추는 꿈을 꾸면

☞ 가족 중의 누군가가 하는 일이 실패하여 고심하게 될 것이다.

♞ 여자의 경우 삭발(削髮)하는 꿈을 꾸면

☞ 의지하던 사람을 잃어 고독하게 된다.

♞ 여자의 경우 긴 머리칼을 강제로 짧게 잘리는 꿈을 꾸면

☞ 남편이나 자식에게 좋지 않은 일이 생긴다.

♞ 그러나 치장을 위한 미용을 하면서 좋은 느낌이 드는 꿈을 꾸면

☞ 기쁜 소식을 듣거나 소원을 성취하게 된다.

♞ 머리를 감거나 빗는 꿈을 꾸면

☞ 먼 곳으로부터 반가운 손님이 찾아오거나, 오랜 소망을 이루거나, 근심 걱정이 해소된다.

머리를 빗을 때 비듬이 우수수 떨어지는 꿈을 꾸면

☞ 자잘한 걱정거리들이 일시에 해소된다.

남성의 경우, 아는 여성이 머리감는 광경을 바라보는 꿈을 꾸면

☞ 실존의 그 여자, 또는 그 여자로 동일시된 어떤 사람이 자기를 배척함으로써 고통을 안겨준다.

머리칼이 자라서 얼굴을 덮는 꿈을 꾸면

☞ 자신의 신분이나 간판이 가려져 자존심이 손상되는 불쾌를 체험하게 된다.

상대의 머리를 빗겨주는 꿈을 꾸면

☞ 누군가의 근심 걱정을 풀어 줄 일이 생기거나 무언가를 정리를 하게 된다.

머리카락이 심하게 엉켜 잘 빗어지지 않는 꿈을 꾸면

☞ 고질적인 걱정거리가 생기거나, 하는 일이 꼬여 고심하게 된다.

여성의 경우 긴 머리채를 땋거나 틀어 올리는 꿈을 꾸면

☞ 결혼 등의 인생대사를 치르거나 중대한 결정을 하게 된다.

꿈에 떠꺼머리총각이나 댕기머리 처녀의 긴 머리채를 보면

☞ 고집이 세지만 정력적이고 패기만만한 어떤 젊은이의 협조를 받게 된다.

꿈에 상투를 튼 영감을 보면

☞ 고집이 세고 완고한 성품의 어떤 인물과 협상을 해야만 하는데 그가 좀처럼 자기의 의사에 동조해 주지 않는다.

상대의 머리칼이 반백(半白)으로 변한 꿈을 꾸면

☞ 멀리 떨어진 형제나 친구 중의 누군가가 곤경에 빠져 자기의 도움을 구하러 찾아온다.

자기 머리칼이 새하얗게 변한 꿈을 꾸면

☞ 상황이 급작스럽게 변하여 곤란한 처지에 놓이게 된다.

♞ 상대의 머리칼이 새하얗게 변한 꿈을 꾸면

☞ 그로 동일시된 어떤 사람이 몹시 고달픈 일에 매달려 고통당하는 것을 지켜보게 된다.

♞ 식탁에 둘러앉은 사람들이 모두 흰머리를 하고 있는 꿈을 꾸면

☞ 직장에서 동료들이 힘들고 벅찬 어떤 직무로 인해 고통 받는 것을 지켜보게 된다.

♞ 자기가 구레나룻을 멋들어지게 기른 꿈을 꾸면

☞ 자기의 인격 · 신분 · 권세 등을 잘 포장하여 세상에 과시한다.

♞ 수염을 아름답게 기른 사람과 만나는 꿈을 꾸면

☞ 권세가 있거나, 재주가 많거나, 인격이 높은 사람과 사귀게 된다.

♞ 길고 흰 수염이 아름다운 사람과 만나는 꿈을 꾸면

☞ 고관대작(高官大爵)을 만나게 된다.

♞ 꿈에 등장한 긴 수염이

☞ 장수를 상징하는 경우도 있다.

♞ 자기의 온 몸이 검고 억센 털로 뒤덮이는 꿈을 꾸면

☞ 입신양명하여 수많은 부하직원을 거느리게 된다.

♞ 상대의 온 몸이 털로 뒤덮인 꿈을 꾸면

☞ 어떤 불순한 자가 그의 신분을 감춘 채 시비를 걸어오게 된다.

♞ 상대의 눈언저리가 털로 뒤덮인 꿈을 꾸면

☞ 정체를 알 수 없는 어떤 인물이 자신의 업적을 과대 선전하는 것을 의혹의 눈으로 바라보게 된다.

♞ 상대의 가슴이 억센 털로 뒤덮인 꿈을 꾸면

☞ 어떤 불순한 자가 음흉한 속셈을 감추고 자기에게 접근해 온다.

♞ 상대의 종아리나 손등이 억센 털로 뒤덮인 꿈을 꾸면

☞ 능소능대한 수완가를 만나 동업을 하려하지만 수포로 돌아간다.

♞ 자기의 눈썹이나 수염이 깎이는 꿈을 꾸면

☞ 부모 또는 직장의 상사와 의가 상하게 되거나 누군가에게 모욕을 당함으로써 체면이 손상된다.

♞ 뱃속에서 긴 머리털을 뽑아내는 꿈을 꾸면

☞ 멀리 떨어져 있는 자식이나 형제 중의 누군가가 예정보다 빨리 집에 돌아온다.

♞ 눈썹에 흰 털이 나는 꿈을 꾸면

☞ 우두머리가 되고

♞ 눈썹에 긴 털이 나는 꿈을 꾸면

☞ 장수하거나 부귀해 진다.

♞ 가발을 쓰거나 가짜수염을 다는 꿈을 꾸면

☞ 자기의 일을 추진함에 있어 일시적인 보호조치를 취하거나 누군가의 잠정적인 협조를 얻게 된다.

❖ 머리 · 목 · 어깨

♞ 꿈에 등장한 머리〔頭〕는

☞우두머리 · 상층부 · 영수(領袖) · 두목 · 시초 · 기밀(機密) · 통제기관(統制機關) · 정신(精神) 등을 상징한다.

♞ 상대의 뒤통수를 바라보는 꿈을 꾸면

☞ 그로 동일시된 어떤 인물이 자기에게 순종하게 된다.

♞ 상대의 뒤통수를 때리는 꿈을 꾸면

☞ 배신자에게 어떤 제재를 가하며 그 배후를 추궁하게 된다.

♞ 자기 자신의 뒤통수를 바라보는 꿈을 꾸면

☞ 자기 사업의 이면(裏面)을 조사하게 된다.

자신의 머리에 뿔이 나거나 혹이 생기는 꿈을 꾸면

☞ 어떤 조직체의 우두머리가 되거나 사람들의 이목을 집중시킬 만한 일을 하게 된다.

몸통 하나에 두 개의 머리가 붙어 있는 꿈을 꾸면

☞ 어떤 조직체에서 두 명의 지도자가 주도권을 공유함으로써 견제·각축하는 것을 목격하게 된다.

잘려진 적장의 머리에서 피가 솟구쳐 냇물을 이루었다는 꿈은

☞ 하는 일이 대성공을 거두어 큰 재산을 모으게 된다는 암시였다.

자기가 칼로 자른 적의 머리가 쫓아와 도망쳤다는 꿈은

☞ 어떤 일거리를 양분하여 추진하는데, 그 선행부분에 많은 문제점이 도출됨으로써 후행부분도 불안한 상황에 놓인다는 암시였다.

땅속에서 용·호랑이·사자 등의 머리를 캐내는 꿈을 꾸면

☞ 장차 어떤 논공행상(論功行賞)에서 노른자위를 차지하게 된다.

자신의 머리가 사자·호랑이 등 맹수의 머리로 변하는 꿈을 꾸면

☞ 고위 관직에 진출하거나 어떤 조직체의 우두머리가 된다.

상대에게 머리를 숙이는 꿈을 꾸면

☞ 그의 뜻을 받아들이거나 그에게 복종하게 된다.

상대가 자기에게 머리를 숙이는 꿈을 꾸면

☞ 그에게 자기의 주장을 강요하거나 그를 굴복시킨다.

꿈에 등장한 사람의 목〔脛〕은

☞ 어떤 일거리나 사업체의 생명선·분할·거래처·공급처·출납기관 등을 상징한다.

목덜미에 묻은 때를 씻어내면

☞ 억울한 누명을 벗게 된다.

목구멍의 가래를 토하면

☞ 오랜 숙원을 풀 수 있다.

♞ 목구멍에 이물질이 걸린 꿈을 꾸면

☞ 뇌물이나 횡령한 돈을 되돌려 줄 수도 없고, 가질 수도 없는 난처한 처지에 빠져 고통 받게 된다.

♞ 상대가 송곳으로 자기의 목을 찌르는 꿈을 꾸면

☞ 감기나 편도선염 등의 호흡기질환에 걸린다.

♞ 적의 목을 자르거나, 찌르거나, 졸라 죽이는 꿈을 꾸면

☞ 어떤 벅찬 일거리의 핵심부분을 집중 공략함으로써 예상보다 쉽게 성과를 거두게 된다.

♞ 상대의 목을 손으로 때리는 꿈을 꾸면

☞ 뇌물을 받은 어떤 공직자를 추궁하게 된다.

♞ 야생동물을 목을 잡아 포획하는 꿈을 꾸면

☞ 시험 · 사업 등에 있어서 기대 이상의 성과를 거두게 된다.

♞ 상대에게 목을 졸리는 꿈을 꾸면

☞ 하고 있는 일이 누군가의 방해를 받아 중단된다.

♞ 목소리가 제대로 나오지 않아 애를 태우는 꿈을 꾸면

☞ 여론 · 광고 · 명령 등의 일이 제대로 되지 않아 고통을 받게 된다.

♞ 상대에게 목덜미를 잡히는 꿈을 꾸면

☞ 사법기관에 의해 심문을 받거나 자유를 속박 당하게 된다.

♞ 상대가 자신의 목뒤에 걸터앉는 꿈을 꾸면

☞ 타인의 억압이나 지배를 받아 그 중압감으로 고통 받게 된다.

♞ 꿈에 등장한 사람의 어깨〔肩〕는

☞ 세력권 · 책임 · 지위 · 권리 · 자존심 등을 상징한다.

♞ 자신의 양어깨에 달린 견장(肩章)이 눈부시게 빛나는 꿈을 꾸면

☞ 그 견장이 상징하는 어떤 영예를 차지함으로써 과시하게 된다.

어깨에 무거운 짐을 지는 꿈을 꾸면

☞ 그 중압감에 비견될 만한 심적 고통을 당하게 된다.

상대와 어깨동무하는 꿈을 꾸면

☞ 그 상대를 제압하기 위해 어떤 수단을 동원하거나, 자기의 책임이 무거워지거나. 상대방이 거추장스럽다고 느껴지게 된다.

어깨에 날개가 달린 꿈을 꾸면

☞ 특별한 권리·방도가 생긴다.

❖ 가슴·유방·등·배

꿈에 등장한 사람의 가슴〔胸〕은

☞ 마음·도량·충심·중앙부·기관실·신분·세력 등을 상징한다.

자기에게 달려드는 상대의 가슴을 흉기로 찌르는 꿈을 꾸면

☞ 지금 하고 있는 일의 핵심을 파고들어 결정적인 조치를 취함으로써 좋은 성과를 거두게 된다.

상대의 가슴을 주먹으로 때리는 꿈을 꾸면

☞ 그 사람으로 동일시된 어떤 사람의 나쁜 행실에 대하여 제재를 가하거나 단호하게 경고할 일이 생긴다.

반면 상대가 나의 가슴을 주먹으로 때리는 꿈을 꾸면

☞ 그에게 억제를 당하거나 양심의 가책을 받을 일이 생긴다.

정장을 하고 가슴에 훈장을 다는 꿈을 꾸면

☞ 주위 사람들에게 자기의 명예나 공적을 과시할 일이 생긴다.

꿈속에서 가슴에 훈장을 달고 있는 자기 자신의 사진을 보면

☞ 이제까지 가려져 있던 자신의 업적이 세상에 드러남으로써 뭇사람들의 칭송을 받게 된다.

어떤 여성이 가슴을 노출하고 있는 꿈을 꾸면

☞ 형제자매 중의 누군가가 신변의 위험에 직면하게 된다.

어떤 여성이 노출된 자기 가슴을 두 손으로 가리는 꿈을 꾸면

☞ 형제들이 합심하여 어려움에 처한 사람을 돕게 된다.

상대가 가슴을 풀어헤치고 억센 가슴털을 내보이는 꿈을 꾸면

☞ 그로 동일시된 어떤 음흉한 인물이 흉계를 감추고 있었음이 만천하에 드러난다.

낯선 젊은 여인이 불문곡직 칼로 자기 가슴을 찌르는 꿈을 꾸면

☞ 중병(특히 흉부와 연관된 질병)에 걸린다.

꿈에 등장한 사람의 갈비뼈〔肋骨〕는

☞ 우호세력이나 보호자, 또는 보호체계 등을 상징한다.

꿈에 등장한 사람의 등〔背〕은

☞ 이면 · 배경 · 복종 · 순종 · 약점 · 불의 · 책임 등을 상징한다.

자신이 상대에게 등을 내보이는 꿈을 꾸면

☞ 그로 동일시된 어떤 인물에게 복종하거나, 자유를 억압당하거나, 신변이 위험에 노출된다.

반면 상대가 자기에게 등을 보이는 꿈을 꾸면

☞ 그가 자기 의사에 순순히 따라주거나 복종적 자세를 취해온다.

자기가 누군가의 뒤통수나 등을 때리는 꿈을 꾸면

☞ 어떤 인물의 이면을 들춰내거나 그 배경을 밝혀냄으로써 그를 심하게 공격하게 된다.

누군가의 등에 업히는 꿈을 꾸면

☞ 어떤 사람이 수족과 같은 존재가 되어 자기를 도와주게 된다.

꿈에 등장한 사람의 유방(乳房)은

☞ 형제자매와 관련된 우애 · 재산 · 사업 등을 상징한다. 동물의 젖은 자원 · 사업기반 · 소득분배 등과 관련이 있다.

자기가 갓난아이가 되어 어머니의 젖을 빠는 꿈을 꾸면

☞ 머지않아 자기가 형제자매의 재산을 축낼 일이 생긴다.

어떤 여성이 아기에게 젖을 물리는 꿈을 꾸면

☞ 아직 성숙되지 않은 어떤 사업체에다 정신적 · 물질적 자본을 추가로 투자하게 된다.

꿈에 여인의 젖을 꼬집거나, 비비거나, 주무르거나 하는 등의 행위를 하는 것은 성적 충동이 일어나 자기 마음을 동요하게 하는 것이므로 불길한 징조로서 표현되는데

☞ 형제간에 다툼이 생기거나 부모를 욕되게 하는 일을 저질러 심한 모욕감이나 불쾌감을 체험하게 된다.

여성의 풍만한 유방을 보고도 성적 충동이 유발되지 않는 꿈은

☞ 형제자매의 기쁜 소식을 듣거나 상봉을 하게 된다.

조각이나 그림을 통해 여성의 유방을 보는 꿈을 꾸면

☞ 멀리 떨어진 형제자매의 소식을 듣거나 사진을 받게 된다.

어떤 여성의 유방이 다치지나 않을까 하고 조심하는 꿈을 꾸면

☞ 형제자매에게 누를 끼치지 않으려고 각별히 조심할 일이 생긴다.

꿈에 등장한 사람의 배〔腹〕는

☞ 일의 결과 · 기관 · 집 · 창고 · 저장소 등을 상징하며 빈부(貧富) · 창의성 · 욕구충동 등의 관념과 관련이 있다.

상대의 배가 갑자기 부풀어 오르는 꿈을 꾸면

☞ 그로 동일시 된 어떤 사람이 부정한 방법으로 치부(致富)를 하는 것을 목격하게 된다.

이때 부풀어 오른 상대의 배를 주먹으로 때리면

☞ 그 사람이 뇌물을 먹어 축재한 것을 질책할 일이 생긴다.

배가 부른 임산부를 바라보는 꿈을 꾸면

☞ 머지않아 획기적인 아이디어를 발굴하게 된다.

▲ 갑자기 배가 아파 쩔쩔매는 꿈을 꾸면

☞ 하는 일이 완성단계에서 누군가의 방해를 받게 되거나, 뇌물을 받아 양심의 가책을 느끼게 된다.

▲ 상대가 복통으로 괴로워하는 꿈을 꾸면

☞ 그 사람의 일이 중대 고비를 맞아 진통을 겪거나, 뇌물을 받은 사실이 발각되어 그의 신분이 위태로워지는 것을 지켜보게 된다.

▲ 복막염 · 맹장염 · 신장염 등 복부질환의 병명을 인식한 채 의사의 치료를 받는 꿈을 꾸면

☞ 자기의 사업장에 산업재해가 발생하여 관계당국에 도움을 요청하게 된다.

▲ 복부수술을 받는 꿈을 꾸면

☞ 자기의 작품 · 사업 · 습관 등을 혁신적으로 개선하게 된다.

▲ 자기가 죽었다고 하면서 여러 사람들이 자신의 몸을 수술대 위에 올려놓고 해부하는 꿈은

☞ 표현과는 달리 길조다. 조만간 자기가 하는 일을 대폭 정리함으로써 새로운 변신을 꾀하게 된다.

❖ 성기(性器)

▲ 꿈에 등장한 남성(男性)의 성기는

☞ 자식(子息)이나 작품을 동일시하며, 자존심 · 공격성 · 창의성 · 능동성 · 법도 · 생산 등을 상징한다.

▲ 꿈에 등장한 여성(女性)의 성기는

☞ 역시 자식이나 작품을 동일시하며, 고향 · 유혹 · 수치심 · 비밀 · 생산 · 창조 · 소극성 등을 상징한다.

♞ 자신의 성기를 바라보며 매우 훌륭하다고 생각하는 꿈을 꾸면

☞ 자기의 작품이나 자식이 큰 성공을 거두게 됨으로써 매우 만족하게 된다.

♞ 욕정이 발동하여 성기가 발기하였으나 여체를 점령하지 못하여 욕구불만인 상태로 꿈을 깨면

☞ 머지않아 자식이 거세게 반항함으로써 큰 낭패를 보게 될 것이다.

♞ 자신의 페니스를 드러내놓고도 수치심이 느껴지지 않는 꿈은

☞ 자기의 작품이나 자식이 훌륭하다고 생각하며 남들에게 자랑할 일이 생긴다.

♞ 자기의 성기가 상대의 것보다 훌륭하다고 생각하는 꿈을 꾸면

☞ 누군가와 비교하여 자기의 작품이나 자식이 훨씬 뛰어나다고 생각할 일이 생긴다.

♞ 꿈에 상대의 성기가 매우 거대하게 보였으나 만져보니 의외로 왜소하거나 모조품이었다면

☞ 누군가가 매우 위압적인 자세로 자기의 권위에 도전해 옴으로써 위축될 것이나, 곧 그 고압적인 자세가 단지 허세에 불과함을 알아차리게 된다.

♞ 상대가 자기의 성기를 보고 훌륭하다고 감탄하는 꿈을 꾸면

☞ 누군가가 자기의 작품이나 자식(子息)을 대하여 크게 감탄하게 된다.

♞ 이성(異性)의 성기를 바라보면서 성적 충동을 느끼는 꿈을 꾸면

☞ 누군가로부터 불순한 유혹을 받게 되거나, 자기의 체면이 손상되는 불쾌한 체험을 하게 된다.

♞ 남성의 경우, 어떤 여성이 자신의 성기를 노출시키고 소변을 보는 광경을 바라보는 꿈을 꾸면

☞ 주변의 어떤 사람이 그의 소원을 충족시키는 과정에 자기는 패배감이나 모멸감을 느끼게 된다.

♞ 여성의 경우, 남성의 성기를 만지작거리는 꿈을 꾸면

☞ 남편으로부터 심한 책망을 듣게 되거나, 자식이 반항을 하거나, 정성을 쏟는 일이 말썽을 부려 속을 썩이게 된다.

♞ 여성의 경우, 정체를 알 수 없는 두 남성의 성기를 양손에 쥐고 서로 비교해 보는 꿈을 꾸면

☞ 어떤 두 사람의 인격을 비교해 보거나 다른 사람의 가정과 자신의 가정을 비교해 볼 일이 생긴다.

♞ 남성의 경우, 여성의 성기를 어루만지는 꿈을 꾸면

☞ 누군가와 동업을 하기 위해 여러 가지 방안을 강구하게 된다.

♞ 이성의 성기가 유난히 돋보이는 가운데 만족스럽게 성교하는 꿈은

☞ 자기가 성취시킨 일에 독특한 면이 있어 세인들의 관심과 찬사를 받게 된다.

♞ 남성의 경우, 성기가 발기되지 않아 초조해 하는 꿈을 꾸면

☞ 누군가와 비교하여 열등감을 느끼게 되거나, 하는 일에 대한 의욕을 상실하게 된다.

♞ 자기의 성기가 뽑히거나 잘리는 꿈을 꾸면

☞ 자식이나 세력을 상실하거나 오래 공들인 일이 허사가 된다.

♞ 많은 사람들 앞에서 이성과 성교를 하는데도 아무런 수치심도 느껴지지 않는 꿈을 꾸면

☞ 작품이나 자식이 큰 성공을 거두게 됨으로써 매우 자랑스럽게 생각하며 과시하게 된다.

♞ 노출된 자기 성기를 누가 볼까봐 걱정하면서 감추려 애를 쓰는 꿈을 꾸면

☞ 자식이나 작품이 실패를 하여 위축되고 그 사실이 주변에 알려질까 염려하여 전전긍긍하게 된다.

♞ 남성이 여성의 성기(性器)를 달고 있는 꿈을 꾸면

☞ 어떤 벅찬 일거리를 부담스럽게 생각하거나, 누군가와 이면계약(裏面契約)을 하거나, 교활한 여성으로부터 불순한 유혹(誘惑)을 받게 된다.

❖ 둔부 · 항문

♞ 꿈에 등장한 사람의 둔부(臀部)는

☞ 배후인물(背後人物)을 동일시하고 어떤 일의 근저(根底)를 나타낸다.

♞ 꿈에 등장한 사람의 항문(肛門)은

☞ 뒷문 · 배설 · 암거래 · 은닉 장소 등을 상징한다.

♞ 남성의 경우, 여성의 노출된 둔부를 보고 성욕을 느끼는 꿈은

☞ 재수 없고 불쾌한 사건을 겪게 된다.

♞ 남성의 경우, 여성의 배후에서 성교하는 꿈을 꾸면

☞ 정상적으로는 이룰 수 없는 어떤 일을 처리하기 위하여 뇌물 · 인맥 등의 부조리한 수단을 총동원하게 된다.

♞ 항문 속에 금은보화를 감추는 꿈을 꾸면

☞ 첩이나 샛서방을 두고 딴 살림을 차리게 된다.

♞ 대변을 보고 뒤를 닦지 않는 꿈을 꾸면

☞ 일의 뒤처리가 깔끔하게 마무리되지 않아 근심 걱정을 하거나 불쾌감을 느끼게 된다.

♞ 소가 배설하는 광경을 바라보는 꿈을 꾸면

☞ 누군가가 암거래시장을 통해 생산품을 공급하는 것을 목격하고

불쾌감을 느끼게 된다.

❖ 손 · 팔 · 발 · 다리

♞ 꿈에 등장한 사람의 손〔手〕과 팔〔腕〕은

☞ 협조자 · 수하자 · 직계비속 · 형제자매를 동일시하며, 힘 · 세력 · 권리 · 욕심 · 능력 등을 상징한다.

♞ 팔이 부러지는 꿈을 꾸면

☞ 협조세력을 상실하게 된다.

♞ 상대의 팔을 부러뜨리는 꿈을 꾸면

☞ 적대적인 상대세력의 힘을 꺾을 수 있다.

♞ 다른 사람들이 모두 팔을 구부리고 있는 꿈을 꾸면

☞ 시험 · 경기 등에서 경쟁자를 물리치고 승리를 거두게 된다.

♞ 상대를 향해 두 팔을 벌려 V자형으로 보여주는 꿈을 꾸면

☞ 어떤 승리감을 만끽할 수 있다.

♞ 상대와 악수하는 꿈을 꾸면

☞ 누군가와 결연 · 연합 · 합의 · 결혼 등을 하게 된다.

♞ 그 몸체를 확인할 수 없는 상태에서 사람의 손이 나타나 자기 소지품을 훔쳐가는 꿈을 꾸면

☞ 정체불명의 어떤 불순한 집단의 모함을 받아 자기의 신변이 위태로워진다. 도난을 당할 수도 있다.

♞ 검은 손이 나타나 어떤 사람의 문패를 떼어 가는 꿈을 꾸면

☞ 조만간 그 문패(門牌)의 주인공이 몰락하거나 죽는다.

♞ 어떤 손이 나타나 자기의 문패를 옮겨다는 꿈을 꾸면

☞ 직위 · 직책 등이 변경된다.

♞ 어떤 손이 나타나 자기 의자를 건드리는 꿈을 꾸면

☞ 자기의 지위를 빼앗으려는 자가 나타난다.

자기가 누군가의 의자에 손을 대는 꿈을 꾸면

☞ 조만간 누군가의 지위를 물려받게 된다.

비어 있는 왕좌나 용상에 알 수 없는 손이 닿아 있는 꿈을 꾸면

☞ 국가원수에 반하는 세력이 등장하여 사회가 혼란스럽게 된다.

맨주먹을 불끈 쥐거나 다섯 손가락을 활짝 펴서 상대방을 때리면

☞ 형제들이 단결하여 어떤 적대적인 상대방을 공략하게 된다.

그릇의 물을 손으로 휘저으면

☞ 형제자매의 재물을 얻게 된다.

자기의 손이 넓은 공간을 덮을 만큼 커지는 꿈을 꾸면

☞ 사업이 폭발적으로 번창하거나 권세가 크게 증대된다.

잘린 손을 줍거나 상대의 손을 잘라 가지는 꿈을 꾸면

☞ 남의 작품을 수정·보완하여 걸작을 만들어 낸다.

자기의 손목이 잘려나가는 꿈을 꾸면

☞ 결사·계 등의 조직이 해체되거나 협조세력이 붕괴한다.

자기의 손가락이 잘려나가는 꿈을 꾸면

☞ 형제 중의 누군가가 죽거나 협조자를 잃게 된다.

팔에 부상을 당해 붕대로 감고 있는 꿈을 꾸면

☞ 부하나 우호세력이 큰 피해를 당하게 된다.

두 손을 사용하여 실감개에 감겨진 연줄을 풀고 연을 하늘 높이 날리는 꿈을 꾸면

☞ 여러 협조자들의 도움을 받아 자기 사업이 기대 이상의 성과를 거두게 된다.

상대의 몸에 많은 팔들이 달려 있는 꿈을 꾸면

☞ 장차 상관하게 될 어떤 인물의 세력이나 능력이 강대하다고 느끼

면서 위축되게 된다.

꿈에 오른팔을 사용하는 것은

☞ 정의로운 행위와 관련이 있다.

꿈에 왼팔을 사용하는 것은

☞ 부정한 행위와 관련이 있다.

꿈에 등장한 사람의 다리〔腿〕는

☞ 의지가 되는 자손 · 아랫사람 · 직속부하 · 하부조직 · 산하단체 등을 동일시한다.

꿈에 등장한 사람의 발〔足〕은

☞ 일가친척 · 조카 · 부하 등을 동일시하며, 분열된 세력 · 종적(蹤跡) · 업적 등을 상징한다.

다리가 무거워 제대로 걷지 못하는 꿈을 꾸면

☞ 자녀 중의 누군가가 병이 들거나 생활고에 빠지게 된다.

다리에 상처를 입어 통증을 느끼는 꿈을 꾸면

☞ 자손이나 충복 중의 누군가가 병이 들거나 사고를 당해 심적 고통을 당하게 된다.

처녀의 경우, 허벅지에 총탄을 맞는 꿈을 꾸면

☞ 곧 결혼하게 된다.

유부녀의 경우, 허벅지에 총탄을 맞는 꿈을 꾸면

☞ 곧 임신하게 된다.

그러나 일반인이 허벅지에 총탄을 맞는 꿈을 꾸면

☞ 경쟁자나 적대적인 세력의 힘에 눌려 자신의 권리나 자유가 억제를 당하게 된다.

상대를 발로 차는 꿈을 꾸면

☞ 누군가를 배척하거나 제재(制裁)할 일이 생긴다.

발바닥에 붉은 물감이나 피가 묻는 꿈을 꾸면

☞ 누군가와 중요한 계약을 맺게 된다.

발바닥에서 피가 흐르는 꿈을 꾸면

☞ 조카뻘 되는 사람에 의해서 자신의 재물이 축나게 된다.

길이나 모래사장에 발자국을 남기는 꿈을 꾸면

☞ 자기의 행적이나 업적이 세상에 알려지게 된다.

❖ 나체(裸體)

꿈에 나체가 된다는 것은 장차 현실에서 자기의 신변이 위험에 노출된다는 것과 자기의 신상(身上)을 세상에 의도적으로 공개한다는 두 가지 의미로서 표현된다.

나체의 꿈은

☞ 신분・위험・공포・폭로・유혹・과시 등의 관념과 결부된 쾌, 불쾌・만족・불만족의 심리상태나 소원충족 여부를 암시적으로 표현한다.

꿈에 의상을 단정히 차려입고 있는 것은

☞ 자기의 신분・직위・처세 등이 완벽하여 신분보장이 견고하다는 뜻이다.

옷 일부를 벗거나 옷이 헤쳐져 자기 몸의 일부가 드러나는 꿈은

☞ 상대에게 자기의 약점이나 비밀을 노출시키거나 상대를 유혹하게 된다는 뜻이다.

자기가 완전 나체 혹은 반나체가 되는 꿈은

☞ 협조자나 방도를 상실하여 의지할 곳이 없어진다는 뜻이다.

상반신이 나체가 되었다면

☞ 윗사람들의 협조를 얻지 못하고,

♞ 하반신이 나체가 되었다면

☞ 아랫사람들의 협조를 얻지 못한다. 또는 자기의 치부를 드러내게 된다.

♞ 내의나 팬티바람으로 활동하는 꿈은

☞ 고독하고 불안한 상황에 놓이게 된다는 뜻이다.

♞ 벌거숭이가 되었음에도 아무런 수치심도 느끼지 않는 꿈을 꾸면

☞ 자기의 비밀이나 신상문제 등을 당당하게 공개하게 된다.

♞ 자신의 나체를 부끄럽게 생각하는 꿈을 꾸면

☞ 자신의 약점이나 비밀이 외부에 노출될까봐 전전긍긍하게 된다.

♞ 나체를 감추려고 애를 쓰지만 이를 가릴 만한 옷가지나 도구가 없어 쩔쩔매는 꿈을 꾸면

☞ 큰 위기에 몰리지만 자기를 도와줄 협조자나 방도가 없어 불가항력의 처지가 된다.

♞ 사방이 개방된 야외에서 벌거숭이가 되는 꿈은

☞ 자신의 신분이 극히 위험스런 상황에 놓이게 된다는 뜻이다.

♞ 실내에서 옷을 모두 벗는 꿈은

☞ 누군가에게 자기의 신상문제를 숨김없이 공개하고 상의할 일이 있음을 뜻한다.

♞ 나체로 서서 대소변을 배설하는데도 전혀 더럽거나 부끄러운 느낌이 들지 않는 꿈을 꾸면

☞ 오래 숨겨왔던 과거의 비밀이나 죄상을 깨끗이 털어놓음으로써 홀가분한 심정이 된다.

♞ 여성의 경우, 거울 앞에서 완전나체가 되어 화장하는 꿈을 꾸면

☞ 반가운 사람이 찾아와 기쁜 상봉을 하게 된다.

남성의 경우 이성과의 성교를 목적으로 나체가 되는 꿈은

☞ 남에게 감출 필요가 없는 어떤 공개적인 일거리에 관여하게 된다는 뜻이다.

멀리 떨어진 남편을 기다리는 여인이 불빛이 환한 방안에 전라가 되어 침대에 걸터앉는 꿈을 꾸면

☞ 머지않아 그 남편이 집으로 돌아오게 된다.

여성의 경우, 전라가 되어 있는 자기 육체를 거울을 통해 바라보면서 스스로 매혹되거나 자랑스럽게 생각하는 꿈을 꾸면

☞ 장차 자기의 신분을 돋보이게 할 어떤 사건이 생기거나 남편·자식·형제 등에게 좋은 일이 생긴다.

자신이 화가 앞에서 나체 모델로 서 있는 꿈을 꾸면

☞ 어떤 예언가·심리학자·성직자에게 자기의 신상문제·심리상태·운세 등에 관하여 상담을 하게 된다.

목욕이나 해수욕을 하기 위하여 벌거숭이가 되는 꿈은

☞ 단지 「수영을 한다」 라는 상징의의를 표현하는 부대상황으로 묘사되어 별다른 뜻이 없다.

나이트클럽 쇼걸들의 스트립쇼를 구경하는 꿈을 꾸면

☞ 주변의 어떤 사람들이 서로 싸우는 와중에 그들의 죄상이 공개되거나 치부가 드러나는 것을 목격하게 된다.

7

배설과 분비에 관한 꿈

❖ 대변(大便)

♞ 꿈에 등장한 사람의 대변(大便)은

☞ 생산 · 암거래 · 해소 · 분비 · 소문거리 · 재물 · 작품 등을 상징한다. 또한 수치심이나 불쾌감을 유발하는 어떤 사건을 암시한다.

♞ 대량(大量)의 인분을 만지는 꿈은

☞ 옛사람들이 해석한 그대로 돈과 관련이 있는 길조의 상징이다.

♞ 그러나 대변을 만지면서 불쾌감을 느끼거나 색깔이 탁하고 묽은 형태의 소량(小量)을 만지는 꿈은

☞ 머지않아 불쾌 · 불만 · 수치심 등의 감정적 체험을 하게 된다는 뜻이다.

♞ 비료의 가치가 있는 많은 인분(人糞)을 내다버리는 꿈을 꾸면

☞ 재산상의 손실을 입게 된다.

♞ 소량의 대변이 몸이나 옷에 묻는 꿈을 꾸면

☞ 창피를 당하거나 자존심이 손상되는 봉변을 당하게 된다.

♞ 꿈속에서 마당 · 화장실 · 인분구덩이 등에 높이 쌓인 인분더미는

☞ 비료라는 관념이 도입된 것으로 재물이나 자본의 상징이다.

♞ 자기가 배설한 인분이 산더미처럼 쌓여 있는 꿈을 꾸면

☞ 정신적 · 물질적 자산을 축적하게 된다.

♞ 인분을 독이나 함지 등의 그릇에 담는 꿈을 꾸면

☞ 다른 사람들에게 심한 창피를 당하게 된다.

♞ 자기 밭에 구덩이를 파고 인분을 붓는 꿈을 꾸면

☞ 새로운 사업자금을 투입하게 된다.

♞ 폭포수처럼 쏟아지는 거대한 대변이나 소변을 뒤집어쓰거나 깊은 인분구덩이에 빠져 몸이 잠기는 꿈을 꾸면

☞ 횡재를 하게 된다. 다만 악취를 느끼지 않아야 좋고 절대 불쾌한 기분이 들지 않아야 한다.

♞ 타인의 배설물에서 악취를 느끼는 꿈을 꾸면

☞ 타인과 관계한 어떤 비밀스런 일이 주변에 알려져 큰 어려움을 겪게 된다.

♞ 주변 환경으로 인해 시원하게 배설하지 못하는 꿈을 꾸면

☞ 입학 · 취직 · 결혼 · 사업 등의 소망이 좌절된다.

♞ 배변욕구를 느끼고 화장실을 찾았으나 도무지 찾을 수가 없어 애를 태우는 꿈을 꾸면

☞ 청탁 · 입학 · 취직 · 결혼 · 사업 등의 소망이 좌절된다.

♞ 화장실을 깨끗하게 청소하는 꿈을 꾸면

☞ 근심걱정을 해소한다. 재물의 손실을 암시하는 경우도 있다.

♞ 꿈에 등장한 분뇨차(糞尿車)는

☞ 국가나 지방자치단체의 세무기관을 상징한다.

♞ 길바닥에 널린 인분을 밟지 않으려고 피해 다니는 꿈을 꾸면

☞ 다른 사람의 시비를 피하려고 노심초사하게 된다.

♞ 밥이 인분으로 변하는 꿈은

☞ 직업을 잃게 된다는 뜻이다.

♞ 대변이 물처럼 흘러내리는 꿈을 꾸면

☞ 사기를 당해 재물의 손실을 입게 된다.

❖ 소변(小便)

♞ 꿈에 등장한 사람의 소변(小便)은

☞ 재물의 상징이다. 또는 질식된 관념의 분비현상으로 표현된다.

♞ 화장실에서 소변을 누는 꿈은

☞ 오랜 소망이나 계획하는 일이 성취됨으로써 근심 걱정이 해소된다는 뜻이다.

큰 건물 내에 있는 화장실에서 소변보는 꿈은

☞ 기관・단체와 연관된 소원충족이며☞

집의 화장실에서 소변보는 꿈은

☞ 가정사와 연관된 소원충족이다.

단순히 소변을 보려는 생각을 갖고 있었거나 화장실에 들어가는 것으로 꿈이 끝나는 것은

☞ 장차 어떤 일에 관여하게 되리라는 암시에 그치는 것으로 그 성취 여부는 알 수 없다.

개천이나 강물처럼 물이 흐르는 곳에서 소변보는 꿈을 꾸면

☞ 신문・잡지 등에 자기의 창작물을 게재하게 된다.

음식점이라고 생각되는 곳에서 음식을 먹은 후 바로 옆에 있는 화장실로 들어가는 꿈을 꾸면

☞ 여관이나 창녀촌에서 윤락녀를 상대하게 된다.

소변을 볼 때 자신의 성기가 유난히 커 보이거나 오줌줄기가 세차게 쏟아지며 시원한 소리를 내서 상쾌한 기분이 느껴지는 꿈을 꾸면

☞ 스스로 크게 만족하고 주위에 소문을 낼만 한 좋은 일이 생긴다.

어떤 연유에서든지 소변이 잘 나오지 않아 쩔쩔매는 꿈을 꾸면

☞ 계획하는 일이나 희망이 좌절되기 쉽고 근심걱정이 끊이지 않아 고통 받게 된다.

자기의 소변이 큰 강이나 바다를 만드는 꿈은 더할 나위없는 길몽이다. 이런 꿈을 꾸면

☞ 장차 유명한 작가가 되어 수많은 걸작을 남기거나, 명망 있는 사

업가로 성공하여 많은 업적을 이룩함으로써 큰 권세를 얻게 된다.
- 소변이 자기 몸이나 옷에 묻는 꿈은 보통 흉조인데 더구나 다른 사람의 소변이 묻었다면
- ☞ 매우 재수 없고 불쾌한 일을 겪게 된다.

❖ 정액 · 경도 · 침 · 가래 · 콧물 · 눈물 · 땀 · 젖

- 꿈에 등장한 사람의 정액(精液)은
- ☞ 성과(成果) · 유산 · 정력(精力) 등을 상징한다.
- 분비된 자신의 정액을 보고 불쾌감을 느끼는 꿈을 꾸면
- ☞ 누군가와의 교제(交際)에 실속도 없이 돈을 낭비하게 된다.
- 성욕을 해소시킨 후 정액이 몸에 묻는 꿈을 꾸면
- ☞ 어떤 소원을 성취한 뒤에 시빗거리를 남기게 되거나, 누군가에게 모욕을 당하게 된다.
- 정액이 많이 나와 옷이나 침구 등을 흠뻑 적시는 꿈을 꾸면
- ☞ 누군가와의 동업으로 엄청난 재물을 끌어 모으게 된다.
- 여성이 꾸는 월경(月經)의 꿈은
- ☞ 근심 걱정의 해소나 소원충족, 또는 계약의 성립 등을 암시한다.
- 여성의 경우, 자신의 생리가 흰 천에 묻은 꿈을 꾸면
- ☞ 누군가와 중요한 계약을 맺게 된다.
- 여성의 경우, 생리가 소변처럼 콸콸 쏟아져 나오는 꿈을 꾸면
- ☞ 큰 소원을 충족하게 된다.
- 사춘기의 소녀가 초경을 치르는 꿈을 꾸면
- ☞ 조만간 실제로 초경을 경험할 확률이 높다.
- 그러나 성숙한 여인이 초경을 치르는 꿈을 꾸면
- ☞ 생전 처음 겪는 사건으로 인해 기쁨 · 슬픔 · 두려움 등의 기복이

심한 감정적 체험을 하게 되거나 일신상 큰 변화를 맞게 된다.

입안의 침이 말라 말을 할 수 없거나 음식을 먹을 수 없는 꿈을 꾸면

☞ 정신적·물질적 자원이 고갈되거나 유용한 방도를 상실하여 곤란한 처지에 빠지게 된다.

상대의 얼굴에 침을 뱉는 꿈을 꾸면

☞ 어떤 사람과 심한 언쟁을 벌이게 됨으로써 그의 마음에 심한 상처를 주게 되는데, 그로 인해 또 다른 시빗거리를 만들게 된다.

꿈에 등장한 사람의 가래〔痰〕는

☞ 고질적인 병폐·죄업(罪業)·부정한 일 등을 상징한다.

가래를 시원스럽게 뱉는 꿈을 꾸면

☞ 오랜 기간 마음을 졸여오던 근심걱정이 사라진다. 또한 지지부진하던 일거리가 처리된다.

목에 걸린 가래가 잘 뱉어지지 않아 안간힘을 쓰다가 꿈을 깨면

☞ 지극히 답답하고 초조한 상황에 봉착하게 된다.

가래에 피가 섞여 나오는 꿈을 꾸면

☞ 어떤 고민거리를 해소하게 되지만 그로 인해 물질적 손실을 입게 된다.

꿈에 등장한 콧물은 감기의 부산물이라는 뜻에서

☞ 사상적 감화의 결과물, 즉 새로운 지식이나 경험 등을 상징한다.

꿈에 등장하는 눈물은 억제된 감정의 폭발, 즉 질식된 관념의 분비를 표현하는 것으로서 소원충족의 상징이다. 따라서 꿈에 눈물을 흘리는 것은 소리를 내어 크게 우는 행동표상과 마찬가지로 현실에서의 대만족(大滿足)을 의미하며, 그 만족감이 외부에 표출된다는 뜻도 함께 나타내는 것이다.

하염없이 흐르는 눈물이 옷깃을 적실 정도로 슬피 우는 꿈은

☞ 남모르는 은근한 즐거움이 오래도록 지속된다.

상대가 눈물을 흘리는 것을 보고 측은지심이 생겨 마음이 흔들리는 꿈을 꾸면

☞ 그 상대방으로 인하여 어떤 패배감이나 불만, 또는 불쾌 등의 감정적 체험을 하게 된다.

대성통곡(大聲痛哭)을 하면서 눈물을 펑펑 쏟는 꿈을 꾸면

☞ 큰 소원이 성취되어 매우 기뻐하고 널리 소문을 내게 된다.

꿈에 등장한 사람의 땀〔汗〕은

☞ 피〔血〕와 그 상징의의가 같다. 노동・질환・고통・탈진 등을 상징하며 정력이나 기력의 소모, 또는 재물의 고갈 등을 암시한다.

땀을 흘리는 꿈을 꾸면

☞ 재해를 당하거나 병에 걸려 일신이 곤고(困苦)해진다.

이마에 땀방울이 송골송골 맺히는 꿈을 꾸면

☞ 가산(家産)을 탕진하게 되거나 몸에 상처를 입어 피를 흘린다.

몸에 흐르는 땀을 수건 등으로 닦아 내는 꿈을 꾸면

☞ 쇠퇴한 기력을 회복하거나, 잃어버렸던 가산(家産)을 되찾게 된다.

꿈에 등장한 모유(母乳)는

☞ 재물의 상징이다.

어머니의 젖을 빨아먹는 꿈은

☞ <제6장 인체에 관한 꿈>을 참조

젖소에서 우유를 짜내는 꿈을 꾸면

☞ 가산(家産)이 증가한다.

❖ 피(血液)

꿈에 묘사된 피가 정신적 · 물질적 재물을 상징하는 이유는 첫째, 관용어인 「출혈(出血)」이라는 말에서 연상된 것이고, 둘째, 피를 흘리는 사람이 어떤 일거리를 상징하고 있을 때, 그 일거리로부터 어떤 소출(所出)이 발생한다는 뜻을 표현하기 때문이다. 그런데 붉은 피는 다른 물질을 쉽게 물들일 수 있다는 것과 그 정동(情動)의 환기가 두려움이나 희열 등에서 유발된다는 점에서 사상의 전파나 감화(感化) 등으로 표현될 수 있다. 이런 관점에서 꿈에 등장한 피는 진리나 교리(敎理)의 상징으로 풀이되기도 한다.

♞ 꿈에 등장한 피〔血液〕는

☞ 진리 · 사상 · 교리 · 재물 · 생명력 · 감화력 등을 상징한다.

♞ 몸에서 피가 나는 꿈을 꾸면

☞ 정신적 · 물질적 손실을 입게 된다.

♞ 상대의 몸에 선혈이 낭자한 광경을 보고 질겁하여 도망치는 꿈을 꾸면

☞ 모처럼 큰 재물이 생길 기회를 얻게 되지만, 정작 자기 것으로는 만들지 못한다.

♞ 상대에게 상해를 입힌 다음 그의 몸에서 분출되는 피를 보고 희열을 느끼는 꿈을 꾸면

☞ 어떤 일을 성취하여 큰돈을 벌게 됨으로써 스스로 몹시 기뻐하고 주위에는 소문을 내게 된다.

♞ 자기가 가해하지 않았음에도 상대가 피를 흘리는 꿈을 꾸면

☞ 그로 동일시된 어떤 인물로 인해 불로소득을 하게 된다.

♞ 가족 중의 누군가가 죽어서 그 육신이 훼손되고 주위에 선혈이 낭자한 꿈은

☞ 참혹한 표현과는 달리 길조의 상징이다. 가업(家業)이나 집안 일로 막대한 돈을 벌어들이게 된다.

- 코피가 터져 줄줄 흘러내리는 꿈을 꾸면

☞ 정신적 유산을 남에게 공개하거나 그 일부분을 상실하게 된다.

- 상대가 코피를 흘리는 것을 바라보는 꿈을 꾸면

☞ 그 사람에게서 정신적 감화를 받거나 금품(金品)을 얻게 된다.

- 상대에게 상해를 입혀 그가 피를 흘리는데 그 피의 일부가 자기의 몸에 묻는 꿈을 꾸면

☞ 그로 동일시된 어떤 사람에게 부정한 돈을 요구하게 된다.

- 이때 그 혈흔(血痕)을 지우려고 옷을 물에 빠는 꿈을 꾸면

☞ 그렇게 생긴 돈을 잃게 되거나 돈이 생긴 경위를 남에게 숨기려고 전전긍긍하게 된다.

- 상대를 칼로 찔렀는데도 피가 나오지 않는 꿈을 꾸면

☞ 어떤 벅찬 일거리를 성취하지만 돈은 들어오지 않는다.

- 동물의 목을 잘라 피가 솟구치는 꿈을 꾸면

☞ 어떤 소망이나 일거리가 성취하여 많은 재물을 얻게 됨으로써 주위 사람들에게 그 영향력을 행사하게 된다.

- 예수·석가모니 등의 신적인 존재나 공자·맹자 같은 성인의 손가락의 피를 마시는 꿈을 꾸면

☞ 장차 훌륭한 정신적 지도자를 만나 그로부터 진리를 깨우치게 된다.

- 시체에서 피가 흘러 개울처럼 흐르는 꿈을 꾸면

☞ 대하소설이나 진리서·이론서 등을 집필·출간하여 많은 사람들에게 감명을 주게 된다.

- 강이나 호수가 핏빛으로 물드는 꿈을 꾸면

☞ 새로운 사상·교리·진리가 나타나 많은 사람들이 교화된다.

상대의 옷이 더러운 피로 뒤덮인 꿈을 꾸면

☞ 가까운 지인 중의 누군가가 비명횡사했다는 소식을 듣게 된다.

항문에서 피가 흐르는 꿈을 꾸면

☞ 공산품을 암거래하는 과정에 큰 손실을 입게 된다.

뱃속에 피가 차서 불룩해지는 꿈을 꾸면

☞ 막대한 재물을 축적하게 된다.

무덤에서 피가 흐르는 꿈을 꾸면

☞ 협조자나 협조기관을 통해 많은 돈을 빌려 쓰게 된다.

8

동물(動物)에 관한 꿈

❖ 소(牛)

꿈에 등장한 소〔牛〕는

☞ 가족·협조자 등을 동일시하고, 집·재산·사업체 등을 상징한다.

소등에 소금가마를 싣고 오면

☞ 사업으로 재물을 모으게 된다.

소에 쟁기를 달아 논밭을 가는 꿈을 꾸면

☞ 충실한 협조자와 더불어 새로운 사업을 시작하게 된다. 문필가의 경우라면 새로운 작품에 착수한다는 뜻이다.

누런 암소를 사다가 외양간에 매는 꿈을 꾸면

☞ 새 며느리나 가정부를 얻게 된다.

외양간에 크고 작은 황소 세 마리가 나란히 매어져 있는 꿈을 꾸었다는 어떤 여인은

☞ 그 후 슬하에 삼형제를 두었다고 한다.

꿈에 등장한 윤기 흐르고 살찐 소는

☞ 능력 있고 건강하며 잘 생긴 사람을 동일시하는 경우가 많다.

외양간에 매어둔 소가 머리를 밖으로 내밀고 있거나 그 고삐가 풀려 있는 꿈을 꾸면

☞ 새로 들어온 며느리나 가정부가 오래 머물지 않고 떠나가게 된다.

자기 집 소가 수렁에 빠져 허우적거리면서 가라앉는 꿈을 꾸면

☞ 가족 중의 누군가가 중병에 걸리거나, 사업이 붕괴될 위기에 처하거나, 남의 모함에 빠지게 된다.

가족 중의 누군가가 소등에 짐을 잔뜩 싣고 와 집안에 내려놓는 꿈을 꾸면

☞ 그로 동일시된 가족 중의 한 사람이 큰 재물을 집안으로 끌어들

이게 된다.

- 자기 집의 소를 팔고 다른 소를 사오는 꿈을 꾸면
☞ 며느리나 가정부가 바뀌거나 새 집을 장만하게 된다.
- 기르던 소를 팔러 가는 꿈을 꾸면
☞ 고용인이 나가거나 집·재물·사업체 등을 상실하게 된다.
- 검은 소가 외딴 곳에 매여져 있는 꿈을 꾸면
☞ 탐탁하지 않은 며느리·자식 등과 떨어져 살게 된다.
- 소가 자기를 보고 빙그레 웃는 꿈을 꾸면
☞ 가족 중의 한 사람과 심하게 다투어 불쾌감을 느끼게 된다.
- 꿈에 등장한 잡색이나 검은 털을 가진 소는
☞ 탐탁하지 않은 가족을 나타내는데, 인품이 믿음직하지 못한 며느리나 사위의 동일시일 경우가 많다
- 누런 암소가 검은 송아지를 낳는 태몽을 꾸면
☞ 장차 출생할 자손에게 불만을 갖게 된다. 또는 출생할 아이가 모자이별의 운세를 지닌다.
- 꿈에 등장한 소가 말을 하는 것은
☞ 자기의 또 다른 자아가 자기 암시적 예언을 하는 것이다.
- 《구약성서》에 기록된 살찐 소와 마른 소는
☞ 풍년과 흉년을 각각 암시하는 것이었다.
- 꿈에 우시장(牛市場)에서 소를 거래하려고 흥정하는 것은
☞ 집이나 토지 등의 부동산거래를 암시하는 것이다.
- 넓은 목장 안에서 한가로이 풀을 뜯고 있는 소 떼가 모두 자기 것이라고 생각하는 꿈을 꾸면
☞ 자기의 재산이 엄청나게 불어나거나 수많은 사람을 고용하는 사업체를 경영하게 된다.

울타리가 없는 산야(山野)에 소를 방목하는 꿈을 꾸면

☞ 고용인이나 재물이 흩어져 관리할 수 없게 된다.

자기의 소를 넘어뜨리거나 짓밟는 등 학대하는 꿈을 꾸면

☞ 많은 빚을 지게 되어 고통을 받게 된다.

죽은 소를 땅에 묻는 꿈을 꾸면

☞ 집안에 우환이나 근심거리가 생긴다.

소에게 받히는 꿈을 꾸면

☞ 믿었던 사람에게 배반을 당하여 고통을 받게 되는데 심하면 병이 될 수도 있다.

여러 사람이 소를 잡아 고기를 자르는 꿈을 꾸면

☞ 다른 사람들과 어떤 사업성과를 나누게 된다.

소등에 올라타고 길을 가는 꿈을 꾸면

☞ 가족이나 협조자, 또는 충복(忠僕)의 도움으로 큰 업적을 이루어 권세를 누리게 된다.

다른 사람과 함께 같은 소등에 올라타는 꿈을 꾸면

☞ 누군가와 동업을 하게 된다.

자기의 소가 많은 짐을 지고 지친 모습을 하고 있는 꿈을 꾸면

☞ 가족 중의 누군가가 절망적인 상황에 처하거나 과중한 책임을 떠안게 된다.

성난 소에게 쫓기는 꿈을 꾸면

☞ 벅찬 일거리나 어떤 권력자로 인하여 심리적 압박감을 느끼게 된다.

소 말뚝에 붙들어 맨 쇠고삐가 풀어져 있는 꿈을 꾸면

☞ 재산이나 고용인을 잃게 된다.

가족·친지 중에서 현재 중병을 앓고 있는 사람이 소를 끌고 산

속으로 사라지는 광경을 보면
☞ 실제로 그 사람이 죽게 되는데 그 때문에 자기가 상당한 재산을 잃게 된다.
♞ 그러나 자기가 소를 끌고 산에 오르는 꿈을 꾸면
☞ 신분이 급상승하거나 큰 부자가 될 수 있다.
♞ 다른 집의 소가 뿔에 피를 흘리는 꿈을 꾸면
☞ 경쟁적인 위치에 있는 사람이 위축됨으로써 자신이 득세를 하게 된다. 관직과 관련이 있다.
♞ 소가 배설하는 꿈은
☞ 어떤 사업체로부터 중요한 성과를 얻어낸다는 뜻이다.
♞ 뛰는 소를 잡지 못하는 꿈을 꾸면
☞ 가족이나 고용인 중의 누군가가 도망을 가거나 재산상의 손실을 입게 된다.
♞ 소가 수레를 끄는 꿈을 꾸었을 경우
☞ 수레는 사업체를, 소는 고용인을 각각 상징한다.
♞ 꿈에 등장한 투우(鬪牛) 장면은
☞ 주로 사회현상을 암시하는 꿈에 등장하는데 두 개의 이념・정견 등이 서로 각축하며 경쟁하는 것에 비유된다.

❖ 말(馬)

십이지(十二支)에서 남성신(男性神)을 상징한다 하여 남성의 표상으로 해석되어 왔는데 꿈에 도입되어 사람을 상징할 경우 실제 남성을 동일시하는 경우가 많다. 그러나 여성을 동일시할 경우 그 성품이 억세고 강건함을 나타내기도 한다. 민속에서는 말이 무신(武神)으로도 등장한다. 이는 과거 오랜 전쟁에서 유용한 수단으로 많은 활약을 하였기 때문이다. 따라서 말을 타는 꿈은 국가권력을 획득하는 것과 연관이 깊다.

♞ 꿈에 등장한 말〔馬〕은

☞ 협조자 · 고용인 등을 동일시하며, 사회단체 · 방도 · 권세 · 작품 · 재물 등을 상징한다.

♞ 말을 타는 꿈을 꾸면

☞ 권력적 득세(得勢)를 하거나, 기세를 떨치거나, 귀한 물건을 얻게 된다.

♞ 말을 타고 산에 오르는 꿈을 꾸면

☞ 국민이나 정당의 지지를 기반으로 국가적인 권력을 장악하게 된다.

♞ 말을 타고 산과 들을 활보하는 꿈을 꾸면

☞ 어떤 일정한 영역 내에서 지도자적 지위를 차지하게 된다.

♞ 결혼을 앞둔 사람이 말을 타고 산책을 할 때, 산야(山野)의 기복이 심한 꿈을 꾸면

☞ 결혼생활에 많은 우여곡절을 겪게 된다.

♞ 말을 타고 산길을 달리는 마적단(馬賊團)의 꿈을 꾸면

☞ 자기가 소속한 정당 또는 사회단체가 득세하게 된다.

♞ 말을 타고 군중 앞을 지나갈 때 그들이 우러러보거나 절을 하면

☞ 어떤 집단의 우두머리가 되어 권세를 휘두르게 된다.

♞ 산길이 막혀 진퇴양난에 빠졌던 독일 재상 비스마르크의 꿈에 등장한 말은

☞ 독일 국민이나 그의 소속 정당을 상징하는 것이었다.

♞ 말에서 떨어지는 꿈은

☞ 믿을 만한 사람에게 배신을 당한다는 뜻이다.

♞ 달리던 말이 지쳐 쓰러지는 꿈을 꾸면

☞ 자기가 소속된 정당 · 단체가 해산됨으로써 신분이 몰락한다.

자기가 탄 말이 적탄에 맞아 쓰러지는 꿈을 꾸면
☞ 자기의 세력이나 협조자를 잃어 곤경에 빠지게 된다.
조상이 말을 끌고 와 집안에다 고삐를 매는 꿈을 꾸면
☞ 새 며느리가 들어오거나 가정부 등의 고용인을 채용하게 된다.
말안장을 얹는 꿈을 꾸면
☞ 출세 기반을 잡거나, 오래 지속될 어떤 일거리를 준비하거나, 먼 길을 떠날 채비를 하게 된다.
말에다 짐을 싣거나 마차에 매다는 꿈을 꾸면
☞ 가족·고용인 중의 누군가가 고달픈 운세에 놓이게 되거나 이사를 하게 된다.
말 등에서 짐을 내려놓는 꿈을 꾸면
☞ 조만간 집안에 큰 재물이 들어온다.
반대로 말 등에 짐을 싣는 꿈을 꾸면
☞ 재물의 손실이 생기거나 직업을 바꾸게 된다.
용마(龍馬) 또는 천리마(千里馬)를 타고 하늘을 나는 꿈은 최고의 소원충족으로 표현되는데,
☞ 장차 운세가 크게 호전되어 신분이 격상된다는 뜻이다.
말과 수레가 수렁이나 탁류에 빠져 허우적거리는 꿈을 꾸면
☞ 일시적인 사업 실패로 심적 고통을 받게 된다.
자기의 말이 발을 구르며 울음소리를 내는 꿈을 꾸면
☞ 지위가 높아지거나 작품이 성공을 거두어 널리 소문이 난다.
백마(白馬)가 공중을 나는 꿈을 꾸면
☞ 자기의 사업·작품 등이 대성공을 거두게 된다.
공중을 날던 백마가 갑자기 땅에 떨어지는 꿈을 꾸면
☞ 사업상 당국의 감사나 세무사찰을 받게 된다.

넓은 초원에서 말들이 한가로이 풀을 뜯는 태몽을 꾸면

☞ 장차 출생할 아이는 자유롭고 풍족한 환경에서 성장하게 된다.

굴레 벗은 망아지가 날뛰는 태몽을 꾸면

☞ 장차 출생할 아이는 주색잡기에 빠지거나 부모의 속을 썩인다.

목초지로부터 말떼를 몰아 집으로 돌아오는 꿈을 꾸면

☞ 자기의 세력이 크게 확대되거나 큰 재물을 소유하게 된다.

말들이 놀라 목장의 울타리를 넘어 뿔뿔이 달아나는 꿈을 꾸면

☞ 재산·세력이 흩어지거나 사업에 실패한다.

말의 성기가 팽창해 있는 꿈을 꾸면

☞ 남편이나 아내 혹은 자식이나 고용인 중의 누군가가 자기에게 반항하거나 역심을 품는다.

귀족이 되어 쌍두마차(雙頭馬車)를 타는 꿈을 꾸면

☞ 두 개의 협조세력을 얻어 득세를 하고 신분이 고귀해진다.

꿈에 등장한 백마(白馬)는

☞ 충직하고 고상하며 아름다운 사람을 동일시하거나 가치 있는 작품을 상징한다.

꿈에 등장한 적토마(赤土馬)와 흑마(黑馬)는

☞ 강자를 동일시하거나 특색 있는 작품·단체 등을 상징한다.

말이 춤을 추는 꿈을 꾸면

☞ 심복에게 배신을 당하거나 불순한 자의 공박이나 구타를 당하게 된다.

말에게 물리는 꿈을 꾸면

☞ 어떤 세력집단의 영향을 받아 관계(官界)에 진출하게 된다.

타고 가던 말이 크게 울어 그 소리가 산골짜기에 메아리치는 꿈은

☞ 출세하여 세상에 자기의 명성을 떨치게 된다는 뜻이다.

- 그러나 기둥에 매인 말이 구슬피 우는 꿈을 꾸면

☞ 신변상에 위험이 닥치거나 부하가 불행한 처지를 호소해온다.

- 말이 소리 없이 눈물만 흘리는 꿈을 꾸면

☞ 불길한 사건을 겪게 된다.

- 말을 타고 장가가는 꿈을 꾸면

☞ 관운(官運)이 트이거나 운세가 크게 호전된다.

- 처녀가 말을 타는 꿈을 꾸면

☞ 취직이나 결혼을 하게 된다.

- 유부녀가 말을 타는 꿈을 꾸면

☞ 남편이나 자식이 득세를 한다.

- 말을 급히 몰아 달리는 꿈을 꾸면

☞ 어떤 일을 급박하게 추진함으로써 불안감을 느끼게 된다.

- 경마(競馬)를 관전하는 꿈은

☞ 추첨이나 경매 등을 상징한다.

- 경마에서 자기가 배팅한 말이 일등을 하는 꿈을 꾸면

☞ 어떤 추첨에 당첨이 되거나 승부경기에서 승리를 하게 된다.

❖ 돼지(豚)

돼지꿈이라고 해서 모두가 재물과 연관이 있는 것은 아니다. 꿈에 등장하는 돼지의 표상은 재물・사람・일거리・사건 등으로 다양하게 표현될 수 있으며, 꿈의 전후사연에 따라서는 장차 자신이 체험하게 될 쾌・불쾌, 만족・불만족 등의 감정적 양상을 암시적으로 묘사하는 경우도 많다.

- 꿈에 등장한 돼지〔豚〕가

☞ 사람을 동일시할 때, 그 성격・신분・운세를 나타낸다. 또한 재물・사업체・복된 일 등을 상징한다.

촉한(蜀漢)의 명장 관운장(關雲長)은 꿈에 소만큼이나 덩치가 큰 돼지 한 마리가 자기의 발을 물기에 크게 화를 내고 칼로 베어 죽이니 그 소리가 마치 비단을 찢는 것과 같았다고 한다.

☞ 이 꿈을 꾸고 난 얼마 뒤 그는 형주・양양의 도독이라는 벼슬을 하게 되었다.

돼지를 몰아오거나. 등에 지고 오거나, 차에 실어오는 꿈을 꾸면

☞ 머지않아 집안에 큰 재물이 들어온다.

수많은 돼지새끼를 실어다가 돼지우리가 아닌 마당에 풀어 놓는 꿈을 꾸면

☞ 큰 사업을 시작하게 되지만 관리부실로 도산하게 된다. 돼지새끼에게 자유를 준 것이기 때문에 결국 관리할 수 없게 된다는 뜻이다.

돼지꿈이 횡재수를 암시하는 경우가 많은 것이 사실이긴 하지만 꿈에 등장한 돼지가 그 수효로써 어떤 암시를 하는 것은

☞ 그 수효에 비길 만한 큰돈이 들어온다는 뜻이다. 또한 그것은 일반적인 생각과는 달리 대부분 횡재가 아닌 노력의 결과물이다.

죽은 돼지를 걸머지고 오면

☞ 집안에 우환이 생긴다.

돼지새끼를 사다가 자기 집의 우리에 풀어 놓는 꿈은

☞ 먼 후일 큰 재물이 될 어떤 조그만 사업을 시작한다는 뜻이다.

우리를 탈출하여 밖으로 도망간 돼지를 잡아들이지 못하는 꿈은

☞ 조만간 가산이 줄어들게 된다는 뜻이다.

꿈에 가족 중 누군가가 들판에서 돼지를 몰고 와 집안에 들이면

☞ 외지에 있던 가족 중의 누군가가 큰돈을 벌어 집으로 돌아온다.

기르던 돼지를 시장에 팔러 가는 꿈을 꾸면

☞ 급히 돈 쓸 곳이 생겨 재산상의 손실이 발생하게 된다.

- 자기의 돼지를 잡아 그 고기를 잘라 파는 꿈을 꾸면
- ☞ 그 수량으로 비길 만한 재물을 잃게 된다.
- 돼지를 우리에 가두지 않고 대문이나 현관에 묶어두는 꿈을 꾸면
- ☞ 급전(急錢)을 마련하거나 가정부 등의 고용인을 데려오게 된다.
- 자기가 기르는 돼지 한 마리가 여러 마리로 변하여 돼지우리를 가득 채우거나 수많은 새끼를 낳아서 어미를 따르는 꿈을 꾸면
- ☞ 곗돈이 폭발적으로 불어나거나 남편의 사업이 번창하여 많은 재물을 소유하게 된다.
- 들판에 돌아다니거나 남의 집 우리에 갇힌 돼지는
- ☞ 타인의 재물이나 기관의 공금(公金)을 상징한다.
- 남의 집 우리에서 큰 돼지와 작은 돼지가 수없이 몰려나와 길을 막는 꿈을 꾸었다는 어떤 사람은
- ☞ 복권에 일등으로 당첨이 되었다. 이때 남의 집 우리라는 표현은 주택은행의 금고를 상징한 것이다.
- 자기 집 암돼지가 남의 집 수돼지와 교미하는 꿈을 꾸면
- ☞ 누군가와 합자형식의 동업을 시작하게 된다. 결혼이나 계약을 암시하는 경우도 있다.
- 여러 마리의 돼지가 문밖에서 교미하는 꿈을 꾸면
- ☞ 주변에서 주식회사가 설립되거나 다른 사람의 결혼식에서 축의금이 쇄도하는 것을 지켜보게 된다.
- 갑자기 나타난 큰 돼지가 자기 뒤를 졸졸 따라오는 꿈을 꾸면
- ☞ 유력한 재력가의 도움을 받게 되지만 불안한 마음을 갖게 된다.
- 돼지새끼가 자기 뒤를 졸졸 따라오는 꿈은
- ☞ 태몽일 가능성이 많다.
- 예쁜 돼지새끼를 쓰다듬는 태몽을 꾸고 출산한 아이는

☞ 장차 별 탈 없이 잘 자라서 의식주가 풍족한 일생을 살아간다. 간혹 센스가 둔한 자식을 동일시하기도 한다.

돼지의 등을 쓰다듬는 꿈이 태몽이 아닐 경우 그것은

☞ 돼지로 동일시되는 어떤 사람이 자신의 속을 썩인다는 뜻이다.

언덕길을 쏜살같이 달려 내려온 새끼돼지 한 마리가 집안에 있는 마구간으로 들어가 말똥 위에 턱 드러눕더라는 꿈은

☞ 태몽이다. 여기서 돼지는 태아이고 언덕은 모체(母體)이며 마구간은 태반(胎盤)인데 말똥은 출산시의 노폐물의 상징이었다.

돼지를 통째로 구워서 칼로 조각조각 베어 먹는 꿈을 꾸면

☞ 작품・사업성과・업적 등을 세밀하게 분석하여 재평가하게 된다.

돼지고기를 생으로 먹거나 구워서 굵게 자른 것을 씹어 먹으면서 질긴 감각을 느끼는 꿈을 꾸면

☞ 답답하고 따분한 일거리에 종사하게 된다.

국물이 있는 돼지고기 요리를 먹는 꿈을 꾸면

☞ 감기 등 유행성 질병에 걸린다.

동란 중 야생 멧돼지를 사살하는 꿈을 꾸었다는 어떤 육군 장교는

☞ 다음 날 야밤을 틈타 기습해온 적을 괴멸시키는 전과를 올렸다.

사나운 기세로 달려든 멧돼지에게 물리는 태몽을 꾸고 출산한 아이는

☞ 장차 씩씩하고 야성적인 인물로 성장한다. 그러나 세상과 타협하지 않으려는 고집도 갖게 된다.

많은 양의 돼지고기를 집안에 들여오는 꿈을 꾸면

☞ 머지않아 많은 재물이 생긴다.

제상 위에 돼지머리를 올려놓고 제사지내는 꿈을 꾸면

☞ 어떤 권력자에게 뇌물을 주고 무엇인가 청탁을 하게 되는데 그

소망은 실현될 것이다.

- 돼지우리에 소변을 볼 때 돼지들이 그 것을 받아먹는 꿈을 꾸면
☞ 자기의 작품이 활자화(活字化)되거나 계획한 일이 구체화된다.
- 큰 돼지가 방안으로 들어오는 꿈을 꾸면
☞ 어떤 부자, 또는 유력인사와 인연을 맺고 그 도움을 받게 된다.
- 누군가에게 엉덩이가 잘려나간 돼지를 잡아 자기가 죽이는 꿈을 꾸었다는 어떤 사람은
☞ 누군가가 미결로 남겨둔 일거리를 마무리함으로써 그 성과를 자기 것으로 하였다 한다.
- 자기가 돼지로 등장하거나 돼지로 변신하여 우리에 갇힌 꿈은
☞ 큰 부자가 되거나 새 집을 장만하게 된다는 뜻이다.
- 돼지가 여덟 마리의 새끼를 낳았는데 어느새 어미만큼 훌쩍 커버린 꿈을 꾸었다는 어떤 사람은
☞ 그 후 장사를 해서 처음의 밑천이 아홉 배로 불어나는 현실적중을 가져왔다고 한다.
- 어미돼지가 색깔이 다른 새끼를 낳는 태몽을 꾸면
☞ 장차 출생할 아이는 생전에 부모와 생이별할 운세를 지닌다.
- 모래 속에서 용의 꼬리를 파내어 창으로 찌르니 갑자기 대여섯 마리의 돼지로 변하여 도망가는 것을 모두 찔러 죽이고는 창에 꿰어 집으로 돌아오는 꿈을 꾸었다는 어떤 사업가는
☞ 그 후 어떤 부실기업체를 인수하게 되었는데 대여섯 개로 분산된 자회사를 통합하는 등 대대적인 구조조정을 단행하고 모기업(母企業)을 정상화시킴으로써 꿈이 적중되는 것을 체험하였다 한다.
- 꿈에 돼지와 엎치락뒤치락 싸우다 결국 그 돼지를 죽여 버렸다는 어떤 사람은

☞ 일진일퇴를 거듭하는 우여곡절 끝에 어떤 민사소송에 승리함으로써 현실적중을 가져왔다 한다.

♞ 자기와 싸우던 돼지가 갑자기 사람으로 변하는 꿈을 꾸면

☞ 머지않아 탐욕스럽고 음흉한 어떤 자가 불순한 목적을 갖고 자기에게 접근해 온다.

♞ 꿈에 우리를 치우다가 큰 돼지와 싸워 죽였다는 어떤 사람은

☞ 얼마 뒤 복권에 일등으로 당첨되었다고 한다.

♞ 꿈에 백정(白丁)에게 쫓기는 돼지를 숨겨준 어떤 사람은

☞ 경영이 부실하여 도산 위기에 몰린 어떤 건설업체를 인수하여 국내 굴지의 건설사로 키웠다고 한다.

♞ 처녀의 경우, 살찐 돼지가 나타나 치마를 물고 흔드는 꿈을 꾸면

☞ 부유하고 권세가 당당한 남성과 결혼하게 된다.

♞ 이리저리 날뛰는 사나운 멧돼지를 포획하는 꿈을 꾸면

☞ 고시·입시 등 어려운 시험에 합격하거나 큰 권리를 얻게 된다.

❖ 개(犬)

개는 가장 먼저 가축화된 동물로 충직하고 순종적이다. 우리 민속에서는 흰 개가 병마·재앙을 막는 능력이 있고 누런 개는 풍요(豊饒)와 다산(多産)을 상징한다고 믿었다. 반면 격이 낮고 비천함을 비유하는 경우도 많은데 〈개꼬리 3년 두어도 황모(족제비 꼬리털)가 못 된다.〉는 속담이 바로 그런 예이다. 서구사람들이 몹시 혐오하는 것이긴 하지만 우리는 예로부터 개를 보양식(保養食)으로 먹어왔다. 따라서 꿈에 등장하는 개 역시 재물의 상징이 된다.

♞ 꿈에 등장한 개〔犬〕는

☞ 충복·가정부·경비원·신문기자·경찰관 등을 동일시하고 천박한 사람이나 부정한 사람을 비유하며, 부정·전염병·다산(多

産) 등을 상징한다.

- 해질 무렵 개가 인적이 드문 곳으로 달려가는 꿈을 꾸면
- ☞ 기자 · 탐정 등이 자기 주변에서 어떤 비밀 · 사건 등을 추적한다.
- 줄을 맨 개를 끌고 산책하는 꿈을 꾸면
- ☞ 충직한 고용인과 더불어 어떤 새로운 일을 하게 된다.
- 들개나 외양이 더러운 개가 자기를 따라오거나 집으로 들어오면
- ☞ 유행성 질병에 걸리거나 방랑자 · 무의탁자 등과 접촉하게 된다.
- 자기 집 개의 성기가 발기한 광경을 바라보는 꿈을 꾸면
- ☞ 고용인이나 부하직원, 또는 직계 비속 중의 누군가가 자기에게 반항하게 된다.
- 자기 집의 개가 다른 개와 어울려 노는 꿈을 꾸면
- ☞ 가족 중의 누군가가 불법단체에 가입하거나 무뢰한들과 부정한 일을 모의하여 골치를 썩이게 된다.
- 다른 집의 개가 자기 집 개에게 접근하는 꿈을 꾸면
- ☞ 어떤 불순한 자가 가족 중의 누군가와 부정한 관계를 맺으려고 접근하게 된다.
- 개가 교미하는 광경을 바라보는 꿈을 꾸면
- ☞ 사업상 동업을 하거나 중요한 계약을 맺게 된다. 또는 세속적이라고 생각되는 사람들이 야합(野合)하는 것을 목격하게 된다.
- 다른 집에 들어가려고 하는데 그 집의 개가 몹시 사나워 끝내 발을 들여놓지 못하는 꿈을 꾸면
- ☞ 조만간 어떤 기관 · 단체의 경비원에게 출입을 저지당함으로써 모멸감을 느끼게 된다.
- 자기에게 달려드는 사나운 개를 칼로 찔러 죽였다는 꿈은
- ☞ 장기간 골칫거리로 남아 있던 어떤 일이 한순간에 처리됨으로써

근심으로부터 해방된다는 뜻이었다.

산에서 잡아온 노루를 다른 사람에게 팔려고 하니 갑자기 개로 변했다는 어느 학생의 꿈은

☞ 입학시험에서 우수한 성적으로 합격을 하고도 가정사정상 입학을 포기해야만 할 상황에 놓인다는 뜻이었다.

기르는 개가 귀엽다고 쓰다듬는 꿈을 꾸면

☞ 며느리나 고용인이 속을 썩이게 됨으로써 그를 미워하게 된다.

잃어버렸던 개가 집을 찾아와 기뻐하는 꿈을 꾸면

☞ 한때 잊고 있던 사람이 찾아오거나 한동안 밀어두었던 일거리를 다시 시작하게 된다.

자기 집의 개가 심하게 짖어대는 꿈을 꾸면

☞ 가족이나 고용인 중의 누군가로 인하여 심한 불화가 생기는데 그 소문이 주변에 퍼지게 된다.

멀리서 개 짖는 소리가 들려오는 꿈은

☞ 장차 집안에 큰 영향을 끼칠 어떤 사건이 멀리 떨어진 곳에서 이미 발생하였다는 뜻이다.

개가 떼를 지어 사나운 기세로 달려드는 꿈을 꾸면

☞ 신변의 위협을 느낄 만큼 위험스러운 일에 휘말려 심적 고통을 받거나 남의 시비를 받게 된다.

개에게 물려서 피가 나는 꿈을 꾸면

☞ 고용인이나 심복에게 배반을 당해 재산상의 손실이 발생한다.

개가 자기의 손을 물고 흔드는 꿈을 꾸면

☞ 자기 일의 성과나 작품, 또는 능력을 심사·평가받게 된다.

개가 자기 손을 핥는 꿈을 꾸면

☞ 기자가 자기의 작품이나 신상에 관한 취재를 하여 기사화한다.

여러 마리의 개들이 서로 싸우는 꿈을 꾸면

☞ 어떤 사람들이 서로 비방하며 싸우는 와중에 휘말리게 되거나 전염병에 감염되게 된다.

개가 그 상반신은 양(羊)이요 하반신은 개〔犬〕인 합성동물상으로 변했는데 그 페니스가 노출(露出)된 것을 보았다는 꿈은

☞ 교제 중인 사람이 양처럼 온순해 보였으나 그 내면이 개와 같이 방탕하고 지조가 없음을 알아채고는 실망하게 된다는 뜻이었다.

개가 두 다리로 서서 춤추는 꿈을 꾸면

☞ 수하(手下)에 있는 어떤 음흉한 자가 계교를 부려 자기를 음해하거나 인신공격을 하게 된다.

개를 잡아먹는 꿈을 꾸면

☞ 사업자금을 마련하여 이차적인 사업에 투자하게 된다.

자기의 개가 높은 건물 위에 오르거나 공중을 나는 꿈을 꾸면

☞ 높은 관직에 올라 출세를 하게 된다.

값비싼 애완견(愛玩犬)을 사오면

☞ 훌륭한 인재를 얻게 된다.

❖ 여우 · 너구리 · 사슴 · 노루 · 늑대

꿈에 등장한 여우〔狐〕는

☞ 교활하고 변태적인 사람을 동일시하며, 재물 · 불길한 소식 · 희귀한 일 등을 상징한다.

여우가 자기가 기르는 닭을 물어 가는 꿈을 꾸면

☞ 어떤 교활한 자에게 사기를 당하여 재물의 손실을 입게 된다.

여우를 붙잡는 꿈은 잡기 힘든 동물을 포획한다는 뜻에서 소원충족의 표현이다.

☞ 얻기 힘든 명예 · 권세 등을 획득하게 된다.

여우를 죽이는 꿈을 꾸면

☞ 얻기 힘든 재물을 획득한다.

여우가 자기를 스쳐 지나가는 꿈을 꾸면

☞ 어떤 교활한 자가 음해하려고 접근하지만 무위로 그친다.

한밤중에 여우 울음소리가 들리는 꿈을 꾸면

☞ 불길한 소식을 듣거나 천재지변을 당하게 된다.

어두컴컴한 곳에서 여우를 만나 놀라는 꿈을 꾸면

☞ 정체를 모르는 어떤 사람으로 인해 불길한 사건에 휘말린다.

꿈에 등장한 너구리〔山獺산달〕는

☞ 교활한 사람이나 허풍쟁이, 또는 미운 사람을 동일시하며 재물 · 권리 등을 상징한다.

너구리를 잡아 솥에 넣고 끓이는데 그 고기가 수십 배로 불어났다는 꿈은

☞ 어떤 허풍쟁이에게 속아 시작한 동업이 실패로 끝나는 것으로 현실화되었다고 한다.

너구리를 붙잡거나 털을 얻으면

☞ 재물 · 권리 등을 얻는다.

꿈에 등장한 사슴〔鹿〕은

☞ 선량한 사람이나 여성, 또는 고급관리 등을 동일시하며 재물 · 영광 · 권세 · 명예 등을 상징한다.

깊은 산중에서 사슴을 붙잡는 꿈을 꾸면

☞ 국가고시 · 입사시험 등의 어려운 시험에 응시하여 우수한 성적으로 합격하게 된다.

몰이사냥에 참가하여 자기가 사슴을 붙잡는 꿈을 꾸면

☞ 경기·선거·시험 등에 우승·당선·합격하게 된다.

♞ 깊은 산속에서 수많은 사슴들이 자유롭게 풀을 뜯고 있는 꿈이 태몽이라면

☞ 장차 출생할 아이는 장성하여 정치가나 관료로서 출세하게 된다.

♞ 사슴이 제 발로 걸어서 자기 집에 들어오는 꿈을 꾸면

☞ 고귀한 신분의 아름다운 여성과 인연을 맺게 된다.

♞ 동물원에서 울안에 갇힌 사슴을 바라보는 꿈을 꾸면

☞ 이룰 수 없는 사랑을 하게 되거나 남의 업적을 부러워하게 된다.

♞ 사슴을 잡아 죽이는 꿈은

☞ 참혹하긴 하지만 길조의 상징이다. 소원충족을 암시한다.

♞ 사슴의 뿔을 얻는 꿈을 꾸면

☞ 큰 재물이 들어온다. 또는 훈장·학위·우등상 등을 받게 된다.

♞ 노루피를 마시는 꿈을 꾸면

☞ 정신수양을 통해 진리를 터득하게 된다. 또는 재물이 들어온다.

♞ 노루의 꿈은 사슴과 비슷한 상징의의를 나타내지만

☞ 사슴보다는 격(格)이 낮은 소원충족이다.

♞ 꿈에 사슴이나 노루의 고기를 먹으면

☞ 진리를 터득하거나, 재물을 얻거나, 권리·명예를 획득한다.

♞ 꿈에 등장한 늑대는

☞ 고급관리·검사·경찰관·강력범 등을 동일시하며, 권력·권리 등을 상징한다.

♞ 깊은 산속에서 마주친 늑대가 매서운 눈으로 노려보는 꿈을 꾸면

☞ 피고의 입장으로 검사의 논고를 듣거나 경찰의 심문을 받게 된다.

♞ 늑대가 자기가 기르는 가축을 죽이거나 물고 달아나는 꿈을 꾸면

☞ 도난을 당하거나 재물의 손실을 입게 된다.

❖ 양 · 염소 · 토끼 · 족제비

꿈에 등장한 양(洋)은

☞ 선량한 사람이나 신자 · 교육자 등을 동일시하며, 선(善) · 진리 · 재물 등을 상징한다.

양을 잡아 신에게 제물(祭物)로 바치는 꿈을 꾸면

☞ 진리를 터득하거나 정신적 사업을 성취하게 된다. 또는 당국이 자기의 청원을 받아들이게 된다.

넓은 풀밭에 흩어진 양떼가 한가로이 풀을 뜯는 태몽을 꾸면

☞ 장차 출생할 아이는 조심스런 성격을 지닐 것이나 일생 동안 의식주가 풍부한 삶을 영위하게 된다.

들에서 양을 끌어와 집안에 매는 꿈을 꾸면

☞ 어질고 착한 며느리를 얻거나 재물이 들어온다.

넓은 초원에서 양떼를 몰고 다니는 꿈을 꾸면

☞ 목회자 · 교육자 등이 되어 수많은 신자나 제자를 인도하게 된다.

양젖을 짜는 꿈을 꾸면

☞ 누군가의 일거리를 처리하는 과정에 부수적인 재물을 얻게 된다.

양젖을 마시는 꿈을 꾸면

☞ 훌륭한 사람의 가르침을 받거나 좋은 책을 읽고 진리를 깨우치게 된다. 이자소득을 뜻하기도 한다.

염소〔山羊〕는 사슴과 비슷한 상징의의를 나타내는데,

☞ 사슴보다는 격이 낮은 소원충족이다. 이 역시 선량한 사람을 동일시하거나 재물을 상징한다.

꿈에 양이나 염소고기를 먹으면

☞ 진리를 터득하거나, 재물을 얻거나, 중책(重責)을 떠맡게 된다.

♞ 꿈에 흑염소를 보면

☞ 교제하는 사람이 겉보기와는 달리 선량한 내면을 지니고 있음을 알게 된다.

♞ 꿈에 등장한 토끼〔兎〕는

☞ 선량한 사람이나 자기와 인연을 맺고 있는 여성, 또는 수양이 부족하고 불안정한 사람 등을 동일시한다. 한편 유동적인 일거리나 재물을 상징하기도 한다.

♞ 토끼장에 넣어둔 토끼가 밖으로 탈출하는 꿈을 꾸면

☞ 고용인 · 첩 · 가정부 등이 자기를 떠나게 된다.

♞ 울안에 갇힌 토끼가 남성의 꿈에 등장하였다면

☞ 자기 품안에 든 어떤 여성을 동일시하는 것이다.

♞ 토끼가 번식하는 꿈을 꾸면

☞ 장사가 번창하거나, 자기의 창작물을 출판하거나, 이자소득으로 재물이 폭발적으로 늘어나게 된다.

♞ 숲속에서 발견한 산토끼를 잡으려다 실패하는 꿈을 꾸면

☞ 횡재수가 생기지만 무위에 그침으로써 아쉬움만 남기거나, 목표가 뚜렷하지 않은 어떤 일에 착수하여 시간과 돈을 낭비하게 된다.

♞ 커다란 사육장에 수많은 토끼를 기르는 꿈을 꾸면

☞ 이식사업(利殖事業)을 하여 많은 돈을 벌게 된다.

♞ 산의 정상 부근에서 수많은 토끼가 이리저리 뛰노는 태몽을 꾸면

☞ 장차 출생할 아이는 장성하여 수단이 능수능란한 정치가나 관료가 될 것이다.

♞ 꿈에 등장한 쥐〔鼠〕는

☞ 비겁하고 치사한 인물이나 도적 · 스파이 등을 동일시하며 재물 · 다산(多産) · 증식사업 등을 상징한다. 간혹 노력하고 인내하

는 사람이나 큰 뜻을 품은 사람을 동일시하는 경우도 있다.

구멍 속 쥐가 머리만 쏙 내밀고 자기를 빤히 쳐다보는 꿈을 꾸면

☞ 자기가 하는 일에 특별한 관심을 가지고 있는 어떤 사람이 접근해 온다. 또는 몰래 주시한다.

산등성이에 있는 수많은 구멍 속에서 쥐들이 고개를 내밀고 자기를 바라보는 꿈을 꾸면

☞ 장차 자기가 하는 일이 많은 사람들의 관심과 흥미를 불러일으키게 된다.

사육기 속의 실험용 흰쥐를 바라보는 꿈을 꾸면

☞ 소량의 재물이나 어떤 연구과제가 생긴다.

자기가 쫓던 쥐가 구멍 속으로 들어가 나오지 않는 꿈을 꾸면

☞ 애를 태우는 어떤 일이 성사되지 않는다.

방안에 들어온 쥐를 잡으려고 문을 꼭꼭 닫고 이리저리 쫓아다니는 꿈을 꾸면

☞ 직장에서 부정행위를 감시・단속・처벌하는 직책을 맡거나 자기의 사업체 내에서 부정행위를 색출하게 된다.

달아나려는 쥐를 돌이나 막대기로 때려죽이는 꿈을 꾸면

☞ 얻기 힘든 희귀품을 손에 넣거나 횡재를 하게 된다. 또는 잔꾀를 잘 부리는 소인배를 설득하여 어떤 일을 성사시키게 된다.

쥐가 자기의 발가락을 물고 놓지 않는 꿈을 꾸면

☞ 뜻하지 않게 좋은 협력자를 만나 사업이 번창하게 된다.

쥐가 자기의 옷이나 가방 등의 소지품을 물어뜯는 꿈을 꾸면

☞ 가족 중의 누군가가 도둑이나 사기꾼에게 피해를 당한다.

고양이가 쥐를 잡는 꿈을 꾸면

☞ 자기에게 피해를 준 도둑이 경찰에 잡히거나 측근 중의 누군가가

골치 아픈 일거리를 대신 처리해 주게 된다.

- 쥐가 접시에 담긴 음식을 먹어치우는 꿈을 꾸면
- ☞ 어떤 사람이 자신의 일을 대신하거나 자기 일에 간섭하게 된다.
- 쥐 떼가 몰려와 창고의 곡식을 일순간에 먹어치우는 꿈을 꾸면
- ☞ 집안에 큰 일거리가 생겨 수많은 사람들을 고용하게 된다.
- 그러나 자기의 논밭에 여물어 가는 알곡들을 쥐들이 갉아먹는 꿈을 꾸면
- ☞ 흉년이나 천재지변과 같은 화를 당하거나 사회적인 환란에 휘말려 자기 사업체가 붕괴하게 된다.
- 쥐가 큰 물체의 밑 부분을 갉아서 구멍을 내는 꿈을 꾸면
- ☞ 어떤 단체를 와해시킬 음모에 가담하게 된다.
- 박쥐가 자기에게 덤벼드는 꿈을 꾸면
- ☞ 병인(病因)을 알 수 없는 질병에 걸리거나 정체불명의 괴한으로부터 습격을 당하게 된다.
- 박쥐 떼가 하늘을 뒤덮을 듯이 새까맣게 나는 광경을 보면
- ☞ 나라 안에 큰 소동이나 변란이 발생한다.
- 다람쥐가 쳇바퀴를 돌리는 꿈을 꾸면
- ☞ 따분하고 고달픈 일에 종사하게 된다.
- 다람쥐가 높은 나뭇가지로 올라가는 꿈을 꾸면
- ☞ 직장에서 승진을 하게 된다.
- 족제비를 붙잡거나, 자기의 품으로 파고드는 꿈을 꾸면
- ☞ 횡재를 하거나 어려운 시험에 합격하게 된다. 태몽이라면 영특한 자손이 출생한다.
- 쥐가 고양이로 변했다가 다시 호랑이로 변하는 꿈을 꾸면
- ☞ 하위직에서 최고의 자리에 오르는 입지전적인 출세를 하거나 어

떤 일이나 사건이 크게 확대된다.

❖ 호랑이 · 사자 · 표범

사자와 호랑이는 백수(百獸)의 왕으로서 동서양을 막론하고 용맹·지혜·힘의 상징으로 인식되어 왔다. 특히 우리 민속에서 호랑이가 차지하는 비중은 매우 크다. 커다란 몸집에 비해 민첩한 몸놀림, 놀랄 만한 파괴력, 그리고 산을 울리는 포효 등으로 인하여 가히 공포의 대상이라 할 만했기에 예로부터 산신(山神)으로 불리기도 하였다.

꿈에 등장한 사자(獅子)와 호랑이는

☞ 권세와 명예를 겸비한 인물을 동일시하며, 크고 벅찬 일을 상징한다. 또한 승리·득세·권리·성공 등의 일과 관련이 있다.

사자나 호랑이를 타고 산야(山野)를 달리는 꿈을 꾸면

☞ 유력한 인물의 도움을 받아 지위가 높아지거나 자기의 세력을 형성하게 된다.

정치지망생의 경우 호랑이를 타고 산봉우리에 오르는 꿈을 꾸면

☞ 장차 정당의 대표가 된다.

호랑이를 타고 가다가 내리면

☞ 권좌에서 물러나게 된다.

호랑이와 싸워 이기는 꿈을 꾸면

☞ 벅찬 일을 성사시키거나 어떤 권력자를 굴복시키게 된다.

사자나 호랑이에게 쫓기는 꿈을 꾸면

☞ 관직·작품·일거리 등과 관련한 어떤 소원을 성취하지 못한다. 처녀라면 훌륭한 신랑감을 놓치고 임산부라면 유산할 조짐이다.

사자나 호랑이를 잡아 죽이는 꿈을 꾸면

☞ 벅찬 일을 성취하거나, 적대적인 세력을 물리치거나, 어려운 시

험에 합격하게 된다.

- 호랑이를 끌고 다니는 꿈을 꾸면
- ☞ 어떤 권력자를 조정하게 된다.
- 호랑이가 자기 옆에서 조용히 따라오는 꿈을 꾸면
- ☞ 권력자를 협조자로 만들거나 벅찬 일을 손쉽게 처리한다.
- 호피(虎皮)로 만든 코트나 융단, 또는 장식용 털가죽 등을 사오면
- ☞ 어떤 세력가를 후원자로 만들게 된다.
- 사자나 호랑이의 포효소리가 산야에 울려 퍼지는 꿈을 꾸면
- ☞ 국가적인 큰 사건이 발생하고 자신은 그 와중(渦中)에 휩쓸리게 된다. 또는 큰 소원을 성취한다.
- 사자나 호랑이에게 물리는 꿈을 꾸면
- ☞ 호랑이의 기상과 비견될 만한 권세・능력 등을 소유하게 된다.
- 사자나 호랑이에게 물리는 꿈이 태몽이라면
- ☞ 출생할 아이는 호랑이의 기상을 지닌 큰 인물로 성장하는데, 사업가・정치인・작가 등으로 성공할 가능성이 많다.
- 호랑이가 문밖에서 웅크리고 앉아 있는 꿈을 꾸면
- ☞ 큰 인재를 얻거나 걸작(傑作)을 완성하게 된다.
- 호랑이가 방안으로 들어오는 태몽을 꾸면
- ☞ 장차 큰 인물로 성장할 자손을 낳는다.
- 집에 들어온 호랑이가 곧바로 시야에서 사라지는 태몽을 꾸면
- ☞ 장차 출생할 아이는 요절하게 된다.
- 표범이 호랑이의 꼬리를 물었다는 고구려 태조대왕의 꿈은
- ☞ 아우인 수성(遂成)이 그의 왕위를 찬탈한다는 암시였다.
- 꿈에 호랑이와 관계를 가진 어떤 여성은 재개발 지역에 거주하던 세입자였는데,

☞ 정부와의 오랜 승강이 끝에 아파트 입주권을 얻게 됨으로써 현실적중을 가져왔다고 한다. 이런 꿈은 정부권력기관을 통해 어떤 일을 성취한다는 뜻이다.

옛날 전주에 살던 한 진사(進士)는 호랑이를 삼키는 태몽을 꾸고

☞ 후일 전라병사가 될 아들을 낳았다고 한다.

멀리 사자 세 마리가 앉아 있었는데 그 중 한 마리가 자신을 향해 빙그레 미소를 지었다는 태몽은

☞ 장차 세 명의 아들을 둘 것인데 그 중 한 아이가 부모의 속을 썩이게 될 것이라는 암시였다.

표범이 자기 가축을 물어가는 꿈을 꾸면

☞ 재산상의 손실이 발생한다.

새끼 호랑이 두 마리를 가슴에 안았다는 태몽은

☞ 연년생인 두 아들을 둘 것인데 그들 모두가 장차 높은 벼슬을 하게 될 것이라는 암시였다.

꿈에 호랑이나 사자의 문양(文樣)을 보면

☞ 위대함・용맹・득세 등의 관념을 불러일으키는 어떤 일이나 사건을 체험하게 된다.

포효하며 노려보는 호랑이 앞에서 겁에 질려 오도 가도 못하는 꿈을 꾸면

☞ 어떤 권력자나 세도가의 위세에 눌려 고통을 받게 된다. 태몽이라면 부모와 생이별할 운세다.

꿈속에서 굴속에 웅크리고 앉은 호랑이는

☞ 어떤 연구기관의 책임자를 동일시하며 어떤 연구과제나 독점적 권리를 상징한다.

동물원의 사자나 호랑이는

☞ 어떤 권력기관의 장(長)을 동일시한다.

❖ 고양이 · 원숭이

꿈에 등장한 고양이〔猫〕는

☞ 사납고 앙칼진 마누라, 또는 능청스럽거나 음흉한 사람을 동일시한다. 간혹 경찰관 · 감시자 · 경비원 등을 동일시하는 경우도 있다.

방안에서 고양이와 강아지가 사이좋게 노는 꿈을 꾸면

☞ 평소 사이가 나쁜 두 사람이 화해하는 것을 지켜보거나 어떤 집을 방문하여 고양이처럼 쌀쌀맞고 강아지처럼 붙임성 있는 인물과 만나게 된다.

긴 오이를 휘감고 있는 구렁이를 좀 떨어진 곳에서 고양이가 노려보는 것을 보았다는 꿈은

☞ 다른 여성과 교제를 하는 사실이 자기 아내에게 발각됨으로써 한바탕 분란이 일어날 것임을 암시한 것이었다.

고양이를 안고 희롱하거나 쓰다듬는 꿈을 꾸면

☞ 실제로 어떤 여성이나 어린아이를 품에 안을 일이 있거나 벅차고 힘든 일에 관여하게 된다.

고양이가 쥐를 잡는 꿈을 꾸면

☞ 경찰관이 도둑을 잡는 것을 목격하거나 누군가가 자기의 번거로운 일을 대신해 주게 된다.

고양이를 죽이는 꿈을 꾸면

☞ 적대적인 사람이나 장애요소를 제거함으로써 마음을 억누르고 있던 근심 걱정을 해소하게 된다.

자기가 기르던 고양이가 손등이나 얼굴을 할퀴는 꿈을 꾸면

☞ 아내가 반항하여 가장의 권위를 훼손당하거나, 전염병에 감염된다.

고양이가 닭을 노리고 닭장 안을 들여다보는 꿈을 꾸면

☞ 자기의 재산을 노리는 불순한 자가 나타나게 된다.

꿈에 호랑이를 그렸는데 고양이 그림이 되었다면

☞ 속담 그대로 처음 세웠던 계획에 비해 결과가 보잘 것 없어 크게 실망하게 된다.

방안으로 들어온 호랑이를 보고 얼른 문을 닫았는데 잠시 후 열어 보니 그곳에는 고양이가 웅크리고 앉아 있더라는 꿈은

☞ 위대하다고 생각했던 인물이나 작품을 접하게 되지만 기대에 미치지를 못하여 크게 실망하게 된다는 뜻이었다.

검은 고양이가 쫓아오는 꿈을 꾸면

☞ 두렵고 답답하며 불길한 사건에 휘말리게 된다.

개와 고양이가 싸우는 꿈을 꾸면

☞ 앙숙인 두 사람이 권리다툼을 하는 것을 목격하게 된다.

들고양이가 자기를 보고 놀라 도망가는 꿈을 꾸면

☞ 어떤 의혹(疑惑)이 더 깊은 미궁 속으로 빠져들게 된다.

고양이가 자기 집 음식물을 물고 도망가는 꿈을 꾸면

☞ 도둑을 맞거나 사기를 당한다.

자기가 기르던 고양이가 달아나는 꿈을 꾸면

☞ 경비원 등의 고용인을 해고하거나 애지중지하던 물건을 잃어버리게 된다.

꿈에 등장한 원숭이〔猿〕는

☞ 재주꾼·배우·사기꾼 등을 동일시하며, 총기(聰氣)·장수·재주·사기·모방 등을 상징한다.

원숭이와 정면으로 마주보는 꿈을 꾸면

☞ 어떤 교활한 자가 자기의 권리를 침해하려 할 것인데 그로 인해

사기나 모욕을 당하게 된다.

- 원숭이가 재빠르게 나무 위로 올라가는 꿈을 꾸면

☞ 자신의 직위 또는 신분이 상승한다.

- 원숭이들이 서로 싸우는 꿈을 꾸면

☞ 배우 · 마술사 등이 연기하는 것을 가까이서 보게 된다. 또는 자기를 모방하는 어떤 자를 책망한다.

- 원숭이가 자위행위를 하는 꿈을 꾸면

☞ 어떤 간교한 자가 자기의 감정을 극도로 자극하여 몹시 불쾌한 기분을 느끼게 된다.

- 정글에서 원숭이들에게 조롱을 당하는 꿈을 꾸면

☞ 사업상의 경쟁자나 방해적인 여건으로 인하여 오랜 기간 심적 고통을 받게 된다.

❖ 뱀(巳)

서양에서는 에덴동산에서 인간으로 하여금 금단의 열매를 따먹게 함으로써 원죄를 짓고 추방되게 하였다 하여 교활하고 사악한 존재로 인식된다. 우리 민속에서는 집안살림을 늘이거나 축나게 하는 상징적인 동물로 인식된다. 특히 오래 묵은 큰 구렁이는 대명신이라 하여 용이나 곰, 또는 호랑이와 함께 영험한 동물로 간주하였다.

- 꿈에 등장한 뱀〔巳〕은

☞ 세력가 · 악한 · 독부 · 교활한 사람 · 미운 사람 등을 동일시하며, 권세 · 명예 · 기관 · 세력 · 술수 · 사기 · 장수 등을 상징한다.

- 큰 구렁이가 호랑이와 싸우는 꿈을 꾸면

☞ 어떤 이질적인 두 세력집단이 서로 비난하고 공박하는 것을 지켜보게 된다.

밤이 나뭇가지 모양으로 위장을 하고 있는 꿈을 꾸면

☞ 어떤 음흉하고 교활한 자에게 속임을 당한다.

뱀이 몸통을 틀고 앉아 혀를 날름거리는 모습을 보고 두려움을 느끼는 꿈을 꾸면

☞ 자기를 해하려는 어떤 간교한 자가 접근해 옴으로써 불안감을 느끼게 된다.

꿈에 머리를 바싹 치켜들고 자기를 노려보는 뱀의 몸통과 꼬리가 보이지 않으면

☞ 자기를 해하려는 어떤 집단의 우두머리가 정면 승부를 걸어온다.

구멍을 쑤셔서 뱀이 튀어나오게 하는 꿈을 꾸면

☞ 입학 · 취직시험에 합격한다.

큰 구렁이에게 물리는 꿈을 꾸면

☞ 훌륭한 배우자나 협조자를 만나게 된다. 태몽이라면 장차 큰 인물로 성장할 자손을 낳는다.

뱀에 물려 뱀독(毒)이 몸에 퍼지는 꿈을 꾸면

☞ 누군가의 사상 · 이념 등에 감화되거나 어떤 권리 · 명예 등을 획득하게 된다.

처녀의 경우, 큰 구렁이가 자기의 몸을 칭칭 감고 있는 꿈을 꾸면

☞ 조만간 훌륭한 신랑감을 얻게 된다. 유부녀의 꿈이라면 외간남자와 정사를 벌이게 된다.

뱀이 자기를 살짝 물고는 곧바로 사라져버리는 꿈을 꾸면

☞ 누군가에게 마음의 상처를 받아 일시적으로 심적 고통을 당한다.

문틈으로 수많은 뱀들이 들어오는 꿈이

☞ 여성의 경우라면 남성과의 정사를 뜻하지만, 남성의 경우라면 자기 신변에 위험이 다가옴을 뜻한다.

여성의 경우, 치마 속으로 뱀이 들어오는 꿈은

☞ 대부분 태몽의 상징이다. 이때 뱀이 어디로 숨었는지 찾을 수 없으면 출생할 아이가 일찍 죽거나 실종된다.

큰 구렁이가 나타난 태몽으로 출생한 여성은

☞ 재주가 많고 통이 커서 장차 정치가 · 작가 · 연예인 등으로 대성하게 된다.

껍질을 벗긴 뱀의 몸통을 칼로 썰어 먹는 꿈을 꾸면

☞ 어떤 벅차고 거추장스러운 일거리를 무난히 처리하게 된다. 또는 다른 사람의 성과물로부터 무엇인가를 얻어와 자기의 업적을 이루게 된다.

뱀을 죽이는 태몽을 꾸면

☞ 유산을 하게 된다.

자기 발을 문 구렁이를 죽여 버리는 꿈을 꾸면

☞ 자식 중의 누군가가 사고를 당해 사망하게 된다.

구렁이를 천으로 싸서 죽이면

☞ 자식이 교통사고로 급사한다.

구렁이를 잘라 불에 구워 먹는 꿈을 꾸면

☞ 위대한 인물인 남긴 어떤 서적을 통해 많은 지식을 얻게 된다.

큰 구렁이 옆에 수많은 작은 뱀들이 우글거리는 태몽을 꾸면

☞ 장차 출생할 아이는 장성하여 큰 권력을 가진 기관이나 단체의 우두머리가 된다.

큰 구렁이가 다리에 감기는 태몽을 꾸면

☞ 장차 큰 인물로 성장할 아이를 낳는다.

몸에 감긴 구렁이를 떨쳐내면

☞ 유산을 하게 된다.

칼로 뱀을 난도질하니 그 하체에서 피가 솟구치는데 어찌된 일인지 죽지 않고 살아나 갑자기 사람으로 변했다는 꿈은

☞ 중년에 얻은 중병으로 하반신 불구가 된 어떤 여성의 태몽이었다.

우물가에서 큰 구렁이 한 마리와 수많은 지네가 우글거리는 광경을 보았다는 태몽은

☞ 출생할 아이가 장차 큰 기업체를 경영하여 많은 재물을 모으게 된다는 암시였다.

큰 구렁이가 높은 산정에 머리를 걸치고 꼬리를 산자락까지 늘어뜨린 광경을 보았다는 태몽은

☞ 출생할 아이가 장차 높은 관직에 올라 어떤 기관의 장이 된다는 암시였다.

구렁이가 허물을 벗는 꿈을 꾸면

☞ 배우자가 불쾌한 과거사를 드러냄으로써 심적 고통을 당하게 된다. 그러나 일반적인 꿈이라면 과거를 청산하고 새로운 삶을 시작한다는 뜻이다.

기혼녀의 경우 구렁이가 허물을 벗고 밖으로 사라지는 꿈을 꾸면

☞ 남편과 이별하게 된다.

윤기 흐르는 밤색 구렁이 한 마리가 자기 발치에 누워 있다가 갑자기 어디론가 사라지는 꿈을 꾸었다는 어떤 사람은

☞ 얼마 지나지 않아 구렁이로 동일시되는 어떤 사람과 상관하게 되었는데, 그가 매우 불쾌한 기억만을 남긴 채 말없이 사라짐으로써 현실적중을 가져왔다고 한다.

비가 세차게 쏟아지는 가운데 처마 밑을 보니 낙수로 움푹 팬 곳에 실뱀들이 우글거리고 있었다는 어느 소녀의 꿈은

☞ 초경을 경험하게 된다는 암시였다. 빗물을 모이게 한 추녀는 그

녀의 하체를 비유한 것이고, 낙수는 경도를, 그리고 수많은 실뱀들은 그녀의 생리학적 잠재지식에서 이끌어 낸 난자(卵子)의 묘사였다.

- 큰 구렁이가 쥐구멍으로 들어가 사라지는 태몽을 꾸면
☞ 장차 출생할 아이가 출세는 하지만 그리 오래 지속되지는 않는다. 전성기에 요절하거나 신분이 한순간에 몰락하게 된다.

- 큰 구렁이 한 마리가 자기 집 용마루 속으로 들어가는데 그 기세가 웅장하여 지붕이 들썩일 정도였다는 어떤 태몽의 주인공은
☞ 장성하여 한 시대를 주름잡을 정도의 유명한 정치인으로 성공함으로써 꿈이 실현되는 것을 체험하였다 한다.

- 꿈에 등장한 황색(黃色) 구렁이는
☞ 부유한 사람이나, 사악한 정부(情婦)를 동일시하거나, 명예・권세・지혜・작품 등을 상징한다.

- 밤색 구렁이는
☞ 불순한 사람을 동일시한다.

- 붉은 구렁이는
☞ 정열적이고 호전적인 사람을 동일시한다.

- 청색 구렁이는
☞ 인기인을 동일시한다.

- 검은 구렁이는
☞ 학자를 동일시한다.

- 점박이 구렁이는
☞ 유복자를 동일시한다.

- 잡색 구렁이는
☞ 탐탁하지 않거나 음흉한 사람을 동일시한다.

큰 뱀에 쫓기다 문득 돌아보니 그 뱀이 사람으로 변해 있었다는 꿈은

☞ 벅차고 어려운 어떤 일거리를 회피하려 하나 뜻대로 되지 않는다는 암시였다.

길가나 산속에서 수많은 작은 뱀들이 득실거리는 광경을 바라보는 태몽을 꾸면

☞ 장차 출생할 아이는 장성하여 많은 사람들을 지휘・통솔하는 우두머리가 된다.

맑은 연못 속에 누런 구렁이들이 떼를 지어 엉켜 있는 꿈을 꾸면

☞ 박물관을 방문하여 고분에서 출토한 유물들을 구경하게 된다.

뱀에게 물린 상처가 부어올라 눌러 짜니 뱀독이 계속해서 흘러나왔다는 꿈은

☞ 어떤 종교 교리를 전파하는 단체에 가입하여 감화됨으로써 일신상에 커다란 변화를 겪게 된다는 암시였다.

뱀이 자기 집 대문 안으로 들어오는 꿈을 꾸면

☞ 며느리나 데릴사위, 또는 양자를 들이게 된다.

뱀이 자기 집 대문 안으로 들어오려고 동정을 살피는 꿈을 꾸면

☞ 조만간 어떤 사람으로부터 청혼이나 청탁을 받게 된다.

뱀이 칼을 삼키는 꿈을 꾸면

☞ 옛사람들의 해석처럼 장차 관직에 진출하여 출세를 하게 된다.

뱀이 자기 몸을 칭칭 감는 꿈은

☞ 일반적으로 성교를 암시하는 것이다. 그러나 태몽이라면 장차 태아가 장성하여 획득할 명예・권세 등을 상징한다.

결혼을 앞둔 총각이 꿈속에서 자기의 몸을 감고 턱밑에서 노려보는 큰 뱀을 보았다면

☞ 장차 뱀으로 동일시되는 여자와 결혼을 하게 되는데 그 여자로부터 심하게 구속받음으로써 불화가 지속되다가 결국은 파경에 이르게 될 것이다.

몸을 감고 있던 뱀을 떼어내 죽이는 꿈을 꾸면

☞ 벅찬 일거리나 방해적인 사람의 속박으로부터 벗어나게 된다.

뱀과 성교하는 꿈을 꾸면

☞ 조만간 누군가와 중요한 계약을 맺게 된다. 이런 꿈이 태몽이라면 장차 출생할 아이는 장성하여 권세 · 명예 등을 누리게 된다.

깊은 산중에서 커다란 청색 구렁이를 만나는 태몽을 꾸면

☞ 장차 출생할 아이는 대중적인 인기인으로 성공한다.

꿈에 물속에서 머리가 일곱이 달린 뱀을 보았다는 꿈은

☞ 희귀한 보물을 얻게 된다는 암시였다.

❖ 용(龍)

동양문화의 정수(精髓)로서 상서로운 동물로 인식되는 용은 그 생김새가 거대한 구렁이와 같고 발톱과 뿔, 그리고 귀가 있으며 몸 전체에는 비늘이 덮여 있다는 가상의 동물이다. 용꿈에 대한 믿음은 예나 지금이나 조금도 다름없이 확고한 신념으로 잠재의식화 됨으로써 일종의 민간신앙이 되었다. 서양에서도 용은 권세와 성공의 상징이다. 용꿈은 크게 두 가지 경향으로 해석되는데, 그 하나는 용이 등장하는 태몽을 꾸면 큰 인물을 낳는다는 것이요, 다른 하나는 입신양명과 득세를 암시하여 누구나 한 번쯤 꾸어보기를 바라는 행운의 상징이라는 것이다.

꿈에 등장한 용(龍)은

☞ 권력자나 유명인을 동일시하며, 명예 · 득세 · 성공 · 벅찬 일거리 · 사업체 · 작품 · 최고의 권좌 등을 상징한다.

정몽주의 모친이 낮잠을 자는 중에 뜰안에 있는 배나무에 올라간

용을 보았다는 꿈은

☞ 장차 정몽주가 큰 인물이 될 것이라는 암시였다.

작은 용이 피투성이가 되어 꿈틀거리는 것을 보았다는 숙종대왕의 꿈은

☞ 왕자(영조)를 잉태한 최숙빈이 장희빈에게 매맞아 피를 흘리고 있는 장면을 투시한 것이었다.

종루(鐘樓)에서 하늘로 올라가는 용을 보았다는 선조대왕의 꿈은

☞ 후일 삼도통제사가 되어 임난 때 무공을 세운 이기룡(李起龍)의 출현을 암시한 것이었다.

잉어나 구렁이가 용으로 변하는 태몽을 꾸면

☞ 출생할 아이는 비천한 환경을 극복하고 최고의 지위에 오르는 입지전적인 성공을 거두게 된다.

갯가에서 괭이로 개흙을 파보니 용의 머리가 튀어나와 그것을 옆구리에 끼고 돌아왔다는 태몽은

☞ 장차 출생할 아이가 장성하여 어떤 조직의 우두머리가 될 큰 인물로 성장한다는 암시였다.

용을 타고 하늘을 나는 꿈은

☞ 대길몽이다. 조만간 큰 소원을 성취하게 된다. 권세와 명예를 획득하는 것과 관련이 있다.

검은 구름 속에서 머리를 내밀고 자기를 노려보던 용이 지상에 빗방울을 뿌리는 꿈을 꾸면

☞ 집안의 호주나 가장에게 불행이 닥친다. 태몽이라면 유산이 될 조짐이다.

꿈에 용이 땅위로 내려오는 것은

☞ 권세의 몰락이나 벅찬 일거리를 상징한다. 태몽의 표상이라면 태

아가 득세할 만한 자질을 타고나지만, 끝내 포부를 펴보지 못한 채 일생을 마치게 된다는 뜻이다.

적룡(赤龍)과 흑룡(黑龍)이 서로 엉켜 몸을 뒤틀며 하늘로 오르는 꿈을 꾸면

☞ 나라에 큰 인물이 탄생한다. 개인적인 태몽이라면 장차 국가권력을 행사할 만한 자손이 탄생한다. 간혹 두 개의 큰 세력이 조화를 이루며 국가권력을 장악한다는 뜻으로 표현되는 경우도 있다.

그러나 두 마리의 용이 서로 반대 방향에서 접근해오는 꿈은

☞ 국가권력을 차지하려는 두 개의 세력집단이 서로 반목하는 것을 목격하게 된다.

용이 바다에서 하늘로 솟아오르는 태몽을 꾸면

☞ 장차 출생할 자손은 풍족한 환경에서 성장하여 출세를 한다.

용이 호수나 바다, 또는 연못 속에 깊이 잠겨 잠들어 있는 꿈은

☞ 진행 중인 어떤 큰 일거리가 대기상태로 들어가거나 관련기관에 의해 보류되게 된다. 또는 은밀한 장소에 숨겨졌던 금은보화가 세상에 드러나는 것을 목격하게 된다.

하늘로 날던 용이 갑자기 땅에 떨어져 죽는 꿈을 꾸면

☞ 자기의 직위 · 권세 · 명성 따위가 몰락하게 된다. 사회적인 꿈이라면 비행기추락 사고를 암시하는 것일 수 있다.

용이 우물 속으로 들어가는 꿈을

☞ 말년에 큰 벼슬을 하지만 불운하여 감옥에 들어가게 된다.

용을 타고 깊은 산속으로 날아가는 꿈을 꾸면

☞ 장차 고위관직에 진출하거나 학문 · 사업 분야에서 큰 업적을 이루게 된다.

용이 구름 속으로 들어가거나 공중에서 흔적도 없이 사라져 자취

를 감추는 꿈은

☞ 불길한 징조다. 후일 자기의 협조세력이나 권세, 또는 명성 등이 자기에게서 떠나간다는 뜻이다.

자기가 용으로 변하는 꿈은 출세의 상징으로서는 최고의 길조를 나타내는 것인데,

☞ 이 길조가 자기 대(代)에서 현실화되지 않는다면 다음 대에서라도 반드시 이루어진다.

용이 누군가를 물어 죽이는 꿈을 꾸면

☞ 누군가가 강대한 세력에 의해 파산되거나 신분이 몰락하는 것을 지켜보게 된다.

용과 싸워 죽이는 꿈을 꾸면

☞ 피나는 노력 끝에 벅찬 과업을 완수하거나, 용의 기세에 비견될 만한 큰 권세를 획득하게 된다.

용이 대문 안으로 들어오는 꿈을 꾸면

☞ 태몽이라면 장차 태어날 아이가 성장하여 나라의 녹을 먹는 고위 관리가 될 것이고, 태몽이 아니라면 어떤 귀인이 자기 집을 찾아오거나, 장차 귀히 될 훌륭한 며느리나 사윗감을 얻게 될 것인데, 그 모든 경우가 가문을 번성하게 하는 요인이 될 것이다.

칼·나무토막 등의 물건이나 뱀·구렁이 등의 동물이 용으로 변하는 꿈은

☞ 운세가 극적으로 호전된다는 뜻이다. 지위가 격상되거나 사업이 급성장하게 된다.

반대로 용이 하찮은 물건으로 변한다거나, 작아진다거나, 움직이지 않는다거나 하는 등의 꿈들은

☞ 몰락할 운세를 암시하는 것이다. 머지않아 사업이 붕괴되거나 지

위를 상실하게 된다.

용이 방안에서 헤매는 태몽을 꾸면

☞ 장차 출생할 자손이 초년 성공을 거두지만 그 뜻을 다 펴보지도 못하고 일찍 죽는다.

용이 땅에 나자빠진 태몽을 꾸면

☞ 장차 패륜아가 될 아이를 낳는다. 아니라면 그 아이가 요절할 운세를 지닌다.

하늘에 오르려던 용이 그만 땅에 떨어져 죽는 태몽을 꾸면

☞ 장차 출생할 자손은 큰 뜻을 품고 용왕매진(勇往邁進)하다가 성취단계에서 요절하게 된다.

용을 자기 품에 꽉 껴안는 꿈을 꾸면

☞ 벅찬 일거리를 맡게 되거나, 절대적인 권리를 획득하거나, 훌륭한 사람과 결합하게 된다.

예쁜 여자나 어떤 동물이 용으로 변한 것을 꽉 움켜잡고 꿈을 깨면

☞ 우여곡절 끝에 큰 소망을 성취할 수 있다. 정치가나 고시생에게 있어서는 더할 나위 없이 좋은 꿈이 된다.

용이 하늘로 올라가지 못하게 꼬리를 잡고 있다가 놓치는 태몽을 꾸면

☞ 장차 출생할 자손이 그 출세가도에서 일시적인 장애나 방해자를 만나게 되지만 곧 극복하고 뜻한 바를 성취하게 된다.

그림・사진・조각・문양 등에서 용의 형상을 발견하는 꿈을 꾸면

☞ 사회적 저명인사를 가까이 접할 기회가 생기거나 장차 입신양명하여 명성을 떨칠 어떤 훌륭한 인재와 만나게 된다.

용이 쫓아와 자기의 몸을 칭칭 감는 꿈을 꾸면

☞ 유부녀의 경우 큰 인물로 성장할 아이를 잉태하고, 처녀의 경우 훌

륭한 남편감을 만나며, 세력가의 경우 절호의 기회를 잡게 된다.

- 자기 집에서 불이 나서 바라보니 용 한 마리가 튀어나와 숲으로 달아나는 것을 보았다는 꿈은

☞ 사업이 번창한다는 뜻이었다. 이때 그 용이 숲을 나와 하늘로 올라갔다면 더욱 길한 징조가 된다.

- 용이 구름 속으로 들어가면서 천지가 진동할 만큼 큰 소리를 지르는 꿈을 꾸면

☞ 장차 사업이 크게 번창하거나 정치적인 승리를 거둠으로써 세인을 놀라게 할 것이다.

- 하늘을 나는 용이 자기를 향해 말을 하는 꿈을 꾸면

☞ 용으로 동일시된 사람으로부터 억제를 당해 자신이 위축된다.

- 용이 여러 개의 꼬리를 달고 있었다는 어떤 사람의 꿈은

☞ 장차 자기가 확장할 사업체의 지점들을 형상화한 것이었다.

- 꿈속에서 용이 뿜어내는 불길이나 입김이 자기 몸에 닿는 것은

☞ 용의 정기가 자신의 몸에 흡입(吸入)된다는 표현이므로 용의 기력에 비견될 만한 큰 능력을 발휘하게 된다는 뜻이다.

- 용이 하늘에서 불을 뿜어 시가(市街)를 태우는 꿈을 꾸면

☞ 새로운 정치집단이 등장하여 낡은 법제·사상·제도를 개선하는 것을 목격하게 된다.

- 숲으로 내려온 두 마리의 용이 수많은 벌레들에게 괴롭힘을 당해 몹시 고통스러워하는 광경을 보았다는 박유일(朴維一)의 꿈은

☞ 임진왜란 때 피난 나온 두 왕자가 왜군과 내통한 난군(亂軍)에 납치되어 괴롭힘을 당하고 있는 장면을 투시한 것이었다.

- 정치인의 경우, 용과 싸우다가 쫓기는 꿈을 꾸면

☞ 정적(政敵)에게 패퇴하여 몰락하게 된다.

용꿈이라고 해서 다 좋은 결말을 가져오는 것은 아니다. 용꿈이 흉몽(凶夢)이 되는 경우도 많으므로 꿈에 등장한 용의 양태나 주변 정황을 잘 해석해야 한다. 중국 동한시대(東漢時代) 역적 동탁(董卓)은 꿈에 용을 보고는 자기가 임금이 될 것으로 믿었지만 결국 그는 당시의 황제(헌제獻帝)를 알현하는 것으로 꿈이 현실화되는 것을 체험했을 뿐이다. 6·25 동란 중에 몇 번이나 거듭해서 용꿈을 꾼 어떤 어머니는 아들이 전장에서 여러 번의 무공을 세워 훈장을 가슴에 단 모습을 보고 기뻐했으나 결국 그 아들이 전사를 함으로써 크나큰 슬픔을 맛보게 되었다고 한다. 그녀의 꿈에 등장한 용은 단지 무공훈장만을 형상화했던 것이다. 그러나 대부분의 용꿈이 큰 인물을 동일시하거나 최고·최선의 명예·업적·권세 등을 표현한다는 사실만은 틀림이 없다 할 것이다.

❖ 코끼리·곰·낙타·기린

꿈에 등장한 코끼리〔象〕는

☞ 부자·귀인·학자 등의 동일시이며 덕망과 부귀의 상징이다.

코끼리를 타는 꿈은

☞ 장차 부귀를 누리게 된다는 암시다.

그러나 코끼리의 코에 매달리거나 그 코에 휘감기는 꿈을 꾸면

☞ 어떤 유력자에게 시달림을 받게 된다.

여성이 코끼리를 타는 꿈을 꾸면

☞ 부귀를 누릴 남편을 얻고

학생이 코끼리 타는 꿈을 꾸면

☞ 학위를 따게 된다.

자기가 탄 코끼리에 채찍질을 하여 움직이게 하는 꿈을 꾸면

☞ 어떤 부진한 사업이나 일거리를 활성화하기 위해 능동적이고 적극적인 대처를 하게 된다.

상아(象牙)나 상아제품을 얻는 꿈을 꾸면

☞ 상아처럼 희고 진기한 물건을 얻게 된다. 또는 어떤 상장(賞狀)을 받게 된다.

꿈에 등장한 곰〔熊〕은

☞ 부유한 사람 · 권력을 가진 사람 · 육체적인 힘이 좋은 사람 등을 동일시하며 재물 · 정력 · 권력 · 모태 · 어리석음 등을 상징한다.

곰이 나무에 기어오르거나 물속에서 헤엄치는 꿈을 꾸면

☞ 자기 또는 가족 중의 누군가가 출세를 하여 큰 권세를 행사하게 된다.

곰이 방안으로 날아 들어왔다는 주문왕(周文王)의 꿈은

☞ 장차 왕사(王師)가 될 강태공(姜太公)을 동일시한 것이었다.

곰을 죽여 웅담을 얻는 꿈을 꾸면

☞ 크고 박찬 일거리를 성취함으로써 세인의 주목을 받게 된다.

낙타(駱駝)는 소와 상징의의와 비슷하다.

☞ 선량한 협조자의 동일시이며 재물 · 작품 등의 상징이다.

집으로 낙타를 끌고 오는 꿈을 꾸면

☞ 온순하고 성실한 며느리나 사위, 또는 진귀한 물건을 얻는다.

꿈에 자기가 탄 낙타의 거대한 육봉(肉峰) 두 개가 인상적이었다면

☞ 외형적으로 아주 특이한 두 가지의 일거리를 시작함으로써 주위 사람들의 우려와 관심을 불러일으키게 될 것이다.

꿈에 등장한 기린(麒麟)은

☞ 재주나 지혜가 뛰어난 사람 · 부유한 사람 · 신분이 높은 사람 등을 동일시하여 역시 재물의 상징이다.

기린이 높은 나뭇가지에 달린 어린 잎사귀를 따먹는 꿈은 소원충족의 표현이다.

☞ 장차 신분이 상승하거나, 어려운 시험에 합격하거나, 미모의 연인을 아내로 맞게 된다.

기린 떼가 흩어져 뿔뿔이 도망치는 꿈을 꾸면

☞ 계획한 사업이 수포로 돌아가게 된다.

기린의 목을 잘라 죽이는 꿈을 꾸면

☞ 조만간 어떤 영예로운 일을 성취하게 된다.

머리가 여러 개 달린 동물이 등장한 꿈은

☞ 뛰어난 작품이나 지도자가 난립한 어떤 조직을 상징한다.

뿔이 여러 개 달린 동물이 등장한 꿈은

☞ 재주가 많은 사람을 동일시하거나, 같은 조직체 내에서 여러 개의 이념이 난립하거나 파벌이 조성된다는 뜻이다.

팔다리가 비정상적으로 많이 달린 동물이 등장한 꿈은

☞ 어떤 조직이 방대하거나 세력이 강대함을 나타낸다.

❖ 새(鳥)

꿈에 등장한 새〔鳥〕가

☞ 사람을 동일시하는 경우, 여성이나 가벼운 사람, 또는 장차 이별할 사람 등으로 표현되는 경우가 많다. 작품・일・권세・명예 등의 상징이기도 하다.

새가 공중으로 날아가는 꿈을 꾸고 결혼을 하면

☞ 조만간 배우자와 이혼을 하거나 별거를 하게 된다.

새가 하늘로 날아가는 태몽을 꾸면

☞ 장차 출생할 아이는 오래지 않아 부모와 생이별(生離別), 또는 사이별(死離別)하게 된다.

길들여지지 않은 산새나 들새는

☞ 쉽게 자기 곁을 떠날 수 있는 사람을 동일시한다.

♞ 작은 새는

☞ 대체로 여자의 상징이다.

♞ 큰 새는

☞ 대체로 남자의 상징이다.

♞ 새장 속에 새를 가두는 꿈을 꾸면

☞ 사랑하는 사람의 자유를 억압하거나 통제를 가할 일이 생긴다.

♞ 새장 속의 새는

☞ 구속되거나 통제받는 사람을 동일시한다.

♞ 꿈에 암수 한 쌍의 새가 새장 속에서 정답게 노는 광경을 바라보면

☞ 불현듯 자기의 부부생활을 되돌아볼 일이 생긴다. 이때 새들의 행동이나 자신의 감정에 어떤 특이한 변화가 있었다면 부부관계에 변화를 일으킬 만한 사건이 생긴다.

♞ 새장 속의 새가 도망가는 꿈을 꾸면

☞ 아내나 애인이 자기의 곁을 떠나게 된다. 일거리의 상징이라면 한동안 자기의 손을 떠나 다른 사람에게 위탁된다.

♞ 칠면조·닭·오리 등의 가금(家禽)에게 모이를 주는 꿈은

☞ 새로 동일시되는 심복·후진(後進)·문하생 등을 얻는다는 뜻이다. 이때 그 가금이 일거리를 상징하는 것이라면 활기를 불어넣기 위해 자본을 추가로 투입하거나 신기술을 도입하게 된다는 뜻이다.

♞ 외국산 새에게 밥알을 먹이는 꿈을 꾸면

☞ 외국서적을 한글로 번역을 하거나 번안할 일이 생긴다.

♞ 치자나무 가지에 앉은 예쁜 세 마리의 새 중에서 한 마리가 날아와 자기 손 위에 앉았다는 꿈은

☞ 조건이 비슷한 세 명의 여성 중에 한 명을 골라 결혼하게 된다는 암시였다.

독수리나 솔개처럼 사나운 맹금류(猛禽類)는

☞ 그 기질이 억세고 난폭하며 대담한 사람을 동일시한다.

독수리나 솔개가 자기 몸에 접촉하거나 자기를 무는 꿈은 대단한 길조다.

☞ 정치인이라면 권력을 잡고, 학생이라면 수석의 영예를 차지하며, 처녀라면 씩씩하고 용감한 남성을 남편으로 맞아들이게 된다.

자기가 독수리나 솔개로 변하여 다른 새나 짐승을 잡아오는 꿈을 꾸면

☞ 자기 권력을 최대한 이용하여 경쟁 상대의 인재(人才)나 일거리를 빼앗아오게 된다.

독수리가 자기를 낚아채어 공중으로 날아오르는 꿈을 꾸면

☞ 어떤 권력자의 힘을 배경으로 분에 넘친 출세를 하게 된다.

6·25 동란 중 독수리를 잡으려고 쫓아갔다는 어떤 장교의 꿈은

☞ 아군의 작전지역에 침투한 적의 척후병을 추격한다는 뜻이었다.

독수리를 타고 하늘을 나는데 독수리가 지쳐서 땅에 내려앉았다가 떠오르기를 반복했다는 꿈은

☞ 사업이 순조롭게 진척되지 않고 부침(浮沈)을 거듭하게 됨에 따라 애간장을 태우게 된다는 뜻이었다.

독수리가 자기를 해치려고 달려드는 꿈을 꾸면

☞ 악한(惡漢)에게 공격을 받거나 질병에 걸릴 염려가 있다.

매가 자기 집의 닭을 물어 가는 꿈을 꾸면

☞ 자기의 세력이나 재물의 일부를 어떤 강대한 세력에게 빼앗기거나 수하 중의 누군가가 사망하게 된다.

매가 푸른 하늘을 높이 날아 시원하게 선회하는 꿈을 꾸면

☞ 자기의 신분이 상승하거나 사업이 번창하게 된다.

훈련시킨 매를 풀어 놓아 산새를 잡아오게 하는 꿈을 꾸면

☞ 능력이 있는 아랫사람을 통해 재물이나 아름다운 여성을 얻는다.

매가 족제비와 금붕어로 변하더니 결국 잠자리가 되어 벽에 말라 붙었다는 태몽은

☞ 사춘기에 죽은 어느 소녀의 운세를 예시한 것이다. 재주를 갖고 태어나 의식주가 풍부한 가운데 사랑을 듬뿍 받고 자라게 될 것이나 잠자리가 되어 말라버렸으니 그 삶이 안타깝게 끝난다는 뜻이었다.

꿈에 등장한 공작새는

☞ 고귀한 신분을 지닌 인물이나 매혹적인 여성을 동일시하며, 뛰어난 작품이나 재물을 상징한다.

미혼 남성의 경우 공작새를 붙잡는 꿈을 꾸면

☞ 매혹적이고 고상한 여성을 배우자로 맞게 된다. 그러나 처음부터 건사하기 힘든 인물이기 때문에 평생 심로를 갖고 살아가게 된다.

공작새가 태아표상으로 등장한 태몽을 꾸면

☞ 출생할 자손은 부귀영화를 누리면서 격조 높은 삶을 살게 된다.

작가의 경우 공작새가 하늘을 나는 꿈을 꾸면

☞ 조만간 일생일대의 걸작을 만들어내게 된다.

공작이나 봉황새를 가까이서 바라보는 꿈을 꾸면

☞ 귀인(貴人)을 만나 출세를 하거나 특별한 권리를 얻게 된다.

공작새가 날개를 한껏 펼치며 빛을 발해 황홀경에 빠지는 꿈을 꾸면

☞ 조만간 애인으로부터 사랑 고백이나 애정공세를 받게 된다. 작가

라면 걸작을 생산하고, 일반인이라면 신분이 상승하여 주위 사람들이 우러러보게 된다.

- 봉황새를 보거나, 접촉하거나 또는 소유하는 등의 꿈을 꾸면

☞ 미혼 남녀의 경우 결혼하여 백년해로할 것이고, 공직자의 경우 영향력이 있는 사람의 힘을 빌려 고위직에 진출하게 된다.

- 봉황이 등장한 꿈을 꾸고 잉태를 하면

☞ 천재적 재능을 지닌 위대한 인물을 출산하게 된다.

봉황(鳳凰)은 중국 고대 전설에서 탄생한 상상 속의 새이지만 동양사회 전반에 걸쳐 상서로움을 상징하는 존재로 인식되어 왔다. 봉(鳳)은 수컷을, 황(凰)은 암컷을 뜻하는데 닭의 머리, 뱀의 목, 거북의 등, 제비의 턱, 물고기의 꼬리를 하고 오색 빛과 오음(五音)의 소리를 지녔다고 한다. 성인(聖人)의 탄생에 맞추어 세상에 나타나는 새로 알려져 있다.

- 원앙 한 쌍이 정답게 노니는 꿈을 꾸면

☞ 헤어졌던 부부가 다시 결합하게 된다. 혼담이 오가는 미혼 남녀의 경우 대길한 징조다.

- 반대로 원앙 한 쌍이 서로 다른 방향으로 날아가는 꿈을 꾸면

☞ 금슬 좋던 부부가 헤어지게 된다.

- 꿈에 원앙금침(鴛鴦衾枕) 등, 원앙의 문양이 들어 있는 물건을 보면

☞ 부부간에 애정이 깊어지고 동업자 사이에 돈독한 신뢰가 쌓여 사업이 번창하게 된다.

- 그러나 그 문양이 어딘지 어색하거나 서로 등을 돌리고 있는 모양새였다면

☞ 불길한 징조로서 작용한다. 조만간 부부이별을 하거나 동업이 파기될 수 있다.

꿈에 등장한 학(鶴)은

☞ 고상하고 사려 깊으며 지조 있는 인품을 나타내어 학자・성직자 등을 동일시한다. 또는 명예・권세・학설 등을 상징한다.

학을 타고 하늘을 나는 꿈을 꾸면

☞ 귀인(貴人)을 만나 높은 지위에 오르게 된다.

하늘에서 학이 날아와 자기의 곁에 살포시 내려앉는 꿈을 꾸면

☞ 장차 현모양처를 얻거나 훌륭한 스승의 가르침을 받게 된다.

학이 품안에 들거나 어깨 위에 앉는 꿈을 꾸면

☞ 조만간 훌륭한 자식을 낳게 된다. 태몽이 아니라면 아름다운 여성이나 덕망 높은 학자와 교류하게 된다는 뜻이다.

하늘에서 내려온 학이 수탉으로 변하여 솥에 삶으려 하자 갑자기 사람으로 변했는데, 그 엉덩이가 불에 타 부서졌다는 태몽은

☞ 어떤 고상하고 아름다운 여인의 운세였다. 불행히도 초혼에 남편과 사별하고 재혼을 하게 되었는데, 새로 만난 남자가 무지하여 폭력을 일삼자 종교에 귀의하여 남편을 교화함으로써 새사람을 만들었다고 한다. 그러나 이 여인은 초년에 얻은 병으로 일찍 죽고 말았다.

동자(童子)가 학을 타고 하늘에서 내려와 자기에게 다가오는 태몽을 꾸면

☞ 장차 고위공직자나 성직자(聖職者)로 출세할 자손을 낳는다.

백발노인이 학을 타고 내려와 책을 건네주는 꿈을 꾸면

☞ 머지않아 좋은 묘책이 떠올라 큰일을 성취하게 된다.

하늘을 나는 학이 큰 울음소리를 내는 꿈을 꾸면

☞ 자기, 또는 집안 운세가 급격히 호전된다. 학자의 경우라면 머지않아 훌륭한 연구 성과를 발표하여 세상을 놀라게 할 것이다.

넓은 초원에서 학 떼가 평화롭게 놀고 있는 태몽을 꾸면
☞ 장차 출생할 자손은 장성하여 관료조직의 우두머리가 된다. 또는 학자로서 대성하게 된다.

백로・백조・황새는
☞ 학과 상징의의가 같다.

백조나 백로의 무리가 자기 논에 앉아 먹이를 쪼아먹는 꿈을 꾸면
☞ 집안에 경사가 생겨 여러 사람들을 초청하게 한바탕 잔치를 베풀게 된다.

수많은 황새가 소나무에 앉아 있는 꿈을 꾸면
☞ 장차 어떤 기관・단체의 수장(首長)이 되어 수많은 부하직원들을 지휘・통솔하게 된다.

V자 모양의 기러기 떼가 높은 하늘을 날아가는 꿈을 꾸면
☞ 지금 하고 있는 자기 사업이 순조롭게 진척될 것이다.

무리에서 떨어진 기러기 한 마리가 외롭게 나는 꿈을 꾸면
☞ 자기의 처지가 곤궁해지거나 고독한 처지에 빠지게 된다.

기러기 떼가 자기 논에 내려앉는 꿈을 꾸면
☞ 조만간 집안에서 잔치를 벌이거나, 먼 곳으로부터 진귀한 손님들이 찾아오게 된다.

제비가 자기의 품으로 날아들거나 손바닥에 앉은 태몽을 꾸면
☞ 잘 생긴 자손을 낳는다. 그러나 장성한 뒤 오랫동안 부모 곁에서 멀리 떠나 살게 된다.

제비 한 마리가 방에 들어왔다가 금방 날아가는 꿈을 꾸면
☞ 아름다운 여인과 한동안 풋사랑을 나누다 곧 헤어지게 된다.

제비가 한 쌍이 집안으로 날아드는 꿈을 꾸면
☞ 먼 객지에서 자손이 돌아오거나 별거하던 아들 내외와 같이 살게

된다.

제비가 자기 집 처마 밑에 집을 짓는 꿈을 꾸면

☞ 새로운 사업을 시작하게 된다.

제비가 둥지 안에서 새끼를 기르는 꿈을 꾸면

☞ 가업(家業)이 번창한다.

제비가 날렵하게 공중으로 날아오르는 꿈을 꾸면

☞ 사업·창작(創作) 등이 매끄럽게 진척된다.

조선조 중기 장설(長設)이라는 사람의 모친은 제비 한 마리가 품에 든 태몽을 꾸었는데

☞ 그는 어려서부터 매우 총명하고 재주가 뛰어나 장성한 뒤 재상의 벼슬에 올랐다고 한다.

다른 사람이 날려 보낸 것으로 보이는 파란 비둘기의 발목에 묶인 끈을 풀어주자 시원하다는 듯이 하늘로 날아갔다는 꿈은

☞ 유부녀와 한동안 동거를 하다가 헤어지는 것으로 현실화되었다 한다. 이런 꿈에 등장하는 비둘기는 애첩이나 양녀의 동일시다.

집 마당에 내려앉은 흰 비둘기 떼에게 모이를 주는 꿈을 꾸면

☞ 장차 선량한 사람들을 모아 지도·육성하는 일에 종사하게 된다. 태몽이라면 장성하여 교사·신부·목사가 될 자손을 낳는다.

비둘기들이 둥지 안팎으로 들락날락하는 광경을 보며 평화스러운 감정이 느껴지는 꿈을 꾸면

☞ 지금 자기가 하고 있는 일이나 사업이 순탄하게 진척된다.

비둘기가 태몽표상으로 등장한 태몽을 꾸고 출산한 아이는 여아일 가능성이 많은데,

☞ 어질고 착한 성품을 갖는다. 장성하여 간호원·여의사·여선생 등의 직업을 갖게 된다.

꿈에 비둘기가 대통령의 어깨에 내려앉은 것을 보았다는 어떤 사람은

☞ 휴전 이후 처음으로 남북회담이 열리는 광경을 텔레비전 화면으로 보게 됨으로써 현실적중을 가져왔다고 한다.

어깨에 비둘기가 앉는 꿈을 꾸면

☞ 사랑하는 여인이 찾아온다.

거위 한 마리를 끌고 오니 그 뒤를 오리 몇 마리가 졸졸 따라오는 꿈을 꾸었다는 어떤 사람은

☞ 얼마 뒤 부모 슬하를 떠나 처자식을 거느리고 분가를 하게 되었다고 한다.

까마귀 떼가 새까맣게 하늘을 뒤덮는 꿈을 꾸면

☞ 시국(時局)을 어지럽힐 어떤 불길한 사건이 발생하거나, 친척 간에 불화가 생기거나, 협조자나 동지가 자기의 곁을 떠나게 된다.

머리 위에서 까마귀가 시끄럽게 울어대는 꿈을 꾸면

☞ 불길한 소식이나 사건에 접한다. 또는 신변에 위험이 닥친다.

집 근처의 나무에서 까치가 지저귀는 꿈을 꾸면

☞ 먼 곳으로부터 반가운 소식이 도착하거나 귀한 손님이 찾아온다.

그러나 까치가 지붕에 올라앉아 울어대는 꿈을 꾸면

☞ 집안에 우환(憂患)이 생긴다.

새가 나뭇가지에다 둥지를 치는 꿈을 꾸면

☞ 뜨내기와 같은 사람이 찾아와 자기 일을 도와주게 된다.

나뭇가지에 수많은 까치들이 내려앉은 꿈을 꾸면

☞ 많은 협조자를 얻거나 많은 사람을 고용하게 된다.

까마귀 떼가 사람이나 동물의 시체를 파먹는 꿈을 꾸면

☞ 사업이 번창하여 수많은 사람들을 고용하거나 집안에서 큰 잔치

를 벌여 많은 손님들을 초청할 일이 생긴다.

♞ 앵무새나 카나리아 등의 관상용 조류는

☞ 보통 여성을 동일시한다.

♞ 앵무새가 말을 하는 꿈을 꾸면

☞ 여자와 말다툼을 하게 된다.

♞ 카나리아가 노래를 부르는 꿈을 꾸면

☞ 아내나 누이동생, 또는 가까운 여자로 인하여 속을 썩이게 된다.

♞ 애완용 조류가 죽어 슬피 우는 꿈을 꾸면

☞ 오랜 기간 마음을 짓누르던 골칫거리가 해소되어 기뻐하게 된다.

♞ 전깃줄에 앉았던 새가 감전되어 땅에 떨어져 죽었다는 꿈은

☞ 추진 중인 두 가지의 일이 모두 결실을 보게 됨으로써 소원을 충족하게 된다는 암시였다

♞ 화려한 누각(樓閣) 주변에서 구슬피 지저귀는 새들을 보았다는 어떤 사람의 꿈은

☞ 자신의 죽음을 예시한 것이었다. 누각은 상여(喪輿)로 표현되었으며, 새들의 지저귐은 가족들의 통곡소리로 묘사된 것이었다.

♞ 기르던 새의 날개가 떨어지는 꿈을 꾸면

☞ 협조세력의 힘이 꺾이거나, 유력한 후원자를 잃게 된다. 또는 자손 중의 누군가가 죽게 된다.

♞ 남성의 경우 꾀꼬리가 나무 위에서 지저귀는 꿈을 꾸면

☞ 아름다운 여성과 교제하게 된다.

♞ 이때 그 꾀꼬리가 품안에 날아들거나 손으로 잡으면

☞ 아름다운 여인을 배우자로 맞게 된다.

♞ 꾀꼬리를 손으로 잡거나 품안에 날아드는 꿈이 태몽이라면

☞ 여아가 출산될 가능성이 많은데, 이 아이는 장차 음악과 관련이

있는 직업에 종사하게 된다.

- 물새가 배 위를 나는 꿈을 꾸면
☞ 귀인(貴人)이 나타난다.

- 하늘을 날던 물새가 배 위에 내려앉으면
☞ 그 귀인으로 인해 가업이 번창하게 된다.

- 망망대해(茫茫大海) 한가운데서 갈매기를 만나는 꿈을 꾸면
☞ 절망적인 상황에서 벗어날 희망의 조짐이 보인다.

- 수천 마리의 갈매기가 자기 주위를 돌며 시끄럽게 지저귀는 태몽을 꾸면
☞ 장차 출생할 아이는 장성하여 입신양명할 것이나 그의 부귀영화를 흠모하거나 시기하는 사람들이 주변에 몰려들 것이다.

- 부엉이가 울어대는 꿈을 꾸면
☞ 주변의 누군가가 갑작스런 죽음을 맞게 된다.

- 부엉이가 집 근처를 어슬렁거리는 꿈을 꾸면
☞ 집에 도둑이 들거나 사기꾼의 술수에 당하게 된다.

- 꿈에 뻐꾸기나 두견새를 보면
☞ 먼 곳으로부터 절친한 사람이 찾아온다.

- 꿈에 뻐꾸기나 두견새가 지저귀는 소리를 들으면
☞ 당면한 소원을 성취하게 된다.

- 뻐꾸기나 두견새의 알을 얻는 꿈을 꾸면
☞ 뜻하지 않게 귀한 물건을 손에 넣게 된다. 얻기 힘든 권리나 재물을 획득할 수도 있다.

- 꿈에 등장한 참새〔黃雀〕는
☞ 평범한 사람・수다스런 사람・노래를 잘하는 사람 등의 동일시이며, 작은 일거리나 작품・재물 등을 상징한다.

참새가 방안으로 들어오거나 품에 날아드는 태몽을 꾸면
☞ 출생한 아이가 장차 음악과 관련이 있는 직업을 갖게 된다.
수백 마리의 참새 떼가 하늘을 나는 꿈을 꾸면
☞ 장차 수많은 사람들을 지휘·통솔할 위치에 서게 된다.
참새 떼가 몰려와 마당에 널어놓은 곡식을 먹어치우는 꿈을 꾸면
☞ 가업과 관련하여 많은 사람들을 고용하게 된다.
참새 떼가 창 밖에서 시끄럽게 지저귀는 꿈을 꾸면
☞ 여러 사람들로부터 시비를 받게 된다.
꼬리가 없는 꿩이 집안으로 날아드는 꿈을 꾸면
☞ 야성적이며 교양 없는 여성과 상관하게 된다.
포수가 꿩을 잡는다고 총질을 해대는 바람에 깜짝 놀라는 꿈을 꾸면
☞ 매파(媒婆)나 중개인(仲介人)이 중개를 하는 과정에서 떠들썩하게 소문을 내게 된다.
포수가 꿩을 잡아 허리춤에 차는 꿈을 꾸면
☞ 재물이 생긴다.
풀숲에서 꿩알을 얻는 꿈을 꾸면
☞ 진급을 하게 되거나 좋은 아이디어로 새로운 사업을 시작한다.
수탉이나 장끼가 울어대는 꿈을 꾸면
☞ 자신의 직위가 상승하게 됨으로써 주변에 소문을 내게 된다.
수탉이 자기의 머리를 쪼려고 덤비는 꿈을 꾸면
☞ 위장병이나 해수병에 걸린다.
병아리 20여 마리를 소등에 싣고 와 마당에 내려놓고는 쇠고삐를 외양간에 매었다는 꿈은
☞ 다음날 굴비장수가 찾아와 굴비 두 타래를 기둥에 걸어놓게 됨으

로써 꿈이 실현되었다 한다.

꿈에 암탉이 우는 것은 머지않아 이변(異變)이 생긴다는 뜻인데

☞ 가령 기대조차 하지 않았던 사람이 대성공을 하여 세상을 놀라게 한다는 뜻일 수도 있다.

닭이 나무 위에 올라앉은 꿈을 꾸면

☞ 조만간 취직이 되거나 어떤 단체의 지도자가 된다.

그러나 닭이 지붕 위에 올라앉아 울어대는 꿈을 꾸면

☞ 집안에 우환(憂患)이 생긴다.

닭이 알을 품고 있는 꿈을 꾸면

☞ 좋은 아이디어가 떠올라 어떤 창작·사업·일거리 등을 벌이게 된다.

수탉 두 마리가 서로 싸우는 꿈을 꾸면

☞ 누군가와 심하게 다투거나 승부를 겨룰 일이 생긴다.

자기 수탉이 다른 수탉과 싸우다가 피를 흘리는 태몽을 꾸면

☞ 출생할 아이는 성장과정에 치명적인 병으로 사망한다.

우거진 수풀 속에서 닭이 낳은 알을 집어 드는 꿈을 꾸면

☞ 어떤 기관에서 자기의 아이디어를 채택하게 된다. 그 달걀을 먹으면 그 대가를 받게 된다.

손가락으로 헤아릴 수 있을 정도의 달걀을 얻어오는 꿈을 꾸면

☞ 그 수효로 암시되는 일정 기간 동안 병을 앓게 된다.

그러나 그 수효를 헤아릴 수 없을 만큼 많은 달걀을 가져오는 꿈을 꾸면

☞ 장사나 사업으로 많은 이득을 얻게 된다.

죽은 닭 한두 마리를 가져오는 꿈을 꾸면

☞ 거세를 당하거나 계획이 수포로 돌아간다.

그러나 음식재료로 쓰기 위해 상당히 많은 수효의 죽은 닭을 가져오는 꿈을 꾸면

☞ 큰 재물이 들어온다.

꿈에 등장한 썩은 달걀은

☞ 실패의 상징이다.

약에 쓰려고 큰 닭 한 마리를 잡아 털을 뜯고 주둥이를 자른 꿈은

☞ 계약이 성사된다는 암시였다. 약(藥)자와 계(鷄)자가 계약(契約)으로 연상(聯想)된 꿈이었다.

❖ 물고기(漁)

물고기의 그 생김새가 남근(男根)과 흡사하다 하여 남성의 상징으로 해석하는 사람들이 의외로 많다. 그러나 꿈은 이러한 형태적 관점보다는 그 생태나 용도적인 면에 더 많은 의미를 부여함으로써 그 의도를 표현하려는 경향이 있다. 물고기는 종류에 따라 제각기 다른 상징의의를 갖고 있는데, 사람을 동일시할 경우 그 속성을 표현하는 경우가 많다.

꿈에 등장한 물고기〔漁〕는

☞ 보통 사람의 동일시이며 재물이나 일거리의 상징이다.

그물질로 많은 물고기를 잡는 꿈을 꾸면

☞ 어떤 유용한 수단을 동원하여 많은 재물을 획득하게 된다.

낚시질로 물고기를 잡는 꿈을 구면

☞ 지혜나 계교(計巧)로써 외부의 재물이나 인적자원을 획득하게 된다.

낚싯바늘에 싱싱한 물고기가 걸려 나오는 꿈은

☞ 지금 하고 있는 일이 소기의 성과를 거두게 된다는 뜻이다.

꿈에 낚싯줄이 길게 늘어져 있는 광경을 바라보면

☞ 일을 착수한 지 오래되어 결실기(結實期)가 다가온다.

♞ 개울이나 논바닥에서 손으로 더듬질하여 물고기를 잡는 꿈은

☞ 형제 중의 누군가가 큰 재물・권리 등을 얻게 된다는 뜻이다.

♞ 수렁이나 구멍 등에서 게나 조개를 어렵사리 끄집어내는 꿈은

☞ 현재 자기가 갖고 있는 소망이 상당한 노력과 진통 끝에야 실현될 수 있다는 뜻이다.

♞ 장어・메기・가물치 등 길고 매끄러운 물고기를 잡는 꿈을 꾸면

☞ 성공 가능성이 희박한 어떤 일거리를 성취하게 된다.

♞ 저수지에서 물고기를 잡는 꿈은

☞ 공적인 재물을 획득한다는 뜻이다. 공공사업이나 공적 부조금과 관련이 있다.

♞ 웅덩이 속에 수많은 물고기가 우글거리는데 정작 한 마리도 잡지 못해 애를 태우는 꿈을 꾸면

☞ 천문학적인 돈을 취급하면서도 그것이 공금인 까닭에 군침만 흘리게 된다.

♞ 맑은 물이 흥건히 고인 무논〔水畓〕에 수많은 물고기가 노니는 꿈을 꾸면

☞ 현재 자기가 추진 중인 일거리가 순조롭게 진척되어 조만간 어떤 가시적 성과를 보이게 된다.

♞ 강가에 서서 맑은 강물 속에 헤엄치고 있는 수많은 물고기를 굽어보는 꿈을 꾸면

☞ 머지않아 독창적인 창작물을 해당 기관・단체를 통해 세상에 선보임으로써 대성공을 거두게 된다.

♞ 말라가는 웅덩이니 저수지에서 물고기를 건져 올리는 꿈을 꾸면

☞ 어떤 기업체나 자본주(資本主)가 몰락하는 과정에 외부로 노출

된 재물의 일부를 부정한 방법으로 획득하게 된다.

♞ 그러나 처음부터 물이 없었던 넓은 들판 여기저기에 물고기・새우・조개 등이 우글거리는 꿈을 꾸면

☞ 오랜 가뭄 끝에 반가운 비가 내린다. 또는 궁핍한 상황에서 넉넉한 생활비가 들어온다.

♞ 어린아이가 개천이나 논도랑에서 그물・채・바구니 등으로 물고기를 잡는 꿈을 꾸면

☞ 곧 기다리던 비가 내린다. 이런 꿈은 재물의 상징이 아니다.

♞ 물이 가득 찬 방안에 물고기가 헤엄치는 꿈은 십중팔구 태몽인데

☞ 장차 출생할 아이가 출세하여 의식주가 풍족한 삶을 영위하게 된다는 뜻이다.

♞ 물고기가 헤엄치던 방안의 물이 말라버리는 태몽을 꾸면

☞ 장성한 뒤 어느 시점에 이르러 파산함으로써 몰락하게 된다.

♞ 강에서 큰 붕어 한 마리를 잡아 두 팔로 껴안고 집으로 돌아왔다는 꿈은

☞ 머지않아 횡재를 한다는 암시였다. 이런 꿈이 태몽이라면 큰 인물로 성장할 자손을 낳는다.

♞ 연못의 큰 물고기들이 죽어서 물위에 둥둥 떠 있고 그 물이 붉게 물들어 있는 꿈을 꾸면

☞ 전쟁・소요・질병 등 국가적 환란이 발생하여 수많은 인명이 희생되거나, 어떤 거대 기업이 도산하여 많은 사람들이 실직하게 된다.

♞ 다른 사람에게서 썩은 물고기를 받는 꿈을 꾸면

☞ 고용인으로부터 모욕을 당하거나, 누군가로부터 받은 재화(財貨)가 아무짝에도 쓸모가 없는 것으로 판명된다.

♞ 손에 쥐고 있는 물고기가 힘차게 몸부림을 치면서 헐떡이기에 다

시 물에 놓아주었다는 꿈은

☞ 자기 수하에 있던 혈기왕성하고 재능이 많은 인물을 아깝게도 놓치게 된다는 암시였다.

생선장수에게 물고기를 사오는 꿈을 꾸면

☞ 자본주나 고용주로부터 그 수효가 암시하는 만큼의 임금을 지급받거나 자금을 융통하게 된다.

누군가가 오색찬란한 물고기 한 마리를 건네주기에 그것을 치마폭에 받았다는 태몽은

☞ 장차 출생할 자손이 가히 국정을 좌우할 만한 큰 인물로 성장할 것이라는 암시였다.

하늘에서 떨어지는 물고기를 치마폭에 받았다는 태몽 역시

☞ 큰 인물의 탄생을 예시한 것이었다.

말라가는 강바닥에서 붕어 두 마리를 잡아 그 중 작은 놈은 땅에 내버리고 큰놈만을 자신의 연못에 넣었다는 꿈은

☞ 장차 슬하에 두 형제를 둘 운세지만, 그 중 하나는 유산되거나 낳더라도 요절하게 된다는 암시였다.

꿈에 등장한 잉어〔鯉漁이어〕는

☞ 재주 많고 처세 잘하는 사람의 동일시다. 태몽의 표상이라면 태아가 부와 명예를 함께 누리며 풍족한 삶을 영위하게 된다는 뜻이다.

개울에서 잉어를 잡아 자기의 연못이나 우물에 넣는 꿈을 꾸면

☞ 조만간 큰돈이 들어온다.

호수 가운데서 큰 잉어 한 마리가 자기를 향해 헤엄쳐 오다가 갑자기 방향을 바꿔 사라졌다는 꿈은

☞ 유산(流産)을 하게 된다는 암시였다.

다른 사람이 잡은 물고기 중 하나를 얻어오는 꿈을 꾸면

☞ 부동산 매입이나 전세금 충당을 위하여 돈을 융자하게 된다.

고향의 맑은 개울물에서 수많은 복어(鰒魚)를 잡았다는 어느 사업가의 꿈은

☞ 사업을 통해 많은 재물을 획득한다는 암시였다. 간혹 음(音)의 연상(聯想)에서 복어가 복권을 암시하는 경우도 있다.

시장에서 건어물(乾魚物)을 사오는 꿈은

☞ 어음・주식・차용증 등의 간접화폐나 저작권・특허권 등의 지적재산의 획득과 관련이 있다.

북어 한 쾌를 사오는 꿈을 꾸면

☞ 20이라는 숫자와 연관이 있는 어떤 증서를 받게 된다.

손에 쥐었던 물고기가 땅에 떨어져 두 동강이가 나는 꿈을 꾸면

☞ 자손 중의 누군가가 요절하는 불행을 겪게 된다.

잡은 물고기를 크기나 종류에 따라 구분해 놓는 꿈을 꾸면

☞ 다른 사람의 원고정리나 교정 등의 작업을 하게 된다.

현재 임신 중인 여성의 경우, 아기 대신 물고기를 낳는 태몽을 꾸면

☞ 출생할 아이가 장차 큰 사업가로 성공하게 된다.

연못 속에 넣어둔 물고기가 어느새 새끼를 쳐서 엄청난 수효로 불어났다는 꿈은

☞ 어떤 증식사업에 관여하여 재물이 폭발적으로 증대한다는 암시였다.

바다를 항해 중인 배에서 갑판 위로 뛰어오른 물고기를 잡는 꿈을 꾸면

☞ 횡재를 하게 된다. 태몽이라면 장차 큰 기업체를 경영할 자손이 태어난다.

잡은 물고기를 놓아주는 꿈을 꾸면

☞ 모처럼 큰돈이 생기거나 자식을 잉태하였어도 그것이 자기의 분복(分福)에는 없는 것이 된다.

♞ 자기가 물고기로 변하여 바다 속을 자유롭게 헤엄치는 꿈은

☞ 바닷물로 상징된 어떤 사회적 조류나 사상을 연구・창안함에 있어 물고기로 표현된 자신이 적격임을 뜻한다.

❖ 조개(貝)

조개는 그 패각(貝殼)을 여닫는 모양새가 마치 여성의 성기와 흡사하다 하여 오래 전부터 여성기의 상징으로 해석되어 왔다. 선사시대에는 중요한 식량자원(食糧資源)이자 화폐의 대용으로도 사용되었다. 현대에도 유용한 음식재료로서 그 효용가치가 높다 할 수 있으며 값비싼 보석인 진주를 생산한다는 점에서 재물의 상징이다.

♞ 조개 한두 마리를 잡는 태몽을 꾸면

☞ 여아가 태어날 가능성이 높다.

♞ 그러나 많은 수효의 조개를 잡는 태몽을 꾸면

☞ 그 성별(性別)에 관계없이 장차 출생할 자손이 재물이 풍족한 삶을 영위하게 된다.

♞ 조개 속에서 진주를 발견하는 태몽을 꾸면

☞ 장차 출생할 아이가 장성하여 어떤 연구나 저술분야에 종사할 것인데 각고의 노력 끝에 획기적인 성과를 거둠으로써 부와 명예를 함께 거머쥐게 될 것이다.

♞ 유부녀가 해변에서 조개를 잡는 꿈을 꾸면

☞ 잉태를 하게 된다.

♞ 처녀가 조개를 잡는 꿈을 꾸면

☞ 머지않아 시집을 가게 된다.

♞ 작가가 조개를 잡는 꿈을 꾸면

☞ 새 창작물을 발표하게 된다.

♞ 조개에게 물리는 꿈을 꾸면

☞ 조만간 어떤 새로운 일을 시작하게 된다.

♞ 산이나 마른 땅에서 조개 줍는 꿈을 꾸면

☞ 뜻하지 않은 재물을 획득하게 된다. 학자라면 서적을 통해 중요한 자료를 얻게 된다.

♞ 방안에 수북이 쌓인 조개껍질이 갑자기 자갈더미로 변했다는 어느 상인의 꿈은

☞ 그의 장사가 이제 막 손익분기점을 지나 바야흐로 이익이 창출되기 시작한다는 암시였다.

♞ 조개를 까서 그 알과 껍질을 분리하여 그릇에 담는 꿈을 꾸면

☞ 오랜 진통 끝에 어떤 사업·연구 성과를 얻게 된다.

♞ 조개에서 진주를 발견하는 꿈은

☞ 복권이나 보물과 관련한 횡재수를 나타내거나 귀중한 진리를 터득한다는 뜻이다.

♞ 어항 속의 금붕어를 바라보는 태몽을 꾸면

☞ 출생할 아이가 예술가로 성공하여 세상에 명성을 날리게 된다.

♞ 어항이 깨지거나 물이 마르는 꿈을 꾸면

☞ 부부간의 애정이 식어 파경에 이르거나 처자식 중의 누군가가 죽게 된다.

♞ 어항에서 금붕어를 건져내어 다른 곳으로 옮기는 꿈을 꾸면

☞ 자기 또는 가족 중의 누군가가 직업을 바꾸게 된다.

♞ 몇 마리의 생선을 그릇에 넣고 소금을 뿌려 절이는 꿈을 꾸면

☞ 머지않아 가족 중의 누군가가 병들게 된다.

♞ 그러나 선원 또는 상인이라고 생각되는 사람이 수많은 생선을 염장(鹽藏)처리하는 꿈을 꾸면

☞ 많은 재물을 축적하게 된다.

♞ 논바닥에서 참게 잡는 꿈을 꾸면

☞ 그 잡은 양에 비견될 만한 돈이 들어온다.

♞ 강변에서 무수한 게가 밖으로 나왔다가 다시 구멍 속으로 사라지는 꿈을 꾸면

☞ 큰 의욕을 갖고 시작한 여러 사업들이 아무런 성과도 없이 실패로 끝나게 된다.

♞ 바다에서 수많은 꽃게를 잡아오는 꿈을 꾸면

☞ 많은 재물을 얻게 된다.

♞ 상인이나 사업가의 경우 해변에서 수많은 게들이 구멍 속으로 들락거리는 꿈을 꾸면

☞ 광대한 소비시장을 확보하게 된다.

♞ 게에게 손가락을 물리는 꿈을 꾸고 잉태를 하면

☞ 장차 부자가 될 자식을 낳는다. 태몽이 아니라면 횡재수가 생길 조짐이다.

❖ 바다동물 · 양서동물

♞ 꿈에 등장한 고래〔鯨〕는

☞ 위인 · 세도가 · 부자 · 협조자 등을 동일시하며, 큰일 · 재물 · 사업체 · 권리 등을 상징한다.

♞ 자기가 탄 배가 바다를 항행하는데 고래가 앞장서서 뱃길을 인도하는 꿈을 꾸면

☞ 훌륭한 협조자를 만나 하는 일이 순조롭게 진척된다.

고래가 등장한 태몽으로 출생한 아이는

☞ 장차 강력한 세력을 통제하는 영향력 있는 인물로 성장한다.

어린이가 고래 등을 타고 바다를 떠다니는 꿈을 꾸면

☞ 난생 처음 배나 비행기를 타보게 된다.

고래가 자기가 탄 배를 따라오는 꿈을 꾸면

☞ 하는 일이 순조롭게 추진된다.

고래 떼가 몰려와 배를 뒤엎을 것처럼 위협하는 꿈을 꾸면

☞ 강력한 세력의 힘에 억제를 당해 신분이 위험해진다.

큰 고래의 뱃속으로 빨려 들어가는 꿈을 꾸면

☞ 부도 등으로 자기의 사업이 위태로운 상황에 몰리게 된다.

꿈에 등장한 상어〔鮫魚교어〕는

☞ 큰 벼슬을 하거나 대저택을 소유하게 된다.

바다에서 상어 떼가 평화롭게 헤엄치고 있는 꿈을 꾸면

☞ 권력자 · 악한 · 탐관오리 · 강도 등을 동일시하며, 용맹 · 민첩함 · 난폭함 · 자극적인 일거리 등을 상징한다.

상어 떼가 자기에게 달려드는 꿈을 꾸면

☞ 머지않아 불순한 자들이 자기의 권리를 침해하려고 접근한다.

상어에게 다리 한쪽을 잘리는 꿈을 꾸면

☞ 자손이나 심복 중의 누군가가 사망하거나, 믿고 의지하던 사람이 어떤 간악한 자에게 피해를 당한다.

상어를 잡는 꿈을 꾸면

☞ 남이 쉽게 넘볼 수 없는 권리나 재물을 획득하게 된다.

상어가 등장하는 태몽을 꾸면

☞ 고급관리로 출세할 자손이 태어난다.

꿈에 등장한 거북〔龜〕은

☞ 부자 · 권력자 · 협조자 · 협조기관 등을 동일시하며 승리 · 장수 · 재물 · 보은(報恩) · 복운(福運) 등을 상징한다.

♞ 거북과 접촉하거나 그 등에 올라타거나 하는 등의 태몽을 꾸면

☞ 장차 출생할 자손은 부귀를 누리게 된다.

♞ 거북을 타는 꿈을 꾸면

☞ 국가적인 권력을 획득하여 그 영향력을 행사하게 된다.

♞ 바다에 빠져 허우적거리면서 거북을 잡으려 하였으나 손이 미치지 못하여 놓치고 말았다는 꿈은

☞ 분에 넘치는 큰일을 도모하지만 주변의 도움을 받지 못해 고군분투하다가 실패하게 된다는 암시였다.

♞ 거북이 뱃길을 인도하는 꿈을 꾸면

☞ 훌륭한 협조자를 만나 사업이 융성하게 된다.

♞ 뭍으로 올라온 거북이 자기 집이나 우물로 들어가는 꿈을 꾸면

☞ 자기의 지위가 높아지거나 신분이 상승한다.

♞ 거북을 얼싸안는 꿈을 꾸면

☞ 큰 소원을 성취하게 된다.

♞ 자라가 거북으로 변하는 꿈을 꾸면

☞ 소자본으로 큰돈을 벌게 되거나 빈천한 신분이 고귀해진다.

♞ 거북의 목을 칼로 쳐서 피를 내는 꿈을 꾸면

☞ 어떤 기관 · 단체에서 자기에게 위임한 일거리를 완수함으로써 그 대가를 받게 된다.

♞ 거북의 목을 잡는 꿈을 꾸면

☞ 어떤 세력가를 제압함으로써 국면의 주도권을 잡게 된다.

♞ 거북을 완전히 죽이는 꿈을 꾸면

☞ 큰일을 성사시킨다.

♞ 거북의 목을 잡으려는데 등껍질 속으로 움츠려 실패하는 꿈을 꾸면
☞ 자기가 청탁한 일이 쉽사리 성사되지 않는다.
♞ 물개〔海狗〕를 잡는 꿈을 꾸면
☞ 큰돈이 생긴다.
♞ 남성의 경우 물개가 가까이 접근하는 꿈을 꾸면
☞ 몸매가 아름다운 연인을 만나게 된다.
♞ 물개가 뭍으로 나왔다가 다시 물속으로 들어가는 태몽을 꾸면
☞ 장차 출생할 자손이 중년에 이르러 한때 고난을 겪게 되지만 말년에 가서 다시 유복해진다.
♞ 문어・낚지・오징어 등의 연체동물이 몸에 감기는 꿈을 꾸면
☞ 누군가에게 구속을 당하거나 어떤 권력자의 수하가 된다. 결혼을 암시하는 꿈일 수도 있다.
♞ 늪에서 악어 떼의 습격을 받는 꿈을 꾸면
☞ 어려운 환경에서 악한들의 습격을 받거나, 사기꾼의 술수에 걸려들어 자신의 신분이나 사업이 일대 위기를 맞게 된다.
♞ 자기에게 달려드는 악어 떼를 모두 퇴치하는 꿈을 꾸면
☞ 적대적인 경쟁자들을 패퇴시켜 위기를 모면하게 된다.
♞ 꿈에 등장한 인어(人魚)는
☞ 예능방면에 재능이 뛰어난 어떤 인물을 동일시한다.
♞ 인어가 태아표상으로 등장한 태몽을 꾸면
☞ 탁월한 재능으로 인기 연예인이 될 자손을 낳는다.
♞ 꿈에 등장한 도마뱀〔龍子〕은
☞ 세속을 멀리한 철학자・성직자・수도승 등을 동일시한다. 간혹 위기대처 능력이 뛰어난 사람이나 변신이 능한 사람에 비유되는 경우도 있다.

도마뱀에게 물리는 태몽을 꾸면

☞ 장차 장성하여 학자·목사·철학자 등으로 두각을 나타낼 자손이 태어난다.

도마뱀에 물리는 꿈이 태몽이 아니라면

☞ 결혼이나 취직의 꿈이다.

사람만큼이나 큰 도마뱀을 보면

☞ 큰 소원을 성취하게 된다.

산길 옆 도랑에 도마뱀이 우글거리는 꿈을 꾸면

☞ 어떤 조직의 우두머리가 되거나 많은 작품을 세상에 내놓게 된다.

수많은 도마뱀들이 어느 한 곳으로 모이는 꿈을 꾸면

☞ 많은 사람들을 불러 모을 일이 생긴다.

깊은 산속의 개울에서 도롱뇽 알을 꺼내 먹는 꿈을 꾸면

☞ 오래된 서적을 통해 많은 지식을 얻게 된다.

꿈에 등장한 개구리〔蛙〕는

☞ 입이 가벼운 사람·경솔한 사람·교만한 사람·처세에 능한 사람 등을 동일시한다.

논둑을 걷는데 개구리가 사방에서 와글와글 울어대는 꿈을 꾸면

☞ 사업을 추진하는 과정에 많은 사람들이 시비를 걸어온다.

꿈에 문 밖에서 시끄럽게 울어대는 개구리는

☞ 득(得)이 없는 수고에 비유된다.

개구리가 높은 곳으로 뛰어오르는 꿈을 꾸면

☞ 진급이나 영전을 하게 된다.

꿈에 등장한 맹꽁이는

☞ 소견이 좁고 아둔한 사람을 동일시한다.

길에서 맹꽁이를 만나는 꿈을 꾸면

☞ 우직하고 소견이 좁은 사람과 상관하게 된다.

물위에 맹꽁이 암수 한 쌍이 붙어 있는 꿈을 꾸면

☞ 재수 없는 일을 당하게 된다.

황금빛 두꺼비 한 마리가 방안에 있어 문을 닫았는데, 다시 열어 보니 사라지고 없었다는 태몽은

☞ 인물이 출중한 자손을 낳게 되지만, 불행히도 요절하는 암시였다.

❖ 곤충(昆蟲)류

꿈에 등장하는 대부분의 곤충류는

☞ 군중·단체 등의 집단적 이미지를 표현하는 것이 보통이다. 개인을 동일시할 경우에 독충(毒蟲)이나 해충(害蟲)은 적대적이거나 해로운 사람을, 익충(益蟲)은 우호적이거나 이로운 사람을 동일시한다.

나무에 매달린 벌집으로 수많은 벌들이 들락날락 하는 꿈을 꾸면

☞ 장차 큰 사업체를 만들어 수많은 사람들을 고용하게 된다.

벌에 쏘이는 꿈을 꾸면

☞ 근심걱정이 생기거나 병에 걸린다. 그러나 젊은 여성의 꿈이라면 잉태의 상징이다.

벌떼가 달려드는 꿈을 꾸면

☞ 적대적인 집단으로부터 시달림을 받게 된다.

벌떼가 공중에서 군무(群舞)를 펼치는 꿈을 꾸면

☞ 자기의 사상이나 선전물이 세상에 널리 전파된다.

큰 말벌을 손으로 때려죽이는 꿈을 꾸면

☞ 사업상 중요한 계약이 성립된다.

꽃에 벌들이 모여드는 꿈을 꾸면

☞ 집안에 경사가 생겨 많은 손님들이 찾아오거나 수많은 사람들이 자기의 작품에 호감을 갖게 된다.

벌통에 꿀이 가득 찬 꿈을 꾸면

☞ 막대한 사업자금이 생긴다.

꿀이 가득한 벌통에 수많은 벌들이 모여드는 꿈을 꾸면

☞ 자기의 사업체에 필요한 많은 사람들을 고용하게 된다.

벌통 속의 꿀벌들이 모두 도망가 텅 비어있는 꿈을 꾸면

☞ 사업이 파산하여 고용인들이 뿔뿔이 흩어진다.

나비가 태아표상으로 등장한 태몽을 꾸면

☞ 여아를 낳을 확률이 높다.

새빨간 나비가 날아다니는 꿈을 꾸면

☞ 머지않아 관직에 진출하게 된다.

나비 여러 마리가 모여서 유희(遊戲)하는 꿈을 꾸면

☞ 집안에 경사가 생긴다.

꽃에 나비가 앉아 있는 꿈을 꾸면

☞ 연애가 성립되거나 그리운 사람을 만나게 된다.

별이 떨어지자 그 주위를 세 마리의 나비가 날고 있었다는 태몽은

☞ 장차 출생할 아이는 세상에 명성을 떨칠 것인데, 일생을 통하여 모두 세 명의 연인과 깊은 관계를 맺을 것이라는 암시였다.

남성의 경우 호랑나비가 자기 손등에 알 낳는 꿈을 꾸고 결혼하면

☞ 장차 아내가 자식을 남겨둔 채 자기를 떠나게 된다.

꿈에 호랑나비로 동일시된 사람이

☞ 남성이라면 난봉꾼이고, 여성이라면 팔자 사나운 사람이다.

자기가 나비가 되어 이리저리 날아다니는 꿈을 꾸면

☞ 대중적인 인기직업에 종사하거나 통속소설을 써서 인기를 모으게 된다.

잠자리가 태아표상일 경우도

☞ 여아가 태어날 가능성이 높다.

날아다니는 곤충이 등장한 태몽으로 출생한 아이는

☞ 단명(短命)하거나 부모와 생이별(生離別)하게 된다.

석양에 고추잠자리가 하늘 높이 나는 꿈을 꾸면

☞ 좋은 가문의 고고한 인품을 지닌 여인을 배필로 맞게 된다.

잠자리가 자기의 머리 위를 맴돌아 귀찮게 여기는 꿈을 꾸면

☞ 골치 아픈 일이 생긴다.

꿈에 곤충의 표본(標本)을 보면

☞ 이미 고인이 된 사랑하는 사람의 사진을 펼쳐놓고 눈시울을 적실 일이 생긴다.

거미가 거미줄에 매달려 있는 꿈을 꾸면

☞ 어떤 불순한 자가 자기를 해하려고 술수를 부리고 있는 것을 알아차리게 될 것이다.

방구석에 거미줄이 어지럽게 늘어진 꿈을 꾸면

☞ 두통(頭痛)으로 고생을 하게 된다.

거미줄이 몸에 들러붙는 꿈을 꾸면

☞ 질병에 걸리거나 거추장스러운 일이 생긴다.

거미줄에 걸린 곤충을 떼어내는 꿈을 꾸면

☞ 위기에 몰린 사람을 도와줄 일이 생긴다.

거미에게 물리는 꿈을 꾸면

☞ 어떤 재력이나 권력을 가진 후원자의 도움을 받게 된다.

꿈에 등장한 누에〔蠶〕는

☞ 온순하고 청렴한 사람의 동일시이고, 학설 · 진리 등의 상징이다.

자기가 많은 누에를 기르는 꿈을 꾸면

☞ 큰 자본이 생긴다.

누에가 실을 내어 고치를 만드는 꿈을 꾸면

☞ 결혼을 하여 가정을 이루거나 새 집을 갖게 된다.

누에고치가 수북이 쌓여 있는 꿈을 꾸면

☞ 지금 하는 일이 불원간 풍성한 결실을 맺게 된다.

자기의 방이 누에고치로 가득 차 있는 꿈을 꾸면

☞ 장차 큰 부자가 된다.

누에의 태몽으로 출생한 아이는

☞ 말년에 이르러 큰 부자가 된다.

누에고치에서 나비가 나오는 꿈을 꾸면

☞ 오랜 각고의 노력 끝에 조만간 훌륭한 창작품을 완성하게 된다.

나비나 잠자리가 알을 낳는 꿈을 꾸면

☞ 지금의 사업이 결실을 맺어 이차적인 사업에 착수하게 된다.

보통 누에가 등장하는 꿈은

☞ 결혼 · 결연 등과 관련이 있다.

부엌에서 일하는 자기의 뒤를 팔망아지(반투명한 초록색의 곤충으로 누에와 비슷하게 생겼다)가 졸졸 따라온 태몽을 꾼 여인은

☞ 얼마 뒤에 아들을 낳았는데 어려서는 부모에게 효성이 지극하였으며, 자라서는 덕망이 높은 관리가 되었다고 한다.

꿈에 등장한 파리는

☞ 방해적인 인물을 동일시하며, 장애요소 · 불길한 사건 · 질병 · 근심 등을 상징한다.

파리가 달라붙어 성가시게 하는 꿈을 꾸면

☞ 악한에게 봉변을 당하거나 방해적인 환경에 처해 고통을 받는다.

♞ 천장이나 벽에 달라붙은 파리를 모두 잡아 죽이는 꿈을 꾸면

☞ 집안의 우환이 사라진다.

♞ 수많은 파리 떼가 길바닥에 깔려있는 꿈을 꾸면

☞ 광고지 또는 전단 등의 선전물을 시중에 배포할 일이 생긴다.

♞ 음식상에 파리들이 달려드는 꿈을 꾸면

☞ 사업상 어떤 간섭을 하거나 해코지하려는 사람들이 나타난다.

♞ 꿈에 등장한 모기는

☞ 파리의 상징의의와 같다. 방해적인 인물을 동일시하며, 장애요소 · 불길한 사건 · 질병 · 근심 등을 상징한다.

♞ 꿈에 등장한 지네〔蜈蚣오공〕는

☞ 재벌 · 권력자 · 은둔자 등을 동일시하며 관리의 직위를 나타낸다.

♞ 공직자의 경우, 지네가 나무 위로 기어오르는 꿈을 꾸면

☞ 조만간 진급을 하게 된다.

♞ 큰 구렁이 옆에 지네가 우글거리는 태몽을 꾸고 출생한 사람은

☞ 산하(傘下)에 많은 자회사 · 지사를 거느리는 재벌이 된다.

♞ 지네에게 물리는 꿈을 꾸면

☞ 조만간 어떤 금융기관에서 돈을 빌리게 된다.

♞ 달팽이가 나무나 바위를 기어오르는 꿈을 꾸면

☞ 하는 일이 지지부진하여 쉽게 성사되지 않는다.

♞ 식용 달팽이를 많이 잡아오는 꿈을 꾸면

☞ 큰 재물이 생긴다.

♞ 수많은 송충이가 몸에 달라붙은 꿈을 꾸면

☞ 머지않아 사회적인 일로 화(禍)를 당하게 된다.

♞ 송충이가 솔잎을 다 갈아먹어 민둥산이 된 꿈을 꾸면

☞ 나라에 흉년이 들거나 재해가 발생한다.

송충이를 잡아 죽이는 꿈을 꾸면

☞ 적대적인 세력이나 장애요소를 제거하게 된다.

시체에 구더기가 우글거리는 꿈을 꾸면

☞ 많은 재물이 들어온다.

풀벌레 울음소리가 인상적인 꿈을 꾸면

☞ 먼 곳으로부터 오래 기다리던 소식이 도착한다. 또는 가까운 사람의 부음(訃音)을 듣게 된다.

나뭇가지에 붙은 매미가 요란하게 울어대는 꿈을 꾸면

☞ 세상에 시끄러운 일이 생긴다.

꿈에 등장한 개미는

☞ 근면한 사람의 동일시이며 근면・협동・성실・저축 등을 상징한다.

개미들이 큰 벌레를 굴로 옮기는 꿈을 꾸면

☞ 자기의 사업을 도와줄 협조자들이 나타난다.

개미집을 헐어버리는 꿈을 꾸면

☞ 가정이 화목하지 못하여 가족들이 제각각 흩어지게 된다.

개미떼가 길게 행렬을 이루고 이사를 하는 꿈을 꾸면

☞ 오랜 걱정거리들이 썰물처럼 빠져나간다.

어두운 곳에서 반딧불이 깜빡이는 꿈을 꾸면

☞ 어떤 일이 될 듯 말 듯 쉽게 성사되지 않아 속을 태우게 된다.

반딧불의 상징은 대체로 불길한 조짐을 나타낸다. 보통의 꿈에 반딧불이 깜빡이는 것은

☞ 자기의 세력이나 운세가 쇠락(衰落)하고 있다는 암시다.

거머리가 자기의 다리에 달라붙는 꿈을 꾸면

☞ 어떤 고약한 인물이 자신의 재물을 훔치거나 사업상 금전적 피해를 입히게 된다.

꿈에 이가 자기 옷 속으로 들어갔는데 잡을 수 없어 애를 태우면

☞ 뜻하지 않은 걱정거리가 생겨 고통을 받게 된다.

자기 옷에 이가 우글거리면

☞ 집안에 우환이 생긴다.

꿈에 등장한 벼룩은

☞ 도둑 · 탐관오리 · 간첩 등을 동일시하며 질병을 상징한다.

꿈에 벼룩을 보고도 잡지 못하면

☞ 도둑을 맞는다.

높이 튀었다가 내려앉은 벼룩을 잡아 죽이는 꿈을 꾸면

☞ 직장에서 좋은 직책으로 옮기게 된다.

빈대가 물어 뒤척이며 괴로워하는 꿈을 꾸면

☞ 음흉한 자의 술수에 걸려들어 사업상 큰 손실을 입게 된다.

벽에 빈대가 수많은 구멍을 만들어 놓은 꿈을 꾸면

☞ 주변 인물들이 자기의 재물을 탐하여 호시탐탐 기회를 노린다.

기생충을 배설하는 꿈을 꾸면

☞ 오랫동안 골치를 썩여온 난제(難題)들이 해소된다.

해충을 밟아 죽이는 꿈을 꾸면

☞ 어떤 벅찬 일을 성사시킨다.

곤충이 교미하는 꿈을 꾸면

☞ 어떤 일거리와 관련하여 연합 · 합자 · 결연 등을 하게 된다.

9

식물·곡식·경작 등에 관한 꿈

❖ 숲(森林)

♞ 꿈에 등장한 숲〔森林〕은

☞ 연구원 · 학원 · 관청 · 공장 · 백화점 · 병영(兵營) 등을 상징한다.

♞ 멀리 서서 우거진 숲을 바라보는 꿈은

☞ 국가의 군사적 방어태세가 완벽함을 암시한다.

♞ 나무들이 번성하여 숲이 울창해 보이는 꿈을 꾸면

☞ 지금 하고 있는 사업이 번성하게 된다.

♞ 우거진 숲 속에서 산책하는 꿈을 꾸면

☞ 어떤 연구(硏究)에 관여하게 된다.

♞ 숲속에서 길을 잃는 꿈을 꾸면

☞ 어떤 연구에 지나치게 몰입함으로써 자아를 상실하거나 완전한 진리를 깨우칠 수 없게 된다.

♞ 학자의 경우, 나무들을 베어내어 개간(開墾)하는 꿈을 꾸면

☞ 기존의 구태의연한 학설을 뒤엎을 새로운 이론을 발표하게 된다. 정치가의 경우라면 획기적인 정책을 시행하게 된다.

♞ 개간지 한가운데에 물길이 뚫려 시냇물이 시원스럽게 흐르는 꿈을 꾸면

☞ 자기가 창안한 새로운 학설 · 정책 등이 세인들에게 무리 없이 받아들여진다.

♞ 숲속에서 열매나 버섯을 따는 꿈을 꾸면

☞ 논문 · 작품 · 사업 · 출산 등에 있어 만족할 만한 성과를 얻게 된다.

♞ 남성의 경우 나무에 달린 새빨간 열매를 따먹는 꿈을 꾸면

☞ 사랑하는 여성의 마음을 사로잡을 수 있다.

여성의 경우, 숲속에서 버섯·산나물·열매 등을 따 치마폭에 담아오는 꿈은 꾸면

☞ 장차 부귀공명을 누리게 될 자식을 잉태한다. 대부분 태몽이다.

숲속에서 꽃을 꺾어드는 꿈을 꾸면

☞ 학교나 직장에서 수상(受賞)의 영광을 차지한다. 태몽이라면 학자나 교육자가 될 자손을 낳는다.

유령·요정·도깨비 등이 자기 옷자락이나 손을 잡아 숲속으로 끌어들이는 꿈을 꾸면

☞ 어떤 후원자의 도움을 받아 취직·입학·결혼·사업 등의 소망을 성취하게 된다.

숲속에 있는 절이나 별장으로 들어가는 꿈을 꾸면

☞ 상급학교로 진학을 하거나 희망하는 회사에 취직이 된다.

그러나 숲속에 있는 토막집이나 토굴로 들어가는 꿈을 꾸면

☞ 죽음을 맞게 된다. 또한 누군가가 들어가는 광경을 보았다면 조만간 그가 죽을 것이다.

울창한 숲속에서 시원스럽게 흐르는 냇물을 만나는 꿈을 꾸면

☞ 사업이 융성하거나 학문연구가 순조롭게 진척된다.

숲속에서 폭포(瀑布)를 만나는 꿈을 꾸면

☞ 사업·연구 등에 있어서 눈부신 성과를 거두게 된다.

숲속의 개울에서 물고기를 잡는 꿈을 꾸면

☞ 사업·연구 등의 결과로 재물이나 명예를 획득하게 된다.

정글에서 길을 잃고 헤매는 꿈을 꾸면

☞ 하는 일이 난관에 봉착하여 심적 고통을 받거나 병마에 시달리게 된다.

숲속에서 앉거나 눕는 꿈을 꾸면

☞ 오랜 병상생활을 하게 된다.

- 숲속에서 큰 나무를 베어 집으로 운반하는 태몽을 꾸면

☞ 장차 출생할 아이는 성장하여 풍족한 삶을 누리게 된다.

- 숲속에서 노루가 토끼 등의 산짐승을 잡는 꿈을 꾸면

☞ 입학 · 취직 · 사업 · 결혼 등의 소망을 성취하게 된다.

- 공원(公園) 내의 숲은

☞ 학원 · 관청 · 군대의 병영 등을 상징한다.

- 숲이 불타고 있는 꿈을 꾸면

☞ 자기의 사업이 번창하거나 자기와 밀접한 관계에 있는 어떤 사회 단체가 융성하게 된다.

❖ 나무 · 재목 · 땔감

- 꿈에 등장한 나무〔木〕는

☞ 인체 · 인격 · 인재 · 기업체 · 기관 · 병력 · 재물 등을 상징한다.

- 나무에 오르는 꿈을 꾸면

☞ 진급 · 진학을 하게 된다. 태몽이라면 장차 관료로서 출세할 자손을 낳게 된다.

- 나무에 오르려 하는데 이미 먼저 올라간 사람이 있어 그만 돌아서고 말았다는 어느 공직자의 꿈은

☞ 번번이 진급시험에 낙방함으로써 오랜 소망이 좌절된다는 암시였다.

- 자재나 땔감으로 쓰기 위해 숲에서 나무를 베어 집으로 운반해 오는 꿈을 꾸면

☞ 외부로부터 훌륭한 인재(人才)를 영입하거나, 큰 재물을 획득하게 된다.

수많은 나무를 베어 마차나 트럭에 실어오는 꿈을 꾸면
☞ 훌륭한 인재들을 모아 어떤 사회단체를 구성하게 된다.
오래된 큰 나무가 뿌리째 뽑혀 땅에 쓰러져 있는 꿈을 꾸면
☞ 존경하는 어떤 유력인사가 몰락하는 것을 지켜보게 된다. 자기에 관한 꿈이라면 곧 파산하게 된다.
숲에서 나무를 캐다가 자기 집 마당에 옮겨 심는 태몽을 꾸면
☞ 사회적인 큰 인물로 성장하여 집안을 일으킬 자손을 낳게 된다.
큰 나무의 가지나 줄기가 마치 고개를 숙이는 듯 자기 쪽으로 기울어지는 꿈을 꾸면
☞ 어떤 훌륭한 인재의 도움을 받아 사업상 대성공을 거두게 된다.
큰 나뭇가지 위를 평지처럼 걷거나 원숭이처럼 매달려 이리저리 옮겨 다니는 꿈을 꾸면
☞ 큰 기업체를 경영하거나, 능력이 있는 전문경영인이 되어 수많은 기업들을 일으켜 세우게 된다.
나뭇가지를 의지하여 강물을 건너거나 산을 오르는 꿈을 꾸면
☞ 장차 어떤 협조자나 협조세력의 도움을 받아 출세를 하거나 난관을 극복하게 된다.
산비탈을 오르다가 잡고 있던 나무뿌리가 잘려 당황하는 꿈을 꾸면
☞ 의지할 만한 사람이 자기 곁을 떠나 어려운 상황에 처하게 된다.
쓰러지려는 나무를 부축하여 지지(支持)하는 꿈을 꾸면
☞ 타인(他人)이나 어떤 단체의 몰락을 막기 위해 애를 쓰게 된다.
꿈에 등장한 고사목(枯死木)은
☞ 재물의 상징이다.
그러나 나무의 일부가 괴사하거나 잎이 시든 꿈을 꾸면
☞ 가족 중의 누군가가 병들거나 상해를 입게 된다. 또는 자기 사업

이 쇠퇴하게 된다.

♞ 푸른 나무가 서리를 맞아 하얗게 변했거나 푸른 나뭇잎이 모두 떨어져 이리저리 바람에 날리는 꿈을 꾸면

☞ 전란이나 천재지변이 발생하여 수많은 인명이 희생된다.

♞ 숲속에서 푸른 나뭇잎을 따는 꿈을 꾸면

☞ 어떤 회사에 새로 입사하여 임명장을 받게 된다.

♞ 죽어서 말라비틀어진 나무에 새 순이 파랗게 돋아나는 꿈을 꾸면

☞ 파산 직전의 회사가 되살아나거나 오랜 병석(病席)에서 훌훌 털고 일어나게 된다. 또는 늙은 홀아비가 새장가를 가게 된다.

♞ 숲속에 낙엽이 수북이 쌓인 것을 보거나 밟고 걸어가는 꿈을 꾸면

☞ 머지않아 큰 재물이 생긴다.

♞ 숲에서 낙엽 한 짐을 긁어모아 집으로 가져오는 꿈을 꾸면

☞ 머지않아 상당한 돈이 생긴다.

♞ 솔가리를 한 짐 긁어다가 부엌에 내려놓으니 그 속에서 수많은 조개가 쏟아져 나왔다는 태몽은

☞ 장차 출생할 아이가 생산업이나 창작활동으로 큰돈을 벌게 된다는 암시였다.

♞ 수백 년 묵은 고목이 부러지는 꿈을 꾸면

☞ 국가지도자가 사망하거나 역사 깊은 기업체가 파산한다.

♞ 그러나 보통의 나무가 부러지는 꿈을 꾸면

☞ 일신상의 화(禍)를 당하거나 호주(戶主)가 중병에 걸린다.

♞ 자기가 매달려 있던 나뭇가지가 부러지는 꿈을 꾸면

☞ 부모가 죽거나, 의지하던 협조세력이 떨어져나간다.

♞ 손에 쥐고 있던 나뭇가지가 부러지는 꿈을 꾸면

☞ 사업기반이 붕괴하거나, 충복(忠僕)이 자기를 떠나간다.

큰 나무 밑에 서 있거나 앉아 있는 꿈을 꾸면

☞ 권력기관이나 유력 인사의 도움으로 자기 지위가 상승한다.

자기 집 마당이나 정원에 어떤 나무를 옮겨다 심는 꿈을 꾸면

☞ 훌륭한 인재를 영입하거나 사업체를 이전하게 된다.

자기 집 지붕 위에서 큰 나무가 자라는 꿈을 꾸면

☞ 사업·작품 등에 있어 최고의 업적을 이룩함으로써 세상에 명성을 떨치게 된다.

방안에서 큰 나무가 자라는 꿈을 꾸면

☞ 가업(家業)이 번창하게 된다.

강 한가운데 큰 나무가 우뚝 서 있는 꿈을 꾸면

☞ 어떤 중개인이나 협조자가 교량역할을 해주게 된다.

아카시아 터널을 걷다가 마침 바람에 날린 꽃향기에 정신을 잃을 정도로 취해 있었다는 태몽은

☞ 출생할 아이가 불우한 환경을 극복하여 입지전적(立志傳的)인 성공을 거두게 된다는 암시였다.

묘목을 심는 꿈을 꾸면

☞ 머지않아 어떤 새로운 사업을 시작하게 된다.

자기가 심은 묘목이 갑자기 자라나 꽃이 피거나 열매가 달리는 꿈을 꾸면

☞ 새로 시작한 사업이 단기간에 큰 성과를 거두게 됨으로써 재물과 명성을 얻게 된다.

방안에서 치자나무가 화분에 담겨있는 꿈을 꾸었다는 어떤 남성은

☞ 조만간 결혼을 할 것인데, 유감스럽게도 배우자가 될 여인이 냉랭한 성격을 갖고 있을 것이다.

방바닥에 뿌리를 내린 나무가 지붕을 뚫고 솟아나 하늘로 가지를 뻗친 꿈을 꾸면

☞ 사업 · 작품 · 연구 등에 있어 큰 성과를 거둠으로써 세상에 명성을 날리게 된다.

꿈에 등장한 소나무〔松〕는

☞ 장수 · 재물 · 절개 · 지조 · 의지 · 인재 등을 상징한다.

노송(老松) 밑에서 호랑이 · 구렁이 · 곰 등의 상서로운 동물이 놀고 있는 태몽을 꾸면

☞ 장차 출생할 아이는 의지가 강한 성품을 지닐 것인데, 고급관리로서 출세를 하게 된다.

소나무 위에 새가 앉아 지저귀는 꿈을 꾸면

☞ 집안에 혼사(婚事)가 생긴다.

솔가지나 솔잎이 바싹 마른 꿈을 꾸면

☞ 가족 중의 누군가가 병에 걸린다.

소나무에 올라가 노는 꿈을 꾸면

☞ 취직이나 입학이 성사된다.

소나무에 꽃이 피는 꿈을 꾸면

☞ 하는 일이 좋은 결실을 맺어 부귀영화를 누리게 된다.

그러나 소나무에 다른 식물의 꽃이 피는 꿈을 꾸면

☞ 비윤리적인 남녀관계를 맺게 된다. 보통 유부녀나 유부남의 은밀한 사랑에 비유된다.

정원에 단풍나무를 심는 꿈은

☞ 재물이 생긴다는 뜻이다.

지붕 위에 단풍나무가 자라는 꿈을 꾸면

☞ 오래도록 열망해온 어떤 소원이 성취된다.

단풍잎이 떨어져 바람에 굴러다니는 꿈을 꾸면

☞ 머지않아 슬픈 일이 생긴다.

그러나 떨어진 단풍잎이 수북이 쌓인 꿈을 꾸면

☞ 불원간 큰돈이 들어온다.

꿈에 백양목(白楊木)이 좌우에 늘어선 들길을 거닐면

☞ 사업이 번창한다.

꿈에 등장한 버드나무〔柳〕는

☞ 고독한 사람을 동일시한다.

버들가지가 바람에 일렁이는 꿈을 꾸면

☞ 쓸쓸한 여자와 만나게 된다.

여성의 경우, 능수버들가지를 꺾어드는 꿈을 꾸면

☞ 풍류남성을 사귀게 된다.

버드나무가 일거리의 상징일 경우 축 늘어진 버드나무 가지는

☞ 어떤 일의 시작과 끝이 확실하지 않다는 의미를 나타낸다.

꿈에 등장한 계수나무는

☞ 대체로 여성의 상징이다.

남성의 경우 잎이 싱싱하고 꽃이 아름다운 계수나무 아래에 서 있는 꿈을 꾸면

☞ 머지않아 아름답고 정숙한 여인을 아내로 맞게 된다.

계피를 잔뜩 실어오는 꿈을 꾸면

☞ 많은 자금을 마련하게 된다.

꿈에 등장한 대나무〔竹〕는

☞ 지조가 있고 충의가 높은 인물을 동일시하며, 재물・사업・작품 등을 상징한다.

울창한 대나무 숲을 바라보는 꿈을 꾸면

☞ 자기의 사업이 튼튼한 기반 위에서 날로 번창하게 된다.

대나무 숲속에서 이리저리 헤매는 꿈을 꾸면

☞ 어떤 문제에 골몰하게 됨으로써 마음이 불안정한 상태에 놓이게 된다.

대나무가 바람에 흔들려 요란하게 소리 내는 꿈을 꾸면

☞ 세상인심이 흉흉해지거나, 남들의 시비에 휘말리게 된다.

들에서 캐온 대나무를 뜰 안에 옮겨 심는 꿈을 꾸면

☞ 외부로부터 강직한 성품의 인재를 영입하게 된다.

죽순이 갑자기 자라나 대나무가 되는 꿈을 꾸면

☞ 머지않아 큰 소망을 이루게 된다.

숲에서 죽순을 캐오는 태몽은 보통 아들을 낳게 될 징조인데

☞ 그 아이가 장차 지조가 있는 훌륭한 인물로 성장한다는 뜻이다.

대나무 꽃이 핀 꿈을 꾸면

☞ 장차 어떤 영예를 얻어 부귀공명(富貴功名)을 누리게 된다.

꿈에 등장한 대〔竹〕 그릇은

☞ 여성의 동일시인 경우가 많다.

자기 집 문에 대발〔竹簾〕을 걸어놓은 꿈을 꾸면

☞ 조만간 어떤 여성과 사귀게 될 것인데, 종국에는 가족의 일원으로 받아들이게 된다.

대자리를 펴는 꿈을 꾸면

☞ 집에 귀한 손님이 찾아온다.

대칼로 어떤 물건을 자르는 꿈을 꾸면

☞ 남의 비리를 들춰내 처벌할 일이 생긴다.

대 지팡이를 얻는 꿈을 꾸면

☞ 부모상(父母喪)을 당한다.

☗ 대 피리를 부는 꿈을 꾸면
☞ 조만간 자기 일로 인해 여러 사람들과 논쟁을 벌이게 된다.
☗ 대로 울타리를 하거나 창문 또는 사다리를 만드는 꿈을 꾸면
☞ 자기의 세력권을 공고히 하거나 정직한 사람들을 고용하여 많은 도움을 받게 된다.

❖ 과일(果實)·과일나무(果木)

☗ 과일나무에 올라가 잘 익은 열매를 따먹는 꿈을 꾸면
☞ 취직·입학·결혼·사업 등의 소망을 성취하게 된다.
☗ 방안의 화분에 가꾸던 과일나무를 정원이나 마당에 옮겨 심는 꿈을 꾸면
☞ 가족 중의 누군가가 분가를 하거나 분업(分業)을 하게 된다.
☗ 손수 심고 가꾼 과일나무가 소담스럽게 열매 맺는 꿈을 꾸면
☞ 오랜 노력 끝에 소원을 성취함으로써 많은 결실을 맺게 된다.
☗ 과일나무의 꽃이 떨어지고 열매가 달리는 꿈을 꾸면
☞ 당면한 어떤 소원을 성취하게 된다.
☗ 그러나 꽃이 져도 열매를 맺지 못하는 꿈을 꾸면
☞ 오랜 노력이 수포로 돌아가 좌절하게 된다.
☗ 탐스런 과일이 풍성하게 매달린 어떤 과수원을 바라보거나 그 속에서 산책하는 꿈을 꾸면
☞ 장차 큰 사업체를 경영하게 되거나, 큰 회사로부터 많은 재물을 얻어오게 된다.
☗ 꿈에 등장한 과수원(果樹園)이 학원(學園)을 상징하는 경우가 많은데
☞ 학원(學園) 내에서 벌어지는 여러 가지 사건들을 암시적으로 표

현하는 것이 보통이다.

♞ 과일나무에서 잘 익은 과일을 따먹는 꿈은

☞ 자기가 맡은 일거리가 손에 익숙하거나 수월하다는 뜻이다.

♞ 덜 익은 과일을 따먹는 꿈은

☞ 아직 초보단계이거나 손에 익숙지 않은 일거리라는 뜻이다.

♞ 과일을 먹다가 뱉는 꿈은

☞ 장차 시작할 어떤 일을 중도에서 포기하게 된다는 뜻이다.

♞ 꿈에 깊은 산중에서 큰 나무에 단 한 개만 매달려 있던 붉은 과일을 따먹었다는 어떤 남성은

☞ 오랜 노력 끝에 자존심이 강한 한 여성을 굴복시킬 수 있었다고 한다.

♞ 산 중턱에서 과일을 따오는 태몽을 꾸면

☞ 장차 출생할 아이는 중년 이후 출세하게 된다.

♞ 상대에게서 과일을 건네받는 꿈을 꾸면

☞ 누군가로부터 무엇인가 청탁을 받게 된다.

♞ 윗사람의 강요에 못 이겨 설익은 과일을 따먹는 꿈을 꾸면

☞ 퇴직이나 퇴학을 하게 된다.

♞ 과일을 가지째로 꺾어오는 태몽을 꾸면

☞ 태아가 아버지와 일찍 사별할 운세를 지닌다. 이때 나뭇가지는 부계(父系), 나뭇잎은 모계(母系)를 뜻한다.

♞ 꺾어온 가지에 여러 개의 열매가 달린 태몽을 꾸면

☞ 연이어 여러 명의 사내아이를 출산하게 된다.

♞ 잎이 다 떨어진 나무에서 열매를 따오는 태몽을 꾸면

☞ 장차 출생할 아이는 어린 나이에 생모(生母)와 생이별(生離別), 또는 사이별(死離別)하게 된다.

깨지거나 금이 간 과일을 얻어오는 태몽을 꾸면

☞ 출생할 아이는 장성한 후 사고를 당해 불구가 된다.

썩은 과일을 얻어오는 태몽을 꾸면

☞ 태아가 유산되거나 요절한다.

과일나무 아래에서 땅에 떨어진 상한 과일을 주워 먹는 꿈을 꾸면

☞ 머지않아 윤락녀(淪落女)와 관계하게 된다.

꿈에 등장한 감나무는

☞ 관직·권세·재물 등을 상징한다.

감나무에 올라가거나, 그 위에서 감을 따먹는 꿈을 꾸면

☞ 직위·신분 등이 상승한다.

세 그루의 감나무가 모두 풍성하게 결실 맺는 꿈을 꾸었다는 어느 대중작가(大衆作家)는

☞ 얼마 후 세 개의 작품을 잇달아 지상(誌上)에 발표하게 됨으로써 큰 성공을 거두었다고 한다.

감또개(꽃이 달린 채 떨어진 풋감)를 주워 모으는 꿈을 꾸면

☞ 다른 사람의 연구 결과나 지식을 수집, 집대성하게 된다.

감나무에서 연시(軟柹)를 따먹는 꿈을 꾸면

☞ 관청이나 회사에서 위임받은 일거리로 많은 소득이 생긴다.

땅에 떨어진 붉은 감을 주워 먹는 꿈을 꾸면

☞ 창피를 당한다. 소녀의 꿈이라면 초경의 상징이다.

밤송이가 벌어진 틈으로 밤알이 살포시 드러나 보이는 꿈을 꾸면

☞ 머지않아 결혼을 하거나 이성과 성교할 일이 생긴다.

밤송이를 벌려 밤알을 끄집어내는 꿈을 꾸면

☞ 가족이 늘어나거나, 입학·계약 등의 일이 성사된다.

땅에 떨어진 밤알 한두 개를 주워 먹는 꿈을 꾸면

☞ 다른 사람과 심하게 다툴 일이 생긴다.
♞ 밤알을 주워 치마폭에 가득 담아오는 태몽을 꾸면
☞ 장차 출생할 아이는 의식주가 풍족한 삶을 누리게 된다.
♞ 밤꽃이 피거나 새순이 돋아나는 꿈을 꾸면
☞ 어떤 새로운 일을 시작함에 앞서 경사스런 일이 생긴다.
♞ 상수리나무에서 상수리가 우수수 쏟아지는 꿈을 꾸면
☞ 세상에 명성을 떨칠 일이 생긴다. 또는 누군가로부터 고백을 듣게 된다.
♞ 뽕나무를 심거나 뽕나무 잎이 무성한 꿈을 꾸면
☞ 새로운 사업을 시작하거나, 지금 하고 있는 사업이 번창한다.
♞ 뽕잎이 모두 떨어진 꿈을 꾸면
☞ 불의의 사건이 발생하여 예기치 못한 큰 손실을 입게 된다.
♞ 뽕나무 열매인 오디를 따먹는 꿈을 꾸면
☞ 자식을 잉태하거나, 이성과 성교를 하게 된다.
♞ 으스름한 달밤에 흰 배꽃이 개화하는 꿈을 꾸면
☞ 오매불망(寤寐不忘) 그리워하던 연인이 찾아온다.
♞ 과수원에서 배꽃이 만발한 광경을 바라보는 꿈을 꾸면
☞ 머지않아 영예로운 일이 생긴다.
♞ 배나무에 배가 주렁주렁 매달려 있는 꿈을 꾸면
☞ 자기의 사업이 번창한다.
♞ 배〔梨〕를 따먹으면서 시원한 쾌감을 느끼는 꿈을 꾸면
☞ 현실에서도 속 시원한 일이 생긴다.
♞ 배가 태아표상으로 등장한 태몽을 꾸면
☞ 활달한 성품의 아들을 낳게 된다.
♞ 남성의 경우 붉게 익은 사과를 따먹는 꿈을 꾸면

☞ 사랑하는 여인과 관계를 갖게 된다.

♞ 수많은 사과상자를 우마차나 트럭에 실어오는 꿈을 꾸면

☞ 머지않아 막대한 자금이 들어온다.

♞ 꿈에 등장한 하트형의 복숭아는 그 연분홍빛 꽃과 더불어

☞ 애정과 성교의 상징이다.

♞ 남성의 경우, 잘 익은 복숭아를 따먹는 꿈을 꾸면

☞ 조만간 아름다운 여성과 만족스런 성교를 하게 된다.

♞ 복숭아나 살구꽃이 만발한 들길을 거니는 꿈을 꾸면

☞ 자기 명예를 빛낼 일이 생기거나, 정사(情事)를 갖게 된다.

♞ 앵두 과(科)에 속하는 자두·살구·앵두 등의 작은 열매는

☞ 연애편지·키스·성교 등의 상징이다.

♞ 앵두가 태아표상으로 등장한 태몽을 꾸면

☞ 여아가 태어날 가능성이 많다.

♞ 학생의 경우, 들이나 산에서 산딸기를 따먹은 꿈을 꾸면

☞ 좋은 학업성적을 거두게 된다.

♞ 일반적인 경우 딸기를 먹는 꿈은

☞ 보통 성교와 관련이 있다.

♞ 딸기가 태아표상으로 등장한 태몽을 꾸면

☞ 여아를 출산할 가능성이 높다.

♞ 하늘에서 떨어진 포도송이를 치마폭에 받는 태몽을 꾸면

☞ 재주가 비상한 아이를 낳게 된다.

♞ 과수원에서 포도송이가 주렁주렁 매달린 광경을 바라보는 꿈을 꾸면

☞ 머지않아 어떤 학문연구에 몰두하게 된다.

♞ 꿈에 등장한 은행(銀杏)나무는

☞ 다산・장수・재물의 상징이다.

바닥에 떨어진 은행잎을 수북이 긁어모으는 꿈을 꾸면

☞ 머지않아 큰돈을 벌게 된다.

은행나무가 태아표상으로 등장한 태몽을 꾸면

☞ 장차 출생할 아이는 장수한다.

꿈에 등장한 대추나무〔棗木조목〕는

☞ 다산・재물 등의 상징이다.

잘 익은 붉은 대추를 많이 따오는 꿈을 꾸면

☞ 풍성한 사업성과를 얻게 된다.

선악과(善惡果)라고 생각되는 나무열매를 따먹으면

☞ 진리를 터득하거나 선악(善惡)을 분별할 일이 생긴다.

❖ 꽃(花)・꽃나무(花木)

꿈에 등장한 꽃〔花〕은

☞ 아름다운 여성을 동일시하며, 기쁨・경사・걸작・영광・애정・성공 등을 상징한다.

꿈에 꽃이 만발한 나무 아래에 서 있을 때 즐거운 기분이 느껴지면

☞ 소원을 성취하게 된다. 또는 남의 재미난 이야기나 흥미로운 책에 푹 빠져들게 된다.

꽃나무의 꽃들이 활짝 핀 태몽을 꾸면

☞ 장차 출생할 아이는 부귀영화를 누리게 된다.

높은 산 일대에 꽃이 만발한 광경을 바라보는 꿈을 꾸면

☞ 나라에 큰 경사가 생긴다. 개인적인 꿈이라면 공직과 관련된 취직・영전 등의 경사가 있다.

과수원에 꽃이 만발한 꿈을 꾸면

☞ 사업상의 성공을 거두어 부와 명예를 함께 획득하게 된다.

자기 집의 정원이나 마당에 꽃이 만발한 꿈을 꾸면

☞ 집안에 큰 경사가 생긴다.

좌우로 아름다운 꽃이 만발한 들길이나 산길을 걷는 꿈을 꾸면

☞ 직장에서 영광스런 일이 생긴다.

겨울 동산에 벚꽃이 만발한 꿈을 꾸면

☞ 불가능에 가까운 일을 성취함으로써 세상에 명성을 떨치게 된다.

꽃가지를 꺾는 태몽을 꾸면

☞ 태아가 장차 명성을 날리게 되지만 부친과 일찍 사별한다.

꽃 한 송이가 달린 꽃가지를 꺾는 태몽을 꾸면

☞ 여아를 출산할 가능성이 높은데, 같은 가지에 두 송이가 달렸다면 연이어서 딸을 낳게 된다.

난생 처음 보는 꽃을 발견하거나 꺾어오는 꿈을 꾸면

☞ 발견·발명·창작·개척 등의 분야에서 큰 성과를 올리게 된다.

꽃 한 송이가 피어있는 옆에서 갈대를 꺾으니 그만 꽃송이가 떨어지고 말았다는 태몽은

☞ 슬하에 연년생인 남매를 둘 것이나, 아들을 건사하려다가 딸을 죽게 할 것이라는 암시였다.

고목에 핀 꽃 한 송이를 꺾는 태몽을 꾸면

☞ 출생할 아이는 장성하여 학자가 될 것인데, 스승의 연구 성과를 계승하여 대성하게 된다.

신선(神仙)이 하늘에서 내려와 꽃 한 송이를 건네주는 꿈을 꾸면

☞ 학교에서 학위를 받거나 정부에서 훈·포장을 받게 된다. 간혹 결혼을 암시하는 경우도 있다.

꽃나무에서 꽃잎이 분분히 떨어지는 꿈을 꾸면

☞ 누군가가 몰락하는 것을 지켜보거나 슬픈 일을 겪게 된다.

♞ 향기로운 꽃향기에 취해 황홀함을 느끼는 꿈을 꾸면

☞ 열렬한 연애를 하거나, 그리운 사람을 만나게 된다. 신분이 상승한다는 암시일 수도 있다.

♞ 꽃나무를 뿌리째 캐오는 꿈을 꾸면

☞ 머지않아 중요한 계약을 맺게 된다.

♞ 시든 꽃을 보거나 손에 들고 있는 동안 시들어버리는 꿈을 꾸면

☞ 창피를 당해 명예가 훼손되는 봉변을 당하게 된다. 집안에 갓난아이가 있을 경우 병에 걸릴 수도 있다. 태몽이라면 유산의 징조다.

♞ 꽃잎을 먹는 꿈은 꾸면

☞ 애정이나 혼사와 관련하여 좋은 일이 생긴다.

♞ 꿈에 큰 꽃봉오리 속에서 요정이 나타나 춤을 추며 하늘로 오르는 것을 보았다는 어느 여성무용가는

☞ 얼마 후 새로운 전통 춤사위를 발굴하여 발표함으로써 세인의 찬사를 한 몸에 받게 되었다고 한다.

♞ 꽃송이 속으로 들어가는 꿈은

☞ 행복한 결혼생활을 암시한다.

♞ 꽃 표본을 만들거나 수집하는 꿈을 꾸면

☞ 자기의 업적을 치장하여 보존하게 된다.

♞ 꽃방석·화문석 등 꽃무늬가 새겨진 물건은

☞ 그 물건 본래의 상징의의와 결부된 영광과 기쁨을 나타낸다.

♞ 국화무늬가 새겨진 물건이 태아표상으로 등장한 태몽을 꾸면

☞ 장차 출생할 아이는 중년 이후에 성공을 하게 된다.

♞ 연화문(蓮花紋)이 새겨진 물건이 태아표상으로 등장한 태몽을 꾸면

☞ 출생할 아이는 장성하여 학자 · 성직자 등의 진리탐구자가 된다.
조화를 가슴에 달거나 화환을 목에 거는 꿈을 꾸면
☞ 조만간 어떤 포상(褒賞)을 받아 명예로워질 일이 생긴다.
예식장 앞에 화환들이 즐비하게 늘어선 꿈을 꾸면
☞ 어떤 큰 일거리를 성취할 것인데, 그 업적으로 인하여 영예로운 상을 받게 된다.
활짝 핀 화분의 꽃을 그림으로 그리는 꿈을 꾸면
☞ 오래 떨어져 있던 연인과 만나게 된다.
어사화(御史花)가 태아표상으로 등장한 태몽을 꾸면
☞ 출생할 아이는 장성하여 공직자로 출세를 하게 된다.

❖ 채소 · 청과류 · 풀 · 약초

꿈에 등장한 각종 채소는
☞ 재물 · 작품의 상징이며, 가장 흔한 태몽의 표상이다.
고추나 오이처럼 길쭉한 채소류가 태아표상일 경우, 그 형태상의 유사성을 들어
☞ 남아의 출산을 암시한다는 주장은 잘못이다. 여아가 태어나는 경우도 많다.
그런데 한두 개의 고추나 오이가 태아의 표상으로 등장하였다면
☞ 남아가 태어날 가능성이 높다,
꿈에 시장에서 많은 양의 청과류나 채소를 사오면
☞ 오랜 기간 노력한 끝에 어떤 일을 성취함으로써 상당한 성과를 거두게 된다.
시장에서 채소나 청과물을 사오는 태몽을 꾸면
☞ 장차 출생할 아이는 불굴의 의지로 어려운 여건을 극복하여 자신

의 꿈을 실현하는 입지전적인 인물로 성장하게 된다.

밭에서 채소의 싹이 파릇파릇 돋아나는 꿈을 꾸면

☞ 현재 관심을 집중하고 있는 어떤 일이 시작된다.

새순이 흙을 뚫고 솟아나거나 꽃망울이 껍질을 비집고 나오는 꿈을 꾸면

☞ 머지않아 새 일거리에 착수하게 되거나, 새 작품이 처음으로 빛을 보게 된다.

봄이 되어 어린잎이 파릇파릇 돋아나거나 덩굴뿌리에 순이 트는 꿈을 꾸면

☞ 지금까지 침체되었던 사업이 되살아나면서 형편이 호전된다.

새싹이 돋아 점점 자라나더니 갑자기 어떤 동물로 변해 수많은 새끼를 낳는 것을 보았다는 꿈은

☞ 폐업 직전의 회사를 되살려 정상화함으로써 큰 기업체로 성장할 기반을 만들게 된다는 암시였다.

자기 밭에 심은 채소가 무성하게 자라난 꿈은

☞ 자기가 하는 일이 성취단계에 도달했다는 뜻이다. 혼담 · 계약 등이 가시적인 성과를 보이게 된다.

미혼 남녀의 경우, 다 자란 배추밭 옆에 파밭이나 무밭이 나란히 붙어 있는 꿈을 꾸면

☞ 지금 진행 중인 혼담이 결실을 가져온다.

밭에서 다 자란 무나 배추를 뽑아오는 꿈을 꾸면

☞ 당면한 소망을 실현하게 된다.

밭에서 무와 배추를 뽑아 트럭에 가득 싣고 오는 꿈을 꾸면

☞ 조만간에 큰 재물이 들어온다.

개울물에 떠내려 온 축 늘어진 채소를 건져 올리는 꿈을 꾸면

☞ 병에 걸리거나 가까운 사람의 부고(訃告)를 받게 된다.

♞ 배추를 소금에 절이는 꿈을 꾸면

☞ 자기 또는 가족 중의 누군가가 병에 걸리거나 상해를 입는다.

♞ 배추밭에 노란 꽃이 피어 바다를 이룬 꿈을 꾸면

☞ 각고의 노력 끝에 어떤 일거리를 성취함으로써 큰 영예를 획득하게 된다.

♞ 오이·호박·참외·수박 등의 덩굴 청과류의 줄기가 길게 뻗어나가 열매가 주렁주렁 달리는 꿈은

☞ 그 줄기와 열매가 하나의 연관성을 갖고 있음을 나타낸다. 서열·연대책임·분파 등이나 어떤 사물의 처음과 끝을 상징한다.

♞ 태몽의 표상으로 호박이 등장하였을 경우, 연이어서 형제가 태어날 가능성이 많은데

☞ 덩굴 끝에 달린 호박은 아우를, 그리고 줄기 가까이 달린 호박은 형을 각각 상징한다.

♞ 과채류(果菜類)를 먹는 꿈이 태몽일 경우

☞ 통째로 먹어야만 좋은 징조가 된다. 먹다버리거나 먹다가 꿈을 깨면 유산될 조짐이다.

♞ 파·마늘·고추 등의 양념채소가 태아의 표상으로 등장하였을 경우

☞ 향기나 자극성이 강한 것일수록 좋은 징조다. 그것은 장차 태어날 아이의 성격이나 재능을 암시한다.

♞ 고추나 마늘을 먹으면서 심한 자극으로 고통을 느끼는 꿈을 꾸면

☞ 집안에 우환이 생기거나 남들의 시비에 휘말리게 된다.

♞ 소년의 경우 붉은 고추가 등장하는 꿈을 꾸면

☞ 다른 아이들과 싸움을 하거나 창피를 당할 일이 생기고, 소녀의

경우는 조만간 초경을 경험한다.

성인의 경우 마당에 고추가 널린 꿈을 꾸면
☞ 머지않아 새로운 사업을 시작하게 된다.

고목(古木)에 고추가 주렁주렁 매달린 합성상(合成像)의 꿈은
☞ 머지않아 주식회사를 설립하게 된다.

여성의 경우, 밭에서 고추를 따오는 꿈은
☞ 십중팔구 태몽이다. 한두 개를 따오면 아들일 가능성이 많다.

여성의 경우 밭에서 오이를 따서 깨물어먹는 꿈을 꾸면
☞ 머지않아 성교를 하거나 자위행위를 하게 된다.

뱀이 큰 오이를 칭칭 감고 있는 꿈을 꾸면
☞ 정부(情婦 또는 情夫)와 간통하게 된다.

늙은 오이가 태아표상으로 등장한 태몽을 꾸면
☞ 장차 출생할 아이는 단명(短命)할 운세를 지닌다.

꿈에 누런 오이씨를 내다버리고 생감을 가져왔다는 어떤 장교는
☞ 위관(尉官)에서 영관(領官)으로 진급하였다.

꿈에 등장한 호박〔南瓜〕은
☞ 태몽의 소재로서 형제자매간의 관계를 암시하는 경우가 많다.

꿈에 푸른 잎사귀 사이에서 노랗게 잘 익은 참외를 보면
☞ 사업이나 작품과 관련하여 훌륭한 성과를 얻게 된다.

감자나 고구마 등의 뿌리 식물은
☞ 생계와 연관된 재물을 상징한다. 특히 줄줄이 연결된 고구마를 연속 캐내는 꿈은 연금이나 이자 등 고정적 수입이 있음을 뜻한다.

꿈에 삶은 감자나 고구마를 먹다가 입에 문 채 잠을 깨면
☞ 조만간 심정이 답답해질 어떤 사건을 체험하게 된다.

꿈에 등장한 초원(草原)은

☞ 사업기반 · 세력권 · 학원 · 교회 · 기관 등을 상징한다.

꿈에 등장한 풀숲은

☞ 미개척분야나 적대적인 세력의 판도를 상징한다.

밭에 자라는 잡초(雜草)는

☞ 쓸모가 없는 사람을 동일시하며, 실속이 없는 일거리나 장애요소를 상징한다.

풀숲에 뒤엉킨 덩굴은

☞ 얽히고설킨 사건이나 확대 · 발전되는 어떤 일거리를 상징한다.

꿈에 등장한 야생화(野生花)는

☞ 공인되지 않은 사회적 명예를 상징한다.

꿈에 등장한 산나물〔山菜〕은

☞ 재물을 상징한다.

퇴비나 가축사료로 쓰기 위해 풀을 베는 꿈을 꾸면

☞ 재물을 획득하게 된다.

꿈에 풀로 퇴비를 만들거나 잘 익은 퇴비를 보면

☞ 장사밑천이나 사업자금을 마련하게 된다.

갈대숲에서 갈대 한 가지를 꺾어오는 태몽을 꾸면

☞ 아들을 낳게 된다.

가을이나 겨울 풍경 속에서 마른 풀밭을 보는 꿈은

☞ 지금 하고 있는 일이 결실단계에 접어들었음을 뜻한다.

그러나 수목이 울창한 여름철에 풀밭이 시들거나 서리 맞는 꿈은

☞ 국가적 환란이 발생한다. 또는 천재지변이나 유행성 질병으로 수많은 인명이 희생된다.

풀숲에서 새알을 얻는 꿈을 꾸면

☞ 대중적인 일이나 형제간의 일로 어떤 소득을 얻게 된다.

꿈에 자기 정원의 잔디밭이 잘 다듬어져 있는 것은

☞ 자기 사업기반이 건실하고 튼튼하다는 뜻이다.

잔디밭에 누워 하늘을 우러러보는 꿈을 꾸면

☞ 일신이 평온한 가운데 무엇인가 좋은 일이 일어나기를 기다린다.

무덤 위에 잔디를 입히는〔莎草사초〕 꿈은

☞ 자기의 협조자가 그 세력을 굳건히 다진다는 뜻이다.

조상의 무덤이 금잔디로 잘 다듬어진 꿈을 꾸면

☞ 집안에 경사가 생기거나 자기를 도와줄 훌륭한 협조자가 나타난다.

우물 안에 잔뜩 낀 이끼는

☞ 방해자나 장애요소의 상징이다.

그러나 바위에 이끼가 끼고 꽃이 핀 꿈을 꾸면

☞ 자기가 소속한 기관 · 단체에 경사스런 일이 생긴다. 또는 오랜 연구가 그 결실을 맺게 된다.

바다에서 김 · 미역 · 파래 따위를 건져오는 꿈은

☞ 머지않아 재물을 획득하게 된다는 뜻이다.

지붕에 미역을 말리는 꿈을 꾸면

☞ 정신질환에 걸린다.

미역국을 먹는 꿈을 꾸면

☞ 입학 · 취직 등의 일에 실패하거나 청탁 건이 무산된다.

자기의 밭에 약초를 심는 꿈을 꾸면

☞ 향후 오랜 기간이 소요될 일생일대의 사업을 시작하게 된다.

인삼(人蔘)이 태아표상으로 등장한 태몽을 꾸면

☞ 출생할 아이가 장성하여 공익에 헌신함으로써 사회적 영예를 획득하고 세인의 존경을 받게 된다.

인삼을 많이 얻거나 사오는 꿈을 꾸면

☞ 많은 재물이 생기거나 훌륭한 방도가 마련된다.

♞ 산삼의 소재를 투시하거나, 신령이 알려주는 꿈을 꾸고

☞ 실제로 산삼을 발견한 사례는 수없이 많다.

♞ 꿈속에서 자기에게 산삼의 소재를 알려주는 신령은

☞ 자기의 또 다른 자아가 분장한 모습이다. 꿈속의 예언도 잠재의식이 만들어 낸 자기 암시적 표현이라 할 수 있다.

❖ 곡식(穀食)·농사(農事)

♞ 꿈에 등장한 쌀·보리·콩 등의 곡물류는

☞ 재물·일거리·작품 등을 상징한다.

♞ 이들 곡물류가 씨앗으로 쓰일 경우에는

☞ 자금·인력·권리 등의 자원을 상징한다.

♞ 꿈속에서 농사를 짓는 일련의 과정은

☞ 지금 하고 있는 일의 진행과정을 비유하거나 그 성패 여부를 암시하는 것이다.

♞ 꿈에 등장한 논·밭〔田畓〕은

☞ 사업의 기반, 세력의 판도·모체(母體), 원고지 등을 상징한다.

♞ 논바닥에 물이 흥건히 괴어 있는 꿈은

☞ 장차 어떤 사업을 시작함에 있어 제반 여건이 충족되어 있음을 뜻한다.

♞ 파종을 앞둔 논에 물이 말라있는 꿈은

☞ 자원이 부족하거나 우호적인 환경이 조성되지 않았다는 뜻이다.

♞ 쟁기·가래·삽 등으로 논을 가는 꿈은

☞ 이제 막 어떤 사업을 시작하게 된다는 뜻이다. 간혹 원고지에 글 쓰는 작업을 비유하기도 한다.

밭이랑을 만드는 꿈은
☞ 사업을 시작할 자금·방도·인력의 준비가 완료되었다는 뜻.
자기의 논밭에서 여러 사람들이 함께 일하는 꿈을 꾸면
☞ 사업을 추진하는 과정에 많은 사람들을 고용하게 된다.
씨 뿌릴 준비를 하면서 논밭에 밑거름을 주는 꿈을 꾸면
☞ 사업을 시작하기 전에 시장조사 등 사전 정지작업을 하게 된다.
남이 시비한 밑거름, 특히 화학비료를 훔쳐오는 꿈을 꾸면
☞ 남의 작품을 표절하게 된다.
못자리를 만들고 볍씨를 뿌리는 꿈을 꾸면
☞ 정지작업을 마친 사업체에 기초자금을 투입하게 된다.
모종을 옮겨 심는 꿈을 꾸면
☞ 오랜 노력 끝에 어느 정도 성과를 가져온 일거리를 본격적으로 확대시키게 된다.
논두렁을 걷는 꿈은
☞ 자기의 사업판도나 직장생활과 관계가 있다.
두 사람 이상이 계단식 논의 두렁을 아래위에서 따로따로 걸어가는 꿈은
☞ 직장 내에서의 상하관계를 표현하는 것이다.
자기 논두렁이 터져 남의 논으로 물이 흘러 들어가는 꿈을 꾸면
☞ 사업과 관련하여 재물의 손실이 발생한다.
논두렁 밑에 뱀이나 붕어가 우글거리는 태몽을 꾸면
☞ 장차 출생한 아이가 장성하여 가세(家勢)를 일으키게 된다.
논두렁에 꽃이 핀 태몽을 꾸면
☞ 장차 고급관리로 출세할 아이를 낳게 된다.
다른 사람에게 전답(田畓)을 사는 꿈을 꾸면

☞ 사업기반을 확보하거나 기존의 사업판도를 확대하게 된다.
♞ 다른 사람에게 전답을 파는 꿈을 꾸면
☞ 어떤 권리를 상실하거나, 남에게 사업자금을 대여해 주게 된다.
♞ 숲의 나무를 베어내고 개간(開墾)하는 꿈을 꾸면
☞ 남의 세력권 내에서 자기의 세력권을 만들게 된다. 또는 어떤 개척사업에 관여하게 된다.
♞ 벼가 잘 자라서 무성한 것을 보거나 벼이삭이 패는 꿈을 꾸면
☞ 지금 하고 있는 일의 결실기가 다가온다.
♞ 벼가 누렇게 익어 고개 숙인 들판을 걷거나 바라보는 꿈들은
☞ 성공 · 부귀 · 일의 성취 · 중년운세 등을 상징한다.
♞ 벼가 누렇게 익은 황금벌판을 걷는 태몽을 꾸면
☞ 출생할 아이는 장성하여 중년 이후에 부귀해진다.
♞ 다 익은 이삭 위에 새가 내려앉아 쪼아 먹는 꿈을 꾸면
☞ 사업상의 방해자가 나타난다.
♞ 벼를 베어 추수하는 꿈을 꾸면
☞ 일이나 사업이 결실기를 맞아 막대한 재물이 들어온다.
♞ 가족 중의 누군가가 자기 집 마당에 볏가리를 쌓는 꿈을 꾸면
☞ 머지않아 가운(家運)이 흥하여 큰 부자가 된다.
♞ 《성경》에 기록된 요셉의 꿈에서 자기가 묶은 곡식단을 형제들의 곡식단이 둘러싸고 경배를 하였다는 것은
☞ 장차 요셉의 자손과 그 집단에 대하여 형제들의 자손과 그 집단이 존경하고 경배할 것이라는 암시였다.
♞ 역시 《성경》에 기록된 바로왕의 꿈에서 마른 이삭 7개가 살찐 이삭 7개를 삼켜버렸다는 것은
☞ 7년 풍작으로 거둔 곡식을 7년 흉작 때 다 먹어치우게 된다는 암

시였다.

☗ 젊은 여자가 벼 한 단을 머리에 이고 남쪽에서 달려와 대궐에 불을 질렀다는 선조대왕의 꿈은

☞ 임진왜란으로 도성(都城)이 불타는 것에 비유되었다.

☗ 탈곡(脫穀)을 하는 꿈을 꾸면

☞ 이미 완료한 어떤 사업의 성과를 정리하여 새로운 자본금을 마련하게 된다.

☗ 타작을 끝낸 벼가 마당에 높이 쌓인 꿈을 꾸면

☞ 하는 일이 대성공을 거두어 막대한 재물을 얻게 된다.

☗ 알곡에서 쭉정이를 불러내는 꿈을 꾸면

☞ 구조조정이나 원고정리 작업을 하게 된다.

☗ 볏섬을 집안에 들이는 꿈을 꾸면

☞ 그 수효에 비견될 만한 재물이 들어온다.

☗ 볏섬을 집 밖으로 실어내는 꿈을 꾸면

☞ 그 수효만큼의 재물이 손실되거나 가족 수가 줄어든다.

☗ 볏섬이 곡간에 꽉 차 있는 꿈을 꾸면

☞ 부자가 되거나 입신양명하게 된다.

☗ 쥐들이 볏섬이나 쌀가마를 갉아 먹는 꿈을 꾸면

☞ 재물을 도난당하거나 손실이 발생한다.

☗ 마당에 멍석을 깔고 알곡을 말리는 꿈을 꾸면

☞ 이미 완료한 사업성과를 기반으로 새로운 사업을 시작하게 된다.

☗ 꿈에 등장한 정미소(精米所)는

☞ 기업체 · 관청 · 학교 · 병영(兵營) · 출판사 등을 상징한다.

☗ 볏섬을 정미소로 실어 가는 꿈을 꾸면

☞ 어떤 기업체에 종자돈과 같은 자본을 투자하게 된다.

집으로 실어온 쌀가마에 쌀은 없고 겨만 잔뜩 들어 있는 꿈은
☞ 투자한 자본에 비해 턱없이 적은 수익을 얻게 된다. 또는 사기를 당해 재물의 손실이 발생한다.
절구・방아 등으로 곡식을 빻아 가루로 만드는 꿈을 꾸면
☞ 어떤 이차적인 사업으로 재물을 얻게 된다.
돌아가신 부모 혹은 조부모가 풀이나 풀뿌리를 절구에 넣고 찧는 꿈을 꾸면
☞ 가족 중의 누군가가 병들어 그 치료에 매달리게 된다.
소가 연자방아를 돌리는 꿈을 꾸면
☞ 집안의 가장이 역경과 고통 가운데서 힘들게 생계비를 벌어온다.
꿈에 등장한 쌀〔米〕은
☞ 재물・작품・정선된 일・노력의 대가 등을 상징한다.
곡간에 쌀가마가 수북이 쌓인 꿈을 꾸면
☞ 큰 부자가 된다.
하늘에서 쌀알이 눈처럼 쏟아져 땅위에 수북하게 쌓이는 꿈은
☞ 머지않아 횡재를 하게 된다.
남에게서 소량의 쌀을 얻어오는 꿈을 꾸면
☞ 걱정거리가 생긴다.
꿈에 쌀알을 입에 물고 있다가 잠을 깨면
☞ 집안에 근심걱정이 생긴다.
부처님께 올리려고 쌀밥을 짓는 꿈을 꾸면
☞ 고시합격이나 문예작품 현상공모에 당선된다.
쌀밥 대신 잡곡밥을 먹는 꿈을 꾸면
☞ 탐탁하지 않은 일거리를 맡게 된다.
꿈에 등장한 보리〔麥〕는

☞ 벼와 상징의의가 같다. 다만 벼보다는 격이 낮은 소원충족이다.

♞ 꿈에 등장한 겉보리〔皮麥〕는

☞ 자금 · 인력 등을 상징한다.

♞ 꿈에 등장한 알보리〔裸麥〕는

☞ 재물 · 작품 등을 상징한다.

♞ 꿈에 등장한 콩〔豆〕은

☞ 재물 · 작품 등을 상징한다. 소량의 콩은 근심걱정의 상징이다.

♞ 몇 알의 콩을 손에 쥐거나 호주머니에 넣는 꿈을 꾸면

☞ 누군가와 싸움을 하거나 몸에 종기나 두드러기가 생긴다.

♞ 콩이나 팥을 그릇에 넣고 휘저어서 소리를 내는 꿈을 꾸면

☞ 집안에서 시끄러운 사건이 생긴다.

♞ 콩깍지가 수북이 쌓여 있는 꿈을 꾸면

☞ 집안에 일꾼을 고용할 일이 생긴다.

♞ 팥 · 땅콩 · 강낭콩 · 완두 등은

☞ 콩의 상징의의와 같다.

♞ 밀과 메밀은

☞ 벼와 보리와 상징의의가 같다.

♞ 메밀꽃이 활짝 핀 꿈을 꾸면

☞ 머지않아 영전을 하거나 사업이 번성한다.

♞ 수수 · 조 · 옥수수 등은

☞ 척박한 땅에서도 잘 자라며 씨 뿌린 양에 비해 소출이 많다는 점에서 대체로 사업자금을 상징한다.

♞ 꿈에 누군가가 씨앗으로 사용하라고 하면서 옥수수나 조의 이삭을 주었다면

☞ 우연한 기회에 생각지도 않았던 사업에 투자하여 일확천금을 하

게 된다.

- 참깨 · 들깨 · 유채 · 해바라기 · 사탕수수 · 담배 · 목화 · 삼 · 아마 · 왕골, 기타 여러 특수작물의 꿈은

☞ 일반적으로 재물과 작품의 상징인데, 나름대로의 이미지와 꿈 전체의 사연에 따라서 조금씩 다른 뜻을 나타낸다.

- 목화송이가 탐스럽게 피어난 목화밭을 걷는 꿈을 꾸면

☞ 사업이 번창하거나 신분이 고귀해진다. 또는 혼담이 무르익는다.

- 벼가 누렇게 익은 들판에서 허수아비를 흔드는 꿈을 꾸면

☞ 사업이나 소망이 성취되어 그 성과를 주변에 과시하게 된다.

- 화가의 경우, 허수아비가 캔버스를 상징하는 경우가 많은데, 꿈속의 허수아비에게 끈이 달려있다면

☞ 상당한 인고의 세월을 거친 다음에야 비로소 작품이 빛을 볼 수 있다는 암시다.

- 작가의 경우 정미소에서 쌀을 정미하는 일련의 과정이

☞ 원고(原稿)가 책으로 출판되는 과정에 비유되는 경우가 많다.

10

광물과 보석에 관한 꿈

❖ 흙(土)

흙이란 원석이 풍화작용으로 부서지고 그 속에 동식물이 썩은 유기물과 먼지 등이 뒤섞이면서 형성된 모든 것을 총칭한다. 그러나 꿈은 사람이 손으로 다룰 수 있는 한정된 범위의 것만을 그 상징재료로 내놓는다. 가령 흙가루·흙덩이·흙무더기 등은 재물·재료 등을 상징하며 일정 범위 내의 지표면은 사업기반·세력판도·영토 등을 상징한다.

- 무엇인가를 묻으려고 흙구덩이를 파는 꿈을 꾸면

☞ 비밀을 간직하다·보류하다·위장하다 하는 등의 관념과 결부된 어떤 일이나 사건이 생긴다.

- 죽은 사람을 흙구덩이에 묻는 꿈을 꾸면

☞ 재물을 숨기거나 어떤 비밀을 감출 일이 생긴다.

- 흙구덩이를 바라보며 자기나 가족 중의 누군가가 죽으면 묻을 장소라고 생각하는 꿈을 꾸면

☞ 조만간 집이나 직장, 또는 근무지를 옮기게 된다.

- 상인(商人)의 경우 비료 구덩이를 파는 꿈을 꾸면

☞ 새로운 거래처를 만들게 된다. 작자의 경우라면 창작물의 기초자료를 수집하게 된다.

- 길 한가운데 함정(陷穽)을 파고 위장하는 꿈을 꾸면

☞ 계교를 부려 어떤 세력을 공격하거나, 적대적인 상대방을 회유할 목적으로 어떤 음성적인 수단을 동원하게 된다.

- 남이 파놓은 함정에 자신이 빠지는 꿈을 꾸면

☞ 신분이 몰락하거나, 가산이 탕진되거나, 병에 걸리게 된다. 또는 유괴를 당할 수도 있다.

- 길이 패여 만들어진 웅덩이를 뛰어넘는 꿈을 꾸면

☞ 술수를 써서 자기를 해하려는 악한의 흉계를 피하거나 어려운 여건을 무사히 극복하게 된다.

♞ 흙을 파서 자기 집으로 가져오는 꿈을 꾸면

☞ 사업자금을 마련하거나 토지를 획득하게 된다.

♞ 흙으로 마당을 돋우는 꿈을 꾸면

☞ 사업기반을 확장하거나 튼튼하게 다지게 된다.

♞ 길 위에 쌓인 흙더미를 밀쳐내고 앞으로 나아가는 꿈을 꾸면

☞ 일시적인 난관을 무사히 극복하게 된다.

♞ 자기의 몸이 흙 속으로 빨려 들어가는 꿈을 꾸면

☞ 토지를 취득하거나 세력권을 형성하게 된다.

♞ 다른 사람이나 가축이 수렁에 빠져 허우적거리는 꿈을 꾸면

☞ 그로 동일시된 어떤 사람이 병들거나 가산을 탕진하게 된다.

♞ 손발에 흙이 묻는 꿈을 꾸면

☞ 질병에 걸리거나 누명을 쓰게 된다.

♞ 옷에 흙탕물이 튀거나 흙이 묻은 옷을 입는 꿈을 꾸면

☞ 자기의 신분·명예에 오점을 남길 만한 사건이 생긴다. 또는 가족 중의 누군가가 병에 걸린다.

♞ 논밭이 검은색으로 그 토양이 풍성하게 보이는 꿈을 꾸면

☞ 사업상의 제반 여건이 호전된다.

♞ 누런 흙을 다루는 꿈을 꾸면

☞ 사업이 순조롭게 진척된다.

♞ 붉은 진흙을 파오는 꿈을 꾸면

☞ 재물이 들어온다.

♞ 그러나 붉은 흙산을 바라보는 꿈을 꾸면

☞ 사회적으로 불길한 조짐이 나타난다.

흙으로 사람·동물 등의 형상을 빚는 꿈을 꾸면
☞ 그 형상이 암시하는 어떤 사업체나 창작물을 만들게 된다.

흙으로 불상을 빚는 꿈을 꾸면
☞ 심리학이나 철학과 관련된 논문·작품 등을 쓰게 된다.

수많은 흙벽돌을 만들거나 높이 쌓아올리는 꿈을 꾸면
☞ 상당한 지식이나 사업자금을 축적하게 된다.

대지에서 흙먼지가 뿌옇게 일어나 천지를 가리는 꿈을 꾸면
☞ 국가적 환란이 닥친다.

붉은 흙탕물이 세찬 물살을 이루며 흘러가는 꿈을 꾸면
☞ 국가 기강이 흔들려 퇴폐풍조가 만연하게 된다.

흙을 파서 금은보석이나 숨겨진 물건을 발견하는 꿈을 꾸면
☞ 어떤 기관·단체에서 특별한 권리를 획득하게 된다.

❖ 돌(石)

꿈에 등장한 돌〔石〕은
☞ 진리·작품·권리·인재·재물·방도·권능 등을 상징한다.

꿈에 등장한 바위〔岩石〕는
☞ 기관·단체·직장·업적 등을 상징한다.

강변에서 예쁜 조약돌 하나를 주워오는 태몽을 꾸면
☞ 장차 출생할 아이는 장성하여 학자나 관리로서 출세한다.

수북이 쌓아올린 자갈더미를 바라보는 꿈을 꾸면
☞ 머지않아 막대한 사업자금이 들어온다.

꿈에 조개껍질을 긁어모으니 갑자기 자갈로 변했다는 어떤 사람은
☞ 부채로 허덕이던 사업체를 대폭 정리하고 업종을 바꿈으로써 재기할 수 있었다 한다.

- 자갈이 깔린 산길에 비가 촉촉이 내리는 꿈을 꾸면
☞ 자기의 학설이 세상에 공개되어 세인들의 환영을 받게 된다.
- 비포장도로에 자갈 까는 꿈을 꾸면
☞ 어떤 교리를 설파하거나, 여러 사람들에게 좋은 방도를 제시하게 된다.
- 돌로 울타리를 쌓는 꿈을 꾸면
☞ 많은 협조자의 도움을 받아 자기의 사업이나 지위를 더욱 공고히 한다.
- 돌로 우물 벽을 쌓는 꿈을 꾸면
☞ 인적·물적 자원을 규합하여 사업체를 견고하게 할 일이 있다.
- 돌로 집을 짓는 꿈을 꾸면
☞ 주식회사를 설립하거나, 여러 학문적 자료를 집대성하게 된다.
- 돌로 축대를 쌓는 꿈을 꾸면
☞ 많은 인력과 자원을 동원하여 사업체나 재물을 보호하는 어떤 방비책을 마련하게 된다.
- 석축(石築)이 무너지는 꿈을 꾸면
☞ 협조세력이 와해되거나 방비책을 상실하게 된다.
- 누군가와 돌팔매질을 하면서 서로 맞고 때리는 꿈을 꾸면
☞ 누군가와 논쟁이나 시비를 벌이게 된다.
- 돌로 상대를 때리는 꿈을 꾸면
☞ 누군가를 매우 꾸짖어 깨우치게 한다.
- 상대가 돌로 자기를 때리는 꿈을 꾸면
☞ 누군가에게 자기의 행위·업적·작품 등에 관한 비평을 듣거나 시비를 받게 된다.
- 돌을 던져 어떤 동물이나 곤충을 죽이는 꿈들은

☞ 물리적인 힘을 행사하여 그 뜻한바 목적을 달성한다는 뜻이다.

♞ 돌을 던져 수면(水面)에 파문이 일게 하는 꿈을 꾸면

☞ 자기만의 독특한 이론이나 사상으로 어떤 기관·단체 등을 동요시키게 된다.

♞ 돌덩이가 큰 바위로 변하는 꿈을 꾸면

☞ 작게 시작한 일이 큰 사업으로 발전하게 된다.

♞ 돌을 던져 큰 바위를 부수는 꿈을 꾸면

☞ 기발한 수단을 동원하여 어떤 벅찬 일거리를 성취하거나, 적대적인 경쟁세력을 와해시킬 수 있다.

♞ 큰 돌을 잘게 부수는 꿈을 꾸면

☞ 사업체나 어떤 문서를 세분할 일이 생긴다.

♞ 돌탑〔石塔〕을 바라보는 꿈을 꾸면

☞ 위인이 남긴 업적이나 서적, 또는 역사적인 유물 등을 연구하게 된다.

♞ 꿈에 돌탑 주위를 돌며 무엇인가 염원하는 행동을 취했다면

☞ 권력기관이나 권력가에게 소청할 일이 있는데 그것은 실현된다.

♞ 돌탑 위로 올라가는 꿈을 꾸면

☞ 계급이나 직위가 높아진다.

♞ 돌탑에서 사리(舍利)나 금은보화를 꺼내는 꿈을 꾸면

☞ 진리를 깨우치거나 지적재산권을 획득하게 된다.

♞ 동굴 입구를 막은 돌문을 열고 안을 들여다보는 꿈을 꾸면

☞ 장차 새로운 기술이나 학설을 발견하고 개발하게 된다.

♞ 로마시대의 석조유물에서 대리석 돌기둥을 바라보는 꿈을 꾸면

☞ 과거 훌륭한 업적을 남긴 위인들의 행적을 추적하거나, 그 업적을 연구할 일이 생긴다.

석불(石佛)이나 암벽에 양각된 부처의 부조(浮彫) 등은
☞ 위인이 남긴 서적이나 사진을 상징한다.
석불이나 부조가 살아나 걷고 말하는 꿈을 꾸면
☞ 그 불상의 이미지를 지닌 존경하는 윗사람을 만나게 된다.
무덤 앞에 세워진 망부석이 자기에게 절을 하는 꿈을 꾸면
☞ 장차 관료로서 출세하여 고위직에 오르게 된다.
돌로 만든 사자·소·원앙·용·뱀 등의 동물상은
☞ 업적·유물·문헌·문화재 등을 상징한다.
꿈에 묘비(墓碑)에 새겨진 글귀를 또렷하게 읽을 수 있으면
☞ 세인(世人)들에게 오래 기억될 큰 업적을 남기게 된다.
돌절구에 음식재료를 넣고 찧거나 빻는 꿈을 꾸었을 때
☞ 절구는 사업기반이고, 음식재료는 일거리이며, 절구공이는 방도나 협조자의 상징이다.
돌절구〔石臼석구〕가 태아표상으로 등장한 태몽을 꾸면
☞ 장차 출생할 자손은 사업가로 대성한다.
꿈에 등장한 맷돌〔石磨〕은 사업기반을 상징하는데
☞ 위아래 돌은 그 사업기반의 상·하부의 조직을 나타낸다.
위아래 돌이 어긋나거나 짝이 맞지 않아 맷돌을 돌리지 못하면
☞ 상하가 결속되지 못하여 조직이 와해될 수 있다.
산 중턱에서 돌로 만든 번철(燔鐵 : 지짐질 판) 두 개를 얻어 양쪽 겨드랑이에 끼고 돌아오는데, 길가에 끝없이 이어진 들판에는 누런 벼가 황금물결을 이루고 있었다는 태몽은
☞ 장차 출생할 아이가 장성하여 두 개의 사업체를 일으키거나, 두 가지의 유산을 상속받아 큰 부자가 될 것인데, 그것은 중년 이후에 이루어진다는 뜻이었다.

《성경》에 기록된 느브갓네살 왕의 꿈처럼 하늘에서 돌이 날아와 우상·건물 등을 부숴버리면

☞ 기존의 낡은 교리·학설·관습 등을 타파하는 새로운 진리나 사조(思潮)가 등장한다.

사업가나 정치인의 경우 바위가 공중을 날아다니는 꿈을 꾸면

☞ 현재 위치의 여러 가지 입지조건이 불안정해진다.

꿈에 등장한 동굴(洞窟)은 학교·연구원 등을 상징하는데

☞ 학문연구·탐색·고찰·외유·비밀·수색 등과 관련이 있는 미래의 일이나 사건을 암시한다.

불을 켜들고 동굴의 내부를 탐색하는 꿈을 꾸면

☞ 어떤 비밀을 밝히려고 조사할 일이 생긴다.

동굴을 관통하여 반대쪽으로 나가는 꿈을 꾸면

☞ 조만간 외국여행을 하게 된다.

채찍으로 바위벽을 쳐서 무너뜨린 독일 재상 비스마르크의 꿈은

☞ 어떤 특별한 방도를 동원하여 정치적 난관을 극복하게 된다는 암시였다.

맨주먹으로 바위를 쳐서 부숴버리는 꿈을 꾸면

☞ 큰 사업을 성취하거나 막강한 권력을 장악하게 된다.

주먹이나 지팡이로 바위를 쳐서 물이 쏟아져 나오게 하는 꿈은

☞ 공공사업을 통해 막대한 부를 축적하거나, 세인을 감동시킬 정신적 사업을 벌이게 된다.

상층부가 넓고 편편한 바위 위에 서거나 앉는 꿈을 꾸면

☞ 기반이 튼튼한 어떤 조직체의 우두머리가 되어 안정적인 삶을 영위하게 된다.

힘겹게 암벽(岩壁)을 기어오르는 꿈은

☞ 지금 하고 있는 일거리를 성취하기 어렵다는 표현이다.

♞ 로프나 징을 사용하여 암벽을 오르는 꿈은

☞ 지금 하고 있는 일을 성사시키기 위해 특별한 방도나 협조자를 동원하게 된다는 뜻이다.

♞ 꿈에 해변에서 울퉁불퉁한 바위들이 솟아 있는 광경을 보면

☞ 높은 빌딩들이 들어찬 어느 외국의 해안도시를 방문하게 된다.

♞ 파도가 부딪치는 바위에 앉아 있는 꿈을 꾸면

☞ 시대적 조류나 유행의 영향을 받는 어떤 직업에 종사하게 된다.

♞ 가까운 사람이나 애완동물이 바위로 변하는 것을 보면

☞ 애착을 가지고 추진하던 어떤 일거리가 성사된다.

♞ 역사적 사연을 간직한 이름난 바위가 꿈에 등장했을 경우, 그 바위가 암시하는 것은

☞ 그 전설적 이미지를 지닌 어떤 인물이나 단체의 업적을 나타내는 것이다.

♞ 바위에 돌이끼가 생기고 그 위에 꽃이 피는 꿈을 꾸면

☞ 연륜이 오랜 자기 회사가 오랜 침체 기간을 벗어나 다시 융성하게 된다.

♞ 꿈에 수많은 수정(水晶)을 보거나 얻는 꿈을 꾸면

☞ 훌륭한 인재·권리·재물 등을 얻게 된다.

♞ 꿈에 등장한 대리석(大理石)은

☞ 인재·재물·권리 등을 상징한다. 또는 권세의 상징이다.

♞ 벽돌을 많이 생산하거나 집으로 들여오는 꿈을 꾸면

☞ 많은 재물이 생긴다.

♞ 벽돌을 쌓아 벽을 만드는 꿈을 꾸면

☞ 후세에 전해질 큰 업적을 남기게 된다. 또는 실제로 건설업에 종

사할 수도 있다.

❖ 모래(沙)

☗ 모래〔沙〕는 일정한 형태를 유지하지 못하고 허물어지기 쉬운 것이라는 관념적 이미지를 표현한다.

☞ 따라서 꿈에 등장하는 모래는 사업기반의 취약함 · 무한한 수치 · 공적의 허위 · 벅찬 일거리 등을 상징한다.

☗ 모래 짐을 지고 언덕을 오르는 꿈을 꾸면

☞ 한때나마 몹시 고달프고 어려운 고비를 겪게 된다.

☗ 등에 짊어진 모래가 솔솔 빠져나가 모두 없어지는 꿈을 꾸면

☞ 오랜 병고(病苦)나 실패로 인한 좌절감에서 벗어나게 된다.

☗ 건축자재로 쓰기 위해 모래를 자기 집의 마당에 운반하는 꿈은

☞ 조만간 어떤 새로운 사업을 시작한다는 뜻이다.

☗ 굵은 모래와 잔모래를 채로 쳐서 고르는 꿈은

☞ 사업체 정비나 원고정리 등의 작업에 비유된다.

☗ 모래 위에 자기 발자국을 남기는 꿈은

☞ 어떤 일이나 사건에 자신의 행적을 남긴다는 뜻이다.

☗ 강변의 모래밭에서 금은보화 · 그릇 · 동물 등을 캐내는 꿈을 꾸면

☞ 좋은 입지조건에서 인적 · 물적 자원이나 권리를 얻게 된다.

☗ 손에 움켜쥔 모래가 손가락 사이로 빠져나가는 꿈을 꾸면

☞ 어렵게 획득한 재물이 부지불식간에 빠져나가 오랜 노력이 헛된 것이 되어버린다.

☗ 모래밭에 씨앗을 뿌리는 꿈은

☞ 장차 힘에 부치거나, 장래가 불확실하거나, 적성에 맞지 않는 직업 · 일거리 등에 종사하게 된다는 암시다.

♞ 모래성을 쌓는 꿈은

☞ 허망한 욕심으로 쉽게 무너질 공적(功績)을 쌓는다는 뜻이다. 실패의 상징이다.

♞ 높이 쌓은 모래 산의 중간 부위가 무너지고 그곳으로부터 맑은 물이 폭포처럼 쏟아져 나오는 꿈을 꾸었다는 어느 재수생은

☞ 여러 번의 실패와 각고의 노력 끝에 그의 능력에 견주어선 불가능한 것으로 여겨지던 어떤 명문대학에 합격할 수 있었다 한다.

♞ 사막(砂漠) 한가운데서 길을 잃고 심한 갈증으로 오아시스를 찾아 헤매는 꿈은

☞ 자기의 운세가 한때나마 절망상태에 놓이게 된다는 뜻이다.

❖ 광산(鑛山) · 보석(寶石) · 광물(鑛物)

♞ 광산을 방문하는 꿈을 꾸면

☞ 머지않아 연구소나 개발업체를 방문하게 된다.

♞ 광맥을 발견하는 꿈을 꾸면

☞ 횡재수가 생기거나 돈줄이 될 만한 사업 아이템을 발굴하게 된다.

♞ 광석을 채굴하는 꿈을 꾸면

☞ 사업상 큰 이득이 생기거나 학문적 성과를 얻게 된다.

♞ 꿈에 등장한 광석(鑛石)은

☞ 일의 성과 · 학문적 업적 · 사람의 인품 등을 상징한다.

♞ 소설가가 광산에서 광석을 채굴하는 꿈을 꾸면

☞ 새로운 소재를 얻어 신작(新作)에 착수하게 된다.

♞ 산자락에서 이름 모를 광석이 노출된 광경을 보면

☞ 생각지도 못한 곳에서 막대한 사업자금을 손쉽게 얻게 된다.

♞ 광석더미에 곡괭이가 꽂혀 있는 광경을 보았다는 어느 중앙부처

공무원의 꿈은

☞ 국가건설 사업을 상징하는 것이었다. 이후 그는 실제로 재정경제부에 근무하면서 국가경제가 비약적으로 발전하는 과정을 가까이서 지켜보았다 한다.

기관차가 광석을 실어 나르는 꿈을 꾸면

☞ 침체되었던 자기의 사업이나 국가경제가 되살아나게 된다. 증산·수출·부흥 등을 상징한다.

광산에서 금·은 등의 보석을 캐어 집으로 가져오는 꿈을 꾸면

☞ 실제로 큰 재물이 들어온다.

금은 황금과 백금의 두 종류로 나뉘지만 금이라 하면 언뜻 황금을 떠올리게 된다. 그 용도가 다양하고 광택이 아름다워 예로부터 귀금속의 대명사처럼 여겨졌다. 화폐가치의 기본이며, 빈부의 척도로서 황금은 부(富)를 나타내는 관념표현의 정수(精髓)다. 인간사에 있어 황금이 차지하는 비중이 얼마나 높은지를 반영하듯이, 꿈속에서도 황금은 부귀와 영화의 으뜸가는 표상이며 〈황금〉 이나 〈황금빛〉 같은 언어표상마저 가장 길한 징조로서 표현된다.

길바닥에 떨어진 금화나 금괴를 줍는 꿈을 꾸면

☞ 명예·진리·방도·인재·재물 등을 얻게 된다.

다른 사람으로부터 금화나 금괴를 건네받는 꿈을 꾸면

☞ 상(賞)을 받거나 명예를 획득하게 된다.

꿈에 금반지를 얻었을 때, 그것이 어떤 기념물(記念物)이라는 관념이 떠오르는 것은

☞ 유산·계약·결혼·애정 등을 상징하는 것이다.

자기가 소유한 귀금속을 남에게 자랑하는 꿈을 꾸면

☞ 남에게 자기의 신분·명예·자손 등을 과시하게 된다.

- 금반지가 태아표상으로 등장한 태몽을 꾸면
☞ 장차 출생할 아이는 부귀영화를 누리게 된다.
- 백금반지가 태몽표상으로 등장한 태몽을 꾸면
☞ 출생할 아이가 부모로부터 막대한 유산을 상속받아 부귀한 삶을 영위하게 된다.
- 쌍가락지를 얻는 꿈을 꾸면 두 번째 아이나 쌍둥이 여아를 출산할 가능성이 높다.
☞ 태아표상이라면 장성한 뒤 어떤 조직에서 두 번째에 해당하는 지위를 차지한다는 뜻이다.
- 꿈에 상대에게 정표(情表)로 받은 금반지 케이스〔匣〕를 열어보니 비어 있었다면
☞ 장차 누군가의 감언이설에 속아 호된 고초를 당하게 된다.
- 처녀의 경우, 금반지를 받는 꿈을 꾸면
☞ 혼담이 성사되어 결혼을 하게 된다.
- 남성의 경우, 금반지를 받는 꿈을 꾸면
☞ 연인(戀人)·재물·명예·사업체 등을 얻게 된다.
- 꿈에 등장한 황금불상(黃金佛像)은
☞ 진리탐구자나 진리가 담긴 서적을 상징한다.
- 화재로 소실된 어떤 건물의 잿더미 위에서 찬연하게 빛나는 작은 황금불상을 보았다는 태몽은
☞ 장차 출생할 아이가 장성하여 큰 횡재를 하게 된다는 암시였다.
- 머리에 금관(金冠)을 쓰는 꿈을 꾸면
☞ 최고의 명예나 최대의 권세를 획득하게 된다. 물론 그것은 개인적인 분복에 따라 각기 다른 형태의 소원충족으로 나타난다,
- 금귀고리·금목걸이·금팔찌 등 금으로 만든 장신구(裝身具)는

☞ 용도에 따라 그 상징의의가 조금씩 달라지지만, 보통 명예·부귀·영광 등을 상징한다.

금으로 만든 버클을 팔려고 망설이다 꿈을 깨었다는 어떤 여인은

☞ 그 뒤 딸의 혼처를 고르고 고르다가 결국 혼기마저 놓치게 되었다고 한다.

꿈에 금단추를 얻은 공무원은

☞ 조만간 진급을 하게 된다.

처녀의 경우 금목걸이를 목에 거는 꿈을 꾸면

☞ 머지않아 훌륭한 남자에게 시집을 가게 된다.

옷소매나 겨드랑이에 금줄이 달린 옷을 입는 꿈을 꾸면

☞ 신분이 높은 사람과 인연을 맺어 큰 도움을 받게 된다.

처녀의 경우 금실로 수놓인 치마를 얻는 꿈을 꾸면

☞ 좋은 가문으로 시집을 가게 된다.

금으로 만든 밥그릇·수저·술잔·촛대 등을 얻는 꿈을 꾸면

☞ 장차 부귀(富貴)를 누리게 된다.

남성의 경우, 늘 차던 시계를 버리고 새 금시계를 차는 꿈은

☞ 불만이 많았던 결혼생활을 청산하고 새로운 배우자와 재혼을 하거나 새 직장을 얻게 된다.

금방울이 태아표상으로 등장한 태몽을 꾸면

☞ 출생할 아이는 장성하여 유명한 가수가 된다.

금으로 만든 도장〔金印〕을 얻는 태몽을 꾸면

☞ 장차 출생할 아이는 관료(官僚)로서 출세를 하게 된다.

금 두꺼비나 금송아지를 얻는 꿈을 꾸면

☞ 횡재를 하게 된다. 복권당첨의 꿈이 될 수 있다.

땅속에서 금덩이를 캐내는 꿈을 꾸면

☞ 지금 하고 있는 일이나 소망이 성취되어 재물이 들어온다.

♞ 꿈에 등장한 은(銀)은

☞ 금의 상징의의와 같다. 다만 금보다는 격(格)이 낮은 소원충족을 나타낸다.

♞ 은으로 만든 물건이 태아표상으로 등장한 태몽을 꾸면

☞ 출생할 아이는 고상한 인품으로 품격 높은 직업을 갖게 된다.

♞ 꿈에 등장한 다이아몬드〔金剛石〕는

☞ 금과 상징의의가 유사하다. 다만 금과 비교하여 어느 것이 더 격(格)이 높은가 하는 것은 꿈꾼 사람의 잠재지식에 따른다.

♞ 비취・루비・에메랄드・산호・호박・진주 등의 보석은

☞ 금・은 등의 상징의의와 유사하다. 다만 어떤 수준의 소원충족인가 하는 것은 꿈꾼 사람의 잠재지식에 따른다.

♞ 온갖 보석들로 가득 찬 보물단지나 보석함을 얻는 꿈을 꾸면

☞ 머지않아 생애(生涯) 최고의 소원을 충족하게 된다.

♞ 관리(官吏)의 경우 보석을 잃어버리는 꿈을 꾸면

☞ 지위를 상실하여 신분이 몰락하게 된다.

♞ 임산부의 경우 보석을 잃어버리는 꿈을 꾸면

☞ 유산하기 쉽다. 또 낳더라도 일찍 자식을 잃게 된다.

♞ 누군가가 자기의 보석을 탐내어 들여다보는 꿈을 꾸면

☞ 아내나 딸을 유린하려는 자가 나타나거나 자기의 비밀이나 아이디어를 캐내려는 자가 접근한다.

♞ 반지나 목걸이 등 보석으로 장식된 장신구가 빛을 발하지 않거나 변색되는 꿈을 꾸면

☞ 자신의 신분・명예・건강 등에 있어 좋지 않은 변화가 생긴다.

♞ 반대로 그 장신구들이 전보다 더 밝게 빛나 휘황찬란한 꿈을 꾸면

☞ 조만간 대길한 운세를 맞게 된다.

♞ 다이아몬드가 빛을 발하여 어둠을 밝히는 꿈을 꾸면

☞ 세상에 자기의 명성을 떨칠 일이 생긴다.

♞ 구리로 만들었다고 생각되는 장난감 반지가 다이아몬드·금·은 등의 보석반지로 변하는 꿈을 꾸면

☞ 신분이 갑자기 격상되거나 횡재수가 생긴다. 또는 입지전적(立志傳的)인 인물과 상관하게 된다.

♞ 꿈에 등장한 구리〔銅〕, 또는 구리제품은

☞ 재물·명성·소문 등을 상징한다.

♞ 꿈에 등장한 구리로 만든 엽전(葉錢)은

☞ 인격·가치·유물·유산 등을 상징한다.

♞ 구리가 녹색으로 변하는 꿈을 꾸면

☞ 질병에 걸리거나 근심걱정이 생긴다. 죽음의 상징일 수 있다.

♞ 꿈에 등장한 철(鐵)이 그 형태로서 재료가치가 있을 경우

☞ 재물의 상징이다.

♞ 꿈에 등장한 철제품(鐵製品)이 용도가치가 있을 경우 그것은

☞ 인격·수명·의지·방도 등을 상징한다.

♞ 꿈에 등장한 납·주석·아연·수은 등의 금속은

☞ 철과 유사하나 그 용도에 따라 각기 상징의의가 달라진다.

♞ 기구나 식기 등의 쇠붙이가 녹이 슨 꿈을 꾸면

☞ 인기·명예·건강 등이 위기에 봉착한다.

♞ 꿈에 등장한 석유(石油)는

☞ 재물·자원·동력·생명력·활력소 등을 상징한다.

♞ 꿈에 등잔에 석유(등유)가 바닥나 등불이 깜빡이며 사그라지는 것을 걱정하고 있는데, 누군가가 석유를 넣어주어 불이 환하게

빛나는 것을 보았다는 어떤 상인은

☞ 장사를 하다가 사업자금이 바닥이 나 고심을 하던 중 이웃사람의 도움을 받아 극적으로 회생할 수 있었다고 한다.

유정(油井)에서 석유가 분출하여 하늘 높이 솟아오르고 지상은 석유바다가 되는 꿈을 꾸면

☞ 사업이 갑자기 새로운 활로를 찾아 급속하게 번창하게 된다. 작가라면 베스트셀러의 꿈이다.

석유난로에 석유가 떨어져 불을 피울 수 없는 꿈을 꾸면

☞ 사업은 부득이한 사정으로 중단될 것이며, 생활궁핍으로 심한 고통을 받게 된다.

자동차에 휘발유 등이 떨어지거나 공장의 기계가 기름이 없어 멈추어 서는 꿈을 꾸면

☞ 사업체의 자금이 고갈되어 도산 직전에 몰리게 된다.

산꼭대기에서 물이 아닌 기름이 계곡을 타고 흘러내리는 꿈은

☞ 종교적 전도사업·작품 발표·정신적 작업 등에 있어 큰 성공을 거두게 된다.

기업가의 경우, 기름을 가득 실은 대형 유조선이 항구에 접안하는 꿈을 꾸면

☞ 외부로부터 오매불망(寤寐不忘) 기다리던 사업자금이 들어온다.

꿈에 등장한 석탄(石炭)은

☞ 재물·자산 등을 상징한다.

석탄난로에 석탄을 집어넣는 꿈을 꾸면

☞ 조만간 어떤 회사에 직접 투자를 하게 된다.

창고에 연탄을 쌓아두는 꿈을 꾸면

☞ 재물이 들어오거나 장사 밑천 또는 사업자금을 마련하게 된다.

연탄가스에 중독되는 꿈을 꾸면

☞ 어떤 사상에 감화되거나, 유행성 질병에 감염된다.

LPG나 도시가스 등의 연료용 가스는

☞ 지적재산권이나 선전효과 등을 상징한다.

유정에서 분출되는 천연가스가 불에 타는 꿈을 꾸면

☞ 매스컴을 통해 국제사건에 관한 뉴스를 보거나 듣게 된다.

벽이나 호스에서 가스가 새는 꿈을 꾸면

☞ 특허권이나 저작권 등을 침해당하게 된다.

꿈에 등장한 유리는

☞ 투시 · 위장 · 비밀 · 결백 · 그리움 · 나약 · 염탐 등을 상징한다.

닫힌 유리문을 통해 방안에서 전개되는 광경을 바라보는 꿈은

☞ 자기와 관련이 있는 어떤 중대한 사건이 먼 곳에서 발생하거나, 기다리는 사람으로부터 상당히 오랜만에 소식이 도착한다.

거울 속의 자기 얼굴을 들여다보는 꿈을 꾸면

☞ 조만간 그리던 연인이나 반가운 손님을 만나게 된다.

유리관에 담긴 시체를 바라보는 꿈은

☞ 일을 추진함에 있어 그 내용은 명확하게 알고 있지만, 약간의 방해에 부딪치거나 시간이 지체되어 쉽게 성취할 수 없다는 뜻이다.

유리문을 통해 어떤 사건이나 물상을 바라보는 태몽을 꾸면

☞ 장차 출생할 아이는 부모와 멀리 떨어져 살게 된다.

보석으로 만든 구슬은

☞ 명예 · 권세 · 진리 · 지혜 등을 상징한다.

어린아이가 구슬치기를 하다가 유리구슬 몇 개를 호주머니에 집어넣는 꿈을 꾸면

☞ 머지않아 친구와 심하게 다투게 된다.

11

색체·시간·방향 등에 관한 꿈

❖ 색채(色彩)

꿈은 흑백영화와 같은 무채색(無彩色)이며 모든 시각적 물상이 현실과 같은 천연색(天然色)으로는 표현되지 않는다고 생각하는 사람들도 의외로 많다. 그러나 실상 꿈은 천연색으로 표현되는 경우가 보통이다. 천연색이 아니라고 생각하는 주된 이유는 꿈속의 장면들이 인상적이지 않았거나, 기억이 부실하기 때문이다. 모든 물상의 색깔은 특별한 상징적 이미지를 구현하기 위하여 가공된 관념적 표상이므로 단순히 과거의 기억을 재현하는 것만은 아니다.

파란색은

☞ 젊음・청년기・초년・원기・방랑・박애 등의 관념과 결부된 사물을 상징한다.

남색은

☞ 깊이・인내・중년・중심 등의 관념과 결부된 사물을 상징한다.

노란색은

☞ 부귀・사랑・존경・성숙・애정・애착 등의 관념과 결부된 사물을 상징한다.

그러나 누렇게 빛이 바랜 과일은

☞ 늙고 오래된 것이나 수명을 다한 것을 암시한다.

빨간색은

☞ 정열・충성・정조・명예・열성・노력 등의 관념과 결부된 사물을 상징한다.

그러나 붉은 글씨가 등장한 꿈은

☞ 퇴출(退出)이나 휴식(休息)상태에 놓인다는 암시다.

붉은색으로 표현된 동물은

☞ 호전적이고 열정적이며 의지적인 사람을 동일시한다.

새빨간 옷을 입는 꿈을 꾸면

☞ 누군가의 모함에 빠지거나, 싸우거나, 흥분하거나, 상해를 입게 된다. 간혹 신분이 고귀해지는 암시로서 표현되는 경우도 있다.

초록색은

☞ 질투 · 시기 · 적의 · 나약 · 애착 · 유아기 · 소년기 · 초창기 등의 관념과 결부된 사물을 상징한다.

초록빛 새싹이 파릇파릇 돋아나는 꿈은

☞ 어떤 일이 이제 막 시작된다는 뜻이다.

분홍색은

☞ 연애 · 명예 · 기쁨 · 애착 · 공로 · 호강 등의 관념과 결부된 사물을 상징한다.

동산에 분홍빛 진달래가 만개한 꿈을 꾸면

☞ 진급이나 영전 등의 영광을 차지하게 된다.

꿈에 분홍 드레스를 입은 여성은

☞ 결혼 · 애정 등에 있어 좋은 일이 생긴다.

보라색은

☞ 수줍음 · 겸손 · 아늑함 · 존경심 등의 관념과 결부된 사물을 상징.

보라색 커튼을 치는 꿈을 꾸면

☞ 부부간의 정이 두터워진다.

밤색은

☞ 더러움 · 미움 · 늙음 · 노련 · 숙련 · 완숙 등의 관념과 결부된 사물을 상징한다.

밤색 구렁이는

☞ 교활하여 미덥지 않다고 생각하게 될 어떤 인물을 동일시한다.

그러나 밤색 구두를 신는 꿈을 꾸면

☞ 신분이 새로워지거나 밤색 기와를 올린 새집을 사게 된다.

♞ 검은색은

☞ 암담함 · 무의미 · 불길 · 불쾌 · 음탕 · 비밀 · 미개척 · 죽음 · 부도덕 등의 관념과 결부된 사물을 상징한다.

♞ 꿈의 사연에 따라서는 검은색이

☞ 후덕함이나 자비심으로 표현되는 경우도 있다.

♞ 날이 칠흑같이 어두운 것은

☞ 암담한 상황을 나타낸다.

♞ 검고 탁한 물이나 검은 수렁은

☞ 질병 · 죄악 등을 나타낸다.

♞ 날이 어두컴컴하거나 사물이 검은 색조를 띤 채 희미한 것은

☞ 미지 · 불분명 · 미개척분야 · 생소한 곳 등을 나타낸다.

♞ 그러나 검은 구렁이는

☞ 특별한 인물이나 특색 있는 작품을 상징한다.

♞ 하얀색은

☞ 결백 · 정의 · 소박 · 순결 · 청렴 · 처녀 · 유산 · 쇄신 · 항의 등의 관념과 결부된 사물을 상징한다.

♞ 새하얀 동물이 검은 장막 안에 갇혀 있어 두 개의 물상이 뚜렷하게 대비되는 꿈을 꾸면

☞ 이제까지 감춰져 있던 어떤 사건이나 작품이 세상에 그 모습을 드러내게 된다.

♞ 꿈에 검은 반점을 가진 흰 구렁이를 보면

☞ 유업(遺業)이나 유산을 물려받게 된다.

♞ 회색은

☞ 이중인격 · 위선 · 경멸 · 죄업 · 미완성 · 잔재 · 허약성 등의 관

넘과 결부된 사물을 상징한다.

- 꿈에 회색 옷을 입은 사람은
- ☞ 죄인, 또는 병자를 동일시한다.
- 회색의 동물은
- ☞ 이중인격자 · 미완성작품 등을 상징한다.
- 잡색(雜色)은
- ☞ 다목적 · 복잡 · 모호 등의 관념을 유발하는 일이나 사건을 암시.

❖ 시간(時間)

꿈속에서의 시간관념처럼 불분명한 것도 없다. 꿈은 멀거나 가까운 장래에 발생할 어떤 사건을 예시하는 것이지만, 극히 일부분의 투시적인 꿈을 제외하고는 그 시간과 장소가 모호하게 표현되는 것이 일반이다. 이것을 정확히 가려내려면 전후사연이 종합된 세밀한 해석이 전제되어야 할 것이다. 또한 꿈의 암시가 다음날이나 2~3일 내에 실현될 수도 있고 수년이 지난 후, 아니면 수십 년이 지난 후에라도 실현될 수도 있다는 점을 반드시 유념해야 할 것이다.

- 투시적인 꿈에서는 동시간대에 벌어지는 현재적 사건을 암시하는 경우도 있는데
- ☞ 꿈에 옆집 창문으로 누군가 들어가는 장면을 보고 잠을 깨었더니 실제로 이웃집에 도둑이 들어 훔친 물건을 들고 창문을 통해 도망하는 것을 보았다는 경우가 그 예이다.
- 또한 비행기 안에서 부친이 사망하는 꿈을 꾸었는데
- ☞ 현실에서 그 시간에 부친이 실제로 사망을 하였다는 사례도 있다.
- 신체의 내 · 외부에 가해지는 감각자극이 꿈에 도입되어 형성되는 자극몽(刺戟夢)도 이와 비슷한데

☞ 오줌이 마려워 기분 좋게 소변을 보는 꿈을 깨니 실제로 오줌을 싸고 말았다는 경우가 그 예이다.

♞ 우박이 빗발치듯 쏟아지며 요란한 소리를 내는 꿈을 꾼 사람은

☞ 그 몇 시간 뒤 강연장에서 우박소리 같은 박수갈채를 받았다.

♞ 집에 불이 나는 꿈을 꾸고 일어나 보니

☞ 실제 자기 집에 화재가 발생하였다고 한다.

♞ 위의 사례처럼 꿈은 깨고 난 바로 뒤에, 아니면 하루 사이에 일어날 사건을 암시할 수도 있다.

☞ 그러나 대부분의 꿈들은 상당한 시일이 경과하여 기억에서 지워질 때쯤 실현되는 것이 보통이다.

♞ 그러나 꿈에 예언 형식으로 표현된 날짜와 시간이 현실에서 아주 정확하게 들어맞는 경우도 있는데

☞ 이런 꿈을 사실몽(事實夢)이라고 한다.

♞ 가령 꿈속에서 「○○은 ×월 ×일에는 돌아온다.」라고 말하는 소리를 들었을 경우

☞ 그것이 사실몽이라면 암시된 바로 시각에 기다리는 사람을 만날 수도 있다는 것이다.

♞ 일자를 나타내는 꿈의 표현은 음력과 양력을 겸용하는데

☞ 어려서부터 음력에 익숙한 사람의 꿈속에서는 음력으로 표현되는 경우가 더 많다.

♞ 정초에 꾸는 꿈이 그 해의 운세를 나타내는 것이라는 믿음은

☞ 잘못된 것이다. 이것은 밤과 낮의 꿈이 다르다고 주장하는 것처럼 전혀 근거가 없는 것이다.

♞ 그러나 새집으로 이사를 하거나 새 직장에 출근한 날 꾸는 꿈이

☞ 그 집이나 직장과 결부된 자기의 운세를 암시하는 것일 수 있다.

- 꿈속에서 어떤 대상물까지 오간 거리가
☞ 현실에서 일정한 기간의 경과를 암시하는 경우가 많다.
- 가령 꿈속에서 단지 책상과 책상 사이를 옮겨갔다 해도
☞ 그것이 시간적 표상일 경우 현실에서 상당히 오랜 시일이 경과함을 암시할 수 있다는 것이다.
- 꿈에 기다리던 사람이 멀리서 다가오는 장면을 보았다면
☞ 현실에서는 상당히 긴 시일을 기다려야만 만날 수 있다.
- 꿈속에서 그가 이미 대문 밖에 당도해 있다면
☞ 좀더 가까운 시일 내에 만나볼 수 있을 것이고,
- 방안으로 들어와 있었다면
☞ 그보다 더 가까운 시일 내에 만나게 될 것이다.
- 꿈에 자기 집이 어떤 일의 시종(始終)을 암시하는 표상으로 등장하였을 경우
☞ 집을 출발하는 것은 일의 시작을, 집으로 돌아오는 것은 일의 종결이나 성공 여부를 나타낸다.
- 태몽에서도 집의 안팎에서 벌어지는 장면들이 태아의 운세를 암시하는 경우가 많은데
☞ 이때 방에서 대문 밖으로 나가는 것이 초년에서 중년까지의 기간을, 대문 밖에서 방안으로 들어오는 것이 중년에서 말년까지의 기간을 암시한다.
- 꽃이 피다가 갑자기 열매를 맺는다거나, 동물이 별안간 사람이나 물건으로 변한다거나, 강물이 순식간에 말라버린다거나 하는 것처럼 꿈속에서의 급작스런 장면 전환은
☞ 인생의 전환기가 갑자기 찾아온다는 암시일 경우가 많다. 다른 장면을 보다가 되돌아보았을 때 그렇게 되었다면 두 개의 사건 사

이에 상당한 시간이 경과한다는 뜻이다.

♞ 꿈속에서 담장이나 유리창 밖에서 벌어지는 장면들이

☞ 상당히 먼 훗날에 체험될 사건을 암시하는 경우가 많다.

♞ 꿈에 앉거나, 서거나, 눕거나 하는 행동표현은 뭔가를 기다리게 된다는 암시인데 각각의 양태에 따라 기다려야 할 기간이 달라진다.

☞ 서 있었다면 빠른 기간 내에 이루어질 일이요, 앉아 있었다면 그보다는 좀더 오랜 기간 내에 이루어질 일이고, 누워 있었다면 상당히 오랜 기간이 경과한 다음 이루어질 일이다.

♞ 꿈속에서 인식하는 계절이 중요한 암시적 표상으로 등장하였다면

☞ 봄은 시초・애정・여성 등을, 여름은 성장・젊음・왕성함・노출 등을, 가을은 성숙・풍요・남성 등을, 겨울은 말년・휴지(休止)・완고 등을 각각 상징한다.

♞ 잔설이 남은 겨울동산에 온갖 꽃이 만발한 꿈은

☞ 오랜 고난 끝에 뜻밖의 행운이 찾아온다는 뜻이다.

♞ 꿈에 등장한 어떤 숫자(數字)가 시간의 길이를 암시할 경우, 그것은 음(音)의 연상으로 표현되는 경우가 많다.

☞ 가령 꿈에 3일 후에 올 것이라는 말은 그대로 3일 후를 표현한 것이거나, 3년 후, 또는 30년 후를 가리키는 것일 수 있다는 말이다.

♞ 단어가 지닌 관용적인 개념이 확대되어 시간의 길이를 나타내는 경우도 있는데

☞ 가령 〈어제〉 라는 단어가 과거・작년・구세대 등을, 〈오늘〉 이 금년・현재・현세대 등을 암시하는 것일 수도 있다는 것이다.

♞ 위와 같은 개념의 확대표현은 복합적으로도 나타나는데

☞ 가령 〈다음날 아침〉 이 〈다음해 봄〉 으로 해석된다거나, 〈해질 무렵〉 이 〈금년 말〉 이나 〈일이 끝날 무렵〉 으로 해석되는

것이 그런 사례들이다.

- 꿈속의 상대가 일거리를 상징으로 등장할 경우, 그 나이가 시간의 길이를 나타내는 경우도 있는데
- ☞ 가령 8세의 어린아이가 꿈의 주된 상징표상으로 등장하였다면 이 어린아이는 8년쯤 소요될 어떤 일거리를 암시하는 것이라고 볼 수도 있는 것이다.
- 실타래에서 풀린 실이 시간의 길이를 암시할 경우
- ☞ 이미 풀린 부분은 경과한 시간이요, 아직 실타래에 감겨있는 부문은 남아있는 시간이다.
- 반대로 꿈속에서 풀려진 실을 실타래에 감고 있다는 관념이 환기되었을 경우
- ☞ 이미 감겨진 부분은 경과한 시간이요, 아직 풀려있는 부분은 남은 시간이다.
- 계단이나 사다리의 층계수가 연수나 기간을 암시하는 경우도 있는데
- ☞ 가령 세 번째의 계단을 밟고 올라섰다는 표현이 3학년으로 진급한다는 암시일 수도 있다는 것이다.
- 태몽에 등장한 천체의 위치가 기간을 암시하는 경우도 있는데
- ☞ 가령 해가 동쪽에서 이제 막 떠오는 것은 초년 운세를, 서산에 기우는 것은 말년 운세를 나타내는 것이 그런 사례 중의 하나다.
- 물체가 무엇엔가 가려졌다가 다시 나타나거나, 무대의 막(幕)이 내려졌다가 올라가는 것 등은
- ☞ 일시적인 휴지(休止) 기간을 나타내는 것이다.
- 동일한 물체들이 줄지어 나타나는 것은
- ☞ 어떤 사물의 순서(順序)나 서열(序列)을 암시하는 것이다.

❖ 방향(方向)

대부분의 꿈에서 방향 따위는 무시된다. 그러나 꿈이 방향에 대한 어떤 확실한 의도를 담고 있을 경우 매우 의미심장한 암시에 기여한다. 이런 꿈속에서는 바꿔놓기라는 표현을 즐겨 사용하는데, 가령 고향집에서의 남쪽이라는 표현이 현재 살고 있는 자기 집에서의 남쪽 방향을 암시하는 경우가 그런 사례 중의 하나다.

광활한 들판을 바라보면서 전방이 북쪽이라고 생각하였다면
☞ 현재 거주한 곳에서의 북쪽 방향과 관련이 있다는 뜻이다.

〈동쪽을 보라〉 또는 〈동방에서 일어난다〉는 등의 상징표현은
☞ 요람 · 역사 · 창조 등을 암시한다. 다만 꿈꾼 사람이 그러한 잠재지식을 가졌을 때에 한한다.

꿈속에서의 오른쪽은
☞ 정당 · 합법 · 정의 · 우파 등의 관념과 관련이 있고

꿈속에서의 왼쪽은
☞ 불의 · 불법 · 부정 · 죄의식 등의 관념과 관련이 있다.

십자로(十字路)에서 어디로 갈까 망설이는 꿈은
☞ 인생의 기로(岐路)에 서게 된다는 뜻이다.

꿈에 왼쪽 길과 오른쪽 길을 구분하는 것은
☞ 정사(正邪)의 사리판단과 연관이 있다.

꿈에 상대와 정면으로 마주치는 것은
☞ 의견대립 · 방해 · 반대 · 적대행위 등을 암시하는 것이다.

반면에 〈반대하다〉 또는 〈반대 방향〉 등의 표현은
☞ 방해적인 여건이나 〈거꾸로〉 라는 뜻을 가진 현실사건에 적용된다.

12

돈·신용화폐·증서 등에 관한 꿈

❖ 돈(錢)

속담에 돈만 있으면 귀신과도 사귈 수 있다고 한다. 그만큼 인간사(人間事)에 있어 돈의 존재가 차지하는 비중이 높다는 것을 반증하는 것이다. 돈은 금전, 화폐 등으로도 불리며, 동전・엽전・지폐・금화 등의 형태를 지니는데, 돈 대신 어음이나 수표가 통용되기도 한다. 돈이 물건의 가치를 나타낸다는 개념이 꿈에 도입되어 실제 어떤 물건의 가치를 표현하거나, 자기 사업의 흥망성쇠(興亡盛衰)를 가늠하기도 한다.

♞ 꿈에 돈을 조금 소유하면 욕구가 충족되지 않은 것으로 보아

☞ 현실에서의 근심걱정을 암시하고

♞ 꿈에 돈을 많이 소유하면 욕구가 충족된 것으로 보아

☞ 현실에서의 소원충족을 암시한다.

♞ 소년이 길에서 동전 몇 개를 주워 호주머니에 넣는 꿈을 꾸면

☞ 머지않아 친구들과 다투게 된다.

♞ 녹슨 동전 몇 닢을 줍는 꿈을 꾸면

☞ 가족 중의 누군가가 죽거나 병이 든다.

♞ 반면 반짝이는 새 동전을 얻는 꿈을 꾸면

☞ 그 수효만큼 새로운 방도를 얻거나 친구를 사귀게 된다.

♞ 오백원이나 천원권 등, 소액 지폐를 몇 장 얻는 꿈을 꾸면

☞ 그 수효로 암시되는 일수(日數)의 기간 동안 근심걱정할 일이 생긴다.

♞ 은행에서 빳빳한 지폐뭉치를 받아오는 꿈을 꾸면

☞ 장차 어떤 기관에서 위임하는 일거리를 맡아 하게 된다.

♞ 길가에 떨어진 빳빳한 지폐 몇 장을 줍는 꿈을 꾸면

☞ 조만간 새로운 생계수단을 얻거나 재물이 들어온다.

♞ 누군가가 자기의 (손)가방에서 그리 많지 않은 지폐를 훔쳐가는

꿈을 꾸면

☞ 자기나 남편, 또는 의지가 되는 사람의 근심이나 걱정거리가 해소된다.

♞ 상대의 핸드백에서 지폐 몇 장을 훔쳐오는 꿈을 꾸면

☞ 그로 동일시된 인물의 비밀을 캐내거나 동정할 일이 생긴다.

♞ 상대에게서 받은 돈이 문서나 증서로 변하는 꿈을 꾸면

☞ 누군가의 강압적인 요구·지시·명령 등에 따르게 된다.

♞ 비행기로 운반해 온 보따리를 집에 가지고 와서 풀어보니 돈이 쏟아져 나와 방안을 가득 채웠다는 태몽 이야기가 있다.

☞ 이 아이는 장차 사업체를 경영하여 큰 부자가 될 것이나, 보따리는 근심의 상징이므로 상당한 인고(忍苦)의 세월을 감내해야만 할 것이다.

♞ 곗돈을 찾으러 은행으로 가는 도중 누군가가 500만 원을 건네주기에 희색이 만면하여 세어보려고 몇 장을 넘기는 순간 모두 솔가리로 변해버리고 말았다는 꿈 이야기가 있다.

☞ 여기서 오백만 원은 오(5)라는 숫자로 연상되는 다른 액수를 나타내는 것으로, 그것을 센다는 것은 곗돈의 지급 순번을 암시하는 것이었다. 솔가리로 변하기 전까지 세어본 숫자가 자신의 순번이다.

♞ 줄에 엽전이 꿰어진 꾸러미를 얻는 꿈을 꾸면

☞ 고서(古書)를 사서 읽게 되거나, 무식하고 교양 없는 사람을 만나 근심거리를 얻게 된다.

♞ 여비에 충당하려면 3만원이 필요하다고 생각하는 꿈은

☞ 어떤 중대한 관심사가 3년, 혹은 30년을 경과해야 이루어진다는 암시일 수 있다.

지폐가 낙엽처럼 쏟아져 마당에 수북이 쌓인 꿈을 꾸면

☞ 자기가 관여한 공공사업이 크게 번창하거나 큰 부자가 된다.

돈궤를 얻어 집으로 가져오는 꿈을 꾸면

☞ 머지않아 든든한 자본주를 만나거나 좋은 방도가 생긴다.

방안에 있는 돈궤가 자물쇠로 굳게 잠겨있는 꿈을 꾸면

☞ 자금줄이 막히거나 일의 방도를 상실한다.

상점에서 물건을 사고 물건 값을 지불하지 않는 꿈을 꾸면

☞ 그 물건 값의 액수로 연상되는 기간 동안 남의 고용인이 된다.

꿈에 물건을 운반해 준 일꾼에게 팔천 원의 품삯을 지불하지 않았다는 어떤 사람은

☞ 그 후 무리하게 사업을 벌이다 병이 들어 8개월이나 심한 고통을 받게 되었다고 한다.

꿈에 등장한 금화(金貨)는

☞ 방도・재물・명예・진리・인재 등을 상징한다.

❖ 돈에 관한 증서(證書)

우리는 돈을 대신하여 여러 가지 증서를 사용한다. 주로 어음・수표・채권・상품권 등의 여러 형태가 있는데, 꿈은 복권・저금통장・영수증 따위도 같은 범주에 넣는다. 현물과의 교환약속이라는 점과 종이로 된 문서라는 점에서 상징의의를 이끌어내 약속・명령・권리이양・방도 등을 표현하며, 때로는 비슷한 종류의 증서를 암시하기도 한다.

자신이 상대방에게 수표나 어음을 발행하는 꿈은

☞ 상대에게 자기의 권위를 내세우며 복종해 주기를 강요하거나, 상대를 고용하게 된다는 뜻이다.

물건을 팔고 수표를 받는 꿈을 꾸면

☞ 어떤 기관이나 단체로부터 임명장을 받거나 계약서를 교환할 일이 생긴다.

♞ 수표를 은행창구에 제출하는 꿈을 꾸면

☞ 이력서나 청원서 따위를 관계 기관·단체에 제출할 일이 생긴다.

♞ 어떤 회사에 채용이 확정된 사람이 그 회사로부터 10만원권 수표를 받는 꿈을 꾸었다면

☞ 그것은 그 회사에서 10년 동안 근무한다는 암시일 수 있다.

♞ 상대에게서 상품권을 얻는 꿈을 꾸면

☞ 조만간 누군가의 명함이나 소개장을 받을 일이 생긴다.

♞ 상품권을 상품으로 바꿔오는 꿈을 꾸면

☞ 누군가의 소개나 주선으로 재물을 획득하게 된다.

♞ 금액이 분명하게 명시된 영수증을 받는 꿈을 꾸면

☞ 그 숫자로 연상되는 어떤 계약이나 약속이 성립하게 된다.

♞ 꿈속의 영수증에 금액이 기입되지 않았거나, 발행인의 성명·날인 등이 희미하면

☞ 사기계약으로 큰 피해를 당하게 된다.

♞ 자기가 영수증을 발행하여 상대에게 주는 꿈을 꾸면

☞ 그 사람이 자신의 대리역(代理役)을 맡거나 그 사람에게 무엇인가를 부탁하게 된다.

13

물·샘·호수·강·바다 등의 꿈

❖ 물(水) · 샘(泉)

꿈에 등장하는 물은 그 용도와 형태, 또는 색깔 등에 따라 다채로운 암시적 표현재료로서 사용될 수 있는데, 물 자체로는 재물 · 사상 · 언론 · 지식의 상징이다. 물이 사상이나 언론을 상징한다는 주장은 프로이트의 소원충족 이론과도 부합된다. 꿈속에서 목이 말라 물을 마시는 것이 소원충족이듯이 현실에서도 소원충족임을 암시하는데, 대부분 정신적인 소원과 연관된다. 고인 물은 재물이고, 흐르는 물은 사상이나 언론이다.

우물과 수도전은 인공적인 급수원(給水源)이다. 물이 지식 · 사고 · 재물 등을 상징하므로

☞ 우물과 수도시설은 관청 · 회사 · 교회 · 사찰 · 학교 등을 상징할 수 있다.

우물 속으로 들어가는 꿈을 꾸면

☞ 관청에 취직을 하거나, 공공사업을 하거나, 공적인 일을 처리하기 위해 관공서를 방문하게 된다.

우물물이 마르거나 수돗물이 끊겨 애를 태우는 꿈을 꾸면

☞ 집안의 재물이 고갈되거나 생계수단을 상실하여 곤경에 빠지게 된다.

자기 집 우물물이 점점 불어나 철철 넘치는 꿈을 꾸면

☞ 머지않아 큰 부자가 된다.

자기 집 우물물이 뒤집혀 흙탕물로 넘치는 꿈을 꾸면

☞ 집안에 액운이 찾아든다.

우물에서 물 한 동이를 길어오는 꿈을 꾸면

☞ 머지않아 그 동이의 크기에 비견될 만 한 돈이 생긴다.

꿈에 그릇에 물이 가득 차 있는 광경을 바라보는 것은

☞ 현재 관심사가 된 어떤 금액의 전부를 나타내는 것이고,

반쯤 차 있는 광경을 바라보는 것은
☞ 그 금액의 절반 정도를 나타내는 것이다.
마을의 공동우물에서 물을 길어오는 태몽을 꾸면
☞ 출생한 아이는 장차 사회적인 재물을 소유하게 된다.
물이 물통을 가득 채운 꿈은
☞ 큰 재물이 생긴다는 암시다.
샐러리맨의 경우 누가 자기 물통에서 물을 퍼가는 꿈을 꾸면
☞ 뜻밖의 일로 월급을 축내게 된다.
자기 집 물통에 수많은 사람들이 물을 부어주는 태몽을 꾸면
☞ 장차 출생할 아이는 대중적인 인기인이 되어 사회적 재물을 모으게 된다.
새는 물독에다가 연신 물을 갖다 붓는 꿈을 꾸면
☞ 아무리 재물을 모아도 축적되지 않거나, 사업기반이 부실해져서 수지상황(收支狀況)이 악화된다.
재래식 부엌에 물 한 동이를 길어다 놓는 꿈을 꾸면
☞ 아주 가까운 시일 안에 상당한 돈이 생긴다.
찌그러진 용기에 물을 퍼 담는 꿈을 꾸면
☞ 모처럼 획득한 재물을 실용적이지 못한 곳에 허비하게 된다.
우물물을 떠서 손발을 씻는 꿈을 꾸면
☞ 근심걱정이 사라진다.
수돗물을 마시는 꿈을 꾸면
☞ 머지않아 반갑고도 속 시원한 소식이 도착한다.
흰 갓을 쓰고 십이현금(十二玄琴)을 든 채 천궁사(天宮寺) 우물로 들어갔다는 꿈은
☞ 신라 제38대 원성왕이 스스로 왕이 될 것을 예지한 꿈이었다.

여기 등장한 우물은 궁금(宮禁), 즉 왕궁을 상징하는 것이었다.

그릇에 담은 뜨물을 이고 물이 탁한 개울을 건너는 꿈을 꾸면

☞ 머지않아 육신의 병이 들게 된다.

샘물을 감질나게 마시는 꿈을 꾸면

☞ 소망하는 일이 성사되기는 하지만 만족스럽지가 못할 것이다.

우물물이 갑자기 흙탕물로 변하여 마시지 못하는 꿈을 꾸면

☞ 소망하는 일이 성사되지 않는다.

여성의 경우, 맑은 우물물을 떠서 빨래하는 꿈을 꾸면

☞ 집안이나 직장 내의 일이 순조롭게 풀린다.

여성의 경우, 더러운 우물물로 빨래하는 꿈을 꾸면

☞ 집안이나 직장에서 불쾌한 사건에 휘말리게 된다.

한 남성과 함께 우물물을 퍼올리는 꿈을 꾸었다는 어떤 처녀는

☞ 그 후 몇 차례의 혼담이 더 오간 뒤에야 비로소 결혼이 성사될 수 있었다 한다.

물이 담긴 용기에 자기 빨래거리를 담가두는 꿈을 꾸면

☞ 직업을 바꾸거나 신분이 새로워진다.

앞산의 모습이 우물물에 비치는 꿈을 꾸면

☞ 불원간 큰 사업체를 얻거나 배우자를 맞게 된다.

우물물에 비친 자기의 모습을 바라보는 꿈을 꾸면

☞ 그리운 사람을 만나거나 기다리던 소식이 도착한다.

이때 우물물에 자기와 함께 다른 사람의 모습이 비치면

☞ 머지않아 간부(姦婦)나 라이벌이 생긴다.

우물에서 용·구렁이 등의 상서로운 동물이 나오는 태몽을 꾸면

☞ 출생할 아이는 장차 관료로서 입신양명하게 된다.

우물 안에서 물고기가 헤엄치는 태몽을 꾸면

☞ 역시 고급관리로서 입신양명할 자식을 낳는다.

♞ 돌우물에서 선녀·옥동자·신선 등의 신령적 존재가 나오는 꿈을 꾸면

☞ 학교·교회·사찰 등에서 훌륭한 지도자가 출현하거나, 진리의 서적이 출간되게 된다.

♞ 짠 음식을 먹고 잠을 자면 신체적 자극으로 물을 마시는 꿈을 꿀 수도 있는데

☞ 이것은 꿈속에서의 소원충족에 그치는 것이 아니라, 미래의 현실에서 체험될 소원충족을 암시하는 것이다.

♞ 마시는 물이 쓰다고 느끼면

☞ 어떤 서적·영상물 등을 접하여 그 속에 담긴 이론이나 지식을 난해하다고 느끼게 된다.

♞ 우물에서 물을 퍼서 동료가 먼저 마시게 한 어느 공무원은

☞ 승진인사에서 물을 먼저 마신 동료보다 뒤쳐졌다고 한다.

♞ 집안에 없던 우물이 갑자기 생겨나는 꿈을 꾸면

☞ 사업체가 생기거나, 혼담이 들어오거나, 취직을 하게 된다.

♞ 여러 개의 우물을 지나치는 꿈을 꾸면

☞ 직장을 자주 바꾸거나 실속도 없이 이런저런 사업에 손을 대게 된다.

♞ 우물에 빠진 뒤 나오려고 애를 쓰다가 꿈을 깨면

☞ 억울한 옥살이를 하거나 한 맺힌 원한을 풀지 못하게 된다.

♞ 상대를 우물 속에 빠뜨리는 꿈을 꾸면

☞ 머지않아 누군가를 모함하게 된다.

♞ 상대를 우물 속에 밀어 넣고 묻어버리는 꿈을 꾸면

☞ 감추고 싶은 자기의 비밀을 영원히 묻어버리게 된다.

♞ 그릇에 담긴 물이 엎질러지는 꿈을 꾸면

☞ 재물의 손실이 발생하거나 소망이 좌절된다.

♞ 공원이나 로터리 등에서 분수가 높이 치솟는 꿈을 꾸면

☞ 자기의 업적을 세상에 과시할 일이 생긴다.

♞ 꿈에 등장한 샘물은

☞ 사상 · 진리 · 재물을 상징한다.

♞ 산 밑에서 샘물이 솟아나는 것을 보거나, 집으로 떠오거나, 마시거나 하는 등의 꿈을 꾸면

☞ 장차 정부 부처나 대기업에 취직을 하게 된다.

♞ 넓은 벌판 한 구석에서 샘물이 솟아나는 꿈을 꾸면

☞ 자기의 사업이나 일거리가 새로운 활로를 찾아 번창하게 된다.

♞ 약수터에서 약수를 퍼마시는 꿈을 꾸면

☞ 근심걱정이 사라지거나, 새로운 진리 · 지식을 터득하게 된다.

♞ 샘물이 분출하는 태몽으로 출생한 아이는

☞ 사업가나 작가로서 출세한다. 이때 샘물이 대지를 뒤덮었다면 대성하게 된다.

♞ 샘이 솟아나 내〔川〕를 이루고 강(江)을 만든 다음 바다〔海〕로 흘러드는 꿈을 꾸면

☞ 자기의 창작물이나 학문적 성과가 일련의 과정을 거쳐 사회적으로 높은 평가를 받거나 대중적인 인기를 모으게 된다.

♞ 꿈에 두 줄기의 맑은 물줄기가 부엌의 아궁이로 쏟아져 들어가는 광경을 보았다는 어떤 사람은

☞ 그 후 얼마 지나지 않아 두 군데에서 뜻하지 않은 재물을 얻게 되었다고 한다.

♞ 부엌이나 방안이 물로 가득 차는 꿈을 꾸면

☞ 빈한한 가세에 재물이 들어와 살림살이가 풍족해진다.
♞ 물이 가득한 방안에 금붕어가 노는 태몽을 꾸면
☞ 장차 부유한 삶을 누리게 될 자손을 낳는다.
♞ 뜨거운 물을 마시는 꿈을 꾸면
☞ 고심하며 애를 태우던 어떤 정신적 일거리를 성취하게 된다.
♞ 뜨거운 물로 몸을 씻는 꿈을 꾸면
☞ 남에게 사랑을 받거나 은혜를 입게 된다.
♞ 뜨거운 우물물 속에 물고기가 우글거리는 꿈을 꾸면
☞ 조만간 어떤 개척교회의 부흥회에서 열성적인 사람들이 신앙에 몰입하는 장면을 보게 된다.
♞ 온천물에 목욕하는 꿈을 꾸면
☞ 협조자의 직접적인 도움을 받아 어떤 소원을 충족하게 된다.
♞ 많은 사람과 함께 온천이나 공중목욕탕에 몸을 담그는 꿈을 꾸면
☞ 취직을 하거나 신앙생활을 시작하게 된다.

❖ 내(川) · 강(江) · 호수(湖水) · 바다(海) · 폭포(瀑布)

♞ 물의 흐름을 유도하는 개울 · 강 · 운하 등의 수로(水路)는
☞ 언론출판 체계 · 사업조직 등을 상징한다.
♞ 물을 고이게 하는 호수 · 바다 · 웅덩이 지형은
☞ 사업장 · 학원 · 문화부처 · 신문사 · 출판사 등을 상징한다.
♞ 강(江)이 배경으로 등장하는 꿈은 인생의 전환점이 될 어떤 큰 사건을 암시하는 경우가 많다.
☞ 소설가가 꿈에 도도하게 흐르는 강가에서 탐스러운 꽃 한 송이를 꺾어들었다면 훌륭한 대하소설로 세인들을 감동시키게 된다.
♞ 숲속에서 발원한 맑은 냇물이 넓은 개간지의 중앙을 관통하여 흐

르는 꿈을 꾸면

☞ 어떤 벤처사업이나 교화사업이 정부지원을 받는 등 유리한 조건 하에서 순조롭게 진척된다.

♞ 계곡의 세찬 물살 한가운데서 꿋꿋하게 버티고 서 있는 꿈을 꾸면

☞ 세인들의 일시적인 비난이나 혹평을 받게 되지만, 별다른 피해 없이 무사히 극복하게 된다.

♞ 개울물이 말라붙은 꿈을 꾸면

☞ 하는 일이나 소망이 좌절되게 된다.

♞ 거의 말라 가는 개천바닥에 우글거리는 물고기들을 건져 올리는 꿈을 꾸면

☞ 어떤 기업체가 붕괴하는 과정에서 어부지리를 취하게 된다.

♞ 대구에 사는 어떤 사람은 선조인 박팽년이 찾아와 「낙동강을 네 앞으로 등기하라」 고 말하는 꿈을 세 번이나 꾸었는데, 하도 신기하여 꿈에 들은 대로 낙동강의 하천부지를 등기해 놓았더니

☞ 그 뒤 얼마 지나지 않아 강의 수로가 바뀌면서 등기한 땅이 전부 옥토로 변했다고 한다. 이것은 직접적인 예언의 형식으로 표현된 꿈이었다. 이때 등장한 선조는 자기의 또 다른 자아다.

♞ 하구(河口)에서 강물이 바다로 흘러드는 광경을 바라보는 꿈은

☞ 소원충족의 표현이다. 빈약한 상태에서 출발하여 정차 사회적인 규모로 확대된다는 뜻이다.

♞ 맑이 맑은 호수에서 목욕을 하다가 갑자기 「나는 잉어다!」 라고 소리치며 폭포 위로 뛰어오르는 꿈을 꾸었다는 어느 동양화가는

☞ 얼마 뒤 오랫동안 심혈을 기울인 그의 작품이 국전에서 대상을 받게 됨으로써 세상에 그 모습을 드러내게 되었다고 한다.

꿈속에서 바라보는 강물이 맑고 깨끗하다고 느끼는 것은

☞ 자기의 사고가 건전하거나 사업의 입지조건이 좋다는 뜻이다.

개울이나 강물이 탁류가 되어 흐르는 꿈은

☞ 불만 · 불쾌 · 불의 · 부정 · 빈곤 등을 상징한다.

넓은 바다에서 수영을 하는 꿈을 꾸면

☞ 사회적인 수혜를 받아 소원을 성취하거나, 해외여행을 하게 된다.

강이나 바다에서 잠수(潛水)를 하는 꿈을 꾸면

☞ 사회의 이면(裏面)을 조사하거나 어떤 비밀을 탐지하게 된다.

꿈에 연못 속에서 뱀이 우글거리는 광경을 보았다는 어떤 사람은

☞ 그 후 백제 무령왕릉의 발굴에 참여하여 많은 유물을 발굴하였다고 한다.

꿈에 강변이나 바닷가에서 파도가 일어나는 광경을 보면

☞ 사업은 파란곡절을 겪으며 가정엔 풍파가 일어나고 사회는 소란스러워진다.

파도가 부딪치는 갯바위에 서 있는 꿈을 꾸면

☞ 뭇사람들의 시비에 휘말리거나 바람직하지 않은 사회조류(社會潮流)에 휩쓸리게 된다.

물위를 걷는 꿈은 소원충족의 표현으로

☞ 당면한 소망을 성취하게 된다는 뜻이다. 이때 두려운 마음이 생기지 않아야 좋다.

조선시대 여류시인 김창암은 바다 한가운데 솟아오른 높은 산속으로 들어가는 꿈을 꾼 뒤

☞ 사흘 만에 병으로 죽었다고 한다. 이 꿈에서 <바다 속>이나 <산 속>이라는 상징어는 모두 죽음을 암시하는 것이었다.

냇물이나 강물이 거꾸로 흐르는 꿈을 꾸면

☞ 누군가에게 반항하게 된다. 부모·선생에게 불복하며, 정부시책이나 사회질서에 저항하게 된다.

개울물이나 강물이 여러 갈래로 갈라지는 꿈을 꾸면

☞ 신조(信條)나 믿음이 방향을 잃고 표류하게 된다.

지고 가던 물통을 내던졌는데 물은 한 방울도 없이 빈 통만 굴러가더라는 꿈은

☞ 사기를 당한다는 암시였다. 이 사람은 동업자에게 속아 한동안 실속 없는 일에 매달렸다고 한다.

호수에 어떤 물체가 들어가 물이 붉게 물드는 꿈을 꾸면

☞ 자비·사랑·애정 등의 관념이 유발되는 어떤 정신적 감화를 받게 된다.

맑은 물에 손발을 씻는 꿈은 소원충족의 표현이다. 그러나 아무리 씻어도 손발에 묻은 오물이 지워지지 않았다면

☞ 당면한 소망이 좌절됨으로써 한동안 심적 고통을 당하게 된다.

용·뱀·소·호랑이 등의 동물이 호수에서 나오는 태몽을 꾸면

☞ 장차 출생할 자손은 사업가로서 입신양명하게 된다.

사막에서 오아시스를 만나는 꿈을 꾸면

☞ 어떤 호기(好期)를 만나 그간의 어려운 상황을 무난하게 극복하게 된다.

호수나 강물이 꽁꽁 얼어붙은 꿈을 꾸면

☞ 사업이 동결되거나 정체되어 조금도 진척되지 않을 것이다.

❖ 홍수(洪水)·해일(海溢)

시야에 들어오는 모든 물상(物像)이 물에 잠기는 꿈을 꾸면

☞ 큰 부자가 되거나 위대한 작가가 된다. 다만 물이 맑아야 좋다.

홍수가 밀어닥쳐 자기의 집과 논밭을 휩쓸어버리는 꿈을 꾸면

☞ 어떤 세력의 힘을 빌려 큰 권세를 얻게 된다.

그 홍수가 흙탕물이었다면

☞ 나라 안에 큰 재난이 발생하거나 혼탁한 풍조가 만연하게 된다.

홍수가 맑은 물이라도 풍파(風波)가 일면

☞ 우환(憂患)이나 환란(患亂)으로 자기가 고통을 받게 된다.

6·25 때 홍수를 피해 산으로 올라가는 꿈을 꾼 사람은

☞ 깊은 산골로 피난 가 전란의 피해를 모면할 수 있었다 한다.

불어나는 물속에서도 태연하게 서있는 꿈을 꾸면

☞ 강력한 힘을 가진 세력을 얻게 된다.

들판이 물바다가 되었는데 자신은 그 한가운데서 구렁이에게 휘감긴 채 오도 가도 못하였다는 꿈 이야기가 있다.

☞ 이런 꿈은 의외로 길몽인데, 장차 어떤 재산가·세력가·사상가를 만나 인연을 맺음으로써 신분이 고귀해진다는 뜻이다.

거대한 해일이 대지를 집어삼키는 꿈을 꾸면

☞ 나라에 새로운 사조(思潮)가 전개되거나 큰 환란이 발생한다.

이때 그 해일이 탁류(濁流)였다면

☞ 관재(官災) 등의 액운(厄運)을 당한다.

해일이 일어나는 태몽을 꾸면

☞ 출생할 아이는 관직에 진출하여 큰 권세를 행사하게 된다.

바닷물이 점차 빠져나가는 꿈을 꾸면

☞ 외세의 압력이나 강력한 세력·사상 등의 억제에서 벗어나게 된다.

물이 빠져 훤히 드러난 갯바닥에서 물고기·조개·게 등을 줍는 꿈을 꾸면

☞ 어떤 사업의 성과가 가시화됨으로써 많은 이득을 보게 된다.

반면 해안가로 바닷물이 밀려드는 꿈을 꾸면

☞ 새로운 사조(思潮)가 자기 주변에 밀어닥치거나 자기의 사업이 번창한다.

만조 때 밀어닥친 바닷물이 자기 집 문밖에서 찰랑이는 꿈은

☞ 장차 광활한 사업판도를 소유하게 된다는 뜻이다.

바다가 갈라지고 땅이 드러나 길이 생기는 꿈은 대부분 사회현상을 암시하는 것인데

☞ 낡고 거추장스러운 제도·관습·법제 등이 혁신적으로 개선된다는 뜻이다.

14

불(火)·빛(光)·열(熱) 등의 꿈

❖ 불(火)

세차게 타오르는 불길과 강철을 녹일 듯이 뜨거운 열기, 그리고 주변을 대낮처럼 밝히는 빛, 이런 인상들은 꿈이 도입하는 주된 재료인데, 폭발적으로 증가하는 어떤 강렬한 힘을 상징한다. 꿈에 등장하는 불은 길조의 상징으로 표현되는 것이 일반이나, 불길의 양상에 따라서는 흉조의 상징으로도 표현될 수 있음에 유의하여야 한다.

♝ 꿈에 등장한 불〔火〕은

☞ 사업방도 · 자본 · 성공 · 흥망성쇠 · 소원충족 · 욕정 · 세력 · 정력 · 열정 · 화근 · 진리 · 성령 · 교화사업 등을 상징한다.

♝ 집에 불이 나 타오르는 꿈을 꾸면

☞ 가업이 폭발적으로 번창한다.

♝ 집에 불이 나서 모두 타버리고 재만 남은 꿈을 꾸면

☞ 잘 되던 사업이 사고(事故) 등으로 파산하게 된다.

♝ 장작더미에 불을 지르는 꿈을 꾸면

☞ 새로운 사업자금을 투입하여 사업을 확대시키게 된다.

♝ 꿈속의 상대가 불에 타는 것은 자기 일이 성취된다는 뜻이다. 그런데

☞ 그 불길이 세면 셀수록 더 만족스럽게 성취된다.

♝ 꿈속에서 자기 자신이 불에 타는 것 역시 길조다. 이런 꿈을 꾸면

☞ 사업이 폭발적으로 번창하거나 신분이 새로워진다. 단 불에 탈 때 고통을 느끼지 않아야 한다.

♝ 다른 사람의 집에서 불이 번져 자기 집으로 옮겨 붙는 꿈을 꾸면

☞ 타인의 권리나 사업체를 인수하여 크게 번성시키게 된다.

하늘에서 큰 불덩이가 날아와 자기 앞에 떨어지는 꿈을 꾸면

☞ 조만간 인생을 뒤바꿀 만한 커다란 사건이 생긴다.

불덩이가 치마폭이나 뱃속으로 들어가는 태몽을 꾸면

☞ 출생할 아이는 장차 장성하여 고급관리나 정치가로 출세하는데 사회를 뒤바꿀 만한 혁명적인 정책을 수행하게 된다.

두 여자가 불덩이를 맞들고 있는 꿈을 꾸면

☞ 머지않아 전쟁이 난다.

방에 불이 나 온통 불길에 휩싸이는 꿈을 꾸면

☞ 가업(家業)이 융성하거나, 작품이 대성공을 거둔다.

길가에서 발화한 불이 넓은 벌판으로 번져가는 꿈을 꾸면

☞ 사업·작품 등이 대성공을 거두어 세상에 이름을 알리게 된다.

폭죽이 터지면서 요란한 소리와 함께 오색찬란한 불꽃이 하늘을 수놓는 꿈을 꾸면

☞ 세상 사람들의 이목을 집중시킬 만큼 놀라운 업적을 이루거나, 국가적인 경사가 생긴다.

아궁이에 불을 지피는 꿈을 꾸면

☞ 조만간 새로운 사업을 시작하게 된다.

아궁이에 지핀 불길이 왕성하게 솟아나 잘 타오르는 꿈을 꾸면

☞ 새로 시작한 사업이 크게 번창한다.

아무리 성냥을 그어대도 불이 붙지 않거나, 그 불길이 시원치 않으면

☞ 지금 하는 일이 지지부진하여 고통을 당하게 된다.

불길이 안으로 들어가지 않고 밖으로 나오거나 매운 연기만 피우는 꿈을 꾸면

☞ 자기가 어떤 기관에 청탁한 일거리가 반려되거나 쉽게 받아들여지지 않는다.

♞ 방바닥이 따듯하게 느껴지는 꿈을 꾸면

☞ 누군가의 도움을 받아 사업이 번창함으로써 생활이 윤택해진다.

♞ 꿈에 방바닥에서 냉기를 느끼면

☞ 부부간의 애정이 식는다.

♞ 높은 산봉우리가 불에 타오르는 꿈을 꾸면

☞ 국가적인 경사가 생긴다.

♞ 숲이나 언덕이 타는 꿈을 꾸면

☞ 자기의 사업이 번창하게 된다.

♞ 전기합선으로 불꽃이 튀거나 섬광이 번쩍이는 꿈을 꾸면

☞ 자기가 추진하고 있는 일이 급작스럽게 진척되어 조기 완수된다.

♞ 전봇대나 송전탑 등에서 전기합선이 발생하여 천지를 진동하는 큰 폭발음과 함께 불길이 하늘로 솟구치는 꿈을 꾸면

☞ 머지않아 사회적인 큰 사건이 발생하여 많은 사람들에게 영향을 미치게 된다.

♞ 그릇에 담긴 물에 불이 붙어 활활 타오르는 꿈을 꾸면

☞ 사업이 뜻밖의 호기를 만나 예상외의 큰 성과를 거둔다.

♞ 물체가 불에 타는데 불길은 없고 연기만 나는 꿈을 꾸면

☞ 공연한 헛소문이 난다.

♞ 산등성이 너머로 검은 연기가 피어오르는 꿈을 꾸면

☞ 먼 곳의 어느 지방에서 전란이나 환란이 발생한다.

♞ 집에 불이 났는데 불길은 없고 검은 연기만 피어오르는 꿈은

☞ 조만간 집안에 큰 우환이 생긴다는 뜻이다.

♞ 방안으로 연기가 새어드는 꿈을 꾸면

☞ 전염병에 걸리거나 남의 누명을 쓰게 된다.

♞ 벽의 갈라진 틈으로 연기가 새어드는 꿈을 꾸면

☞ 음성적인 일에 관여하거나 사생활이 문란하여 극도의 불안감을 느끼게 된다.

♞ 석유·가스·석탄 등의 난로에 불이 잘 붙는 꿈을 꾸면

☞ 자기의 사업이 잘 추진된다.

♞ 난롯불을 쬐는 꿈을 꾸면

☞ 후원자의 도움을 받게 된다.

♞ 큰 도시가 불타오르는 꿈을 꾸면

☞ 헌법이 개정되거나 경제 활성화로 국부(國富)가 충실해진다.

♞ 큰 건물이 폭탄을 맞아 불길에 휩싸이는 꿈을 꾸면

☞ 사업이 크게 번창한다.

♞ 화롯불이 꺼지는 꿈을 꾸면

☞ 현재 하고 있는 일이 좌절된다.

♞ 여러 사람들과 함께 화롯가에 둘러앉은 꿈을 꾸면

☞ 공동사업에 가담하거나 여러 사람들과 시비를 벌이게 된다.

❖ 빛(光)·열(熱)

♞ 빛〔光〕은

☞ 영광·광명·희망·계몽·교화·명예·세력·진리·소식·통찰·자극·생기 등을 상징한다.

♞ 열(熱)은

☞ 힘·권세·작용·열성·정성·애정·자비·방도·변화 등을 상징한다.

♞ 횃불을 들고 밤길을 가는 꿈을 꾸면

☞ 현재의 어려운 처지를 잘 극복할 수 있게 된다.

♞ 다른 사람이 횃불을 들고 있는 꿈을 꾸면

☞ 누군가의 지도나 조언을 받을 일이 생긴다.

♞ 성화(聖火)를 들고 달리는 꿈을 꾸면

☞ 진리탐구자나 종교지도자가 된다.

♞ 성화대의 불길이 갑자기 크게 솟아 활활 타오르는 꿈을 꾸면

☞ 교리를 전파하거나 교회를 설립하게 된다.

♞ 촛불이 방안을 환히 밝히는 꿈을 꾸면

☞ 하고 있는 일거리가 성취되거나 소원이 충족되어 만족감을 느끼게 된다.

♞ 촛불이 꺼지는 꿈을 꾸면

☞ 기다리는 소식은 부지하세월이고 현실은 암담해진다.

♞ 촛대에 꽂힌 촛불들이 큰 건물의 내부를 환하게 밝히는 꿈을 꾸면

☞ 수많은 사람들의 협조를 받아 어떤 소원을 충족하게 된다.

♞ 금·은으로 만든 촛대를 얻는 태몽을 꾸면

☞ 장차 세상을 교화(敎化)할 큰 인물을 낳게 된다.

♞ 초롱불을 들고 밤길을 걷는 꿈을 꾸면

☞ 어려운 가운데서 은인을 만나거나 훌륭한 방도를 얻어 무난히 극복하게 된다.

♞ 촛불을 켜들고 다른 방이나 지하실 등을 살피는 꿈을 꾸면

☞ 남의 이면을 캐내거나 새로운 사실을 발견하게 된다.

♞ 집이나 건물의 각 방마다 전깃불이 환희 켜 있는 꿈을 꾸면

☞ 집이나 직장에서 경사가 생기거나 관공서와 연관된 일이 잘 추진된다.

♞ 전깃불이 깜빡이는 꿈을 꾸면
☞ 하는 일이 중단되었다가 다시 시작하기를 반복하게 된다.
♞ 가로등 불빛 아래 일을 하는 꿈을 꾸면
☞ 어떤 일을 추진하는 과정에 훌륭한 협조자나 좋은 방도를 만나게 된다.
♞ 어느 집의 창문으로 온화한 불빛이 쏟아져 나오는 꿈을 꾸면
☞ 어떤 사람이나 기관이 자기의 청원을 적극적으로 수용하여 잘 처리해준다.
♞ 방안에 전기시설을 새로 가설하는 꿈을 꾸면
☞ 어떤 기관에 의뢰한 일거리를 철회하여 다른 기관으로 이관하게 된다.
♞ 실내에 가설한 전기선을 철거하는 꿈을 꾸면
☞ 사업이 중단되거나 청탁한 일이 반려된다.
♞ 전구·헤드라이트·손전등 등의 여러 조명기구(照明器具)에 관한 꿈은
☞ 협조자·지도자·은인·방도 등을 상징한다.
♞ 캄캄한 곳에서 조명기구로 불을 밝히는 꿈을 꾸면
☞ 협조자의 도움으로 소원을 충족하거나, 세력을 넓히거나, 공적(功績)을 세울 일이 생긴다.
♞ 장작·솔가리·숯·연탄가스 등의 연료(燃料)는
☞ 재물이나 자원을 상징한다.
♞ 연료가 바닥이 날 정도로 태우는 꿈은
☞ 자원이 소진된다는 뜻이다. 일의 종결이나 쇠망(衰亡)을 암시하는 것이다.
♞ 꿈에 등장한 화약(火藥) 등의 폭발물은

☞ 장차 세인들에게 영향을 미칠 어떤 정신적 자원을 상징한다.

화약이 폭발하면서 엄청난 폭음과 함께 섬광이 하늘로 치솟는 꿈을 꾸면

☞ 조만간 세상 사람들을 깜짝 놀라게 할 만한 큰 사건이 벌어진다.

폭발물이 터져 자기가 죽는 꿈을 꾸면

☞ 획기적이고 창의적인 정신적 업적을 이루어 사회에 큰 영향을 미치게 된다.

손·발 등 신체의 일부가 불에 데어 화상을 입는 꿈을 꾸면

☞ 어떤 사람이나 사업체와 끊기 힘든 인연을 맺거나, 법적인 계약을 체결하게 된다.

화상을 입어 통증을 느끼는 꿈을 꾸면

☞ 잘못된 인연이나 계약으로 인해 심적인 고통을 받게 된다.

얼굴이 불에 데어 화상을 입거나 변해버린 꿈을 꾸면

☞ 자기의 신분이나 사업을 만부득이 변경해야 할 일이 생긴다.

방·부엌·마루 등에 햇빛이나 달빛이 쏟아져 들어와 밝아지는 꿈을 꾸면

☞ 오래 기다린 소원이나 계획하는 일이 성사된다.

칠흑같이 어두운 방으로 한 줄기 빛이 스며드는 꿈을 꾸면

☞ 어떤 강력한 세력·권리·진리 등이 자기에게 영향을 준다.

보석류(類) 등의 물체가 스스로 빛을 발하는 꿈을 꾸면

☞ 명예·영광·부귀 등의 관념과 연관된 사건을 체험하게 된다.

번개가 지상으로 내리꽂히는 꿈을 꾸면

☞ 자기의 지식·세력·인기 등이 세인들에게 영향을 주게 된다.

창문으로 들어온 찬란한 광선이 자기 몸이나 침대를 환히 비추는 꿈을 꾸면

☞ 종교 · 철학 · 심리학 분야에서 큰 진리를 얻게 된다.

♞ 꿈에 신령(神靈)이 발하는 후광(後光)을 보면

☞ 위인(偉人)의 설교 · 강연을 듣거나 진리의 서적을 통해 깨우침을 얻게 된다.

♞ 꿈에 오로라〔極光〕를 보면

☞ 세계적인 위인이 등장하거나, 진리의 서적이 출현한다. 또는 세계평화와 관련한 기념비적 사건이 발생한다.

♞ 주변이 밝지도 않고 어둡지도 않은 어스름해지는 꿈을 꾸면

☞ 아주 생소한 고장을 가거나, 생소한 일을 하게 된다.

♞ 어스름한 달밤에 누군가와 함께 걷는 꿈을 꾸면

☞ 그다지 친하지 않은 사람과 부득이 협력해야만 할 일이 생긴다.

♞ 거울 · 유리 · 구슬 등에 햇빛이 반사되어 자기를 비추는 꿈을 꾸면

☞ 국가의 지원으로 어떤 업적을 이루어 세인의 이목을 끌게 된다.

♞ 꿈에 등장한 그림자〔影〕는

☞ 허무 · 거짓 · 위험 · 영향력 · 이면(裏面) · 주종(主從) 등을 상징한다.

♞ 자기의 그림자가 들판을 가로지르는 꿈을 꾸면

☞ 자기의 영향력이 사회적으로 부각(浮刻)되는 사건이 발생한다.

♞ 자기의 그림자가 유난히 작아 보이는 꿈을 꾸면

☞ 자기의 권세 · 영향력이 보잘것없음을 알고 실망하게 된다.

♞ 창 밖에 서서 방안에 있는 누군가의 그림자가 창문에 비친 광경을 바라보면

☞ 만나고 싶은 사람에게 접근하기가 어렵거나, 기관에 의뢰한 일거리가 오랜 시일을 소요하게 된다.

♞ 용광로에 철 등의 금속을 녹이는 꿈을 꾸면

☞ 자기의 일거리나 작품을 완전히 분해하여 정비한 다음 정수(精髓)만을 뽑아 새로운 것으로 만들게 된다.

♞ 금불상(金佛像)을 녹이는 꿈을 꾸면

☞ 지금까지 진리로 믿어왔던 이론·교리 등에 큰 변화가 생긴다.

15

산야·도시·고향·지도 등에 관한 꿈

❖ 산(山) · 계곡(溪谷)

♞ 꿈에 등장한 산(山)은

☞ 국가 · 정부기관 · 사회단체 · 조직체 · 직장 · 세력권 등을 상징.

♞ 정상을 향해 산을 오르는 꿈들은

☞ 대체로 소원충족의 과정이나 정도를 나타낸다.

♞ 정상까지는 한참 멀었는데 힘에 겨워 허덕이다 꿈을 깨면

☞ 소원이나 계획하는 일이 무산된다. 또는 성공을 하기까지는 아직도 험난한 여정이 많이 남아 있음을 뜻한다.

♞ 짐을 지고 산을 오르는 꿈은

☞ 과중한 책임을 지고 일을 추진한다는 뜻이다.

♞ 등산장비나 지팡이를 이용하여 산을 오르는 꿈은

☞ 유능한 협조자나 훌륭한 방도의 도움으로 일을 보다 수월하게 추진한다는 뜻이다.

♞ 공중을 날아서 산봉우리에 오르는 꿈을 꾸면

☞ 벼락출세를 하거나, 사업상 뜻하지 않은 성과를 거두게 된다.

♞ 산꼭대기까지 올라갔다가 반대편 하단으로 내려가는 꿈은

☞ 어떤 일이 성취되어 다음단계로 넘어간다는 뜻이다.

♞ 산봉우리에 올랐다가 내려오는 태몽은

☞ 태아의 중년 이후 운세를 나타낸다.

♞ 높은 산과 대비하여 낮은 산은

☞ 낮은 단계의 기관 · 단체를 상징한다.

♞ 산봉우리와 대비하여 산의 하단부는

☞ 계층적 구조의 하층부를 상징한다. 또는 하부조직에서 벌어질 사건들을 표현하는 무대가 된다.

♞ 산허리, 즉 산 중턱은

☞ 계층적 구조의 중간부나 중산계층 들을 상징한다.

♞ 꿈에 산꼭대기에서 벌어지는 사건들은

☞ 소원충족이나 목적달성과 관련하여 최고의 성과나 절정, 또는 전성기에 관한 암시적 표현들이다.

♞ 꿈에 등장한 산이 국가기관을 상징할 경우

☞ 산봉우리는 그 최고위층이나 최고의 권한을 상징한다.

♞ 꿈에 산모퉁이에서 벌어지는 사건들은

☞ 사업의 전환점이나 연말(年末) 등의 시기와 관련이 있다.

♞ 물이 없는 계곡을 이쪽저쪽 오가는 꿈을 꾸면

☞ 두 개의 세력권을 이용하여 자기의 일을 도모하게 된다.

♞ 계곡의 물결이 거세 건너지를 못하고 애를 태우면

☞ 방해자나 장애요인이 생겨 자기의 사업이 곤경에 처하게 된다.

♞ 먼 산을 바라보며 그곳에 가야겠다고 생각하는 꿈을 꾸면

☞ 조만간 외국에 나갈 일이 생긴다.

♞ 오래도록 바라만 보던 먼 산에 처음으로 올라가는 꿈을 꾸면

☞ 해묵은 소망이 실현되거나, 숙원이던 외국여행을 하게 된다.

♞ 꿈에 시골집의 앞산, 혹은 뒷동산에서 벌어지는 사건들은

☞ 현실의 직장이나 학교에서 일어날 사건들을 묘사한다.

♞ 앞산의 꿩이 들판을 가로질러 자기에게 날아오는 꿈을 꾸면

☞ 머지않아 반가운 손님이 찾아온다.

♞ 숲이 우거진 산속에서 길을 잃고 헤매는 꿈을 꾸면

☞ 직장이나 학교에서 불쾌한 사건을 체험하게 된다.

♞ 깊은 산중에서 신령적 존재와 만나는 꿈을 꾸면

☞ 권력이 막강한 관리나 명망이 높은 학자와 상관하게 된다.

- 산꼭대기에서 누런 멧돼지가 날카로운 송곳니로 자기의 배를 찔렀다는 태몽은

☞ 장차 출생할 아이가 학문을 갈고 닦아 사회적으로 큰 영향을 끼칠 석학(碩學)이 된다는 뜻이었다.

- 산 중턱에서 어떤 물건을 얻어 오거나, 그 곳에서 집으로 돌아오거나 하는 등의 태몽을 꾸면

☞ 태아가 장성하여 중류급(中流級) 이상의 신분을 가지거나 중년 이후에 성공하게 된다.

- 여러 개의 산봉우리를 넘는 꿈을 꾸면

☞ 여러 직장을 전전하거나, 굴곡이 심한 우여곡절을 겪게 된다.

- 높은 산봉우리에 올라 사방을 굽어보는 태몽을 꾸면

☞ 태아가 정치인으로서 성공하여 최고의 권세를 행사하게 된다.

- 산꼭대기에서 큰 소리로 외치는 꿈을 꾸면

☞ 세상에 명성을 떨치거나 널리 소문낼 일이 생긴다.

- 산속에서 신발을 잃어버리는 꿈을 꾸면

☞ 직장을 잃거나 작품이 빛을 보지 못해 사장(死藏)되고 만다.

- 산에 꽃이 만발한 꿈을 꾸면

☞ 취직·전근 등의 소망을 실현하게 된다.

- 산에 꽃이 만발한 태몽을 꾸면

☞ 장차 출생할 아이는 국가의 명예를 빛낼 훌륭한 인물이 된다.

- 산을 그림으로 그리거나 모형도를 만드는 꿈을 꾸면

☞ 자기의 능력이나 작품이 높은 평가를 받아 명예를 얻게 된다.

- 마치 떡조각을 먹듯 큰 산봉우리를 꿀꺽 삼켜버렸다는 태몽 이야기가 있다.

☞ 이 태몽의 주인공은 장차 정치가나 사업가로 성공하여 최고의

지위에 오르게 된다.

♞ 산을 움직이는 꿈을 꾸면

☞ 세력가나 권력기관을 조정할 만한 위치에 서게 된다.

♞ 꿈에 산 위에서 자기의 메아리소리를 들으면

☞ 어떤 권력기관이 자기의 요구를 받아들이게 된다.

♞ 산을 오르다 밑으로 떨어지는 꿈을 꾸면

☞ 권세 · 지위 · 신분 등이 몰락하게 된다.

♞ 꿈에 산을 개간하여 경작지를 만든 것은

☞ 어떤 권력기관을 통해 자기의 사업기반을 마련한다는 뜻이다.

♞ 가파른 산꼭대기에 서서 아래를 내려다보며 겁을 내는 꿈을 꾸면

☞ 사업의 입지조건이 불완전하거나 전망이 불투명한 상황에 놓이게 된다.

♞ 산속에서 신령에게 축원(祝願)을 하는 꿈을 꾸면

☞ 당면한 소원을 성취하게 된다.

♞ 동물의 형상을 한 산봉우리가 실제 동물로 변하는 태몽을 꾸면

☞ 태아가 장성하여 나라의 정신문화를 일으킬 큰 인물이 된다.

♞ 알프스나 히말라야, 또는 백두산과 같은 명산을 오르는 꿈은

☞ 국제적으로 최고의 가치가 있는 일과 관련이 있다.

♞ 산사태가 나는 꿈을 꾸면

☞ 국가적인 환란이 닥친다.

♞ 큰 산 전체가 와르르 무너지는 꿈을 꾸면

☞ 국가적인 위인이 사망하거나, 국운이 백척간두에 서게 된다.

♞ 성도(成都)의 금병산(金甁山)이 무너지는 것을 본 촉한(蜀漢)의 황제 유선(劉禪)의 꿈은

☞ 군사(軍師) 제갈량(諸葛亮)이 사망할 것이라는 예시였다.

❖ 들판

♞ 꿈에 등장한 들판은

☞ 사회기반 · 영토 · 세력판도 · 일의 모체 · 사건의 무대 · 어머니 · 여성 등을 상징한다.

♞ 꿈의 사연에 따라 들판 · 광야 · 초원 · 사막 등의 심상을 이끌어 내는 대지(大地)는

☞ 그것이 넓고 광활한 만큼이나 규모가 큰 사업 · 세력 · 일 등을 상징.

♞ 지평선(地平線)은

☞ 먼 훗날 발생할 사건이나 외국에서 겪을 일 등을 암시하는 배경으로 자주 등장한다.

♞ 지평선 위에 검은 연기가 피어오르는 꿈은

☞ 먼 훗날 불길한 사건으로 체험될 어떤 사연이 이제 막 시작되었다는 뜻이다.

♞ 지평선 저 멀리서 기차가 자기에게 달려오는 꿈을 꾸면

☞ 먼 훗날 큰 사업으로 발전할 어떤 일에 착수하게 된다.

♞ 지평선 위로 해나 달이 떠오르는 태몽을 꾸면

☞ 장차 외국에 나가 출세할 자손을 낳는다.

♞ 사방이 확 트인 넓은 벌판에서 일을 하는 꿈을 꾸면

☞ 큰 세력판도나 기관을 기반으로 사업을 추진하게 된다.

♞ 사방이 산으로 둘러싸인 분지(盆地)는 주변의 산지와 더불어 하나의 상징표상을 만들어 내는데

☞ 이때 산은 어떤 기관이나 단체의 상징이고, 산에 연접되어 있는 분지는 그 세력판도를 나타낸다.

♞ 산이 기업체의 상징일 때 분지 내의 여러 촌락(村落)은

☞ 지점이나 지사, 또는 영업점 등을 상징한다.

♞ 만주벌이나 나주평야 등의 고유지명이 꿈에 등장하였을 경우, 음(音)으로 연상되는 다른 사물을 암시하는 경우가 많은데

☞ 가령 삼성벌이라는 지명이 꿈에 등장하였을 경우, 그것이 현실의 기업체인 삼성주식회사를 표현하는 것일 수도 있다.

♞ 한 번도 가본 적이 없는 꿈속의 고장을 실제 방문하는 경우도 있는데

☞ 이런 것은 사실적 또는 투시적인 꿈일 경우이다.

♞ 꿈에 어떤 장소를 바라보며 전에 한번 와본 적이 있다고 생각하는 것은

☞ 과거 접어두었던 일을 다시 시작하거나 과거와 같은 체험을 다시 또 경험하게 된다는 뜻이다.

고향을 떠나온 지 수십 년이 경과한 사람들도 고향을 무대로 한 꿈을 자주 꾼다. 고향에 관한 장면들이 대부분의 꿈에서 배경적 재료로 등장하는 이유는 감수성이 예민하던 어린 시절의 추억들이 다른 어떤 기억보다 더 깊은 인상으로 남아 있기 때문이다. 고향 자체로는 일의 시초이자 종말의 상징이다.

♞ 고향에 가려고 기차를 타거나, 자동차로 고향 길을 달리거나, 고향으로 가는 길에 어떤 사건에 부딪치거나 하는 등의 꿈들은

☞ 장차 자기가 성취하게 될 어떤 일거리의 결과를 예측하는 암시적 표현이다.

♞ 꿈에 고향집에 도착하려면 아직 멀었다고 생각하였다면

☞ 사업이 성공하기까지는 상당한 세월이 소요될 것이라는 암시다.

♞ 반대로 고향에서 객지를 향해 출발하는 꿈은

☞ 이제 바야흐로 어떤 일이 시작된다는 뜻이다

간혹 고향을 향해 길 떠나는 꿈이

☞ 인생의 후반부를 상징하는 경우도 있다.

다른 사람들과 함께 들판에서 소풍을 하는 꿈은

☞ 직장이나 사업장 내에서 벌어질 어떤 사건을 암시하는 것이다.

들판이 신문의 지면(紙面)을 상징하는 경우, 들놀이의 꿈이

☞ 신문에 게재된 어떤 중요한 기사를 암시하기도 한다.

자기 앞에서 땅이 갈라져 가던 길이 막히는 꿈을 꾸면

☞ 자기의 사업이 중단되게 된다.

땅이 갈라져 그 틈으로 한없이 깊은 지하를 내려다보는 꿈을 꾸면

☞ 지금까지 생각조차 못했던 어떤 새로운 분야에 뛰어들게 된다.

땅이 갈라진 틈으로 동물이 나오거나 불길이 솟는 꿈을 꾸면

☞ 사업상 큰 이득을 보거나 놀라운 진리를 터득하게 된다.

그러나 땅이 갈라진 틈으로 검은 연기가 새어나오면

☞ 불길한 사건이 발생한다.

칼·삽 등의 연장을 땅에 박아 지면이 갈라지거나 패이고 꺼지는 등의 변화가 생기는 꿈을 꾸면

☞ 자기의 주장·이론·학설 등을 내세워 기성관념을 타파하게 된다.

지진이 일어나거나 지축이 흔들리는 꿈을 꾸면

☞ 사회적인 혁명이 일어난다. 또는 소송사건에 휘말리게 된다.

지진으로 자기 집이 무너지는 꿈을 꾸면

☞ 조만간 자기의 사업을 대대적으로 쇄신하게 된다.

땅속에서 헤엄을 치거나, 두더지처럼 땅굴을 파는 꿈을 꾸면

☞ 탐색·연구 등의 일에 종사하게 된다.

땅에 구덩이를 파고 들어앉는 꿈을 꾸면

☞ 머지않아 취직을 하게 된다.

❖ 길(道路)·다리(橋)

꿈에 등장한 길〔道路〕)은

☞ 정도(正道)·진리·수단 등의 상징이며, 방도·전망·성공·정사(正邪)·도덕·노력·시간·인생 등의 관념과 관련된 상징표상이다.

길이 꿈의 주된 상징표상이라면

☞ 잘 포장된 탄탄대로만이 길조(吉兆)의 상징이 된다.

자기 집의 마당과 포장도로가 바로 연결된 꿈을 꾸면

☞ 가운(家運)이나 관운(官運)이 트인다.

꿈에 아스콘이나 시멘트로 도로포장을 하는 광경을 보면

☞ 사업이 새로운 국면을 맞아 급속히 번창하게 된다.

갑자기 길이 끊어져 더 이상 전진을 못하고 당황하는 꿈을 꾸면

☞ 소원이나 계획하는 일이 좌절된다.

한적한 들길을 걷는 꿈을 꾸면

☞ 관공서와 연관된 일거리에 종사하게 된다.

캄캄한 어둠 속에서 길을 찾아 헤매는 꿈을 꾸면

☞ 목전의 상황이 암담해진다. 또는 미개척분야에 뛰어들게 된다.

공중을 날면서 지상에 있는 길을 찾아 헤매는 꿈을 꾸면

☞ 근심·불안감 등이 유발되는 어떤 사건을 겪게 된다.

눈앞에 전개된 길이 움직이는 듯 구불거리거나 파도가 치듯 상하로 흔들리는 꿈을 꾸면

☞ 자기 의견의 정당성을 주장하지만 주위에서 받아주지 않는다. 또는 윗사람에게 반항하게 된다.

두 개 이상의 길이 서로 뒤엉켜 있는 꿈을 꾸면

☞ 세상을 왜곡된 시각으로 보거나 정신분열 현상을 체험하게 된다.

질퍽거리는 진흙길에 발이 빠져 어려움을 겪는 꿈을 꾸면

☞ 질병으로 신음하게 된다.

수렁에서 빠져나오지 못하는 꿈을 꾸면

☞ 범죄를 저지르거나 남의 모함에 빠지게 된다.

여러 개의 바위를 건너뛰어 앞으로 나아가는 꿈을 꾸면

☞ 여러 사업에 손을 대거나 여러 직장을 전전하게 된다.

길을 가다가 금반지 · 시계 · 돈 · 식기 등을 줍는 꿈을 꾸면

☞ 사업을 추진하는 과정에 뜻하지 않은 횡재수가 생긴다.

꿈에 등장하는 복도(複道)는

☞ 어떤 기관의 의사전달 부서를 상징한다. 비서실 · 총무부 · 중역회의 등이 해당된다.

꿈에 자기가 걷는 길이 험하면

☞ 사업이 순탄치 못하거나 일신상의 어려움을 겪게 된다.

길도 없는 숲으로 허둥지둥 도망치는 꿈을 꾸면

☞ 예상치 못한 위기에 직면하여 극심한 고통을 받게 된다.

자기가 쫓던 사람이나 동물이 갈림길이나 길모퉁이에서 종적을 감추는 꿈을 꾸면

☞ 절실한 소망을 실현할 수 없게 된다.

함께 길을 걷던 사람이 갑자기 사라지는 꿈을 꾸면

☞ 오랜 동업관계를 청산하고 독립하게 된다.

큰길이 점점 좁아져 좁은 길로 변하는 꿈을 꾸면

☞ 이제까지 좋았던 운세가 기울게 된다.

꿈에 사람들이 파손된 도로를 보수하는 광경을 보면

☞ 사업 · 작품 · 학문 등을 완전한 것으로 보완하게 된다.

♞ 꿈에 등장한 십자로(十字路)는

☞ 중앙부 · 중심세력 · 중도적인 환경 등을 상징한다.

♞ 꿈에 등장한 골목길은

☞ 사회의 이면(裏面), 사건의 진상, 일의 편재(遍在), 세력의 일각(一角) 등을 상징한다.

♞ 골목길에서 쫓던 사람을 놓치는 꿈을 꾸면

☞ 자기가 관여한 어떤 사건이 미궁에 빠진다.

♞ 길가에 세워진 이정표 앞에 서 있는 꿈을 꾸면

☞ 인생의 전환점에서 훌륭한 조언자의 도움을 받게 된다.

♞ 꿈에 아직 가야 할 길이 40리 가 더 남았다고 생각하였다면

☞ 지금 하고 있는 일이 앞으로도 4개월, 또는 4년의 기간을 더 소요할 것이라는 뜻일 수 있다.

♞ 길을 가는 꿈에서 여관에 투숙하는 것은

☞ 지금 하는 일이 일시적으로 중단된다는 뜻이다.

♞ 하늘로 뚫린 길을 걷는 꿈은

☞ 권력층이나 최고의 가치로 인식되는 일과 관련이 있다.

♞ 꿈에 등장한 다리〔橋〕는

☞ 연락처 · 중개기관 · 한계점 · 연결 · 상류층 · 일 · 방도 · 전환점 등을 상징한다.

♞ 외나무다리를 건너는 꿈을 꾸면

☞ 난관을 극복하여 일을 성사시킴으로써 소원을 충족하게 된다.

♞ 돌다리를 건너는 꿈을 꾸면

☞ 하는 일이 순탄하게 진척된다.

♞ 꿈에 철교를 건너면서 열차가 지나가면 어쩌나 하고 걱정하면

☞ 분수에 넘치는 일이나 불안감을 느끼는 일에 관여하게 된다.

다리 위에서 누군가를 기다리는 꿈을 꾸면

☞ 어떤 기관에 청탁한 일이 쉽게 처리되지 않아 기다리게 된다.

꿈에 수많은 사람들이 다리 위로 지나가는 광경을 보면

☞ 어떤 기관의 일거리를 얻기 위해 타인들과 경쟁하게 된다.

비바람이 세차게 몰아쳐 다리를 건너지 못하는 꿈을 꾸면

☞ 상부의 압력으로 인하여 진급·전근 등의 소망이 좌절된다.

다리가 약하거나 좁아서 불안감을 느끼는 꿈은

☞ 의지하는 협조자가 부실하거나 중개인이 믿음직하지 못하다는 뜻이다.

다리 위에서 아래를 내려다보는 꿈을 꾸면

☞ 지위가 상승한다. 관리자로서 하부조직과 상관할 일과 관련이 이 있다.

다리 아래를 지나다가 다리 위의 누군가가 불러 그리로 올라가는 꿈을 꾸면

☞ 승진을 하거나 재판에서 이기게 된다.

건너가려던 다리가 저절로 끊어지거나 부서지는 꿈을 꾸면

☞ 일·방도·인연·결사·직책 등과 연관된 소원이 좌절된다.

그러나 폭발·홍수·지진에 의하여 다리가 붕괴되는 꿈을 꾸면

☞ 어떤 강력한 권세가 몰락할 때 그 어부지리를 얻게 된다.

강을 건너지 못하여 애를 태우고 있을 때, 사람들이 부교(浮橋)를 놓아주는 꿈을 꾸면

☞ 난관에 처했을 때, 자기와 연관이 있는 기관·단체·친지 등이 발 벗고 나서서 도와준다.

교각(橋脚)이 부러지는 꿈을 꾸면

☞ 협조적인 아랫사람이나 충복을 잃게 된다.

♞ 꿈에 다리를 수리하는 광경을 보면

☞ 기관에 청탁한 일이 성사되거나, 사업이 보완·정비된다.

♞ 다리를 새로 가설하는 꿈을 꾸면

☞ 두 개의 세력이 연합을 하거나, 누군가와 인연을 맺게 된다.

♞ 다리 위에 어떤 물건을 올려놓는 꿈을 꾸면

☞ 어떤 기관에 무엇인가를 청원할 일이 생긴다.

♞ 징검다리를 건너가는 꿈을 꾸면

☞ 여러 가지 일자리를 전전하면서 혼란스런 체험을 하게 된다.

♞ 육교·고가도로 등은

☞ 다리의 상징의의와 같다.

❖ 도시·촌락·시가지·지도

♞ 꿈에 등장한 도시(都市)는

☞ 사회변화를 암시하는 꿈에 자주 등장하는데, 국가·정부·사회·풍습·학문 등을 상징한다.

♞ 도시가 물에 잠기거나 온통 불길에 휩싸이는 꿈을 꾸면

☞ 헌법이 개정되거나 사회적인 변혁이 일어난다. 개인적인 꿈이라면 국가적인 업적을 이루어 최고의 소망을 성취하게 된다.

♞ 지방도시(地方都市)는

☞ 지역적인 사회기반과 관련이 있다.

♞ 외국도시(外國都市)는

☞ 실제의 외국도시가 아니라면 외부적인 환경과 관련이 있다.

♞ 서울에서 지방의 도시로 이사 가는 꿈을 꾸면

☞ 본사에서 지사로 전출될 수 있다.

시가지를 배회하며 여러 가지 사건들을 체험하는 꿈을 꾸면

☞ 아주 흥미로운 사실을 알게 되거나, 진기한 이야기를 듣게 된다.

아군이 적군과 시가전(市街戰)을 벌이는 꿈을 꾸면

☞ 어떤 관청에서 복잡하고 번거로운 사무절차를 거치게 된다.

복잡한 시장에서 물건을 사고파는 꿈을 꾸면

☞ 일이 복잡해지거나, 정신이 어수선해지거나, 근심걱정이 생긴다.

시장에서 채소나 과일을 사가지고 집으로 오는 태몽은

☞ 태아가 장차 중년에 겪게 될 운명적 사건들을 암시하는 것이다.

길거리에서 음식을 사먹는 꿈을 꾸면

☞ 사업상의 중요한 타협・절충・거래 등을 하게 된다.

상가에서 쇼윈도 안에 진열된 상품을 들여다보는 꿈을 꾸면

☞ 누군가의 신상에 관하여 뒷조사를 하게 된다.

도로공사로 인해 길이 막히고 공사장비 등이 어수선하게 널린 꿈을 꾸면

☞ 직장 내에서 기구개편이나 업무쇄신을 단행함으로써 자기가 그 영향을 받게 된다.

차도를 가로질러 건너다 차량에 둘러싸여 당황하는 꿈을 꾸면

☞ 마음은 급한데 결단을 내리지 못해 일이 꼬이게 되거나, 주위 사람들의 압력이 강해 자기의 주장을 관철시킬 수 없게 된다.

정지신호에 걸려 멈추어 선 꿈을 꾸면

☞ 하는 일이 일시적으로 중단되게 된다.

역이나 정류장에서 예정된 차를 놓치거나 오래 기다리거나 하는 꿈을 꾸면

☞ 하는 일이 난관에 봉착하여 더디게 진행된다.

지하도(地下道)를 걸어가는 꿈을 꾸면

☞ 내부적으로 은밀하게 처리되는 일이나 사건에 관여하게 된다.

♞ 지하철을 타는 꿈을 꾸면

☞ 제도권 밖의 조직이나 지하단체의 일원이 된다.

♞ 하수구(下水溝)를 흐르는 오수(汚水)는

☞ 저급한 사상이나 풍조·범죄·부도덕·병마 등을 상징한다.

♞ 하수구에서 손발을 씻는 꿈을 꾸면

☞ 아무리 애를 써도 과거의 죄업(罪業)에서 벗어날 수 없게 된다.

♞ 하수도에서 오수(汚水)에 떠내려가는 꿈을 꾸면

☞ 열병에 걸린다.

♞ 하수구에 신이나 지갑 등 소지품을 빠뜨리는 꿈을 꾸면

☞ 자기의 신분이나 지위가 추락하게 된다.

♞ 더러운 하수구에서 보석을 건져 올리는 태몽을 꾸면

☞ 장차 비천한 가운데서도 훌륭하게 성장하여 자수성가할 자손이 태어난다.

♞ 이사를 한다고 세간을 트럭이나 우마차에 실어놓고 꿈을 깨면

☞ 사업을 다른 사람에게 의탁함으로써 간신히 명맥만 유지하게 된다.

♞ 꿈에 등장한 촌락(村落)은

☞ 직장·단체·역사자료·문학서적·사전·고담집 등을 상징한다.

♞ 직장인의 경우 외갓집을 방문하는 꿈을 꾸면

☞ 한동안 외근부서에서 근무하게 될 수도 있다.

♞ 들판 가운데에 있는 촌락을 방문하는 꿈을 꾸면

☞ 자서전·수기 등을 쓰거나 역사적 기록물을 읽게 된다.

♞ 꿈에 현대주택 가운데 초가집 한 채가 끼어있는 광경을 보면

☞ 고고학이나 역사적 유물에 관하여 조사·연구하게 된다.

♞ 지도(地圖)에 관한 꿈이 의외로 많은데, 이는 어떤 계획에 대한

전망과 판단이라는 관념을 재료화한 것이다.

☞ 방도 · 사업계획 · 사업기반 · 백과전서 등을 상징하고, 권세 · 이권 · 행운 등과 연관이 있는 상징표상이다.

꿈에 등장한 지구의(地球儀)는

☞ 지도와 상징의의가 유사하나 국제적인 일이나 사건을 암시하는 꿈에 자주 등장한다.

꿈에 누군가가 지도상의 한 지점을 가리키며 설명하는 것을 보면

☞ 전근이나 이사를 하게 된다. 간혹 사실적으로 표현되어 실제 그 지역과 관련이 있는 체험을 하게 되는 경우도 있다.

지구의를 얻는 꿈을 태몽으로 출생할 아이는

☞ 장차 세계를 두루 돌아다니며 폭넓은 삶을 영위하게 된다.

지도를 얻는 꿈을 꾸면

☞ 미개척 분야에 뛰어들거나 어떤 궁금증에 대한 해답을 얻게 된다.

누군가가 약도를 보여주며 설명하는 꿈을 꾸면

☞ 중개인을 통해 부동산 매매계약을 체결하게 된다.

세계전도를 펼치니 극동지역이 뚜렷하게 보이는데, 아시아 대륙으로 북미주와 호주 대륙이 바싹 다가와 있었다는 꿈은

☞ 당시 국제정세의 흐름상 미국이 중공을 승인하는 쪽으로 선회할 경우, 호주가 곧 그 뒤를 따를 것이라는 예시였다.

신령(神靈)이 세계지도를 건네주는 꿈을 꾸면

☞ 국제적인 일에 종사하거나 국제적인 지위나 명예를 얻게 된다.

신령이 세계지도를 건네주는 태몽을 꾸면 장차 출생한 아이는

☞ 국제적으로 명성을 떨칠 큰 인물로 성장하게 된다.

벽에 걸린 세계전도에 여기저기 표시를 하는 꿈을 꾸면

☞ 세계 각지의 시장을 확보하거나 지점을 개설하게 된다.

16

하늘·천체(天體)·기상 등의 꿈

❖ 하늘(天)

우주·천공·허공·궁창·중천 등으로도 불리는 하늘은 해와 달이 떠 있는 기상학적 개념이다. 이와는 별개로 다만 관념적으로 표현되어 만물을 지배하는 절대자인 하느님을 지칭하기도 한다. 한편 동양에서는 불가지(不可知)의 대상으로 일종의 초월성을 가지고 사람 위에 군림하는 절대적인 존재로서 인식되기도 한다. 과거 우리 사회에서는 임금·부모·남편 등에 비유되기도 하였다.

꿈에 등장한 하늘〔天〕은

☞ 진리·권세·도덕·천명·신(神)·국운(國運)·국가권력 등을 상징한다.

하늘의 문이 열리고 닫힌다는 관념이 상기되는 꿈은

☞ 관직·등용문·명예·진리·목표 등에 관한 성취 여부를 암시하는 것이다.

하늘의 문을 열고 안으로 들어가는 꿈을 꾸면

☞ 최고·최대의 가치를 지닌 명예·권세를 획득하게 된다.

승천한 용이 하늘의 문으로 들어갔는데 곧 바로 문이 닫히고 그 자리에는 아담한 교회가 생겨났다는 꿈 이야기가 있다.

☞ 이때의 용은 주변의 어떤 진리탐구자를 동일시한 것으로 그가 장차 국가적인 대업(大業)을 달성함으로써 그의 명성과 업적이 길이 남게 된다는 암시다.

하늘이 갈라지거나 무너지는 꿈을 꾸면

☞ 협조세력이 붕괴하거나, 부모가 사망하거나, 국가적 환란이 발생하게 된다.

하늘에서 우렁찬 목소리가 들려오며 어떤 계시나 예언을 하는 꿈은

☞ 자기의 운세에 큰 변화를 몰고 올 사건이나 국가적인 대사(大事)

가 생긴다.

- 공중에서 신의 음성이 들려오는 꿈을 꾸면

☞ 스스로 어떤 중요한 깨우침을 얻게 된다.

- 하늘로 올라가는 꿈은

☞ 출세·득세 등을 상징한다.

- 꿈에 하늘에서 내려온 예수·부처·신선 등의 신적 존재는

☞ 장차 자기에게 영향을 미칠 어떤 사회지도자나 권력자를 동일시하는 것이다. 또는 자기의 또 다른 자아일 수도 있다.

- 한없이 푸르고 맑은 하늘을 쳐다보는 꿈을 꾸면

☞ 당면한 어떤 소원을 성취할 수 있다.

- 올려다본 하늘이 온통 캄캄하여 암울함을 느끼는 꿈을 꾸면

☞ 소원은 좌절되고 어둡고 침울한 상황에 놓이게 된다.

- 어떤 물체가 서기(瑞氣)를 발하여 하늘까지 뻗치는 꿈을 꾸면

☞ 국가적인 명예나 권세를 얻게 된다.

- 손에 들고 있는 어떤 발광체의 빛이 하늘까지 뻗치는 태몽은

☞ 장차 세상 사람들에게 감동과 혜택을 줄 큰 인물을 낳게 된다.

- 꿈속에 등장한 어떤 사람의 키가 하늘에까지 닿았다면

☞ 그로 동일시된 주변의 어떤 인물의 명성·권세 등이 온 나라에 영향을 미치게 된다.

- 하늘의 일각에서 무엇인가가 폭발하여 하늘을 온통 불바다로 만드는 꿈을 꾸면

☞ 나라 안에서 새로운 사조(思潮)나 문화(文化)가 생겨나 급속하게 번져나간다.

- 지금까지 푸르던 하늘이 마치 붉은 융단을 깐 것처럼 갑자기 붉게 물드는 꿈을 꾸면

☞ 새로운 사상이 전파되거나 사회개혁이 이루어진다.

♞ 요란한 뇌성과 함께 번개가 번쩍일 때마다 오색찬란한 빛줄기가 긴 궤적을 그리며 하늘에 줄무늬를 만들고 있었다는 꿈은

☞ 조만간 사회적으로 큰 변화가 생기거나 국가적인 대사(大事)를 치르게 된다는 암시였다.

♞ 공중에서 요란한 폭발음이 들려오는 꿈을 꾸면

☞ 혁명이 일어나거나 계엄령이 선포된다. 또는 경이로운 발견·발명으로 세상이 떠들썩하게 된다.

♞ 사람이나 동물이 공중에서 완전히 사라지는 꿈은

☞ 종말·사망·붕괴·행방불명 등을 암시하는 불길한 징조다.

❖ 해(太陽)

온 세상을 밝히는 해는 생명의 근원이자 불과 빛의 원천이다. 태양신을 섬기는 종교도 생길 만큼 우리 인간사에 있어 해가 차지하는 비중은 매우 크다. 따라서 태양에 대한 관심은 전 인류에 있어서 보편적 현상이라고 할 수 있다. 하늘은 국가를 상징하므로 해는 왕·대통령 등의 통치권자를 동일시할 수 있다. 해가 동쪽에서 떠서 서쪽으로 질 때까지의 일조시간(日照時間)을 인생사에 비유하곤 하는데, 꿈은 이러한 잠재지식을 활용하여 인생의 여러 시기(時期)를 암시적으로 표현한다.

♞ 꿈에 등장한 해〔太陽〕는

☞ 통치자·절대권자 등을 동일시하며, 계몽사업·권력기구·원천·자비·영광 등을 상징한다.

♞ 햇빛이 따사롭게 느껴지는 꿈을 꾸면

☞ 은혜·자비·사랑 등을 체험하게 된다.

♞ 눈부신 햇살이 대지를 화사하게 비추는 꿈을 꾸면

☞ 경사가 있거나, 근심걱정을 해소하거나, 소원을 충족하게 된다.

♞ 해를 보고 임신을 하면 반드시 아들을 낳는다는 믿음은 잘못된 것이다. 이런 태몽은 태아의 성별과는 관계가 없다.

☞ 태몽에 등장한 해는 태아의 인격을 표현할 뿐 아니라 태아가 장성하여 성취할 업적・권세・일거리 등을 상징한다.

♞ 붉은 해가 동산이나 지평선 위로 막 떠오르는 꿈은

☞ 바야흐로 어떤 중대한 일을 시작하게 된다는 뜻이다.

♞ 해가 강에서 떠오르는 것을 보았는데, 다시 보았을 땐 이미 중천에 올라 있었다는 태몽은

☞ 출생한 아이가 일찍이 모자 이별을 하게 될 것이나, 성공한 다음 상봉하게 된다는 암시였다.

♞ 찬란한 햇빛이 자기의 몸을 비추는 꿈을 꾸면

☞ 진급・결혼・합격 등의 좋은 일이 생긴다. 또는 병마나 근심걱정으로부터 벗어나게 된다.

♞ 햇빛이 들지 않던 방・마루・벽장 등의 구석진 곳에 햇살이 담뿍 쏟아지는 꿈을 꾸면

☞ 집안에는 경사가, 직장에선 영광된 일이 생긴다.

♞ 햇살이 무지개 같은 오색찬란한 빛줄기를 만들며 방안에 쏟아지는 태몽을 꾸면

☞ 집안에서 장차 세상을 교화시킬 위대한 인물이 태어난다.

♞ 울창한 숲속으로 한 줄기 햇살이 쏟아지는 꿈을 꾸면

☞ 학업・작품・업적 등에 있어 영광된 일이 생긴다.

♞ 해가 안개나 구름 속으로 들어가거나, 빛이 약해져 세상이 어두워지는 꿈을 꾸면

☞ 근심걱정이 생기고 육신에 병이 들며, 명예나 지위가 손상될 일

이 생긴다.

♞ 해가 사람의 얼굴로 변하여 방긋이 웃는 태몽을 꾸면

☞ 출생할 아이가 장차 큰 인물이 될 것이나 유년기에는 부모의 속을 썩이게 될 것이다.

♞ 자기가 해를 삼켜 세상이 암흑천지로 변했다는 어떤 여인의 태몽 이야기가 있다.

☞ 이 여인은 유산을 하려고 할 것이나, 뜻을 이루지 못하여 아이를 낳게 된다. 임신 중 심적 고통을 받을 것이며, 태아의 성장과정도 순탄치 않을 것이다.

♞ 해가 지붕에 떨어져 구르는 태몽을 꾸면

☞ 출생할 아이는 장성하여 국가적인 업적을 이룩한다.

♞ 하늘의 해를 손으로 따거나 치마폭에 받는 태몽을 꾸면

☞ 장차 출생할 아이는 장성하여 국가적인 권세를 누리게 된다.

♞ 하늘에 두 개의 해가 함께 떠 있었다는 꿈은

☞ 어떤 조직체 내에서 두 명의 권력자가 주도권을 놓고 각축을 벌인다는 암시였다. 태몽이라면 쌍둥이가 태어날 가능성이 많다.

♞ 해와 달이 하나로 합쳐지는 꿈을 꾸면

☞ 두 나라가 동맹을 맺거나, 영향력이 있는 두 개의 사회단체가 통합되게 된다.

♞ 해와 달이 서로 붙어 있는 태몽을 꾸면

☞ 성별(性別)이 다른 쌍둥이를 낳게 된다.

♞ 하늘의 해가 두 개로 갈라지는 꿈을 꾸면

☞ 부모가 이별을 하거나 한쪽이 사망하게 된다. 정치가의 꿈이라면 소속 정당이 두 개로 갈라진다.

♞ 떨어진 해를 받아 방으로 들고 들어가는 태몽을 꾸면

☞ 장차 출생할 아이는 말년에 이르러서야 성공을 하게 된다.

♞ 해를 두 번이나 움켜잡았다가 놓았다는 사이루스 대왕의 꿈은

☞ 20년 동안 나라를 다스린다는 예시였다.

♞ 조선조 성종(成宗) 대왕의 모후(母后)는 둥근 해를 품에 안은 태몽을 꾸고

☞ 성종을 낳았다고 한다.

♞ 해가 점점 이지러져 반쪽이 되거나 아주 없어져 버리는 꿈을 꾸면

☞ 자기의 세력권이 쇠퇴하거나 사업체가 파산하게 된다.

♞ 일식(日蝕) 때문에 해가 반쪽이 되는 꿈을 꾸면

☞ 한때나마 국운(國運)이 쇠퇴하여 위기를 맞거나, 자기 사업의 일각이 허물어지지만 곧 회복된다.

♞ 해를 향해 무엇인가 기원(祈願)을 하는 꿈을 꾸면

☞ 권력단체나 정부기관에 무엇인가 청원할 일이 생기는데, 그것은 받아들여질 것이다.

♞ 비어 있는 교황의 옥좌에 초자연적인 햇빛이 비치는 것을 보았다는 진 딕슨 부인(미국의 유명한 예언가로서, 케네디 전 대통령의 암살을 예언했다. 크리스털볼水晶球을 이용해서 점괘를 본다고 한다)의 환상은

☞ 머지않아 세계적인 종교개혁이 있을 것이라는 암시였다.

♞ 창문이나 미닫이문을 투과한 햇빛이 방안을 환하게 밝히는 꿈은

☞ 집안에 큰 경사가 생긴다. 또는 새로운 진리나 기술혁신에 의해 사회가 급변하게 된다.

♞ 태몽에서 해가 이제 막 동쪽 하늘에 떠오르는 것은 초년운세를 나타낸다.

☞ 중천에 떠있는 것은 중년운세를, 그리고 서산에 기우는 것은

말년운세를 각각 나타낸다.

총이나 활로 쏘아 해를 떨어뜨리는 꿈을 꾸면

☞ 큰 소망을 실현하게 되는데, 그 정도는 꿈꾼 사람의 분복에 따라 달라진다.

한쪽 어깨에 해가 돋고 또 다른 어깨에 별이 돋았다는 고종황제의 꿈은

☞ 장차 해(일본)와 별(미국)로 상징되는 나라의 억제를 받아 국운(國運)이 쇠퇴한다는 암시였다.

해·달·별 등의 천체를 삼키는 태몽은 모두 비범한 것으로 상서로운 일과 관련이 있다.

☞ 중국의 송태조(宋太祖)는 해를 삼킨 태몽을, 진황후(甄皇后)는 달을 삼킨 태몽을, 소열황후(昭烈皇后)는 별을 삼킨 태몽으로 각각 출생하였다고 한다.

그러나 해가 태몽의 표상이라고 해서 태아가 모두 최고의 권세를 누리는 것은 아니다.

☞ 사람마다 그 분복(分福)이 모두 다르기 때문이다.

중천에 떠있는 해가 빛도 없이 그저 붉게만 보이는 꿈은

☞ 다만 어떤 큰 인물을 동일시하거나, 세력·권리·일거리 등을 상징하는 경우에 해당된다.

붉은 해가 셋이나 나란히 떠있는 것을 보았다는 조조의 꿈은

☞ 장차 세 사람이 천하를 삼분하여 각축하게 된다는 암시였다.

강 위로 쏜살같이 굴러온 붉은 해가 자기 진영으로 들이닥치는 꿈을 꾼 조조(曹操)는

☞ 얼마 지나지 않아 오왕(吳王) 손권(孫權)이 국사(國師)를 이끌고 당도함을 보았다고 한다.

❖ 달(月)

꿈에 등장한 달〔月〕은

☞ 계몽사업 · 기관 · 권리 · 일거리 · 작품 · 명예 등을 상징하고, 유명인 · 권력자 · 지도자 · 안내자 · 여성 등을 동일시한다.

달이 등장한 태몽으로 출생한 사람은

☞ 대체로 대중적 인기직업에 종사하거나 계몽 사업을 하게 된다.

그러나 구름에 가린 달이 태아표상이라면

☞ 태아가 극히 불우한 환경 속에서 성장할 운세를 지닌다.

하늘의 달이 지상에 떨어져 사라지는 꿈을 꾸면

☞ 국가지도자가 사망하거나, 자기의 사업이 기반을 잃게 된다.

미혼남녀의 경우, 달을 쳐다보거나 품에 안는 꿈을 꾸면

☞ 결혼상대자를 만나게 된다.

달 앞에서 크고 빛나는 별이 지나가는 꿈을 꾸면

☞ 훌륭한 지도자 · 안내자 · 협조자 등의 도움을 받게 된다.

달빛이 창문으로 들어와 방안을 대낮처럼 밝히는 꿈을 꾸면

☞ 집안에 경사가 생기거나, 신분이 상승하거나, 반가운 소식을 듣게 된다.

어스름한 달빛이 비치는 산길을 거닐며 산책하는 꿈을 꾸면

☞ 별로 친하지 않던 사람과 긴 대화를 나누게 된다.

달을 쳐다보며 술을 마시는 꿈을 꾸면

☞ 사회적인 중책을 맡거나 큰 업적을 이루게 된다.

초승달이나 반달을 바라보는 꿈은

☞ 지금 하고 있는 일이 성사되기까지 상당한 시일이 소요될 것이라는 뜻이다.

하늘에 떠있는 달이 물위에 비치는 꿈을 꾸면

☞ 장차 배우자가 될 사람을 만나게 된다. 또는 대중적인 인기인을 만나게 된다.

달을 향해 절을 하거나 합장(合掌)하는 꿈을 꾸면

☞ 유력인사나 권력자에게 청원을 하여 그 소원을 충족하게 된다.

미혼남녀가 꿈에 달무리를 보면

☞ 조만간 결혼을 하게 된다.

오색찬란한 달무리 속에서 달이 환하게 빛나는 꿈을 꾸면

☞ 부부관계가 원만하여 행복한 결혼생활을 영위하게 된다.

달나라를 탐험하는 꿈을 꾸면

☞ 최고의 목표를 달성하거나 외국여행을 하게 된다.

❖ 별(星)

꿈에 등장한 별〔星〕은

☞ 희망·권리·진리·명예·업적·작품·사업 등을 상징하며, 유명인·권력자·지도자·친구 등을 동일시한다.

꿈에 등장한 성좌(星座)는

☞ 단체세력·국가기관·정당·사업체 등을 상징한다.

수많은 별들이 휘황찬란한 빛을 발하는 꿈은

☞ 앞으로 전개될 운세가 대길하다는 뜻이다.

별들이 구름이나 안개에 가리어 빛을 잃는 꿈을 꾸면

☞ 조만간 불행이 찾아든다.

꿈에 수많은 별들 가운데서 유난히 빛나는 별을 보면

☞ 어떤 조직체의 우두머리가 되거나, 자기의 작품·업적 등이 높은 평가를 받게 된다.

동녘에 뜨는 샛별〔金星〕이 찬란하게 빛나는 꿈을 꾸면

☞ 나라에 위대한 인물이 탄생하거나, 신사고(新思考)의 서적이 출판되어 선풍적인 인기를 모은다.

별이 해만큼이나 커지는 꿈을 꾸면

☞ 작은 규모로 시작한 사업이 크게 번창한다.

큰 별이 떨어지는 꿈을 꾸면

☞ 국가지도자가 몰락한다.

새로 나타난 별로 인하여 먼저의 별이 떨어지거나 빛을 잃는 꿈을 꾸면

☞ 나라에 강력한 인물이 새로 등장함으로써 지금까지 권력을 휘두르던 인물이 몰락하게 된다.

별이 태아표상으로 등장한 태몽을 꾸면

☞ 아이가 장성하여 대중적 인기인이나 고위관료로서 출세한다.

그러나 별이 자기와는 먼 거리에 떨어져 빛나는 태몽을 꾸면

☞ 그 자식과 떨어져 살거나, 오랫동안 이별을 하게 된다.

하늘의 별들이 우수수 쏟아져 부서지거나 사라지는 꿈을 꾸면

☞ 권력 · 권리 · 사업 등이 붕괴하고 협조자들이 뿔뿔이 흩어진다.

그러나 하늘에서 쏟아진 별들이 자기 앞에 쌓이는 꿈을 꾸면

☞ 큰 업적을 이루어 부귀영화를 누리게 된다.

별이 나비처럼 날아다니는 꿈을 꾸면

☞ 한때 방랑생활(放浪生活)을 하거나 배우자가 바람이 난다.

꿈에 유성(流星)을 보면

☞ 직책이나 직위가 변경되거나 이사를 가게 된다.

견우성(牽牛星)과 직녀성(織女星)이 만나는 꿈을 꾸면

☞ 결혼 · 결합 · 결연 등의 일이 생긴다. 두 국가의 연합이나 애인

과의 재회를 암시하기도 한다.

꿈에 등장한 혜성(彗星)은

☞ 신비 · 명성 · 진리 · 걸작 등을 상징한다.

북두칠성(北斗七星)은 일곱 개의 별이 한 성좌를 이루며 북극성(北極星) 주위를 돌고 있는 주걱모양의 성단이다. 서양에서는 일곱이라는 숫자적 의미에서 행운의 별로 간주되고, 동양에서는 샤머니즘적 발상에서 영험한 권능을 상징하는 별로 인식되어 예로부터 신앙시하였다. 이러한 잠재지식에서 길조의 표상으로 표현되는데, 학자 · 진리탐구자 · 예언자 등을 동일시하고, 권력단체 · 권력기관 · 걸작 등을 상징한다. 북두칠성이 유난히 밝게 빛나는 꿈을 꾸면 장차 어떤 업적을 남기거나 소원을 성취시킬 수 있고, 은혜로운 협조자가 나타나기도 한다. 이 별이 집으로 들어오는 꿈을 꾸면 횡재수가 생긴다. 그러나 이 별이 하늘에서 그 자리를 바꾸는 꿈을 꾸면 시국(時局)에 커다란 변화가 생긴다.

동쪽 하늘에서 북두칠성(北斗七星)과 좀생이별〔昴星묘성〕이 만나는 꿈을 꾸면

☞ 남과 북의 두 나라가 서로 협상을 하거나 사회적으로 비중이 있는 두 개의 단체가 연합을 하게 된다.

절망 가운데 있는 사람이 북극성이나 십자성이 등장한 꿈을 꾸면

☞ 훌륭한 조언자의 도움으로 새로운 희망과 목표를 갖게 된다.

은하수(銀河水)가 마치 대지의 하천인 양 그 물에 목욕을 하고 배를 띄우며 손발을 씻는 등의 꿈은

☞ 최고의 소원을 충족한다는 뜻이다. 머지않아 신분이 고귀해지고 최고의 명예를 획득하게 된다.

견장 · 기장 · 장식 등에서 별의 문장이나 휘장을 보는 꿈은

☞ 영광 · 명예 등과 관련된 일이나 사건을 암시한다.

❖ 구름(雲)·안개(霧)

구름과 안개는 대기 중의 수분이 응결하여 미세한 물방울이나 빙정(氷晶)의 상태로 공중에 떠올라 형성되는 것이다. 꿈은 구름을 푸른 하늘을 가리는 장막에 비유하며, 맑고 푸른 하늘을 우리 마음의 거울로 바꿔놓고 그것을 덮은 검은 구름은 불쾌·불만·불길한 징조라고 강조해서 표현하기도 한다. 구름의 색깔이 희고 검으며 붉고 누런 오색찬란한 변화는 그것을 볼 때 마음속에서 일어나는 정감(情感)에 따라 다채롭게 표현되어 현실의 길흉(吉凶)을 판단하는 상징표상이 된다.

♞ 꿈속에서 맑은 하늘을 내달리는 검은 구름장은
☞ 자기에게 위압적인 권력층이나 세력집단을 상징한다.
♞ 검은 구름에 가려 하늘이 잔뜩 흐린 꿈은
☞ 불안과 불만, 그리고 우수(憂愁) 등의 감정이 유발되는 그대로 불길한 징조를 나타낸다.
♞ 하늘에 먹장구름이 끼면서 갑자기 어두컴컴해지는 꿈을 꾸면
☞ 자기의 소원충족이나 사업전망이 어둡게 된다. 간혹 국가적 환란을 암시하는 경우도 있다.
♞ 그러나 검은 먹장구름이 비를 뿌리는 꿈은
☞ 완숙·충만 등으로 표현되어 길조를 나타낸다.
♞ 검은 구름이 활짝 걷혀 맑고 푸른 하늘을 다시 보는 꿈을 꾸면
☞ 한 때의 불행이나 불쾌한 상황에 벗어나 행복한 상태가 된다.
♞ 꿈에 푸른 하늘을 배경으로 등장한 흰 구름은
☞ 소박하고 후덕하며 순수한 사물(事物)을 상징한다.
♞ 구름 사이로 눈부신 햇살이 쏟아지는 꿈은

☞ 서광(瑞光)이 비친다는 현실적 관념 그대로 길조의 상징이다.

구름 속에서 번개가 친다, 불길이 솟구친다, 꽃송이가 나온다, 용이 그 정체를 드러낸다 하는 등의 꿈들은

☞ 국가기관이나 사회단체와 관련된 일이나 사건을 암시하는데, 길조로서 해석된다.

햇빛·번개·불길·꽃송이·용 등의 상서로운 물상이 구름 속에서 그 모습을 나타내는 꿈은

☞ 일반적으로 소원충족을 나타내는데, 경이롭거나 감동적인 체험이 수반된다.

꿈에 검은 구름이 자기 집의 지붕을 덮으면 집안에 흉사(凶事)가 생기고

☞ 공공건물을 덮으면 사회적으로 불길한 사건이 발생한다.

백악관 지붕을 덮는 검은 구름을 보았다는 진 딕슨 부인의 환상은

☞ 1960년 존 에프 케네디 대통령의 암살사건을 예시한 것이었다.

자기를 쫓아오던 용의 손을 잡으니 검은 구름이 걷히고 햇살이 찬란하게 비쳤다는 꿈은

☞ 어느 정치인의 꿈이었는데, 정적과의 타협을 통해 급박한 위기에서 벗어나게 됨으로써 희망을 되찾는다는 암시였다.

손오공처럼 구름을 타고 하늘을 날아다니는 꿈은

☞ 최고의 소원을 충족한다는 뜻으로 대길한 운세를 나타낸다.

꿈에 구름을 타고 하늘에서 내려오는 신령적 존재는

☞ 자기가 소속한 집단·기관·회사·단체 등의 우두머리를 동일시한다.

가령 하늘에서 구름을 타고 내려온 백발노인에게 꽃다발을 받

았다는 꿈의 경우는

☞ 자기가 소속한 단체나 기관의 장이 자기에게 영예를 안겨줄 일이 있음을 한껏 꾸며내어 표현한 꿈의 노작(勞作)에 불과한 것이다.

해·달·별 등의 천체가 구름 속으로 들어가 빛을 잃는 꿈은

☞ 어떤 일의 중단이나 불행한 운세를 예시하는 것이다.

그러나 용이 하늘로 날아올라 구름 속으로 들어가는 꿈은

☞ 장차 국가기관에 몸을 담아 입신양명하게 된다는 뜻이다.

구름 속에 정체를 숨긴 용이 뇌성을 발하거나 번개·불덩이 등을 떨어뜨리는 태몽을 꾸면

☞ 일생을 초야에 숨어살면서도 위대한 업적을 남기게 될 자손이 태어난다.

흰 구름장이 피어오르거나 뭉게구름이 솟아오르는 꿈을 꾸면

☞ 사업이 융성하고 신분이 상승하게 된다.

구름이 황금색으로 변하는 꿈을 꾸면

☞ 부귀영화를 누리게 된다.

흰 구름이 붉게 물드는 꿈을 꾸면

☞ 종교·문학·철학 등의 분야에 있어 새로운 사상이 전파된다.

구름이 저녁노을에 물드는 꿈을 꾸면

☞ 말년(末年)에 이르러 커다란 업적을 남기게 된다.

오색구름을 타고 하늘을 나는 태몽을 꾸면

☞ 출생할 아이가 대중적 인기직업에 종사하여 유명인사가 된다.

검은 먹장구름에서 번개가 치는 꿈을 꾸면

☞ 적대적인 권력자나 권력기관으로부터 위협적인 경고나 강압적인 조치를 당하게 된다.

자욱한 안개에 휩싸이는 꿈을 꾸면

☞ 어떤 사상에 감화되거나, 유행성 질병에 걸리거나, 근심걱정이 생기거나, 재난을 당하게 된다.

어느 한 장소에만 안개가 덮이는 꿈을 꾸면

☞ 주변에서 불미스런 사건이 발생하여 세상에 소문이 나게 된다.

높은 산허리를 실안개가 휘감고 있는 꿈은

☞ 잠간 동안 비밀의 장벽으로 가릴 운세라는 뜻이다. 세상에 공개하지 못할 비밀이 생기거나, 한동안 자기의 행방을 감추게 된다.

물속에서 잉어 · 용 · 구렁이 등이 안개를 휘감고 솟아오르는 태몽은

☞ 큰 인물의 탄생을 알리는 신호다. 지상에 올라왔을 때 안개가 모두 걷혀 있어야 좋다.

❖ 비(雨) · 눈(雪)

비는 소원충족이나 질식된 관념의 분비현상을 가장 적절하게 표현하는 상징재료다. 비가 오지 않으면 생명력이 고갈되는 까닭에 흡족하게 비가 내리는 것은 정신적 · 물질적 소원을 충족시킨다는 암시적 표현에 부합한다. 소나기가 세차게 쏟아지는 것은 통쾌하고 후련한 감정을 불러일으킴으로써 가장 큰 소원충족으로 표현된다. 그러나 잔뜩 찌푸린 하늘에서 빗방울이 한두 방울 떨어지는 것은 슬픔과 눈물을 상징하기에 불행을 암시하며, 장마가 계속되는 것은 지루하고 답답함을 금치 못하게 하므로 불안 · 불만의 상징으로 표현된다.

마른 대지에 소나기가 시원하게 쏟아지는 꿈을 꾸면

☞ 기쁘고 경사스런 일이 생기거나 당면한 소원을 충족하게 된다.

세찬 빗소리를 듣는 꿈을 꾸면

☞ 세상에 소문낼 일이 생긴다.

줄기차게 쏟아지는 비를 온 몸으로 흠뻑 맞는 꿈을 꾸면

☞ 큰 은혜를 입고 촉촉이 내리는 비를 맞으면 사랑・혜택을 받는다.

- 그러나 한두 방울씩 떨어지는 비를 맞는 꿈을 꾸면

☞ 슬픈 일이나 걱정거리가 생긴다.

- 긴 장마가 지속되어 걱정하는 꿈을 꾸면

☞ 사회적인 환란이 발생하거나, 집안에 흉사(凶事)가 생긴다.

- 빗속에서 우산을 쓰는 꿈은

☞ 외세를 거부한다는 뜻에서 항거의 상징이다. 교리에 반대하고, 부모에 반항하며, 사회에 저항한다.

- 비 오는 어두운 밤, 누군가가 우산을 쓰고 걸어가는 꿈을 꾸면

☞ 조만간 지인(知人) 중의 한 사람이 사망하게 된다.

- 자기의 우산 속으로 다른 사람이 뛰어드는 꿈을 꾸면

☞ 권리를 침해당하거나, 타인으로 인하여 심로(心勞)가 생긴다.

- 우의(雨衣)를 입고 들판에 나가는 꿈을 꾸면

☞ 사업상의 어떤 방비조치를 하게 된다.

- 방안에 앉아 있는데 천장에서 빗물이 새어 뚝뚝 떨어지는 꿈을 꾸면

☞ 근심걱정이 생기거나, 비밀이 누설되거나, 사업기반이 흔들리게 된다.

- 갑자기 쏟아지는 비를 피해 황급히 집으로 들어오는 꿈을 꾸면

☞ 급작스런 사회적 변화나 외압으로부터 몸을 피할 일이 생긴다.

- 그러나 사업가의 경우, 비를 피해 남의 집 처마 밑으로 들어가는 꿈을 꾸면

☞ 남에게 의지하여 사업의 명맥을 이어가게 된다.

- 꿈에 나무 밑에서 비를 피하면

☞ 은인의 도움을 받게 된다.

세찬 빗줄기가 창문에 들이쳐 방안의 물건이 젖거나 방바닥에 흥건하게 고이는 꿈을 꾸면

☞ 장차 자기의 업적이 사회적인 기여를 하게 됨으로써 가치가 있는 것으로 평가받게 된다.

마른 논에 비가 내려 흥건하게 고이는 꿈을 꾸면

☞ 큰 세력이나 재물을 얻게 된다. 또는 자원이 풍성해진다.

널어놓은 나무나 곡식 등에 빗방울이 드문드문 떨어지는 꿈은

☞ 더할 수 없는 악몽이다. 머지않아 깊은 절망상태에 빠지게 된다.

가랑비를 촉촉이 맞는 꿈을 꾸면

☞ 신앙생활에 몰두하게 된다.

조약돌 밭에 가랑비가 내려 온갖 분진이 씻겨 내리는 꿈을 꾸면

☞ 사업을 거들어 줄 사람들이 나타나 그 가치를 한층 빛내게 된다.

펑펑 쏟아지는 눈을 맞으며 걸어가는 꿈을 꾸면

☞ 국가적인 혜택을 받거나 공법을 준수할 일이 생긴다.

눈(雪)은 온 세상을 순백으로 덮어 딴 세상을 만든다. 살결이 흰 것을 백설과 같다 하고, 순결한 마음을 일컬어 〈백설같이 깨끗하다〉 라고 비유하기도 한다. 그러나 눈은 차고 냉정하며 삭막한 이미지도 갖고 있다. 금방 녹지 않기 때문에 뭉쳐질 수도 있는데, 많이 쌓이면 큰 무게로 사물을 파괴할 수 있는 힘을 지닌다. 이러한 잠재지식이 꿈에 도입되어 세상을 억제하거나 감화시키는 위대한 힘을 상징하고, 결백·순결·정신력·재력·법규 등의 관념이 유발되는 일이나 사건을 암시하며, 쾌·불쾌 감정적 동향을 표현하기도 한다.

상대가 눈을 맞아 마치 흰옷을 입은 것처럼 보이는 꿈을 꾸면

☞ 법적인 문제로 고소를 당하거나 부모상을 당한다.

산과 들이 온통 백설로 뒤덮여 눈부시게 빛나는 꿈은

☞ 대길한 징조다. 개인은 사업이 순조롭고 정치가는 새로운 사회 질서를 정립하며, 학자는 새로운 사상을 전파하게 된다.

눈이 덮인 산으로 올라가는 꿈을 꾸면

☞ 마음을 정화하여 신앙·수도·학문 등의 목표를 달성하게 된다.

눈 덮인 산에서 부처님의 발자국을 따라가는 꿈을 꾸면

☞ 어떤 정신적 지도자의 가르침을 받거나 그 행적을 따르게 된다.

스키를 타고 눈 덮인 산야를 누비는 꿈을 꾸면

☞ 협조자나, 좋은 방도의 힘을 빌려 큰 소원을 충족하게 된다.

높은 산봉우리에 잔설이 덮여 있는 꿈을 꾸면

☞ 조만간 고매한 인품의 관록이 있는 인물과 상관하게 된다.

마당에 쌓인 눈을 비로 쓸어내는 꿈을 꾸면

☞ 독립된 자신의 영역을 확장하고 사업기반을 착실히 다지게 된다.

눈을 쓸어 길을 내는 꿈을 꾸면

☞ 오랫동안 유보상태에 있던 어떤 일거리를 다시 시작하게 된다.

주먹만큼 큰 눈송이가 방안에까지 날려 와 쌓이는 꿈을 꾸면

☞ 사회적인 재물을 얻어 가세(家勢)가 확장된다.

눈이 많이 쌓여 집이 완전히 무너지는 꿈을 꾸면

☞ 강대한 힘의 작용을 받아 기존의 것들이 붕괴됨으로써 새로운 신분·사업·명예 등을 얻게 된다.

그러나 눈의 무게에 눌려 건물의 일부가 파괴되는 꿈을 꾸면

☞ 파산·몰락 등의 불행을 겪게 된다.

산야·오솔길·지붕 등에 남은 잔설이 녹아내리거나 질퍽거리는 꿈을 꾸면

☞ 사업상 뒤처리가 미진하여 남들과의 시비가 끊이지 않는다.

눈싸움을 위해 눈을 뭉치거나, 상대에게 던지고 맞는 꿈을 꾸면

☞ 자본금을 지속적으로 투입하여 경쟁자와 무한경쟁을 벌이게 된다.

눈을 뭉쳐 큰 덩어리로 만드는 꿈을 꾸면

☞ 여러 사람들로부터 돈을 모아 큰 사업자금을 마련하게 된다.

멀리서 쫘 소리를 내며 다가오던 소나기가 갑자기 우박으로 변해 땅에 구르다가 녹았다는 꿈은

☞ 다음날 교회의 부흥회장에서 요란한 박수소리를 듣는 것으로 현실화되었다고 한다.

그러나 우박이 요란한 소리를 내며 떨어지는 꿈은

☞ 보통 내란·소요사태 등의 사회적인 환란을 상징한다.

싸락눈이 내리는 꿈은

☞ 번거롭거나 허무한 일과 관계가 있다.

눈과 비가 함께 내리는 꿈을 꾸면

☞ 두 세력이 각축전을 벌이는 과정에 자기의 일이 꼬이게 됨으로써 불안과 걱정이 떠나지 않게 된다.

푸른 대지에 서리가 내려 온통 하얗게 덮은 꿈을 꾸면

☞ 나라에 전염병이나 환란이 발생한다. 또는 자기 사업을 위축시킬 어떤 제도나 법규가 생겨난다.

꿈에 등장한 이슬〔露〕은

☞ 진리·정력 등을 상징한다.

이슬방울을 마시는 꿈을 꾸면

☞ 지혜가 생기거나 어떤 교리를 신봉하게 되지만, 오래 지속되지는 않는다.

꿈은 얼음을 재료로 도입하여 사업·체제·사상 따위가

☞ 고정되고 동결되며 와해되기 힘든 상태를 비유하기도 한다.

냉동용 얼음덩어리는

☞ 방도 · 재물 등의 상징이다.

♞ 살짝 얼어붙은 강을 조심스럽게 건너가는 꿈을 꾸면

☞ 직장 내의 인력감축에서 살아남게 된다.

♞ 온 세상이 얼음으로 뒤덮여 반짝이는 꿈을 꾸면

☞ 아무런 방해도 없이 자기의 사상이나 신념을 펼칠 수 있다.

♞ 그러나 산이나 들판의 어느 국한된 지역만 얼어붙는 꿈을 꾸면

☞ 계엄령이나 긴급조치가 발효되어 경제적 동결조치가 취해지거나, 언론 · 출판기관이 통제된다.

♞ 얼어붙은 산야를 걸어가는 꿈은

☞ 취직 · 사업 · 진학 등에 있어 일대 위기를 겪게 된다는 뜻이다.

♞ 물속에 잠긴 자기의 몸이 물과 함께 꽁꽁 얼어붙는 꿈은

☞ 의외로 길몽이다. 소원을 성취하고 사업은 번창하게 된다.

♞ 꿈에 얼음으로 만든 음식물이나 얼음을 넣은 음식을 먹으면

☞ 맡은 일이 속이 시원하고 통쾌하게 처리된다.

♞ 스키나 스케이트를 타다가 넘어지는 꿈을 꾸면

☞ 입학 · 취직시험에서 낙방의 고배를 마시게 된다.

❖ 바람(風)

♞ 꿈에 등장한 바람〔風〕은

☞ 정력 · 기세 · 초능력 · 유행성 · 파괴력 · 압력 등을 상징한다.

♞ 폭풍이 불어 길가의 차량이 날리고, 나무가 뿌리째 뽑히며, 배가 뒤집히는 등의 꿈을 꾸면

☞ 자기가 하는 일이 사회 또는 상부의 압력을 받아 더 이상 진행시키기 어려운 상황이 된다.

♞ 세찬 바람이 불길을 돋우어 크게 번지면서 활활 타오르는 꿈은

☞ 사회적인 도움을 받아 사업이 번창하게 된다.

바람이 등불이나 촛불 등을 꺼버리는 꿈을 꾸면

☞ 갑작스런 외압으로 타격을 받아 절망상태에 놓이게 된다.

사나운 돌풍이 불어 고목을 쓰러뜨리는 꿈을 꾸면

☞ 위대한 인물이 몰락하거나, 자신의 사업·신분이 위기에 처한다.

그러나 자기 쪽에서 일어난 바람이 전방의 여러 물상(物象)을 꺾거나 허물어 날려 보내는 꿈은

☞ 자기 권세의 당당함과 운세의 대길함을 나타내는 것이다.

바람을 등지고 걷거나, 바람을 맞은 돛배를 타고 가는 꿈을 꾸면

☞ 강대한 세력의 힘을 빌려 자기의 일을 수월하게 추진할 수 있다.

검은 구름이 천지를 뒤덮고 세찬 비바람이 몰아치는 꿈은

☞ 국가 환란이 발생하거나 자기 신변에 위험이 닥친다는 경고다.

세찬 바람이 자기 옷이나 모자 등의 소지품을 날려보내는 꿈은

☞ 외부의 압력을 받아 신상에 해를 입고 정신적·물질적 손실을 보게 된다.

자기의 몸이 세찬 바람에 날려 공중에 뜨는 꿈을 꾸면

☞ 사업·신분·명예 등이 흔들린다. 또는 자유를 억압당하여 평온하지 못한 상황에 놓이게 된다.

태풍과 해일로 지상의 모든 사물이 파괴되는 와중에 고통을 받는 꿈을 꾸면

☞ 큰 환란을 겪거나 사회적 변화로 자기 사업이 몰락하게 된다.

나무 밑에서 좌선을 하고 있는 부처님 주변에서 돌풍이 일어나는 광경을 보았다는 꿈은

☞ 어떤 현자(賢者)가 나타나 세상을 일깨우는 과정에 자신도 큰 영향을 받게 된다는 암시였다.

부드러운 미풍이 불어 상쾌한 기분이 느껴진 꿈을 꾸면

☞ 타인에게서 정신적 감화를 받거나, 신앙생활에 몰입하게 된다.

비바람이 몰아쳐 마른 대지에 황진(黃塵)을 일으키며 자기에게 다가오는 꿈을 꾸면

☞ 머지않아 전란이 날 것이고, 자신은 그 와중에 휘말려 일신이 곤고(困苦)해질 것이다.

부채·선풍기 등으로 바람을 일으키는 꿈은

☞ 상대에게 정신적 또는 물리적인 압력을 가해 자신의 일을 강압적으로 성사시킨다는 뜻이다.

바람개비로 바람을 일으켜 알곡에서 쭉정이를 골라내는 꿈은

☞ 무엇인가 취사선택할 일이 있음을 뜻한다.

부채로 더위를 쫓는 꿈은

☞ 근심걱정을 해소한다는 뜻이다.

쓰레기를 태운 재를 바람이 날려 버리는 꿈을 꾸면

☞ 오랫동안 괴롭혀온 고질병이 낫는다.

우상(偶像)·용상(龍床) 등을 태우고 남은 재가 바람에 날리면

☞ 나라의 종교·문화에 부정적인 영향을 미칠 큰 사건이 발생한다.

공이나 타이어에 바람을 넣어 팽창시키는 꿈은

☞ 부실한 점을 보완하여 바로 잡는다는 뜻이다.

❖ 뇌성(雷聲)·번개(霹靂)·벼락(落雷)

뇌성벽력(雷聲霹靂)만큼 사람들을 두렵게 하는 자연현상도 드물다. 예로부터 하느님의 분노나 용의 장난으로 믿어왔던 잠재지식처럼 마치 자기의 죄를 심판하는 듯, 그저 무섭고 위대하기만 하다. 그래서 꿈은 <위대하다>, <통쾌하다> 하는 등의 심리적 동향이 유발되는 현실의 어떤 일이나 사건을 표현하는 재료로 활용하는 것이다.

꿈에 등장한 뇌성벽력(雷聲霹靂)은

☞ 위협 · 놀람 · 판정 · 사상 · 부귀 · 명성 · 정력 · 초능력 · 신분상승 등을 상징한다.

사방에서 천둥소리가 들려오는 꿈을 꾸면

☞ 어떤 과업을 완수함으로써 세상에 명성을 떨칠 일이 생긴다.

꿈에 멀리서 들려오는 천둥소리는

☞ 먼 훗날의 사건이나 먼 곳으로부터 들려올 소문이라는 뜻이다.

번개가 친 뒤 뇌성이 진동하는 꿈을 꾸면

☞ 자기의 업적으로 명성을 떨치고 세상에 영향을 미치게 된다.

캄캄한 밤에 번갯불이 빛나 시야가 한눈에 들어오는 꿈을 꾸면

☞ 세상을 계몽할 교리 · 진리 등을 펼치고 널리 전파하게 된다.

번개가 번쩍이면서 방안을 대낮같이 밝혀주는 꿈을 꾸면

☞ 운세가 갑자기 호전되거나 학수고대하던 소식이 마침내 도착하게 된다.

번개가 번쩍이며 자기의 전신을 온통 빛으로 감싸는 꿈을 꾸면

☞ 장차 부귀공명을 누리게 된다.

자기가 벼락을 맞아 죽는 꿈을 꾸면

☞ 신분이 새로워지거나, 사업이 번창하거나, 영예를 얻게 된다.

나무가 벼락을 맞아 부러지는 꿈을 꾸면

☞ 외부의 압력을 받아 자기 사업기반이 붕괴한다.

벼락이 떨어져 산길에 굴렀다는 어느 고시생의 꿈은

☞ 행정고시에 합격하여 주위를 놀라게 한다는 암시였다.

용이 구름 위로 올라가며 지상에 뇌성벽력을 치는 태몽을 꾸면

☞ 장차 장성하여 국가적인 지도자가 될 자손을 낳는다.

맑은 하늘에서 번개가 치는 꿈을 꾸면

☞ 국가적 변고(變故)나 이적(異蹟)이 발생한다.

♞ 맑은 하늘에서 뇌성이 들려오는 꿈을 꾸면

☞ 매스컴을 통해 국가적인 공보나 경고를 접하게 된다.

❖ 무지개(彩虹) · 서기(瑞氣)

♞ 꿈에 등장한 무지개〔彩虹채홍〕는

☞ 경사(慶事) · 영광 · 인기 · 신용 · 약속 · 결혼 · 결사 · 결연 등을 상징한다.

♞ 무지개가 자기 집 마당이나 우물에 걸린 태몽을 꾸면

☞ 출생할 아이가 장차 관계(官界)에 진출하여 출세하게 된다.

♞ 자기 집에 무지개가 걸린 꿈을 꾸면

☞ 입신양명하게 된다. 미혼남녀의 경우라면 결혼의 꿈이다.

♞ 무지개의 중간이 끊어져 일부가 사라지거나 희미해지는 꿈은

☞ 어떤 약속 · 결혼 · 결사 · 결연 등의 일이 중도에서 무산된다.

♞ 하늘에서 선녀(仙女)가 무지개를 타고 내려오는 꿈을 꾸면

☞ 대중적 인기인 · 귀인 등을 만나거나, 자기의 작품이 높은 인기를 끌어 세상에 과시하게 된다.

♞ 쌍무지개가 뜬 꿈을 꾸면

☞ 두 개의 업적을 동시에 이루게 된다. 아니라면 적대적인 세력과 맞설 일이 생긴다.

♞ 쌍무지개가 뜨는 태몽을 꾸면

☞ 여아(女兒) 쌍둥이를 낳는다.

♞ 오색찬란한 무지개가 길을 인도하는 꿈을 꾸면

☞ 훌륭한 사람의 가르침을 받아 삶을 혁신함으로써 행복해진다. 또는 연애의 전도가 밝다는 뜻이다.

- 다이아몬드 · 수정 · 유리 등이 무지개 빛을 발하는 꿈을 꾸면

☞ 장차 부귀공명을 누리게 된다.

- 네온사인이 화려한 밤거리를 활보하는 꿈을 꾸면

☞ 경사가 생긴다. 또는 인기물이나 흥밋거리에 빠져든다.

- 그러나 네온광고가 지나치게 화려하여 현란함이 느껴지는 꿈을 꾸면

☞ 과장광고에 속아 손해를 보거나, 정신을 제대로 수습할 수 없는 상황에 처하게 된다.

- 동물 · 나무 · 꽃 등 어떤 물체의 주변에 서기(瑞氣)가 어리거나, 우상 · 신상(神像) 등의 서광(瑞光)이 하늘로 뻗치는 꿈을 꾸면

☞ 자기 주변에서 장차 큰 업적을 남길 위대한 인물이 출현하거나, 자기 자신이 부귀해진다.

- 어떤 물상(物象)의 주변에 서기(瑞氣)나 서광이 감도는 태몽을 꾸면

☞ 장차 출생할 아니는 장성하여 대중적 인기인이 되거나, 후세에 큰 업적을 남기게 된다.

- 부처 · 예수 · 천사 등의 신적 존재가 후광(後光)을 발하는 꿈을 꾸면

☞ 위인 · 지도자 · 교주(敎主) 등과 상관하거나, 새로운 교리(敎理) · 진리 등을 접하게 된다.

- 오로라〔極光〕를 바라보는 꿈을 꾸면

☞ 자기 또는 자기 일거리가 사회적인 인기를 얻어 영예로워진다.

17

교통·전신·전화·우편 등의 꿈

❖ 열차 · 전차(電車) · 자동차 등

꿈에 등장한 기차 · 선박 · 차량 · 비행기 등의 교통수단은

☞ 방도 · 협조자 · 기관 · 매개체 · 중개수단 · 단체 등을 상징한다.

꿈에 등장한 열차(列車)는

☞ 기관 · 단체 등의 조직체를 상징한다.

꿈에 등장한 기관차(機關車)는

☞ 기관 · 단체 등의 조직체를 움직이는 중심세력을 상징한다.

열차가 철로 위를 시원하게 질주하는 꿈은

☞ 자기와 연관이 있는 어떤 조직이 잘 운영되고 있음을 나타낸다.

기차를 타고 즐거운 마음으로 여행을 하는 꿈은, 하고 있는 일이 잘 진척되고 있음을 나타내는데

☞ 창작활동 · 직장생활 등이 순조롭고, 정당 · 계 · 동창회 등의 일이 잘 풀린다는 뜻이다.

도중하차를 하거나 차가 고장이 나서 멈추어 서는 꿈을 꾸면

☞ 하는 일이 중단되거나 소기의 성과를 거둘 수 없게 된다.

열차가 이미 떠나버려 타지 못한 꿈을 꾸면

☞ 소원이나 계획을 추진하고자 하는 시도조차 못하게 된다.

꿈에 등장한 철로(鐵路)는

☞ 계획 · 노선(路線) · 기반 · 약속 · 과정 등을 상징한다.

건널목에서 차단당하는 꿈을 꾸면

☞ 자기의 일과 관련하여 주무당국이나 통제기관으로부터 어떤 제재(制裁)를 받게 된다.

건널목이 아닌 곳에서 철길을 건너거나 열차 밑으로 철길을 건너는 꿈을 꾸면

☞ 어떤 비상수단을 동원하여 법규의 통제를 피하게 된다.

자기가 열차에 깔려 죽는 꿈을 꾸면

☞ 어떤 권력기관이 정치적인 조치를 취함으로써 자기의 일거리가 성취되는 행운을 얻게 된다.

꿈에 등장한 역이나 정류장은

☞ 중개·대기·일의 시종(始終) 등을 상징한다.

역 대합실에 앉아 출발시간을 기다리는 꿈을 꾸면

☞ 하고자 하는 일이 착수되기까지 상당 기간 기다려야만 한다.

열차를 타고 목적하는 역에 도착하는 꿈을 꾸면

☞ 지금 추진 중인 일이 성공적인 마무리를 짓게 된다.

열차에 탄 사람과 손을 마주 흔들어 작별을 하는 꿈을 꾸면

☞ 상대방과의 약속이 실현되는 것을 기약할 수 없게 된다.

자기가 탄 열차가 전복되어 많은 사람들이 죽거나 부상을 당해 비명을 지르는 꿈을 꾸면

☞ 직장에서 대대적인 구조조정의 바람이 몰아쳐 감원·인사이동·사업갱신 등이 발생함으로써 한동안 그 기능이 마비되게 된다.

열차가 폭파되어 불타는 꿈을 꾸면

☞ 직장 내에 큰 변화가 생기거나, 온 나라를 뒤흔들 커다란 정치사건이 발생하게 된다.

전차나 전동차가 꿈에 등장하면

☞ 열차의 상징의의와 같다.

기차·버스·선박 등에 탑승할 때 승차권을 제시하는 꿈을 꾸면

☞ 자기의 신분·자격·지위 등을 남에게 과시할 일이 있다.

직장인의 꿈에 등장한 매표소나 개찰구는

☞ 직장 내의 인사부서를 상징하는 경우가 많다.

열차가 레일이 없는 산이나 들을 질주하고 바다나 공중을 달리는 꿈을 꾸면
☞ 사고와 행동이 자유로운 어떤 조직체가 구성되는 것을 목격하거나, 그러한 조직체를 직접 구성, 또는 참여하게 될 것이다.

열차가 헤드라이트를 자신에게 비추며 달려오는 꿈을 꾸면
☞ 어떤 권력기관을 통해 자기의 일거리나 작품이 빛을 보게 된다.

열차가 터널을 빠져나와 시야가 확 트이는 꿈을 꾸면
☞ 관운이나 사업 운이 크게 열린다.

열차의 기적소리나 뱃고동 소리가 요란한 꿈을 꾸면
☞ 크게 소문날 일이 생긴다.

꿈에 등장한 자동차는
☞ 사업체·단체세력·협조기관·사업기반·사업방도·가정·세력가 등을 상징한다.

꿈에 등장한 군용차량(軍用車輛)은
☞ 감독기관·지휘자·지휘기관·방도·권력기관 등의 상징이다.

자가용을 운전하는 꿈은
☞ 가정사(家政事)나 부부간의 애정문제와 관련하여 그 길흉(吉凶)이나 성패(成敗)를 암시한다.

꿈에 등장한 택시는
☞ 직장·기관·단체·협조세력·방도 등을 상징한다.

택시가 멈추지 않고 지나쳐버리거나 기사에 의해 승차거부를 당하는 꿈을 꾸면
☞ 어떤 단체에 가입을 거부당하거나, 협조자를 얻지 못하거나, 당면한 소원을 충족하지 못한다.

타고 가던 택시가 정지신호에 걸려 멈추어 서는 꿈을 꾸면

☞ 일거리 · 부부생활 · 단체생활 등에 있어 일시적인 난관에 봉착하게 된다.

애인과 함께 드라이브를 하는 꿈속에서 벌어지는 여러 가지 사건들은

☞ 혼담 · 부부생활 · 사업 등과 관련하여 그 길흉이나 우여곡절을 표현한다.

다른 사람이 차를 몰고 자기 집 마당으로 들어오는 꿈을 꾸면

☞ 어떤 사업체의 대표자와 사업상의 협상을 벌이게 된다.

트럭으로 소금 · 모래 · 자갈 · 곡식 등을 실어와 자기 집 마당에 내려놓는 꿈들은

☞ 어떤 기업체로부터 사업자금을 마련하게 된다는 뜻이다.

자동차를 타고 공중을 나는 꿈은 소원충족의 상징인데,

☞ 어떤 유용한 방도를 동원하여 난관을 극복함으로써 큰 성과를 거두게 된다는 뜻이다.

타고 가던 차가 전복하는 꿈을 꾸면

☞ 소원이 좌절되고 사업이나 결혼생활이 파탄에 이르게 된다.

경사진 언덕을 오르려다 차가 아래로 미끄러지는 꿈을 꾸면

☞ 분수에 넘친 일을 하려다가 실패를 하게 된다.

타고 가던 자동차가 강물이나 바다에 빠지는 꿈을 꾸면

☞ 자기의 일거리가 어떤 큰 기관에 흡수되거나 억류(抑留)된다.

강물이 불어나 세찬 물살이 자기의 차를 휩쓸어가는 꿈을 꾸면

☞ 주변에서 발흥(發興)한 어떤 강대한 세력의 영향을 받아 사업기반을 잃게 된다.

자기가 탄 차가 수렁에 빠져 꼼짝도 못하는 꿈을 꾸면

☞ 사업이나 계획이 실패하거나 좌절된다.

자기의 방으로 버스가 들어오는 꿈을 꾸면

조직 내에서 어떤 불순한 집단이 발호(跋扈)함으로써 자기의 권위가 흔들리게 된다.

검은 택시가 집안으로 들어온 꿈을 꾸면

가족 중의 누군가가 사망한다.

자기 집 마당이나 문전에 주차한 차량에 아무도 타고 있지 않은 꿈을 꾸면

가족 중의 누군가가 사망한다.

자기가 탄 버스·봉고차 등의 승합차가 운전기사도 없이 저절로 굴러가는 꿈을 꾸면

머지않아 죽음을 맞게 된다. 이때의 승합차는 영구차(靈柩車)의 비유이다.

자기의 차 주변에 많은 사람들이 모여 있는 꿈을 꾸면

자기 사업체와 관련하여 많은 사람들의 시비를 받게 된다.

자동차에 치어죽는 꿈은 소원충족의 표현이다. 이런 꿈을 꾸면

오랜 혼담이 결혼으로 매듭지어지거나, 작품이 활자화되거나, 논문이 통과하여 학위를 받게 된다.

자기의 차에 다른 사람이 치어죽는 꿈을 꾸면

뜻하지 않은 곳에서 예기치 않은 횡재수를 만나게 된다.

자기의 차에 시체를 싣고 달리는 꿈을 꾸면

재운(財運)이 트인다.

그러나 꿈에 교통사고로 부상을 당한 사람을 보면

걱정거리가 생긴다.

타고 가던 차의 바퀴가 빠지거나 펑크가 나는 꿈을 꾸면

활동력·심복(心腹)·세력·방도 등을 잃게 된다. 또는 소원이

좌절된다.

- 차에 휘발유 등의 연료를 넣는 꿈을 꾸면

☞ 사업자금을 투입하거나 어떤 기관에 무엇인가 출원을 하게 된다.

- 운행도중 연료가 떨어지는 꿈은

☞ 자금이 고갈된다는 뜻이다.

- 자동차 엔진이 멈추는 꿈을 꾸면

☞ 내부적인 문제로 사업이 불시에 중단될 수 있다.

- 꿈에 다른 사람들과 함께 버스를 타는 것은

☞ 공공단체 · 기업체 · 집회 등에 참여하여 그 일원으로 직책을 수행하거나 활동하게 된다는 뜻이다.

- 꿈에 버스를 타고 가다가 목적지에 이르지 못하고 중도 하차하면

☞ 사업이 중도에서 중단되거나 단체에서 낙오하게 된다.

- 만원버스에 타는 꿈은

☞ 자기가 처한 환경이 너무 경쟁적이거나 복잡하다는 뜻이다.

- 노선버스의 종점(終點)은

☞ 어떤 일의 처음과 끝을 뜻한다.

- 종점에서 버스를 내리는 꿈은

☞ 일의 종결 · 과거의 회상 · 소원의 성취 등을 암시한다.

- 꿈에 버스에서 내리는 어떤 물건을 받으면

☞ 어떤 기관으로부터 일 · 권리 · 명예 등을 얻게 된다.

- 지나가는 버스를 세워 올라타는 꿈을 꾸면

☞ 중도에서 어떤 공적인 일거리에 참여하게 된다.

- 관광버스를 타고 가는 꿈을 꾸면

☞ 견학 · 탐방 · 연구 등을 하게 된다.

- 꿈에 버스를 타고 가면서 보게 되는 여러 가지 사건이나 풍경들

은

☞ 연구 · 학문 · 사업 등과 연관된 일이나 사건을 나타낸다.

꿈에 등장한 군용(軍用) 지프나 검은 관용차(官用車)는

☞ 권위적인 관료를 동일시하거나, 관공서 · 국영기업체 등을 상징한다.

검은 지프가 문전에 주차하여 대기하고 있는 꿈을 꾸면

☞ 관직을 갖게 되거나 공공사업에 참여하게 된다.

꿈에 등장한 트럭은

☞ 협조기관 · 중개수단 · 중개업자 등을 상징한다,

트럭에 이삿짐을 싣는 꿈을 꾸면

☞ 어떤 기관에 일거리를 청탁하거나, 사업목적을 변경하게 된다.

꿈에 등장한 경찰의 순찰차나 병원의 구급차 등은

☞ 권력기관 · 권력자 · 봉사기관 등을 상징한다.

경찰 순찰차가 자기 집으로 들어오는 꿈을 꾸면

☞ 관청에서 어떤 시비를 가릴 일이 생기거나 집달리(執達吏) · 세리(稅吏) 등과 상관하게 된다.

구급차가 다가오는 꿈을 꾸면

☞ 갑자기 어려운 처지에 빠져 사회봉사기관의 도움을 받게 된다.

사이렌 소리가 요란한 꿈을 꾸면

☞ 사회를 뒤흔드는 큰 사건이 발생한다.

불이 난 자기 집에 소방차가 물을 뿌려 진화하는 꿈을 꾸면

☞ 사업이 불붙듯 일어나다가 어떤 불순한 자의 방해를 받아 일순간에 무너지게 된다.

꿈에 등장한 영구차(靈柩車)는

☞ 소원 · 일 · 결혼 · 저축 등과 관련하여 길조의 상징으로 등장한

다.

- 그러나 집으로 들어온 영구차 주변에 아무도 없는 꿈을 꾸면
- ☞ 실제로 초상이 날 수도 있다.
- 분뇨차(糞尿車)가 자기 집의 분뇨를 퍼 가는 꿈을 꾸면
- ☞ 재물의 손실이 발생한다.
- 꿈에 길을 가다가 분뇨차를 만나 그 냄새에서 역겨움을 느끼면
- ☞ 주변에 불유쾌한 소문을 내거나, 그런 소문을 듣게 된다.

❖ 자전거 · 오토바이 · 가마 · 들것 · 그네 · 기타

- 꿈에 등장한 자전거와 오토바이는
- ☞ 개인 간의 대화 · 사교 · 사업방도 등을 상징하며, 협조자 · 연락원 · 중개인 등을 동일시한다.
- 자전거나 오토바이를 능숙한 솜씨로 타는 꿈은
- ☞ 소원충족의 상징으로 길조를 나타낸다.
- 누군가의 자전거 뒷자리에 타고 가는 꿈은
- ☞ 협조자 · 동업자 · 안내자 등이 자기의 의사대로 잘 움직여 준다는 뜻이다.
- 여성을 자전거 뒷자리에 태우는 꿈을 꾸면
- ☞ 신경을 많이 쓰게 될 어떤 일거리를 맡거나, 여성적인 사람과 동업을 하게 된다.
- 미숙한 솜씨나 부자연스럽게 자전거를 타는 꿈을 꾸면
- ☞ 사업이나 협조자를 컨트롤하지 못함으로써 불안감에 휩싸이거나 심적 갈등을 겪게 된다.
- 자전거를 타고 경사진 길을 오르는 꿈을 꾸면
- ☞ 사업상 어려운 고비를 맞게 된다.

일반적으로 가마를 타는 꿈은

☞ 득세와 부귀의 상징이다.

그러나 병자나 노인이 가마를 타고 어디론가 가는 꿈을 꾸면

☞ 그로 동일시된 사람이 머지않아 죽음을 맞게 된다.

꿈에 태종 이방원이 나타나 그의 어가에 강제로 태웠다는 운곡 원천석(元天錫)의 꿈은

☞ 자신의 죽음을 예지한 것이었다.

인력거(人力車)를 타는 꿈을 꾸면

☞ 협조기관이나 단체에 몸을 의탁하거나, 일거리를 의뢰하게 된다.

아무도 없는 문앞에 인력거만 덩그러니 놓인 꿈을 꾸면

☞ 집안에 중환자가 생기거나 초상이 난다.

채찍을 들어 역마차(驛馬車)를 모는 꿈은

☞ 고용인을 독려하여 일을 다급하게 추진한다는 뜻이다.

마치 고대 로마의 귀족이나 된 듯이 쌍두마차(雙頭馬車)를 타고 거리를 달리는 꿈을 꾸면

☞ 지위가 상승하거나 신분이 고귀해진다.

두 사람이 앞뒤에서 같은 방향을 보고 들것을 들고 가는 꿈은

☞ 동업 · 협조의 관계임을 나타낸다.

두 사람이 서로 마주보고 들것을 들고 있는 꿈은

☞ 의견충돌이나 이권쟁탈의 관계임을 나타낸다.

들것에 누운 채로 실려 가는 꿈을 꾸면

☞ 병원에 입원하게 된다.

우마차 또는 손수레는 트럭의 상징의의와 같다.

☞ 다만 규모가 작은 사업체 · 협조기관 · 방도 등을 상징한다.

우마차를 끄는 말과 소는

☞ 고용인·협조자의 동일시이다.
♞ 말을 몰아 우마차를 끄는 꿈은
☞ 조만간 어떤 사업체를 경영하게 된다는 뜻이다.
♞ 우마차에 물건을 실어오는 꿈을 꾸면
☞ 어떤 전주(錢主)로부터 자금을 빌려오게 된다.
♞ 자기의 짐을 실은 수레가 수렁에 빠져 가라앉는 꿈을 꾸면
☞ 사업에 실패하여 사업체를 잃게 된다.
♞ 그네를 타는 꿈은 소원충족의 표현이다.
☞ 자기의 능력이나 재능을 마음껏 발휘할 일이 있음을 암시한다.
♞ 그네를 타다가 줄이 끊어지거나 나무가 부러지는 꿈을 꾸면
☞ 소망이 좌절되거나, 권세가 쇠퇴하거나, 직장을 잃게 된다.
♞ 시소를 타거나 널을 뛰는 꿈을 꾸면
☞ 경쟁관계에 있는 어떤 사람과 시비나 소송을 벌이게 된다. 또는 일진일퇴(一進一退)의 관념이 유발되는 어떤 사건을 겪게 된다.
♞ 엘리베이터나 케이블카를 타고 오르내리는 꿈은
☞ 진급이나 강등·상하관계·중개수단·병세·성감(性感) 등의 변화를 암시한다.

❖ 비행기·로켓·인공위성·우주선

♞ 꿈에 등장한 비행기(飛行機)는
☞ 기관·단체·세력가·방도 등을 상징한다,
♞ 아군기가 적기를 통쾌하게 격추시키는 꿈을 꾸면
☞ 사업상 경쟁적인 세력이나 방해적인 여건을 제거함으로써 소기의 성과를 거두게 된다.
♞ 수많은 비행기가 혼전을 벌이거나 이리저리 엇갈려 비행하는 꿈

을 꾸면

☞ 두통을 앓게 되거나, 복잡한 사건에 휘말리게 된다.

♞ 반면 에어쇼를 하듯 정연하게 편대비행을 하는 광경을 보면

☞ 자기의 사업이 잘 정리되어 순조롭게 풀려간다.

♞ 아군기가 적진을 공습(空襲)하여 폭음이 진동하고 화광이 충천한 꿈은 소원충족의 표현이다.

☞ 사회적인 꿈이라면 구태의연한 봉건사상이나 기득권 세력이 붕괴되는 것을 목격하게 된다.

♞ 정찰기(偵察機)가 자기를 추적하며 공중촬영을 하는 꿈을 꾸면

☞ 언론기관에서 자기의 행적이나 신상에 대하여 취재하게 된다.

♞ 일반적으로 비행기를 타는 꿈은

☞ 직장생활이나 사업운영과 관련한 여러 사건들을 암시한다.

♞ 타고 가던 비행기가 심하게 흔들리거나 구름 속으로 들어가 불안감을 느끼는 꿈을 꾸면

☞ 자기의 지위가 위태롭게 되거나, 사업이 위기에 몰린다.

♞ 그러나 자기가 탄 비행기가 추락하거나 폭발하는 꿈을 꾸면

☞ 사업·직위·직책 등이 새롭게 바뀐다.

♞ 공직자의 경우, 국가원수의 전용기(專用機)를 타는 꿈을 꾸면

☞ 중앙부처의 고위직에 오를 수 있다. 일반인의 꿈이라면 승진을 하게 된다.

♞ 비행기가 무엇인가를 실어와 자기에게 떨어뜨려 주는 꿈을 꾸면

☞ 공공사업(公共事業)과 연관된 재물·명예·일거리 등을 얻는다.

♞ 비행기 안에서 흰 비둘기를 안고 나왔다는 태몽은

☞ 여아를 출산한다는 암시였다. 이 아이는 장차 간호원·사회복지사 등의 직업을 갖게 된다.

- 전투기가 기총소사(機銃掃射)를 한 뒤에 그곳으로 달려가 황금빛 탄피를 주워서 운동모에 가득 담았다는 꿈은

☞ 복권에 당첨된다는 암시였다. 이때 운동모는 운수(運數)라는 단어의 연상(聯想)이고, 탄피는 복운의 상징인 복권을 나타내고 있다.

- 비행기가 승용차로 변했는데 그 속에 타고 있던 대통령이 권력을 이양하겠다고 말한 꿈은

☞ 사회적인 변혁기(變革期)에 임하여 어떤 기업체의 경영권을 인수하게 된다는 암시였다.

- 꿈에 교수대로 오르는 13계단 째에서 돌아섰다는 어떤 사람은

☞ 다음날 여객기를 타려다 13번째 트랩에서 돌아섬으로써 비행기 폭발사고를 면했다고 한다.

용이 승천하고 선녀가 강림하는 따위의 표현은 구세대가 사라지듯 점점 쇠퇴하고 인공위성·우주선·달나라 등의 새로운 재료들이 그 자리를 대신 차지하고 있다. 인공위성도 결국 따지고 보면 비행기가 진화한 모습으로, 비상한 속력으로 우주공간을 달리는 승용구이며 미지의 세계를 탐험하는 도구라는 점에는 틀림이 없을 것이다. 이런 재료들의 상징의의들을 잘 조합하면 능히 올바른 해석이 가능하다 할 것이다.

- 인공위성을 실은 로켓이 불을 뿜으며 발사되는 꿈은

☞ 어떤 일의 시작을 암시하는 일반화된 상징 표현이다.

- UFO나 인공위성에서 무엇을 떨어뜨려 그것을 받았다 하는 등의 태몽도 심심치 않게 등장한다.

☞ 이런 꿈으로 태어난 아이는 장차 장성하여 세계적인 명성을 날리거나 외국에 거주하며 부유한 삶을 누리게 될 것이다.

❖ 배(船) · 군함(軍艦) · 기타

꿈에 등장한 배〔船〕는

☞ 기관 · 사업체 · 연락수단 · 가정 · 일거리 · 배우자 · 병력 등을 상징한다.

나룻배를 타는 꿈은

☞ 버스를 타는 꿈의 상징의의와 같다.

나루터에 당도하였으나 배가 이미 떠나버려 안타까워하는 꿈은

☞ 하는 일이나 소망이 좌절되고 만다는 뜻이다.

보트를 타고 노를 힘차게 저어 시원하게 물살을 가르며 앞으로 나아가는 꿈은

☞ 가장으로서의 역할을 충실히 수행하거나, 지금 하고 있는 일거리가 순조롭게 진척된다는 뜻이다.

물위에서 노를 놓쳐 배가 제멋대로 흘러가는 꿈을 꾸면

☞ 가정사나 일거리가 일정한 궤도를 벗어나 혼란에 빠짐으로써 한동안 곤경을 치르게 된다.

뱃사공도 없는 나룻배에 홀로 타고 하염없이 떠내려가는 꿈을 꾸면

☞ 하는 일이 수습할 수 없는 상태에 이르러 절망하거나 고질병이 오래도록 지속된다.

모래사장에 엎어놓은 보트를 뒤집어 물위에 띄우고 많은 고기를 잡아왔다는 꿈은

☞ 처음 거의 불가능에 가깝던 일거리가 갑자기 어떤 전기(轉機)를 맞아 호전됨으로써 상당한 성과를 거두게 된다는 암시였다.

여인과 출렁이는 물위에서 보트놀이를 하는 꿈은

☞ 성교행위를 상징한다. 또는 어떤 일의 성취과정을 표현한다.

요트경기를 하는 꿈은

☞ 어떤 경쟁적인 환경에서 승부를 겨루게 된다는 암시다.

꿈에 등장한 나루터〔渡船場도선장〕는

☞ 버스나 열차의 종점, 또는 종착역과 상징의의가 같다.

나루터에서 배를 타고 출발하는 꿈을 꾸면

☞ 머지않아 새로운 일을 시작하게 된다.

나루터에 서서 멀리서 다가오는 배를 바라보는 꿈은

☞ 어떤 소망이 상당한 시일이 경과한 뒤에야 실현된다는 뜻이다.

자기가 키를 잡은 돛단배〔帆船범선〕의 돛이 바람을 잘 받아 시원스럽게 물살을 가르는 꿈을 꾸면

☞ 사업이 번창하고 소원이 충족된다.

바람의 방향에 돛을 맞춰 강물 위를 거침없이 전진하는 꿈은

☞ 구태(舊態)를 벗고 시대적 조류에 부응함으로써 부진했던 사업을 정상화시킨다는 뜻이다.

직장인의 경우, 배 위에 음식상을 차려놓고 먹고 마시는 꿈은

☞ 조만간 상부기관이나 본사에서 부여하는 중책을 맡게 된다.

사업가의 경우, 배 위에서 춤추고 노래를 부르는 꿈을 꾸면

☞ 사업상의 시빗거리가 생긴다.

아무도 없는 배 위에 혼자서 길게 누운 꿈을 꾸면

☞ 무엇인가 하염없이 기다릴 일이 생기거나 병에 걸린다.

배의 갑판으로 물고기가 뛰어오르는 꿈을 꾸면

☞ 생각지도 못한 재물이 생기거나, 곤궁에 처한 사람을 구하게 된다.

파선되어 바다를 표류하다가 다른 배에 구조되는 꿈을 꾸면

☞ 조만간 누군가의 도움을 받아 절망상태를 벗어나게 된다.

선원(船員)의 경우 주점에서 술을 거나하게 마시는 꿈을 꾸면

☞ 윗사람에게 책망을 듣거나 동료에게 시비를 당하게 된다.

선원의 경우 항해 도중 아내와 키스를 하는 꿈을 꾸면

☞ 집으로부터 반가운 소식이 도착한다.

꿈에 접대부를 어루만진 선원은

☞ 훗날 불쾌한 사건을 겪게 된다.

꿈에 여자와 만족할 만한 성교를 한 선장(船長)은

☞ 머지않아 만선(滿船)의 기쁨을 누리게 된다.

꿈에 고래가 뱃길을 인도하면

☞ 황금어장을 발견하게 된다.

바다에 표류 중인 선원이 진수성찬을 즐기는 꿈을 꾸면

☞ 머지않아 구조된다.

뭍에 올라온 배에 올라타는 꿈을 꾸면

☞ 하고자 하는 일이 상당한 시일이 경과한 뒤에야 착수된다.

뭍에 올라온 배에 청기(靑旗)·홍기(紅旗)가 꽂혀 있는데, 자기 혼자서 올라타는 꿈을 꾸면

☞ 머지않아 죽음을 맞게 된다. 이때 뭍에 올라온 배는 상여(喪輿)나 장의차의 바꿔놓기다.

해일을 피하여 산정으로 올라갔는데 그곳에 보트가 있어 타고 보니 바닷물이 저 아래에서 서서히 올라오고 있었다는 어느 수험생은

☞ 입학시험에서 낙방의 고배를 마심으로써 다음해를 기약하게 되었다. 배가 물위에 뜨는 것을 보지 못하고 꿈을 깨었기 때문이다.

자기가 탄 배가 운항 도중 강이나 바닷물이 갑자기 말라버려 땅바닥에 내려앉는 꿈을 꾸면

☞ 사업이 자금사정으로 중단되게 된다.

▲ 배가 공중을 나는 꿈은 자동차 · 동물이 하늘을 나는 경우와 같이

☞ 길조의 상징이다. 당면한 소원을 충족하게 된다.

▲ 배의 갑판이나 선장실 등에서 회의를 하는 꿈은

☞ 새로운 사업체를 조직하게 된다는 뜻이다.

▲ 자기가 탄 배에 화재가 나서 크게 불타는 꿈은

☞ 집이 불타는 것과 마찬가지로 사업이 크게 번창한다는 뜻이다.

▲ 파선한 배가 가라앉아 그 형체가 물속으로 사라지는 꿈은

☞ 기존의 사업체를 해체하여 새로 조직하게 된다는 뜻이다.

▲ 여객선이 뱃고동을 울리며 항구로 들어오는 광경을 부둣가에 서서 바라보는 꿈을 꾸면

☞ 조만간 만기(滿期)에 이른 어떤 일거리 · 학업 등을 종료하거나 정당을 탈퇴하게 된다.

▲ 여객선이 부두에 닿아 승객들이 내리는 꿈을 꾸면

☞ 사회적으로 중요한 어떤 결사(結社)나 집회가 해산되는 것을 목격하게 된다.

▲ 화물을 가득 실은 배가 부두에 닻을 내리는 광경을 보면

☞ 머지않아 많은 재물이 들어온다.

▲ 유조선이 정박하는 꿈을 꾸면

☞ 사업자금을 마련하게 된다.

▲ 꿈속에서 자기가 서 있는 부둣가나 선창(船艙)은

☞ 자기의 세력판도나 사업기반을 상징한다.

▲ 꿈에 등장한 군함(軍艦)은

☞ 주로 공격적인 소원충족의 양상을 표현하는 상징표상이다. 권력기관 · 정당 · 법규 · 이념 · 권세 등의 상징이기도 하다.

▲ 자기가 아군의 함장이 되어 적함을 공격하는 꿈을 꾸면

☞ 경쟁자나 적대적인 세력에 대하여 공세를 취할 일이 생긴다.

정치인의 경우, 함포를 쏘아 적함을 침몰시키는 꿈을 꾸면

☞ 정적이나 반대당을 패퇴시킴으로써 정치 주도권을 잡게 된다.

1912년 영국인 실업가 존 오크너는 그가 타고 있던 여객선이 침몰하여 많은 사람들이 물에 빠져 허우적거리는 꿈을 꾸었다.

☞ 그는 이 꿈을 꾸기 10여 일 전에 저 유명한 타이타닉 호의 탑승권을 예약했지만, 꿈이 너무나 끔찍하여 주위 사람들의 조소에도 불구하고 그 배를 타지 않았다고 한다.

1920년 미국 상선 포브스호의 선장인 에드워드 존슨은 돌아가신 아버지가 나타나 「가까운 장래에 침몰한 잠수함의 승무원들을 구할 것이다」 라고 말하는 꿈을 꾸었다.

☞ 이 꿈을 꾼 한 달 뒤에 그는 실제로 대서양상에서 기관고장으로 가라앉아 선미만 간신히 수면 위로 내놓고 있던 미 해군 잠수함 S5호를 구조할 수 있었다고 한다. 이런 꿈들을 사실적인 꿈이라고 한다.

❖ 전신(電信) · 전화(電話) · 라디오 · 텔레비전

꿈에 등장한 전신주(電信柱)는

☞ 신문사 · 권력기관 · 전도단체 · 전기통신회사 등을 상징한다.

전신주에 오르는 꿈을 꾸면

☞ 승진 · 영전 등의 소원을 충족하게 된다.

자기가 날려 보낸 새가 전신주에 다른 새들과 함께 앉아 있었다는 꿈은

☞ 자기의 글이 실문에 실리게 된다는 암시였다.

길가에 전주를 세우는 꿈을 꾸면

☞ 통신사업을 하거나, 통신기관으로부터 수익과 관련이 있는 어떤 권리를 얻게 된다.

♞ 전신주의 전선이 끊어져 있는 꿈을 꾸면

☞ 사업상의 거래처나 대외적인 교섭창구를 잃게 된다.

♞ 전보(電報)를 받는 꿈을 꾸면

☞ 조만간 출두명령서 · 소집장 · 입영명령서 · 취학통지서 · 합격통지서 등을 받게 된다.

♞ 전보의 내용문이 희미하여 알아볼 수 없는 꿈을 꾸면

☞ 생소한 일이나 불분명한 일을 접하게 된다.

♞ 우체국에서 전보치는 꿈을 꾸면

☞ 어떤 기관에 사업신청서 · 항의문 등을 제출하거나 행정소송을 하게 된다.

♞ 꿈에 등장한 각종 안테나는

☞ 통신기관이나 중계수단 · 연락책 등을 상징한다.

♞ 안테나 장치를 파괴하거나 제거하는 꿈을 꾸면

☞ 누구에게 청탁한 일거리가 중계인의 협조를 받지 못해 무산된다.

♞ 꿈에 등장한 라디오는

☞ 중계기관 · 중개인 · 소식통 · 전달자 · 대변자 · 시위자 · 교육자 등을 상징한다.

♞ 꿈에 등장한 라디오는 소리의 강약이나 그 내용에 따라 감정의 기복이 유발된다는 뜻에서

☞ 훗날 제삼자의 일로 누군가와 심한 말다툼을 하게 된다는 뜻을 나타낸다.

♞ 라디오를 통해 누군가의 연설을 들으면

☞ 윗사람에게서 잔소리를 들을 일이 생긴다.

꿈에 등장한 텔레비전은

☞ 공보기관 · 체육기관 · 책 · 영화 등을 상징한다.

새로 사온 텔레비전을 방안에 설치하는 꿈을 꾸면

☞ 언론기관을 통해 자기 사업에 관한 광고를 하게 된다.

가족이 모여 앉아 텔레비전을 보는 꿈을 꾸면

☞ 상부기관이나 상사로부터 교육이나 명령을 받게 된다.

꿈에 텔레비전 화면을 통해 본 어떤 사건이 인상적이었다면

☞ 그것은 꿈의 주된 의도를 표현하는 암시일 수 있다.

꿈에 등장한 전화(電話)는

☞ 정체불명의 사람을 동일시하며, 중계인 · 중계기관 · 소식통 등을 상징한다.

전화로 상대방을 불러내는 꿈을 꾸면

☞ 누군가에게 무엇인가 청탁할 일이 생긴다.

전화통화의 내용이 모호하며 몹시 궁금하게 생각하는 꿈을 꾸면

☞ 스스로 자문자답할 일이 생긴다.

전화통화를 하는 중 상대가 아무런 대꾸도 하지 않는 꿈을 꾸면

☞ 계약이나 청원, 또는 매매 등의 어떤 쌍방적인 일이 무산된다.

상대방의 말소리는 들리는데, 자기의 말은 상대방에게 전달되지 않는 꿈을 꾸면

☞ 누군가의 일방적인 지시나 명령에 순응해야만 할 처지에 놓인다.

공중전화 부스에서 전화통화를 하는 꿈을 꾸면

☞ 중개인 · 중계기관을 통해 누군가에게 어떤 청원을 하게 되는데, 그 소원은 충족될 것이다.

전화벨 소리가 유난히 크다고 느껴지는 꿈을 꾸면

☞ 조만간 어떤 중요한 소식을 듣게 된다.

☗ 통화 상대의 목소리가 지나치게 크다고 생각되는 꿈을 꾸면
☞ 누군가에 압도당할 일이 생긴다.
☗ 누군가가 전화를 걸어 자기에게 위급을 알리는 꿈이
☞ 인생의 중대한 변화를 경고하는 자기 암시적 표현일 수 있다.
☗ 상대가 통화에 불응하거나, 혼선으로 통화를 할 수 없어 짜증을 내거나 초조해 하는 꿈을 꾸면
☞ 조만간 체면이 손상되는 매우 불쾌한 경험을 하게 된다.
☗ 자기 집에 전화선을 가설하는 꿈을 꾸면
☞ 자기의 일이 외부와 연관을 갖게 됨으로써 소망이 실현된다.
☗ 자기 집의 전화선이 철거되는 꿈을 꾸면
☞ 사회적으로 고립이 되거나 사업이 중단된다.
☗ 자기 방에 새 전화기를 설치하는 꿈을 꾸면
☞ 조만간 좋은 협조자나 방도가 생긴다.

❖ 편지(便紙)

편지가 꿈의 주된 상징으로 등장하였을 경우, 편지지・봉투・우표・내용・수취인과 발신인의 주소・성명 등이 각기 다른 상징의미로서 꿈의 의도를 표현할 수 있다. 그러나 편지와 관련한 여러 가지 표상들이 한꺼번에 표현되었을 때에는 사실적으로 해석되는 경우가 많다.

☗ 꿈에 등장한 편지(便紙)는
☞ 신문・잡지・명령서・관보・입장권・여권 등을 상징한다.
☗ 받은 편지의 주소가 희미해서 알아볼 수 없는 꿈을 꾸면
☞ 발신인으로 동일시된 어떤 사람의 실제 주소가 변경될 수 있다.
☗ 편지봉투에 푸른 도장이 찍혀 있는 꿈을 꾸면
☞ 누군가로부터 송금(送金)을 받게 된다.

♞ 편지를 부치는 꿈을 꾸면

☞ 어떤 기관에 소청할 일이 생기는데, 반드시 그 결과에 대한 회신을 받게 된다.

♞ 누런 봉투의 편지를 받는 꿈을 꾸면

☞ 공문서 · 부고 · 청첩장 등을 받게 된다.

♞ 편지에 관한 꿈은 사실적으로 표현되는 경우가 많은데, 가령 연인에게서 편지가 도착하는 꿈을 꾸면

☞ 실제로 연인으로부터 편지를 받게 되는 경우가 많다. 또는 연인의 소식을 듣게 된다.

18

집·관공서, 기타 건물 등의 꿈

❖ 집(住宅)

집은 시각적으로 인식되는 집과 관념적인 집으로 구분되는데, 시각적인 경우 현실 그대로의 집이거나 기타 건물의 바꿔놓기가 일반적이며, 관념적인 경우 기관·사업체·인체·업적·무덤 등을 상징한다. 집은 많은 꿈들에 있어서 사건의 무대가 되며, 그 사건의 처음이자 마지막이라는 의미도 갖는다.

꿈에 등장한 집은

자기의 육신(肉身)이거나, 남편 혹은 아내의 상징일 수 있다.

자기가 있는 곳이 분명하게 남의 집이라고 인식되는 꿈을 꾸면

실제 남의 집, 또는 다른 기관과 관련된 어떤 사건이 벌어진다. 자기와는 간접적인 관계를 갖는다.

꿈에 등장한 고향집은

일의 종결·시발점·만년(晩年) 등을 상징한다.

어떤 사람의 꿈에 있어서나, 현재 거처하고 있는 집보다 어린 시절 뛰놀던 고향집이나 생가(生家)가 더 자주 등장하는데 그 이유는 감수성이 예민하던 어린 시절의 기억이 보다 선명하게 각인돼 있어 꿈의 재료로 이끌어오기가 수월하기 때문이다. 또한 고향산천의 온갖 물상(物象)은 꿈의 의도를 표현하기에 아주 적절한 상징의미를 갖고 있기 때문이기도 하다. 꿈은 손쉬운 상징재료를 더 선호하며 꿈의 작업을 쉽게 하려는 경향이 있기 때문에 생소하거나 익혀지지 않은 것보다 친숙하고 얼른 떠오르는 표상들을 먼저 이끌어내는 것이다. 그러나 꿈이 말하고자 하는 의도성에 적합한 재료가 되지 못하면 비록 고향과 연관된 암시라고 해도 꿈속에 등장시키지 않는다. 또한 고향집이나 생가로 표현을 했다고 해도 그것은 실제로 그곳에서 일어나는 일이 아니고, 현재 거처하고 있는 장소의 바꿔놓기일 경우가 대부분인데 자기의 직장이나 사업장의 바꿔놓기인 경우가 많다. 그러나 사실적인 꿈에서는 실제의 고향일 수 있다.

- 출가한 여성이 친정에 갔다가 시댁으로 돌아오는 꿈을 꾸면
☞ 어떤 기관과 관련한 일을 추진하다가 중도에서 그만두게 된다.
- 임산부의 경우 친정집에 다녀오는 태몽을 꾸면
☞ 출생한 아이와 오래 헤어져 살다가 다시 만나게 된다. 또는 그 아이의 중년 이후의 운세를 나타낸다.
- 꿈에 등장한 친척집은
☞ 직장 · 동업자 · 자매회사 · 우호적인 집단 등을 상징한다.
- 어린 시절에 살던 초가집이 불에 활활 타오르는 꿈을 꾸면
☞ 지금 하고 있는 사업이 급작스럽게 번창하게 된다.
- 한식 기와집이나 양식 현대주택은 어떤 직장이나 관공서의 바꿔놓기인데
☞ 그 상징의의를 나타내기보다 꿈의 주된 의도를 설명하기 위한 배경으로 등장하는 경우가 많다.
- 허허벌판에 놓인 외딴 초가집은
☞ 병영(兵營) · 관청(官廳) 등을 상징한다.
- 꿈에 등장한 고층건물은
☞ 조직 내의 계급적 직제(職制)를 상징하는 것이 일반이다.
- 가령 3층의 건물이 어떤 기관을 상징하는 것이라면
☞ 아래층은 말단부서, 2층은 중간부서, 3층은 상부기관을 암시한다는 식인 것이다.
- 타인의 집을 방문하였는데 아무도 없어 도로 나오는 꿈을 꾸면
☞ 사업상 어떤 계약사항이 생기지만, 정작 그 계약이 쉽게 성사되지 않아 애를 태우게 된다.
- 빈집을 사려고 흥정을 하는 꿈을 꾸면
☞ 머지않아 어떤 과부에게 흑심을 품고 접근하게 된다.

♞ 자물쇠가 잠긴 빈집의 문을 열쇠로 열고 들어가는 꿈을 꾸면

☞ 어떤 과부와 정을 통하게 된다.

♞ 노인이나 중환자가 빈집에 들어가서 나오지 않는 꿈을 꾸면

☞ 그로 동일시된 사람이 오래 앓다가 죽는다.

♞ 새집에 들어가 이 방 저 방 살피는 꿈을 꾸면

☞ 새색시의 이모저모와 그 인물됨을 알아볼 일이 생긴다.

♞ 새집으로 이사하는 꿈을 꾸면

☞ 상급학교로 진학을 하거나, 새장을 얻거나, 새로운 사업을 시작하게 된다.

♞ 가족 중의 누군가가 새로 지은 집에 들어가 문을 닫고 나오지 않는 꿈을 꾸면

☞ 머지않아 그로 동일시된 사람이 죽는다.

♞ 움집으로 들어가는 꿈을 꾸면

☞ 이성(異性)의 용모에 반하거나, 미인계(美人計)에 걸려든다.

♞ 누군가가 자기 집에서 밖으로 나가는 꿈을 꾸면

☞ 동지·친구·협조자 중의 한 사람과 결별하게 된다.

♞ 생면부지의 사람이 자기 집으로 들어오는 꿈을 꾸면

☞ 누군가가 자기의 일에 관여하거나, 자기에게 무엇인가 청원할 사람이 나타난다.

♞ 집터를 다지는 꿈을 꾸면

☞ 세력권이나 사업기반을 마련하게 된다.

♞ 집을 짓는 꿈을 꾸면

☞ 새로운 사업에 착수하게 된다.

♞ 생면부지의 사람이 자기 집을 허물어버리는 꿈을 꾸면

☞ 어떤 불순한 자의 흉계에 걸려들어 사업체가 붕괴한다.

- 새집을 짓기 위해 자기가 살던 집을 허물어버리는 꿈을 꾸면
- ☞ 계획 · 사업 · 소망 등을 바꾸거나 청탁한 일을 취소하게 된다.
- 폭풍이나 폭설, 또는 지진 등의 자연재해로 집이 무너지는 꿈을 꾸면
- ☞ 사회적인 변고가 생겨 자기의 사업이나 신상에 큰 변화가 일어난다.
- 자연재해로 집이 완전히 무너지는 꿈은 갱신의 뜻을 지닌 길조가 되지만
- ☞ 그 일부만 무너지는 꿈은 흉조로서 사업 · 신분 · 명예 등이 몰락하거나, 병에 걸린다는 뜻이다.
- 새집으로 이사한 직후, 전에 살던 집이 무너지는 꿈을 꾸면
- ☞ 오랜 근심에서 벗어나거나, 뜻하지 않은 행운을 만나게 된다.
- 이사를 하려고 차에 이삿짐을 싣는 꿈을 꾸면
- ☞ 새로운 환경을 조성하거나 사업목적을 바꾸게 된다.
- 이삿짐이 옹색하여 서글픈 마음이 생기거나, 여러 번에 나누어 조금씩 옮기는 꿈을 꾸면
- ☞ 상당한 기간 동안 근심걱정에 시달리게 된다.
- 새집을 사는 꿈을 꾸면
- ☞ 사업체 · 직장 · 배우자 등을 얻게 된다.
- 자기가 살던 집을 남에게 파는 꿈을 꾸면
- ☞ 사업체 · 신분 · 직장 · 배우자 등을 잃게 된다.
- 일반적으로 외부에서 자기 집으로 어떤 물건을 들여오는 꿈은
- ☞ 재물 · 자본 · 사건 등을 끌어들인다는 뜻이고,
- 어떤 물건을 집 밖으로 내가는 꿈은
- ☞ 재물의 손실 · 사업의 위탁 · 근심걱정의 해소 등의 뜻이다.

자기 집을 증축하는 꿈은

사업을 확장한다는 뜻이다.

단층에서 이층으로 증축하는 꿈도 역시

사업을 확장한다는 뜻이다.

집을 수리하는 꿈은

기존의 사업을 더 공고히 하거나 자본을 더 투자한다는 뜻이다.

아파트·연립·빌라 등의 집단거주 주택을 지나가거나 그 복도를 통과하는 꿈을 꾸면

어떤 일을 추진하는 과정에 여러 기관·부서·담당자를 거치는 숱한 우여곡절을 겪게 된다.

잔치 등을 벌여 많은 사람들이 자기 집으로 모여드는 꿈을 꾸면

다른 사람들과 함께 공동사업을 하거나, 여러 사람들이 관련된 어떤 시비에 휘말리게 된다.

아무런 이유도 없이 자기 집의 안팎에서 사람들이 웅성거리는 광경을 보면

조만간 집안에 흉사(凶事)가 생긴다.

친구나 애인의 집에서 그(녀)와 말다툼을 하는 꿈을 꾸면

누군가와 법정에서 송사(訟事)를 벌이게 된다.

꿈에 큰 집과 작은 집으로 구분하여 인식하는 것은

상급관청과 하급관청의 관계와 연관된 암시일 수 있다.

직장인이 작은 집에서 큰 집으로 옮겨가는 꿈을 꾸면

승진·영전 등의 좋은 일이 생긴다.

그러나 남편의 외도를 걱정하는 여인이 큰 집과 작은 집이 함께 등장하는 꿈을 꾸면

남편이 첩을 얻어 딴 살림을 차리게 된다.

꿈에 등장한 하숙집은

☞ 처갓집이나 첩의 집, 또는 청탁기관 등을 상징한다.

꿈에 누구의 집이라는 관념이 상기되는 것은

☞ 그 집 주인의 이름으로 연상되는 어떤 기관을 상징하거나, 그 사람을 동일시하는 것이다.

여러 채의 집을 들락거리는 꿈을 꾸면

☞ 여러 가지 사업에 손을 대거나 여러 직장을 전전하게 된다.

무당집에서 무당들과 함께 굿거리장단에 맞춰 춤을 추었다는 꿈은

☞ 무당집으로 암시된 어떤 역술지(易術紙)에 자기 글이 실린다는 암시였다.

하나의 건물이 완성되기까지의 여러 가지 공정(工程)이 꿈에 모두 등장하는 것은

☞ 정치 · 학문 · 종교 · 사업 등의 분야에 있어 그 일련의 과정이나 성숙도를 나타내는 것이다.

공공건물을 짓는 꿈은

☞ 사회단체의 조직이나 사회사업과 연관이 있다.

집터를 찾아다니는 꿈은

☞ 사업목적을 물색한다는 뜻이고,

집터를 닦는 꿈은

☞ 사업기반을 다진다는 뜻이며,

주춧돌을 놓는 꿈은

☞ 이미 착수한 사업이 상당히 진척되었다는 뜻이다.

또한 지붕에 기와를 얹는 꿈은

☞ 계획하는 일이 완성단계에 있음을 나타낸다.

벽을 바르고 회칠하는 꿈은

☞ 완성된 일을 세상에 공개한다는 뜻이다.

돌을 쌓아 돌집을 세우는 꿈을 꾸면

☞ 진리의 집대성을 책으로 출판하거나 연구기관을 설립하게 된다.

❖ 건물(建物)의 부분표상(部分表象)

방은 그 용도나 환경에 따라 각각 상징의의가 달라진다. 방을 주택의 일부로만 한정할 경우, 과거 전통적인 한옥의 경우처럼 가족공동체적 공간이라는 관념에서 개인의 사적인 공간이라는 관념으로 바뀌고 있는데, 꿈의 의도 역시 이러한 잠재지식에 근거한다.

꿈에 등장한 방(房)은

☞ 사건의 무대 · 사업기반 · 여자의 내면 · 무덤 · 기관의 부서 · 사건의 발단과 종결 등을 상징한다.

한옥이 등장한 꿈에 안방에서 벌어지는 사건들은

☞ 어떤 조직의 지도층이나 부모에 관한 암시인 경우가 많다.

꿈에 등장한 건넌방은

☞ 부속건물 · 비서실 · 지부 등을 상징한다.

꿈에 등장한 사랑방은

☞ 외근부서 · 외무담당기관 등을 상징한다.

사대부 집의 안채와 바깥채는

☞ 안방과 사랑방의 구분과 같다.

현대주택의 응접실은 한옥으로 보면 사랑방인데

☞ 역시 외교 · 외무, 외근 관계의 직책 · 업무 · 조직 등을 상징한다.

어느 집의 응접실에 앉아 주인을 기다리는 꿈은 보통 반(半)사실적으로 표현되는데

☞ 그 주인으로 동일시된 어떤 인물을 만나기 위하여 상당한 기간을 기다리게 된다는 뜻이다.

사업가의 꿈에 있어서 침실(寢室)은

☞ 남에게 공개하기 어려운 자기 사업의 핵심부분을 상징한다.

일반인의 꿈에 등장한 침실은 사적인 사건의 배경이다.

☞ 연애・결혼 등 남녀 간의 교제에 관한 사건들을 표현하는 경우가 많다. 간혹 병실의 바꿔놓기인 경우도 있다.

꿈에 등장한 서재(書齋)는

☞ 연구실・학교・교회・전시장・도서관 등을 상징한다.

꿈에 등장한 골방은

☞ 첩・가정부・일꾼 등을 동일시하며, 병원의 입원실을 상징한다.

골방에서 잠을 자는 꿈을 꾸면

☞ 병원에 입원을 하게 된다. 또는 기관에 의뢰한 일거리가 어떤 사정으로 상당한 기간 동안 지체된다.

꿈에 사건이 일어나는 장소가 어떤 곳인지 불분명한 것은

☞ 꿈의 암시가 장소적 의미를 무시하거나, 다만 추상적인 예시에 그치기 때문이다.

꿈에 자기가 있는 방이 크다고 생각하는 것은

☞ 자기의 일거리와 관련하여 넉넉하고 든든하다고 생각할 일이 있음을 나타낸다.

반면 자기 방이 옹색하다고 생각하는 것은

☞ 어떤 여건이 미비하고 부족하여 불만을 갖게 된다는 뜻이다.

상좌(上座)라고 생각하여 손님을 아랫목으로 모시는 꿈은

☞ 윗사람을 잘 대접하거나, 보호하거나, 존경하게 된다는 뜻이다.

꿈에 등장한 마루는

☞ 비서실・차석・중계수단 등을 상징한다.
♞ 대저택의 대청마루로 오르는 꿈을 꾸면
☞ 장차 중앙부처의 관리(官吏)가 될 수 있다.
♞ 다른 집의 마루에 오르는 꿈을 꾸면
☞ 그 집주인으로 동일시되는 어떤 사람이 자기의 후견인이 된다.
♞ 마루에 오르는 꿈을 태몽으로 출생한 아이는
☞ 관리로 출세하여 권세를 휘두르게 된다.
♞ 꿈에 등장한 툇마루는
☞ 외무부서・부속기관의 등을 상징한다.

부엌이 배경으로 등장하는 꿈은 많다. 아궁이가 있어 방안에 온기를 공급하고 음식을 만들어 식구들의 영양을 공급하는 중요한 역할을 하는 장소로서, 인체로 따지면 입에 해당하는 것이요, 가정으로 따지면 살림살이가 시작되는 곳이기 때문이다. 특히 여성들의 경우에는 삶의 거의 대부분이 소모되는 장소이기 때문에 꿈에 더 자주 등장한다.

♞ 꿈에 등장한 부엌은
☞ 시발점・재정・출세기반・인사부서 등을 상징한다.
♞ 꿈에 부엌에서 벌어지는 여러 사건들은
☞ 가까운 장래에 가정에서 일어날 어떤 사건들을 암시한다.
♞ 학수고대하는 사람이 부엌에 들어와 서 있는 꿈을 꾸면
☞ 가까운 시일 내에 그 사람과 만나게 된다.
♞ 어떤 물건을 부엌으로 옮겨 놓는 꿈은
☞ 진행 중인 일거리가 조만간 완료된다는 암시다.
♞ 부엌 아궁이의 불이 활활 타오르는 꿈을 꾸면
☞ 사업이 번창한다.
♞ 반면 불이 붙지 않거나 불길이 시원치 않은 꿈을 꾸면

☞ 사업은 시초부터 곤경에 처하게 된다.

- 아궁이 속에서 호랑이 · 뱀 · 금은보화 등을 발견하는 태몽을 꾸면

☞ 장차 출생할 아이는 초년성공(初年成功)을 거두게 된다.

- 음식점(飮食店)이나 식당(食堂)이 꿈의 주된 표상으로 등장하였을 경우

☞ 직장 내의 사무실로 묘사되는 것이 보통이다. 음식물은 직무, 음식을 먹는 사람은 직무수행자, 종업원은 중간간부를 각각 상징한다.

화장실은 노폐물을 배설하는 장소이므로 냄새나고 불결하며 하찮은 장소라는 선입견을 갖게 되지만, 꿈속에서는 질식된 관념의 분비행위가 이루어지는 장소로 보아 그 상징의의가 매우 크다. 소원충족 여부를 가늠하기에 가장 적절한 장소적 재료가 되기 때문이다.

- 꿈에 등장한 화장실(化粧室)은

☞ 모의장소 · 사업장 · 사창굴 · 부정한 곳 · 첩의 집 · 재물의 출처 · 토론장소 등을 상징한다.

- 화장실에서 배설하는 꿈은

☞ 소원충족의 상징이다.

- 꿈에 대소변을 시원스럽게 배설하지 못하고 화장실을 나오면

☞ 당면한 소원을 충족하지 못하거나, 기대하는 성과를 얻지 못한다.

- 누군가가 자기 집의 화장실로 숨어드는 꿈을 꾸면

☞ 주변에서 부정한 일을 저지르려는 사람이 나타난다.

- 음식점과 화장실이 나란히 붙어있는 꿈은

☞ 홍등 · 사창가를 상징한다.

- 음식점에 붙은 화장실의 문이 열려 있는 꿈을 꾸면

☞ 음탕한 여자를 만나게 된다.

남녀가 함께 화장실로 들어가는 꿈을 꾸면

☞ 주변에서 간통사건이 발생하여 그 영향을 받게 된다.

여성이 화장실에서 배설을 끝낸 후 화장을 고치는 꿈을 꾸면

☞ 당면한 소원을 충족하거나 근심걱정이 사라진다.

화장실이 너무 좁거나 매우 불결하여 마음껏 배설하지 못하고 나오는 꿈을 꾸면

☞ 소원충족이 좌절되거나, 갑작스럽게 불쾌한 체험을 하게 된다.

화장실의 창문이나 문틈으로 사람·동물 등이 들여다보아 제대로 배설을 하지 못하는 꿈을 꾸면

☞ 뜻하지 않은 인물로 인하여 소원충족이 좌절되거나, 사업이 실패하게 된다.

재래식 화장실에 빠져 허우적거리는 꿈을 꾸면

☞ 신분·명예 등이 몰락하거나, 남의 간계에 빠지거나, 중병에 걸리게 된다.

화장실에 소지품이나 귀중품을 빠뜨리는 꿈을 꾸면

☞ 재물·명예·일거리 등을 잃게 된다.

배변 욕구가 생겨 화장실을 찾았으나, 마땅한 장소가 없어 이리저리 헤매다가 꿈을 깨면

☞ 소원을 성취시킬 어떤 사업장을 물색하게 되지만, 그런 곳을 쉽사리 얻지 못한다.

사방이 확 트인 야외에서 배설을 하는 꿈은

☞ 자기의 작품·업적·일거리를 세상에 공개한다는 뜻이다.

들판에서 배변을 하려고 하다가 인기척을 느끼고 포기하는 꿈을 꾸면

☞ 부적절한 환경이나 적대적인 사람들의 견제로 인해 소기의 목적

을 달성할 수 없게 된다.

- 화장실 앞에서 앞서 들어간 사람을 기다리며 발만 동동 구르는 꿈을 꾸면

☞ 다급한 일에 봉착하여 곤경을 치르게 된다.

- 꿈에 등장한 목욕탕(沐浴湯)은

☞ 사업장 · 기관 · 환경 등의 상징이며, 소원충족의 양상을 표현하는 장소적 배경이다.

목욕탕은 화장실과 같이 질식된 관념의 분비를 표현하는 장소적 재료다. 꿈은 그 의도를 표현함에 있어 목욕행위 자체보다 목욕탕이 갖고 있는 본래의 양태(樣態)나 주변 환경을 더 중요시한다. 거추장스러운 옷을 훌훌 벗어던지고 알몸이 되어 전신의 때를 제거한다는 것과 목욕한 뒤에는 상쾌한 기분이 느껴진다는 것 등은 꿈이 그 의도를 표현하기 위해 도입하는 관념적 재료들이다.

- 목욕탕에 들어가 목욕을 하는 꿈은

☞ 어떤 공공기관과 관련한 소원을 충족하게 된다는 뜻이다.

- 목욕을 해야겠다고 생각하는 꿈은

☞ 소원을 성취시키기 위해 모종의 계획을 짜게 된다는 뜻이다.

- 공중목욕탕을 이용하는 꿈은

☞ 사회적이거나 단체적인 일, 또는 경쟁적인 환경과 관련이 있다.

- 꿈에 탕의 물이 깨끗하고 넘칠 듯 가득 차 있어 포만감을 느끼면

☞ 흡족할 만큼 충분한 자원을 확보하여 소원을 충족하게 된다.

- 반면 물이 더럽거나 몸을 담그지 못할 정도로 적었다면

☞ 소원을 충족할 수 없는 어떤 방해적인 환경이 조성된다.

- 상쾌한 기분을 느끼기 위해 탕에서 물을 떠서 연신 몸에 끼얹었다는 꿈은

☞ 신앙생활에 몰두함으로써 소원을 충족하게 된다는 암시였다.

♞ 몸의 때를 벗기는 꿈은

☞ 근심걱정이 사라지거나 신분이 새로워진다는 뜻이다.

♞ 샤워를 하는 꿈 역시

☞ 소원충족의 표현이다. 다만 물이 시원하게 쏟아져 나와야 길조다.

♞ 방안에서 조그만 그릇에 물을 떠놓고 목욕을 하였다는 꿈은

☞ 소기의 목적을 달성하기에는 여건이 부적절하고 환경이 옹색하다는 암시였다.

♞ 저수지 · 개울 · 강 등의 야외에서 목욕을 하는 꿈은

☞ 기관 · 사업장 등에서의 공개적인 소원충족을 나타낸다.

♞ 욕탕에서 갓난아기를 씻기는 꿈을 꾸면

☞ 자기의 작품이나 일거리가 완성됨으로써 그것을 돋보이도록 치장하게 된다.

♞ 꿈에 등장한 계단(階段)은

☞ 계급의 변화 · 노력의 정도 · 일의 편이 · 시간경과 · 연쇄 등을 암시하는 장소적 재료다.

♞ 꿈에 계단을 오르기가 처음에는 고통스럽다가 나중에 올라갈수록 편해지는 것은

☞ 일 · 진급 등에 있어서 처음에는 어렵고 고통스럽지만 점차 수월해진다는 뜻이다.

♞ 아래층에서 층계를 통해 위층을 올려다보는 꿈을 꾸면

☞ 직장인의 경우 진급에 관한 전망을, 사업가의 경우 사업의 진도를 가늠할 일이 생긴다.

♞ 계단을 오르다가 중도에서 내려오거나 미끄러지는 꿈을 꾸면

☞ 진급 · 진학 · 사업 등에 있어 소원을 충족할 수 없다.

계단을 내려오는 꿈은

☞ 종반까지의 과정 · 하강국면 · 편법 등의 사건들을 암시한다.

일곱 번째의 계단은

☞ 행운을 상징한다.

열세 번째의 계단은

☞ 불행 · 죽음 등을 상징한다.

사다리는

☞ 협조기관 · 사업방도 · 계급 · 진도 등을 상징한다.

하늘에 걸친 구름사다리에 오르는 꿈을 꾸면

☞ 헛된 욕망으로 망상적인 일을 시작하게 된다.

사다리를 놓고 높은 층의 창문으로 들어가는 꿈을 꾸면

☞ 은인의 도움을 받아 발탁인사 등의 벼락출세를 하게 된다.

사다리를 이용하여 지붕에 오르는 꿈을 꾸면

☞ 몸담고 있는 기관 · 단체에서 높은 지위에 오를 수 있다.

꿈에 높은 사다리에서 내려오려는데, 갑자기 비바람이 몰아쳐 꼼짝도 못하고 당황하다가 꿈을 깨었다는 어느 공직자는

☞ 오직(汚職)사건에 휘말림으로써 스스로 관직에서 물러나려 하였으나 주변의 만류도 있고 제반 여건도 불비(不備)하여 쉽사리 용퇴(勇退)를 결정하지 못하였다 한다.

건물의 층수(層數)가 꿈의 주된 암시로 등장한 경우, 그것은

☞ 계급 · 학년 · 승진 등과 관련된 여러 사건들을 암시한다.

위층에서 아래층으로 내려가는 꿈을 꾸면

☞ 직위가 강등되거나 하급 부서의 일에 관여하게 된다.

꿈에 등장한 지하실(地下室)은

☞ 연구실 · 비밀결사 · 비밀장소 · 유치장 · 뒷거래 등을 상징한다.

다른 집의 지하실을 들여다보는 꿈을 꾸면

☞ 누군가의 사생활을 조사하거나 그의 사업에 관심을 갖게 된다.

자기의 지하실에 물이 가득 차 있는 꿈을 꾸면

☞ 큰 재물을 모으게 된다.

불이 없어 캄캄한 지하실에서 헤매는 꿈을 꾸면

☞ 어떤 사건이 미궁에 빠져 애를 태우거나, 범죄자로 몰려 심적 고통을 받게 된다.

꿈에 등장한 현관(玄關)은

☞ 취직의 관문이나 청탁기관의 접수창구를 상징한다.

관청의 현관으로 들어가는 꿈은

☞ 공직에 진출한다는 뜻이다.

자기 집 현관에 누군가가 들어와 서있는 꿈을 꾸면

☞ 가까운 시일 내에 기다리는 사람을 만나게 된다.

누군가가 자기 집 현관문을 닫고 밖으로 사라지는 꿈을 꾸면

☞ 그로 동일시된 어떤 사람과의 인연이 끊어지게 된다.

벽(壁)은

☞ 후원자를 동일시하며, 한계・난관・방비・보호막 등을 상징한다.

그림・액자・달력・옷・거울 등을 벽에 걸어두는 꿈을 꾸면

☞ 추대・기념・간섭 등의 관념이 유발되는 어떤 사건을 겪게 된다.

자신의 사진을 벽에 거는 꿈을 꾸면

☞ 매스컴을 통해 자신의 업적・작품 등이 세상에 공개됨으로써 과시할 일이 생긴다.

옷을 벗어 벽에 걸어놓은 꿈을 꾸면

☞ 한동안 협조자의 도움을 받지 못하거나, 일시적으로 직위를 상실하게 된다.

- 벽에 자신의 이름 · 시구(詩句) · 그림 등을 쓰거나, 그리거나, 새기는 꿈을 꾸면

☞ 자신의 명성이 오래도록 남을 만한 어떤 업적을 이루게 된다.

- 꿈속에서 어떤 건물의 돌 벽에 자기의 이름이 새겨진 것을 보면

☞ 그 건물로 상징되는 어떤 기관 · 단체의 일원이 되거나, 그와 관련된 어떤 업적을 남기게 된다.

- 벽에 공작새 · 구렁이 등의 상서로운 동물이 붙어있는 꿈을 꾸면

☞ 큰 영예를 획득함으로써 부(富)와 명성을 거머쥐게 된다.

- 그러나 벽에 파리 떼가 새까맣게 붙어 있는 꿈을 꾸면

☞ 부모나 남편, 또는 의지가 되는 사람의 신상에 변고가 생긴다.

- 사방이 단단한 벽으로 둘러싸여 밀폐된 방에 갇히는 꿈을 꾸면

☞ 어떤 절망적인 상황에 봉착하게 된다. 죽음의 상징일 수도 있다.

- 길을 가다가 암벽이나 장벽에 부딪쳐 더 이상 전진할 수 없는 꿈을 꾸면

☞ 어떤 일을 추진하는 과정에 적대적인 세력의 방해를 받아 좌절하게 된다.

- 건물 외벽에 페인트를 칠하거나 그림을 그리는 꿈을 꾸면

☞ 자기의 신분 · 업적 등을 치장하여 과시하거나, 새 직장 · 사업체를 갖게 된다.

- 물이 자기 집 벽을 흘러내리는 꿈을 꾸면

☞ 여러 사람들에게 감동을 줄 만한 일을 하게 된다.

- 꿈에 벽에 금이 가서 곧 무너질 것같이 보이면

☞ 자기의 직장이나 사업장 내에 내분이 생기거나, 자기의 업적이 훼손을 당하게 된다.

- 벽이 무너져 뼈대만 앙상하게 남은 꿈을 꾸면

☞ 사업체가 붕괴되거나, 병마가 찾아들거나, 배신을 당하게 된다.

그러나 벽이 완전히 무너져 형체를 알아볼 수조차 없는 꿈은 오히려 길몽이다.

☞ 이런 꿈을 꾸면 새로운 사업을 시작하거나, 운세가 트인다.

기둥과 지붕은 있으나 벽이 없는 건축물, 즉 정자·누각 등에 들어가 사방을 조망(眺望)하는 꿈은

☞ 자기의 일이 사통오달 막힐 데가 없음을 뜻한다.

꿈에 등장한 담장〔墻〕은

☞ 세력권·방어시설·한계 등을 상징한다.

큰 저택의 담장 주위를 돌며 야경이나 순찰을 하는 꿈을 꾸면

☞ 직장에서 파견근무·외근 등을 하게 된다.

담이 무너져 밖이 훤히 내다보이는 꿈을 꾸면

☞ 막혔던 운세가 트여 사업이 번창하게 된다.

담 위에 올라 이웃집이나 바깥세상을 바라보는 꿈을 꾸면

☞ 남의 세력권을 자기 통제 아래에 두거나, 남의 일에 간섭하게 된다.

다른 사람이 자기 집 담 위에 올라가 자기를 내려다보는 꿈을 꾸면

☞ 누군가가 자기 사생활에 간섭하거나, 자기의 신상을 캐묻게 된다.

다른 사람의 담장 안으로 손을 뻗어 과일을 따거나 꽃가지를 꺾는 꿈을 꾸면

☞ 남의 권리·재물을 강탈하거나, 남의 일에 간섭하게 된다. 또는 신부(新婦) 감을 얻게 된다.

담장 안의 주인이 과일을 따서 담 너머로 건네주는 꿈을 꾸면

☞ 어떤 기관·단체의 관리자가 자기에게 무엇인가를 보상하거나 자기를 채용하게 된다.

꿈에 많은 사람들이 벽돌을 날라다 담을 쌓는 광경을 보면

☞ 자기만의 세력권이나 사업체를 만들게 된다.

울타리는 담 대신에 철조망・풀・나무 등을 얽어서 집을 둘러막은 것으로

☞ 담과 상징의의가 같으나, 담보다는 허술한 상태를 나타낸다. 간혹 자식(子息)이나 마음의 장벽으로 표현되는 경우도 있다.

생나무로 만든 울타리에 꽃이 만발한 꿈을 꾸면

☞ 어떤 기관을 통해 소원을 성취함으로써 명예를 얻거나, 자식에게 영예로운 일이 생긴다.

과수원(果樹園)의 울타리를 넘어 안으로 들어가는 꿈을 꾸면

☞ 학교에 입학을 하거나 군(軍)에 지원입대를 하게 된다.

나무로 울타리를 만든 넓은 목장에서 수많은 가축을 키우는 꿈은

☞ 자기의 세력권 내에서 많은 인재를 양성하거나, 재산을 증식한다는 뜻이다.

가축들이 터진 울타리 밖으로 도망치는 꿈을 꾸면

☞ 재산상의 손실이 생긴다.

외부에서 가축을 몰고 와 울타리 안으로 집어넣는 꿈을 꾸면

☞ 재물・인재 등을 얻게 된다.

울타리 밑으로 뱀이 들어온 꿈을 꾸고 임신을 하면

☞ 장차 관리(官吏)로서 출세할 아이를 낳는다.

철조망을 가위로 끊거나 폭파하여 안으로 침입하는 꿈은

☞ 유용한 수단을 동원하거나, 협조자의 도움을 받아 난관을 극복함으로써 소원을 충족한다는 뜻이다.

사나운 개가 철조망 안에서 자기를 노려보는 꿈을 꾸면

☞ 누군가가 자기의 사생활을 침해받지 않으려고 공격적인 자세를

취하는 것을 목격하게 된다.

♞ 꿈에 등장한 천장(天障)은

☞ 상층부・윗사람・고관 등을 동일시하며, 정신세계(精神世界)・중복(重複) 등의 관념과 연관이 있는 일이나 사건을 암시한다.

♞ 꿈에 어떤 방에 들어가는데, 천장이 낮아 몸을 구부려야 했다면

☞ 지금 하고 있는 일이 궁색한 상황에 놓이게 된다.

♞ 천장이 무너지는 꿈을 꾸면

☞ 머지않아 부모 또는 의지가 되는 윗사람이 사망한다.

♞ 천장을 뚫고 들어온 어떤 동물이 방안을 어지럽히는 태몽을 꾸면

☞ 출생할 아이가 영리하지만, 요절(夭折)할 운(運)을 타고난다.

♞ 천장에 커다란 구멍이 생기고 그 구멍을 통해 수많은 새들이 하늘로 날아가는 꿈을 꾸면

☞ 나라에 큰 재앙이 닥쳐 수많은 인명이 희생당하는 것을 목격하게 된다.

♞ 천장에 거미줄이 가득하거나 전선이 얽혀 있는 꿈을 꾸면

☞ 두통을 앓게 된다.

♞ 어떤 집의 천장에서 청룡・황룡이 서로 엉켜서 승천하는 그림을 보았다는 꿈은

☞ 그 집 주인으로 동일시되는 어떤 인물이 출세를 하거나, 큰 업적을 남기는 것을 지켜보게 된다는 암시였다.

♞ 천장에 그려진 연화문(蓮花紋)을 보았다는 꿈은

☞ 머지않아 행운을 만나게 된다는 암시였다.

♞ 천장에 파리 떼가 새까맣게 달라붙어 있는 꿈을 꾸면

☞ 부모나 존경하는 윗사람이 중병(重病)을 앓게 된다.

♞ 화분에 심은 나무가 갑자기 커져서 천장을 뚫고 하늘로 치솟았다

는 꿈은

☞ 처음 소규모 가업(家業)으로 시작한 것이 크게 번창하여 큰 사업으로 발전한다는 암시였다.

천장에 붙은 불이 방안 전체로 번져 온통 화염에 휩싸이는 것을 보았다는 꿈은

☞ 최근에 부모로부터 상속받은 사업이 어떤 계기를 만나 급작스럽게 번창한다는 암시였다.

다락문을 열고 안을 들여다보는 꿈을 꾸면

☞ 무엇인가 연구할 일이 생긴다.

다락에 어떤 물건을 넣어두는 꿈을 꾸면

☞ 남의 눈에 띠지 않도록 무엇인가 감출 일이 생긴다.

다락에 들어가 숨는 꿈을 꾸면

☞ 어떤 연구기관에 들어가 한동안 연구활동에만 몰두하게 된다.

신령에게서 받은 문서를 다락에 넣었다가 꺼내보니 도장이 찍힌 흔적이 모두 글씨로 변했다는 태몽은

☞ 출생한 아이가 장차 학문연구를 천부적인 삶으로 받아들여 전 생애를 바치는 각고의 노력 끝에 대성하게 된다는 암시였다.

베란다나 발코니에 서서 사방을 조망(眺望)하는 꿈을 꾸면

☞ 신분이 상승하거나 남에게 과시할 일이 생긴다.

꿈에 등장한 옥상(屋上)이나 지붕은

☞ 두부(頭部) · 상층부 · 고위층 등을 상징하며, 고독 · 은퇴 · 죽음 등과 연관된 배경적 상징재료로서 등장한다.

옥상에 올라가 하늘을 쳐다보는 꿈을 꾸면

☞ 머지않아 정신적인 수도(修道)나 신앙생활에 몰입하게 된다.

고층건물의 옥상에서 시가지를 내려다보는 꿈을 꾸면

☞ 신분이 고귀해진다.

♞ 꿈에 옥상에서 가마니를 뒤집어쓰고 앉아있는 사람을 보면

☞ 주변의 어떤 사람이 체포되어 압송되는 것을 목격하게 된다.

♞ 누군가가 새 옷을 입고 한옥의 지붕 위에 올라가는 꿈을 꾸면

☞ 그로 동일시된 어떤 사람이 사망을 하거나 은퇴를 하게 된다.

♞ 자기 집 지붕 위에 수많은 사람들이 빽빽하게 서 있는 꿈을 꾸면

☞ 직장 내에서 감원・구조조정 등의 어려운 일을 겪게 된다.

♞ 호랑이・고양이 등의 동물이 지붕에 올라가 자기를 내려다보는 꿈을 꾸면

☞ 어떤 권력자가 자기의 신상(身上)에 해를 끼치거나 자기를 억압할 일이 생긴다.

♞ 닭이 지붕마루에 올라가 크게 우는 꿈을 꾸면

☞ 장차 고위 공직(公職)에 오른다.

♞ 큰 구렁이가 지붕에 오르는 태몽을 꾸면

☞ 장차 사업가로 출세할 아이를 낳는다.

♞ 지붕에 소나무・대나무・꽃나무 등이 자라는 태몽을 꾸면

☞ 관리로서 출세할 자식을 낳는다. 사업가의 꿈이라면 사업이 번창한다는 암시다.

♞ 자기 집 지붕에 기와나 이엉을 얹는 꿈을 꾸면

☞ 지금 하고 있는 일에 마지막 손질을 가하여 마무리하게 된다.

♞ 자기 집의 지붕이 무너지는 꿈을 꾸면

☞ 신분이 몰락하거나, 사업이 쇠퇴하게 된다.

♞ 추녀에서 낙수(落水)가 떨어지는 꿈은

☞ 여성의 월경에 비유되는 경우가 많다.

♞ 남의 집 추녀 밑으로 들어가 비를 피하는 꿈을 꾸면

☞ 어떤 권력기관이나 세력가에 의지하여 사업체를 경영하게 된다.

♞ 자기 집의 추녀가 이웃집 담을 덮거나, 그 집의 마당에 그림자를 드리우는 꿈을 꾸면

☞ 자기의 세력이 팽창하여 주변에 영향을 미치게 된다.

♞ 크고 높은 굴뚝으로 연기가 잘 빠져나가는 꿈을 꾸면

☞ 사업 운이 트인다. 또는 세상에 널리 광고할 만한 일이 생긴다.

문(門)은 들어오고 나간다는 관념이 꿈에 도입되어 어떤 가문(家門)이나 기관에의 출입(出入)을 상징한다. 또한 음(音)의 연상에서 학문·가문·문벌·문하생 등을 상징한다. 문을 열고 닫는 모든 행동표현은 개방(開放)과 폐쇄(閉鎖)의 관념을 유발하는 현실의 어떤 일이나 사건을 암시하는 것이 보통이다.

♞ 꿈에 문을 여는 행동표현은

☞ 개방·공개·탄로·과시·확인·허락·진급·성공·학문·연통·결연·방문·청원·감시·검문·통과 등의 관념과 연관된 일이나 사건을 암시한다.

♞ 꿈에 문을 닫는 행동표현은

☞ 위에서 열거한 모든 사항의 중지·폐쇄·정체·보류·종결 등을 상징한다.

♞ 주택이나 공공건물의 대문·현관의 안팎에서 벌어지는 사건들이 꿈의 주된 의도를 표현하는 경우

☞ 주택·공공건물 등이 기관을 상징하는 것이라면 내무(內務)와 외무(外務)를 구분하는 것이고, 가문(家門)을 상징하는 것이라면 결혼·이혼·출생·입적(入籍) 등과 관련된 표현이다.

♞ 일반적으로 닫힌 방문을 열고 안을 들여다보는 꿈은

☞ 사건의 진상을 규명하거나, 어떤 과제를 연구하거나, 어떤 기관

에 청원을 하게 된다는 뜻이다.

♞ 문을 열고 안으로 들어가는 꿈은

☞ 계획한 일에 본격적으로 착수하게 된다는 뜻이다.

♞ 상대가 자기의 방문을 열고 안을 들여다보는 꿈을 꾸면

☞ 누군가가 자기와 계약을 맺거나 자기에게 청원을 하게 된다.

♞ 누군가의 집에서 문을 닫고 밖으로 나오는 꿈을 꾸면

☞ 그 집 주인으로 동일시된 어떤 사람과의 인연이 끊어진다.

♞ 아무도 없는 방에 문을 꼭 닫고 홀로 앉아있는 꿈은

☞ 질병·고립·정체·죽음 등의 악운(惡運)이 따른다는 뜻이다.

♞ 꿈에 등장한 애인이 방문턱에 앉아 안을 들여다보는 꿈은

☞ 그(녀)가 지금 자기와의 결혼을 망설이고 있음을 암시한다.

♞ 문턱에 걸쳐 있던 구렁이가 밖으로 사라지는 꿈을 꾸고 결혼을 하면

☞ 오래지 않아 배우자와 이혼을 하게 된다. 이때 구렁이가 문턱에 걸친 것은 자기 가문(家門)에 입적(入籍)하기를 꺼려한다는 뜻이다.

♞ 어떤 방을 나와서 문을 자물쇠로 채워 잠가버리는 꿈을 꾸면

☞ 어떤 기관이나 가문(家門)과의 관계가 끊어진다.

♞ 잠긴 문을 열쇠로 열고 안으로 들어가는 꿈을 꾸면

☞ 조만간 운세가 호전되어 소원이 성취된다.

♞ 방문을 활짝 열어젖히고 밖에서 일어나는 사건을 바라보는 꿈은

☞ 대외문제에 관심을 갖거나 연구·관찰할 일이 생긴다는 뜻이다.

♞ 호랑이가 대궐이나 저택의 대문 안으로 들어가는 태몽을 꾸면

☞ 장차 출생할 아이가 장성하여 고위관리가 된다.

♞ 처녀의 경우 자기 집 대문을 나서서 산으로 가는 꿈을 꾸면

☞ 머지않아 시집을 가게 된다.

문이 저절로 열리는 꿈을 꾸면

☞ 애써 노력을 하지 않아도 하는 일이 술술 잘 풀려나간다.

누군가가 안에서 문을 열어주는 꿈을 꾸면

☞ 협조자의 도움을 받아 소원을 성취하게 된다.

다른 사람의 방문에 노크하는 꿈을 꾸면

☞ 목적한 바를 달성하기 위하여 누군가의 의사를 타진하게 된다.

문구멍으로 안을 들여다보는 꿈을 꾸면

☞ 누군가를 염탐하거나, 누군가에게 해를 끼치게 된다.

문구멍으로 밖을 내다보는 꿈을 꾸면

☞ 자기 일에 관한 정보를 매스컴을 통해 공개·선전하게 된다.

문 밖에서 도깨비나 유령, 또는 교활한 여자가 교태를 부리거나 춤을 추며 들여다보는 꿈을 꾸면

☞ 머지않아 병에 걸리거나, 집안에 우환(憂患)이 찾아든다.

자기 집의 문을 새로 달거나 고치는 꿈을 꾸면

☞ 오랜 소원이 성취되거나, 사업 운이 트인다.

누군가가 문턱에 양다리를 걸치고 서있는 꿈은

☞ 그 사람이 진퇴양난에 처해 있거나, 그의 진심을 알 수 없다는 뜻이다.

대문이나 정문을 통해 어떤 건물로 들어가는 꿈은

☞ 아무런 거리낌도 없이 정정당당하게 대처한다는 뜻이다.

후문이나 협문을 통해 어떤 건물로 들어가는 꿈은

☞ 무엇인가 떳떳하지 못하여 당당하게 내세우지 못한다는 뜻이다.

무엇에 쫓긴 듯 황급하게 후문을 빠져나오는 꿈을 꾸면

☞ 무엇인가 중도포기를 하게 됨으로써 고통을 받게 된다.

어떤 건물의 대문이 크고 육중하게 느껴지는 꿈을 꾸면

☞ 장차 상관하게 될 어떤 인물이나 기관의 위세에 눌려 위압감을 느끼게 된다.

밖을 향해 닫힌 창문을 활짝 열어젖히는 꿈을 꾸면

☞ 사회활동을 왕성하게 전개하거나, 자기의 주장을 마음껏 내세우게 된다. 또는 숨기고 있던 무엇인가를 세상에 공개하게 된다.

높은 건물의 창문을 열고 시가지를 내려다보는 꿈을 꾸면

☞ 지위가 높아진다. 또는 세상에 어떤 논란거리를 제기하고 그 반응을 살피게 된다.

꿈에 남의 집 창밖에 서서 그 창문이 열리고 누군가가 나타나기를 기다리면

☞ 누군가의 속마음이 궁금하여 애를 태우거나, 어떤 일이 마지막 단계에 접어들어 노심초사하게 된다.

자기가 바라보던 어떤 집에 불이 켜지면서 창문으로 환한 불빛이 어두운 거리에 쏟아지는 꿈을 꾸면

☞ 취직 · 결혼 · 사업 등의 일과 관련하여 반가운 소식이 도착한다.

어떤 건물의 창문을 통해 안으로 들어가는 꿈을 꾸면

☞ 취직 · 입학 · 청탁 등의 소원을 성취하게 된다.

유리창을 통해 안이나 밖을 내다보는 꿈은

☞ 자기와는 간접적인 관계에 있거나, 공간적으로 거리가 있는 어떤 일이나 사건을 암시한다.

유리창을 통해 무엇인가를 바라보는 태몽을 꾸면

☞ 출생할 아이는 모자간이나 부자간의 이별운(離別運)을 타고난다.

유리창에 비친 여러 가지 장면들이 주마등처럼 스쳐지나가는 꿈을 꾸면

☞ 훗날 매스컴을 통해 그 장면들로 상징되는 사회적인 큰 사건들을 접하게 된다.

새로 이사를 한 집에 자기의 문패를 다는 꿈을 꾸면

☞ 자기의 간판·상호·신분·직위 등이 바뀌게 된다.

자기 집 문패를 스스로 떼거나 누가 떼어가는 꿈을 꾸면

☞ 자기의 신분·명성·인기 등이 몰락하게 된다. 또는 호주나 가장이 사망하게 된다.

부통령 실에 달렸던 존슨의 명패가 다른 방으로 옮겨 달리는 것을 보았다는 딕슨 부인의 환상은

☞ 케네디가 암살당함으로써 존슨 부통령이 대통령직을 승계하게 된다는 암시였다.

꿈에 등장한 창고(倉庫)는

☞ 학원·급여기관·연구진·권력자·지혜의 보고 등을 상징한다.

창고 문을 열고 그 안을 들여다보는 꿈을 꾸면

☞ 어떤 기관이나 권력자에게 청원을 하거나 무엇인가 연구할 일이 생긴다.

꿈속에서 창고 안에 가득 쌓인 물건들은

☞ 당면한 관심사나 재물, 또는 연구대상 등을 상징한다.

창고 안에 관이나 송장이 놓여있는 꿈을 꾸면

☞ 어떤 일이 성취됨으로써 만족할 만한 성과를 얻거나, 재물을 획득하게 된다.

창고 안에 가득 쌓인 곡식을 흡족한 기분으로 바라보는 꿈을 꾸면

☞ 머지않아 큰 부자가 된다.

창고가 불타오르는 꿈을 꾸면

☞ 사업이 크게 번창한다.

♞ 창고에 구멍이 뚫리거나 그 일부가 무너진 꿈을 꾸면

☞ 사업이 쇠퇴(衰退)한다.

♞ 꿈에 창고 문을 열고 안을 들여다보았는데 아무 것도 없었다면

☞ 이제까지 심혈을 기울인 일이 아무런 성과도 가져오지 못한다.

♞ 꿈에 등장한 마당은

☞ 세력권 · 사업판도 · 부속기관 · 타향 · 외지 · 외근 부서 · 지부 등을 상징한다.

♞ 마당에 서서 멀리 어떤 광경을 바라보는 꿈은

☞ 친인척간에 벌어지는 어떤 사건이나 직장 내에서 외근부서와 관계된 사건들을 나타낸다.

♞ 마당에 쌓인 어떤 물건이 꿈의 주된 암시일 경우

☞ 그것은 장차 타인들과 공유하게 될 어떤 재물 · 일거리 · 사건 등을 나타내는 것이다.

♞ 자기 집 마당에 비행기가 이착륙을 하거나 수많은 자동차들이 들락거리는 꿈들은

☞ 장차 가업(家業)을 발판삼아 출세를 함으로써 명예로워진다는 뜻이다.

♞ 자기 집 마당에 사람의 흔적은 없고 빈 자동차나 상여만 덩그러니 놓여 있는 꿈을 꾸면

☞ 조만간 집안에 초상이 난다.

♞ 자기 집의 마당이 큰길과 연접되어 훤히 내다보이는 꿈을 꾸면

☞ 머지않아 가운(家運)이나 사업운(事業運)이 대통하고 관운(官運)이 열릴 수도 있다.

♞ 자기 집 마당에 바람에 날린 낙엽이나 눈이 가득 쌓인 꿈을 꾸면

☞ 외부로부터 큰 재물이 들어온다.

비로 마당의 쓰레기를 쓸어 모아 불에 태우는 꿈을 꾸면

☞ 근심걱정이 해소된다.

자기 집 마당에서 샘이 나거나 물줄기가 들어오는 꿈을 꾸면

☞ 자기 집 또는 자기 사업체에 외부로부터 큰 재물이 들어온다.

잘 가꾸어진 넓은 정원에서 값비싼 정원수나 형형색색의 꽃들을 바라보는 꿈은

☞ 소원충족의 표현으로 대길몽이다.

자신의 취향대로 정원을 잘 손질하여 화려하게 꾸미는 꿈을 꾸면

☞ 장차 자기의 이상이나 적성에 맞는 일을 시작하게 됨으로써 성취감을 만끽하게 된다.

마당 한구석에 만들어진 꽃밭이 협소하다고 느끼는 꿈을 꾸면

☞ 자기의 입지(立地)가 좁아져 옹색함을 느끼게 된다.

❖ 학교 · 관공서 · 회사, 기타

직장인의 경우 학교(學校)에 관한 꿈을 꾸는 것은

☞ 현재의 직장생활에 비유되는 경우가 많다.

상급학교에 입학하는 꿈을 꾸면

☞ 새 직장을 얻게 된다.

학교에 관한 꿈에 등장하는 교직원이나 학생들은

☞ 직장 내에서의 상사나 동료들로 묘사되는 경우가 많다.

꿈에 등장하는 어떤 학교의 명칭은

☞ 그 음(音)으로 연상(聯想)되는 어떤 기관이나 단체를 암시하는 경우가 많다.

꿈에 등장한 교실은

☞ 자기가 근무하는 사무실의 바꿔놓기인 경우가 많다.

꿈에 등장한 운동장은

☞자기가 소속한 어떤 조직체의 세력판도에 비유되는 경우가 많다.

꿈에 등장한 교회(教會)는

☞ 학교 · 군대 · 교도소 · 진리 · 업적 · 덕행 등을 상징한다.

꿈에 등장한 십자가(十字架)는

☞ 자비 · 법규 · 진리 · 권리 · 악법 · 병액(兵厄) 등을 상징한다.

십자가를 얻거나 목에 거는 꿈을 꾸면

☞ 자비 · 진리 · 명예 · 권세 등의 관념이 유발되는 어떤 일이나 사건을 체험하게 된다.

성경을 들고 교회로 들어가는 꿈을 꾸면

☞ 입학 · 입대를 하거나 후원자의 추천장을 얻어 취직을 하게 된다.

목사의 설교를 듣는 꿈을 꾸면

☞ 윗사람의 꾸중을 듣거나, 스스로 반성할 일이 생긴다.

교회당의 종소리가 은은히 들려오는 꿈을 꾸면

☞ 새로운 진리 · 사상 등을 접하게 되거나, 기쁜 소식을 듣게 된다.

꿈에 등장한 절〔寺〕은

☞ 학원 · 연구원 · 수도원 · 교회 · 기관 · 교도소 · 정신병원 등을 상징한다.

불상과 스님에 관한 꿈은

☞ <**제3장 신분과 직업에 관한 꿈**> 참조

사찰의 경내로 들어가 이것저것 구경하는 꿈을 꾸면

☞ 학문연구에 몰두하거나, 무엇인가 새로운 것을 탐구하게 된다.

부처님이나 스님에게서 무엇인가 얻어오는 태몽을 꾸면

☞ 출생할 아이는 장차 학자나 관리가 된다.

사찰의 경내에서 물을 마시거나 목욕을 하는 꿈을 꾸면

☞ 취직 · 승진 · 전근 등의 소원을 성취하게 된다.

법당 안에 목탁소리가 울려 퍼지는 꿈을 꾸면

☞ 세상에 소문을 내거나 사회에 영향을 끼칠 만한 일을 하게 된다.

부처님께 공양을 드리는 꿈을 꾸면

☞ 윗사람의 도움을 받게 된다.

부처님이나 스님에게서 불경을 얻는 꿈을 꾸면

☞ 머지않아 큰 진리를 깨우치게 된다.

조상의 위패(位牌)가 불단(佛壇)에 모셔진 꿈을 꾸면

☞ 훗날 입신양명(立身揚名)하게 된다.

법당의 사천왕상(四天王像)이 태아표상으로 등장한 태몽을 꾸면

☞ 장차 출생할 아이는 장성하여 군인이나 경찰관으로 출세한다.

사찰에서 종을 얻는 태몽을 꾸면

☞ 장차 세상에 명성을 날릴 자손을 낳는다.

꿈에 등장한 경찰서는

☞ 군대 · 교도소 · 신문사 · 교회 · 심사기관 · 병원 등을 상징한다.

꿈에 등장한 교도소는

☞ 경찰서 · 군대 · 병원 · 수도원 · 절 등을 상징한다.

교도소에서 복역하는 꿈을 꾸면

☞ 현실에서도 자유를 억압당할 일이 생긴다.

교도소에서 출옥하거나 탈출하는 꿈을 꾸면

☞ 어떤 구속(拘束)이나 병마(病魔)로부터 해방된다.

현재 수감 중인 죄수가 교도소가 무너지는 꿈을 꾸면

☞ 조만간 특사 · 무죄판결 · 감형 등으로 출옥(出獄)을 하게 된다.

포승(捕繩)에 묶이는 꿈을 꾸면

☞ 병에 걸린다.

꿈에 등장한 재판소(裁判所)는

☞ 교회 · 신문사 · 국회 등을 상징한다.

방청석에 앉아 원고와 피고가 공방을 벌이는 것을 바라보는 꿈은

☞ 자기 일에 대한 정당성이나 성패 여부를 가늠할 때 꾸어지는 경우가 많다. 이때의 공방은 잠재의식이 만들어낸 자문자답이다.

꿈에 등장한 호텔이나 여관은

☞ 일시적인 근무처의 바꿔놓기인 경우가 많다.

꿈에 등장한 상점은

☞ 학교 · 기관 · 부대 · 직장 · 사업장 등을 상징한다.

상점의 쇼윈도에 진열된 어떤 상품이 인상적인 꿈을 꾸면

☞ 머지않아 그 상품으로 상징되는 어떤 일거리에 종사하게 된다.

꿈에 등장한 골동품 상점은

☞ 결혼중매인이나 고루한 사람의 집 · 사진관 · 연구기관 · 고전문학 · 고고학 등을 상징한다.

꿈에 등장한 청과물 상점은

☞ 은행 · 재무부서의 상징이다.

쌀가게나 생선가게는

☞ 청과물가게와 같다.

양복점에서 새 양복을 맞추어 입는 꿈을 꾸면

☞ 고대하던 취직 · 입학이 되거나 믿음직한 협조자를 만나게 된다.

꿈에 등장한 보석상(寶石商)은

☞ 상급관청 · 연구기관 · 심사기관 등을 상징한다.

보석상에서 고가(高價)의 보석을 사오는 꿈을 꾸면

☞ 어떤 권리나 명예를 획득하거나, 신분이 고귀해진다.

보석상에 귀중품을 파는 꾸면

☞ 자기의 권리나 사업체를 남에게 빼앗기거나 양도하게 된다.

♞ 꿈에 등장한 서점은

☞ 학교 · 도서관 · 군대 · 교회 등을 상징한다.

♞ 포목점(布木店)과 지물포(紙物鋪)를 경영하는 꿈을 꾸면

☞ 장차 넓은 땅을 소유할 수 있다.

♞ 포목점에서 옷감을 떠오는 꿈을 꾸면

☞ 취직 · 결혼 등의 소망을 성취하게 된다.

♞ 꿈에 등장한 술집 · 바 · 카바레 등은

☞ 도박장 · 유곽(遊廓) 등을 상징한다.

♞ 꿈에 살롱 · 다방(茶房) 등에서 벌어지는 사건들은

☞ 어떤 회합 · 사교 · 대기 등과 연관된 일이나 사건을 암시한다.

♞ 음식점에서 음식을 사먹는 꿈은

☞ 어떤 기관 · 단체에 들어가 일을 하게 된다는 뜻이다.

♞ 이발소에서 이발을 하는 꿈을 꾸면

☞ 영전 · 진급 등의 소원을 충족하게 된다.

♞ 영화관(映畵館)이나 극장은

☞ 우체국 · 은행 등을 상징한다.

♞ 꿈에 등장한 회사는

☞ 기관 · 사업장 · 학교 · 군대 · 가정 등을 상징한다.

♞ 꿈에 등장한 중앙부처나 지방자치단체 등의 행정관청은

☞ 학교 · 병원 · 권력기구 · 언론기관 등을 상징한다.

♞ 꿈에 등장한 은행은

☞ 우체국 · 학교 · 특허청 · 출판사 · 잡지사 등을 상징한다.

♞ 은행에서 돈을 인출하는 꿈을 꾸면

☞ 어떤 기관에서 자기에게 의뢰한 일거리를 맡게 된다.

꿈에 등장한 박물관은

☞ 학교 · 신문사 · 영화관 등의 바꿔놓기일 수 있다.

박물관을 견학하는 꿈을 꾸면

☞ 고고학을 연구하거나, 고적지(古蹟地)를 관광하거나, 유물발굴에 참여하게 된다.

꿈에 등장한 동물원은

☞ 관청의 민원창구 · 학교 · 병영 · 교도소 등을 상징한다.

꿈에 등장한 식물원은

☞ 주로 관광이나 혼담과 관련이 있는 꿈의 배경으로 등장한다.

미술관에서 전시물을 구경하는 꿈을 꾸면

☞ 영화감상을 하거나, 사창굴을 찾거나, 어떤 여성의 내력에 대해 조사하게 된다.

미술관에 전시된 회화나 조각을 보고 느끼는 심상(心象)들은

☞ 자기의 이상이나 자기 작품의 성격을 은연중에 드러내기도 한다.

제대군인들의 꿈에 자주 등장하는 병영(兵營)에 관한 장면들은

☞ 현재 직장의 바꿔놓기인 경우가 많다. 아니면 어떤 기관 · 단체의 상징이다.

궁궐 · 저택 등은

☞ 미래의 출세기반을 상징한다.

왕족이나 정승판서가 되어 궁궐이나 대저택을 거닐며 금의옥식(錦衣玉食)을 즐기는 꿈들은

☞ 대부분 장차 입신양명(立身揚名)하여 상류사회로 진출하게 된다는 암시다.

꿈에 등장한 공장은

☞ 회사 · 학교 · 사업장 · 군대 등을 상징한다.

공장의 자동화설비에서 연신 제품들이 쏟아져 나오는 꿈은

☞ 자기 일거리나 사업이 추진되는 일련의 과정에 비유되기도 한다.

꿈에 복잡하게 돌아가는 공장의 내부설비들이

☞ 육신과 마음의 메커니즘을 비유적으로 표현하는 것일 수도 있다.

꿈에 등장한 성(城)은

☞ 고루한 학자나 완고한 노인을 동일시하며, 비밀장소·역사연구단체·유서 깊은 학교를 상징한다.

높은 성루에 오르거나 성문을 열고 성안으로 들어가는 등의 꿈은

☞ 대부분 출세·득세·성공 등과 관련이 있다.

굳게 닫혀 있던 성문이 활짝 열리는 꿈을 꾸면

☞ 막혔던 운세가 트인다. 또는 오랜 기간 법규·제도로 인해 억제되었던 어떤 소망을 실현하게 된다.

정자(亭子)가 등장하는 꿈은

☞ 업적·인재·상여·진급·득세 등과 관련한 길조로서 표현된다.

종묘(宗廟)와 사당(祠堂)은

☞ 권력자·권력기관·종교단체 등을 상징한다.

종묘나 사당에서 다른 사람들과 함께 제(祭)를 올리는 꿈을 꾸면

☞ 정부의 권력기관과 연관된 어떤 집단적인 소원충족을 하게 된다.

꿈에 가축들이 사람을 동일시하는 경우 축사(畜舍)는

☞ 객지·임시직장·교육기관·외부기관 등을 나타내며, 일거리를 상징할 경우 사업장·사업기반·창고 등을 상징한다.

새가 사람을 동일시하는 경우 새둥지나 새장은

☞ 기관·나그네의 숙소·감옥·시가(媤家) 등을 상징한다.

꿈에 등장한 벌레집(고치)은

☞ 조직체·모태·결혼·결사 등을 상징한다.

고치에서 나온 나비 애벌레가 성충으로 변태를 하는 꿈은

☞ 생명의 탄생 · 창조적인 업적 · 여성의 결혼 등과 관련이 있다.

벌집이나 개미굴처럼 많은 곤충들이 밀집한 벌레집은

☞ 학교 · 부대 · 사회단체 · 기관 등을 상징한다.

19

서적 · 문서 · 글자 · 성명 · 도장 · 숫자

❖ 책(書籍)

책이란 인간의 사상이나 감정을 종이·가죽 등에 글자·그림 등으로 기록하여 꿰어 맨 것을 말한다. 우리는 이것으로 다른 사람의 사상·지식 등을 받아들이고 나의 생각을 남에게 전달한다. 꿈은 이런 잠재지식을 재료로 활용하여 정신·스승·교리·진리 등을 상징한다. 서적에 기록된 글귀가 인상적인 꿈은 어떤 예언 형식의 암시일 수 있다.

♞ 서적을 얻는 꿈을 꾸면

☞ 진리·방도·학문·선생·계시 등과 연관된 일이나 사건을 체험하게 된다.

♞ 산신령에게서 책을 건네받는 태몽을 꾸면

☞ 출생할 아이는 장차 그 책의 표제가 암시하는 어떤 학문으로 대성하게 된다.

♞ 누군가에게 책을 빌려오는 꿈을 꾸면

☞ 누군가의 아이디어를 활용하거나, 새 가정교사를 채용하거나, 다른 사람의 지시에 순응하게 된다.

♞ 친구에게서 노트를 빌려오는 꿈을 꾸면

☞ 새로운 친구와의 우정·애정·약속 등이 성립된다.

♞ 학생이 책을 읽다가 책장을 찢어버리는 꿈을 꾸면

☞ 선생에게 반항하거나 학업을 포기하게 된다.

♞ 상대가 읽는 책을 어깨너머로 넘겨다보는 꿈을 꾸면

☞ 그로 동일시된 어떤 인물의 심적 동향을 살피거나 비밀을 탐지하게 된다.

♞ 상대가 책에 씌어진 어떤 문구를 설명하거나 그를 따라 읽는 꿈을 꾸면

☞ 그의 의견에 공감 또는 동조하게 된다.

♞ 일기(日記)나 수기(手記)를 쓰는 꿈을 꾸면

☞ 누군가에게 자기의 마음을 내보이게 된다.

♞ 자기가 쓴 일기를 읽는 꿈을 꾸면

☞ 무엇인가 스스로 반성할 일이 생긴다.

♞ 연초에 달력을 손에 넣는 꿈을 꾸면

☞ 그 해에는 할 일이 많고 운세도 대길하다.

♞ 달력이 등장한 꿈에서 어떤 특정한 날짜가 인상적이어서 오래도록 기억에 남았다면

☞ 그 날에 중대한 일이 생긴다.

♞ 책력(冊曆)을 얻는 태몽으로 출생한 아이는

☞ 장수하거나 윗사람으로부터 큰 혜택을 받게 된다.

♞ 신문에 난 어떤 기사가 인상적인 꿈은

☞ 대부분 투시적으로 묘사된다. 훗날 실제로 그런 기사를 접하여 놀라게 되는 경우가 많다.

♞ 꿈에 등장한 신문(新聞)은

☞ 문서·간행물·잡지의 바꿔놓기일 수 있다.

♞ 자기에 관한 기사나 사진이 신문에 게재된 꿈을 꾸면

☞ 조만간 자기에게 예기치 않은 운명적 변화가 생기는데, 그 일은 곧 세상에 알려지게 된다.

♞ 실제 현실에서 자기에 관한 기사가 신문에 실리는 것은

☞ 여러 사람들 앞에서 노래를 부르는 꿈으로 표현되기도 한다.

♞ 꿈에 텔레비전이나 영화를 통해 본 장면들이

☞ 다음날 신문에 실리게 될 어떤 사건을 암시하는 경우도 많다.

♞ 사회적인 이슈가 될 만한 커다란 사건들도

☞ 꿈속에선 자기의 행동으로 묘사된다는 점에 유의해야 한다.

❖ 문서(文書)

문서가 지닌 의사 전달과 법적 증빙이라는 기능적인 개념이 꿈에 도입되어 어떤 사물이 구속력이나 증거력이 있음을 암시한다. 대체로 꿈에 문서를 얻으면 어떤 권리나 임무가 주어지고, 남에게 주면 자기의 권리나 임무가 없어진다. 문서를 주고받는 꿈은 현실의 어떤 욕구불만·방도·전가·명령서·임명장·청구서 등의 일과 관계해서 꾸어질 수 있으며, 다만 비슷한 다른 문서의 바꿔놓기일 수도 있다.

♞ 부동산증서를 손에 넣는 꿈은

☞ 재물·권리 획득의 상징이다.

♞ 집문서를 남에게 넘겨주는 꿈을 꾸면

☞ 권리·재산·직위 등을 상실하게 된다.

♞ 계약서를 작성하여 주고받는 꿈을 꾸면

☞ 누군가와 구두약속을 하거나, 인연을 맺거나, 남에게 책임을 전가하게 된다.

♞ 상대에게서 각서·시말서 등을 받는 꿈을 꾸면

☞ 머지않아 어떤 명령권을 행사할 지위를 획득하게 된다.

♞ 문서를 찢거나 태워버리는 꿈을 꾸면

☞ 신분·권리·명예·일거리 등을 상실하게 된다.

♞ 찢어진 문서를 간직해 두는 꿈을 꾸면

☞ 불쾌한 사건을 겪거나, 근심거리가 생긴다.

♞ 불에 태운 문서가 그 재를 남기는 꿈을 꾸면

☞ 어떤 일에 대한 사후처리 문제로 한동안 고심하게 된다.

♞ 신령이 어떤 문서를 건네주는 태몽으로 출생한 아이는

☞ 장차 학자로서 성공하여 대학자(大學者)의 후계자가 된다.

♞ 신분증을 새로 발급받는 꿈을 꾸면

☞ 새로운 신분·직책·명예 등을 얻게 된다.
♞ 신분증을 잃어버리는 꿈을 꾸면
☞ 신분증으로 상징되는 권리·직책 등을 상실하게 된다.
♞ 운전·기능·건설 등의 각종 면허증을 발급받는 꿈을 꾸면
☞ 어떤 권리나 방도를 획득하거나, 윗사람이 맡겨주는 일거리를 맡아 하게 된다.
♞ 공공기관에 등기나 등록을 하는 꿈을 꾸면
☞ 어떤 권리·계약 등을 공개하여 자기 소유임을 주장하게 된다.
♞ 졸업증서(卒業證書)나 상장을 받는 꿈을 꾸면
☞ 오랜 노력 끝에 상당한 업적을 이룩하여 세상에 과시하게 된다.
♞ 둘둘 말린 증서를 활짝 펴서 자기의 성명을 확인하는 꿈을 꾸면
☞ 보류·유보되었던 어떤 권리를 획득하게 된다.
♞ 합격증(合格證)을 받는 꿈은
☞ 사실적으로 표현되는 경우가 많다. 실제로 어떤 합격통지서를 받게 될 수 있다.
♞ 기관·단체 등에서 보내오는 어떤 통지서를 받는 꿈을 꾸면
☞ 통지서에 표시된 어떤 상징적인 사건으로 인해 운세의 변화를 겪게 된다.
♞ 학업성적표를 받는 꿈들은
☞ 사실적으로 표현되는 경우가 많다. 아니면 금액의 상징이다.
♞ 징집영장·구속영장 등을 받는 꿈을 꾸면
☞ 어떤 관청에 발탁되거나, 실제 그대로 영장을 받을 수도 있다.
♞ 그러나 경찰관이 가져온 영장을 받는 꿈을 꾸면
☞ 병에 걸린다. 그 영장에 붉은 글씨가 있을 경우 죽음의 상징이다.
♞ 병원의 접수창구에서 진찰권을 발급받는 꿈을 꾸면

☞ 실제 병원에 입원을 하거나, 취직 · 전직 · 입학 등을 하게 된다.

♞ 열차 승차권을 사는 꿈을 꾸면

☞ 기관 · 단체로부터 그 일원이 되는 승인을 받게 된다.

♞ 도로를 차단한 보초(步哨)에게 신분증을 제시하고 통과하는 꿈을 꾸면

☞ 기관으로부터 자기의 사업에 대한 검열 · 검토를 당하게 된다.

♞ 꿈에 등장한 극장표는

☞ 방도 · 권리 · 증서 · 우편물 등을 상징한다.

♞ 꿈에 등장한 상표(商標)는

☞ 그 물건 고유의 상징의의와 결합되어 어떤 암시적 뜻을 나타낸다.

❖ 글자 · 성명(姓名) · 도장(圖章)

꿈속에서 글자 또는 글귀로 인식되는 형상들은 시각적인 것은 물론 청각이나 관념적으로 표현되는 것도 있다. 가령 하늘에서 「하늘 천(天)!」이라는 고함소리가 들려왔을 때 우리의 잠재의식은 곧바로 하늘 천(天)자의 글자모양을 만들어 낸다는 것이다. 꿈속에 등장하는 글자 또는 글귀는 자기가 쓴 것, 남이 쓴 것, 자기가 말한 것, 남이 말한 것, 자기가 생각한 것, 남이 생각한 것 등 다양한 형태로 표현된다. 드물게는 꿈의 내용을 집약해서 하나의 낱말이나 글자로 만들어 내기를 요구하는 경우도 있다. 한문을 숭상하던 과거에는 한자로 암시되는 꿈들이 많았다.

♞ 꿈에 도입되는 글자나 숫자는 꿈꾼 사람의 지식적 한계 내에서 표현되는데

☞ 모국어 · 외국어 · 약어 · 합성어는 물론 필요에 따라서는 초상적(超像的)인 형태로도 구현된다.

♞ 꿈에 나타난 한자 · 한문 등을 풀어서 어떤 다른 문구로 만드는

방법을 파자해몽(破字解夢)이라 하는데

☞ 가령 임금 왕(王)자의 경우 이를 토(土)와 상(上)자로 해자(解字)하고 이를 한자성어로 만들어 토상와신(土上臥身), 즉 흙 위에 누워서 일어나지 못한다는 뜻으로 해석하는 것이다.

- 다음 자의해몽(字意解夢)이 있다. 이것은 한문 문구의 뜻을 풀어서 해몽하는 것인데, 한자성어가 지닌 본래의 뜻을 현실적인 상황에 맞게 풀어내는 방식이다.

☞ 가령 암득명촉(暗得明燭)이라는 문구가 등장하였을 경우, 본래의 뜻은 〈어둠속에서 빛을 얻다〉 라는 의미지만, 이것을 풀어서 〈그 해의 처음 운세는 막히나 다행히 귀인의 도움을 얻어 그 운세가 열린다〉 라는 식으로 해석하는 것이다.

- 또한 성자해몽(成字解夢)이라 하여 꿈의 형상을 그 글자나 글귀로 바꾸고 이것을 해몽하는 방법이 있다.

☞ 가령 냇가에서 닭이 노는 꿈을 꾸면 술이 생길 징조라고 해석했는데, 그것은 냇가에는 물이 있고 물 수(水)자는 삼수변인 〈氵〉 이 되고, 닭은 〈酉(유)〉 이니, 이 둘을 합치면 술 〈酒(주)〉 자가 된다는 것이다.

- 어떤 문자가 갑자기 커다란 하늘 천(天)자로 변하는 꿈은

☞ 장차 자기가 행하고 체험하는 모든 행・불행이 천명에 의해서 이루어진다는 자기 암시일 수 있다.

- 화선지에 커다란 하늘 천(天)자를 활달하게 쓴 태몽으로 출생한 아이는

☞ 장성하여 총명한 자질과 웅대한 포부로 어떤 조직의 우두머리가 됨으로써 일세를 풍미하게 된다.

- 큰 대(大)자나 임금 왕(王)자가 태아의 표상으로 등장한 태몽을

꾸면

☞ 장차 장성하여 국가적인 대명을 부여받아 위대한 삶을 영위하게 된다. 역시 우두머리의 상징이다.

시대가 바뀌면서 과거 한자(漢字)에만 국한되었던 우리의 지식도 이제 세계화됨에 따라 꿈에 도입되는 글자나 글귀 역시 다양해지고 있는데 그 정당한 해석요령은 다음과 같다. 첫째, 자의(字意)와 문구(文句)로 각각 나누어 풀이하는 해석법이다. 가령 한자의 〈日 · 月〉 이라는 두 글자가 표현되었을 때 그대로 해와 달이라고 해석해야 할 경우가 있고, 해와 달의 상징의의를 찾아 결합하는 경우가 있다는 것이다. 둘째, 연상법칙에 의해 음(音)을 바꿔놓고 풀이하는 해석법이다. 가령 〈미군(美軍)〉 이라는 글자가 표현되었을 때 〈미국 군인〉 으로 직역하지 않고 〈미군(美群)〉 즉 〈미인(美人)들의 군상(群像)〉 이라고 해석한다는 것이다. 셋째, 비슷하거나 대조적인 관념을 도입하여 풀이하는 해석법이다. 가령 고적도시인 〈프랑스 · 파리〉 를 〈충남 · 공주〉 로 바꿔놓고 풀이한다는 것이다. 넷째, 압축 · 생략된 글자나 글귀의 원형을 찾아 풀이하는 해석법이다. 가령 〈성(聖)〉 자 밑에 또 한 자가 있었는데 희미해서 알아볼 수가 없었다면 꿈의 의도성에 따라 〈인(人)〉 자든 〈경(經)〉 자든 보충해서 생각한다는 것이다. 다섯째, 상형문자(象形文字)의 본뜻을 찾아 문구를 완성하는 해석법이다. 가령 〈V〉 자형의 나뭇가지로 〈Victory〉 라는 문구를 만든다는 것이다.

누군가가 자기의 흰옷에 붓글씨를 쓰는 꿈을 꾸면

☞ 신분이 바뀌거나 경력에 알맞은 어떤 간판을 내걸게 된다.

칠판에 백묵으로 글씨를 쓰면 검은 바탕에 흰 글씨가 대비되어 알아보기 쉬운데

☞ 꿈의 의도 역시 이와 같다. 무엇인가 명쾌하게 드러내어 설명할 일이 생긴다는 뜻이다.

태몽은 그 사람의 인물·인격·개성·운세 등의 두드러진 한 단면 또는 여러 가지 예정된 사건을 예시하는 것이므로 좋은 태몽이라면 꿈의 의도를 집약해서 태아의 성명을 만들고 천부의 임무를 달성하는데 분투노력하도록 성공의 지표로 삼는 것이 유익하리라고 본다. 옛날 위인들의 경우에는 태몽을 통해 신령적 존재가 예언형식으로 일어준 이름을 그대로 사용하거나 꿈의 의도, 또는 내용의 일부를 인용하여 이름을 지은 사례가 많았다 한다. 물론 태몽을 정확하게 해석한 연후에 작명해야 함은 두말할 필요도 없을 것이다.

♞ 정몽주(鄭夢周)의 태아표상은 난초였다. 그래서 그 아명을 정몽란(鄭夢蘭)이라 하였는데, 어느 날 그 모친이 꿈속에서
☞ 정몽주가 올라가 놀고 있던 배나무에서 용이 승천하는 것을 보고 몽룡(夢龍)이라고 개명하였다가 나중에 몽주로 바꿨다 한다.

♞ 꿈속에서 자기의 성명을 분명하게 인식할 수 있으면
☞ 명성·권세·승진·취직 등에 있어 좋은 운세가 도래한다.

♞ 꿈에 등장한 명함(名銜)은
☞ 명예·권리·방도의 상징이다.

♞ 자기의 명함을 새로 만들어 가지는 꿈을 꾸면
☞ 새로운 신분·명예·권리 등을 얻게 된다.

♞ 자기의 명함을 남에게 건네주는 꿈을 꾸면
☞ 남에게 권리를 이양하거나 책임을 전가할 일이 생긴다.

♞ 남의 명함을 받는 꿈을 꾸면
☞ 그의 권리·지위 등을 넘겨받게 된다.

♞ 꿈에 대통령에게서 명함을 받았다는 어떤 사람은
☞ 복권에 일등으로 당첨이 되었다. 이때 대통령의 명함은 최고의 명예나 권리를 암시하는 것이다.

♞ 관청 · 호텔 등에 들어가 접수부에 자신의 이름을 기재하는 꿈은

☞ 조만간 취직 · 전직 등의 소망이 이루어진다는 뜻이다.

♞ 도장(圖章)의 꿈은

☞ 대리 · 직권 · 명예 · 결정 · 명령 · 사명 등의 관념이 유발되는 어떤 일이나 사건을 암시한다.

♞ 자기의 도장을 새로 만들어 가지는 꿈을 꾸면

☞ 신분이 바뀌거나 새로운 권한(權限) · 방도 등을 얻게 된다.

♞ 관인(官印)을 얻는 꿈을 꾸면

☞ 공무원으로 출세한다.

♞ 옥새(玉璽)나 대통령의 관인을 얻는 꿈을 꾸면

☞ 최고의 소원을 충족하게 된다. 공직자라면 분복에 따른 최고의 지위에 오를 수 있다.

♞ 꿈에 신령에게서 다섯 개의 금인(金印)을 얻은 조선시대 윤자앙(尹子仰)의 부인은

☞ 남편과 아들 넷이 모두 벼슬길에 나가 정승 · 판서가 됨으로써 꿈이 실현되었다고 한다.

♞ 관인(官印)이 찍힌 문서를 얻는 태몽을 꾸면

☞ 장차 출생한 아이가 장성하여 높은 벼슬을 하게 된다.

♞ 상대가 제시한 문서에 도장을 찍어 주는 꿈을 꾸면

☞ 누군가의 요구에 순응 · 복종 · 승낙 · 약속 등을 하게 된다.

♞ 그러나 공문서에 날인(捺印)을 하는 꿈을 꾸면

☞ 공직에 진출하거나, 명성을 날리게 된다.

♞ 직장인이 상관에게 결재를 받는 꿈을 꾸면

☞ 진급이나 영전을 하게 된다.

♞ 여러 사람들의 도장이 찍힌 문서를 보거나 받는 꿈은

☞ 많은 동조자나 후원자, 또는 지지자를 얻게 된다는 뜻이다.

❖ 숫자(數字)

상징적인 꿈에서는 숫자를 등장시켜 어떤 물상(物象)의 다과・대소・장단 등의 시각적 표상을 관념적 표현으로 처리하는 것이 일반적이다. 그러나 사실적인 꿈에서는 실제의 수치를 나타내는 것이므로 전체를 해석하기 전에 속단하는 우를 범하지 말아야 한다. 현실에서 숫자를 가지고 길흉(吉凶)을 판단하는 것은 전혀 과학적 근거가 없는 것이지만, 꿈에 도입되었을 경우에는 이야기가 달라진다. 동서양을 막론하고 그것이 주역(周易)에 근거를 둔 것이든 점성술에 기초한 것이든, 숫자를 놓고 길흉을 점치는 경향은 늘 있어왔으며 일부의 사람들에겐 신념화되기도 하였다. 이러한 잠재지식에서 재료를 이끌어내어 꿈은 숫자를 어떤 일의 길흉을 암시하기 위하여 표상으로 내놓는 것이다. 가령 꿈에 〈7〉 이라는 숫자가 등장하였을 경우, 이제는 우리 사회에도 〈Lucky Seven〉 이라는 서양식 관념이 정착화 하였으므로 길조의 상징이라고 해석해도 무방하다는 말이다. 또한 서양인이 〈13〉 이라는 숫자를 불길한 징조의 대명사처럼 여기는 것처럼 동양인들은 〈4〉 라는 숫자가 죽을 사(死)자와 음(音)이 같다 하여 매우 불쾌하게 생각하므로 흉조의 상징으로 해석할 수 있는 것이다. 이와 같이 꿈에 등장하는 숫자가 현실의 길흉사(吉凶事)를 암시할 경우, 그것은 전적으로 꿈꾼 사람의 잠재지식에 기초하는데, 예를 들어 화투놀이에서 가보(아홉 끗발)가 좋다고 생각해온 사람은 꿈속에서 길한 표상물로 〈9〉 라는 숫자를 만들어내는 것이다.

〈24107〉 이라는 숫자가 등장한 꿈은

☞ 〈241〉 , 즉 〈이사일〉 은 길(7)하다, 라는 암시였다. 그것은 연상과 압축, 그리고 합성이 뒤섞인 꿈이었다.

〈3〉 이라는 숫자는

☞ 삼각관계・의견의 불일치・세 개・세 번째 자리・삼류・세 갈

래 등의 관념과 연관된 사물을 암시적으로 표현한다.

〈4〉 라는 숫자는

☞ 사방(四方) · 사각(四角) · 사망(死亡) 등의 관념과 연관된 사물을 표현한다.

〈7〉 이라는 숫자는

☞ 대체로 행운 · 길조(吉兆)와 연관된 사물을 표현한다.

〈10〉 이라는 숫자는

☞ 충만(充滿) · 최고 · 정상 · 충족 · 완성 등의 관념과 연관된 사물을 표현한다.

〈13〉 이라는 숫자는

☞ 죄악 · 죽음 · 흉조(凶兆) 등의 관념과 연관된 사물을 표현한다.

꿈속에 등장하는 필산 · 암산 · 주산 등으로 수를 더하고 빼며 곱하고 나누는 행동표상 일체는

☞ 어떤 계획 · 성과 · 심리 등을 분석 · 평가하는 일이나 사건을 암시한다.

암산(暗算)을 하는 꿈은

☞ 자기 또는 남의 심리를 분석하게 된다는 뜻이다.

일반적으로 더하는 것은 증가시킬 일, 빼는 것은 감할 일,

☞ 곱하는 것은 배증(倍增)할 일, 나누는 것은 분할 · 분배될 일 등을 각각 암시한다.

자기가 부르는 수치를 상대가 주판으로 계산하는 꿈을 꾸면

☞ 누군가에게 자기 재산이나 사업규모를 공개하게 된다.

꿈에 갑자기 머릿속에 떠오르는 어떤 숫자가 인상적이었다면

☞ 장차 그 숫자로 암시되는 어떤 사회적인 사건을 겪게 된다.

20

전쟁·병기·기(旗) 등의 꿈

❖ 전쟁(戰爭)

전쟁의 꿈은 인간 본성에 내재된 공격성과 삶의 두려움에서 만들어진다. 그러나 실제 전쟁을 체험했던 사람의 경우라 할지라도 전쟁의 꿈은 미래의 현실에서 체험될 힘겹고 두려우며 고통스러운 어떤 일거리를 상징하는 것이 일반적이다. 따라서 꿈속의 전투가 치열하면 치열할수록 자기가 하는 일이 더 복잡한 난관에 부딪치게 된다는 암시인 것이다. 이런 꿈에 등장하는 각종 무기류들이 남성의 성기를 상징한다는 일부의 주장은 탄환이 발사되는 형태상의 유사성에서 이끌어온 개념이지만, 타당한 근거라고 생각되지는 않는다.

♞ 전쟁에서 승리하는 꿈은

☞ 소원충족을 나타낸다.

♞ 전쟁이 났다고 군인들이 완전무장을 한 채 행진하는 꿈을 꾸면

☞ 어떤 벅찬 일거리나 사업을 시작하게 된다.

♞ 피난보따리를 걸머지고 도망가느라 허둥대는 꿈을 꾸면

☞ 가정사(家庭事)나 자기의 신변에 위험이 박두하여 불안이 조성되고 심적 고통을 당하게 된다.

♞ 자기가 적국에 대하여 선전포고문을 낭독하는 꿈을 꾸면

☞ 어떤 공격적인 사업계획을 공개하게 된다.

♞ 치열한 전투 끝에 적의 고지·요새 등을 점령하는 꿈을 꾸면

☞ 당면한 소원을 성취함으로써 소기의 성과를 거두게 된다.

♞ 적과 싸우다 적탄에 맞아 전사하는 꿈은

☞ 분투노력(奮鬪努力) 끝에 큰 결실을 거두게 된다는 뜻이다.

♞ 적의 포로가 되어 폭사당하는 꿈을 꾸었다는 어떤 건축업자는

☞ 강남개발 당시 말죽거리 근처에서 주택건축업으로 큰돈을 벌었다. 이때 포로의 신분이 된 것은 기관의 심사 대상이 된다는 암시

였다.

♞ 간첩을 잡는 꿈을 꾸면

☞ 암거래로 큰돈을 벌게 된다.

♞ 적진의 동정(動靜)을 살피는 꿈을 꾸면

☞ 누군가의 심리를 분석하거나, 사업계획을 구상하거나, 어떤 학설을 연구하게 된다.

♞ 꿈에 휴전선(休戰線)이라는 생각이 환기되는 것은 실제의 분단 상황을 암시하는 것이 아니라,

☞ 자기의 소원을 충족시키는 데 장애가 되는 어떤 방해요소가 가로 놓여 있음을 암시하는 것이다.

♞ 군사분계선을 넘어 금단의 땅으로 넘나드는 꿈은

☞ 어떤 소원이나 계획에 대한 성취 여부를 암시하는 것이다.

♞ 삼팔선을 넘다가 체포되어 포로수용소에 갇히는 꿈을 꾸면

☞ 자기의 논문 · 작품 등이 통과하기 어려운 어떤 기관에 접수되어 상당한 기간 동안 계류된다.

♞ 제3차 세계대전이 꿈의 소재로 등장하였을 경우

☞ 그것은 〈제3차〉 라는 관념이 상기되는 어떤 일이나 사건과 관련하여 그 결과를 예시하는 것이다.

실제로 전쟁이 일어날 것을 예시하는 꿈에는 다음과 같이 어떤 전형적(典型的)인 유형이 있다. 장기나 바둑을 두는 꿈, 무서운 동물과 싸우는 꿈, 붉고 탁한 물이 홍수가 되어 들이닥치는 꿈, 커다란 불덩이를 마주 붙잡는 꿈, 해나 달이 동서에서 각기 떠올라 마주 대하는 꿈, 바람이 세게 불어 고목이 꺾이는 꿈, 무성하던 푸른 잎들이 서리를 맞아 하얗게 변하거나 시들어 떨어지는 꿈, 탁한 강물이 거꾸로 치오르는 꿈, 연못의 물고기들이 모두 죽어 물위로 떠오른 꿈 등이 있는데, 이런 꿈들은 대체로 전쟁 · 사변 · 내란 · 폭동 · 전염병 창궐 등을 예시한다.

❖ 병기(兵器)

♞ 꿈에 등장한 각종 병기는

☞ 협조자 · 협조세력을 동일시하며, 방도 · 권세 · 자산 · 위험물 등을 상징한다.

♞ 꿈에 등장한 화약류(火藥類)는

☞ 인기 · 명예 · 권세 · 명성 등을 상징한다.

♞ 꿈에 등장한 칼〔刀〕은

☞ 협조자 · 비판자 등을 동일시하며, 방도 · 권력 등을 상징한다.

♞ 허리에 군도(軍刀)를 차는 꿈을 꾸면

☞ 권세 · 명예를 획득하거나, 직위 · 신분 등이 상승한다.

♞ 군도를 얻는 꿈을 꾸면

☞ 직위가 높아지거나, 학문 · 정치 · 작전 · 사업 등에 있어 특수한 방도가 생긴다.

♞ 자기의 칼을 남에게 주거나 잃어버리는 꿈을 꾸면

☞ 권세 · 방도 · 지위 · 권리 등을 잃게 된다.

♞ 칼을 뽑아드는 꿈은

☞ 소원이나 계획을 구체화시킨다는 뜻이다. 가까운 장래에 협조자의 도움을 받아 실현하게 된다.

♞ 여성의 경우 꿈에 등장한 은장도(銀粧刀)는 배우자를 상징하는데

☞ 처녀가 은장도를 얻는 꿈을 꾸면 조만간 훌륭한 신랑감을 맞아 결혼하게 된다.

♞ 칼로 상대를 베는 꿈은 어떤 일을 성취하게 된다는 암시다.

☞ 자기의 칼을 맞고도 상대가 살아있는 꿈을 꾸면 현실에서의 소

원을 충족할 수 없다.

♞ 꿈속에서 칼로 물건을 깎거나 자르는 행동은 힘의 작용을 가해 어떤 변화를 이끌어낸다는 뜻인데,

☞ 어떤 물건을 자르거나 깎는 꿈을 꾸면 자기의 일거리를 세분하거나, 문장을 다듬거나, 남을 비판하게 된다.

♞ 상대와 마주서서 칼싸움을 하는 꿈을 꾸면

☞ 어떤 강력한 경쟁자나 벅찬 일거리에 부딪치게 된다. 또는 지면(紙面)을 통해 누군가와 공방(攻防)을 벌이게 된다.

♞ 상대가 칼춤을 추는 꿈을 꾸면

☞ 누군가가 자기에게 시비를 걸거나 비판을 가해온다.

♞ 녹슨 칼을 들고 있는 꿈을 꾸면

☞ 병이 들거나, 협조자가 믿음직하지 않아 불안한 처지에 빠진다.

♞ 손에 들고 있던 칼이 부러지는 꿈을 꾸면

☞ 패배 · 좌절 · 성 불능 등의 체험을 하게 된다.

♞ 여인이 시퍼런 단도로 자기 가슴을 찌르는 꿈을 꾸었다는 어떤 상인(商人)은

☞ 결핵으로 늑막이 파괴되는 심한 병에 걸리게 되었다. 이때 여인은 결핵균으로 암시되었다.

♞ 꿈에 뇌수술을 받는다고 칼로 머리를 도려내는 통증을 느끼면

☞ 정신적인 일, 즉 창작이나 예술 활동 등에 대하여 어떤 주무당국의 제재(制裁)나 비판을 받게 된다.

♞ 황룡(黃龍)과 싸우는 와중에 칼로 찌르니 용이 석고상으로 변했다는 어느 미군의 꿈은

☞ 제2차 세계대전 중 미군의 포격으로 파괴된 일본 군함이 바다에 침몰하는 장면이 신문에 실리게 된다는 암시였다.

상대를 찌른 창을 뽑지 않은 채 잡고 있었다는 꿈은

☞ 어떤 벅찬 일을 성취하는 데 상당한 기간이 소요된다는 암시였다.

창을 던져 표적을 맞추는 꿈을 꾸면

☞ 실현되기 어려운 소망을 실현하거나, 자기의 주장을 관철시키게 된다.

활을 쏘아 표적 맞히기 시합을 하는 꿈은

☞ 시험·경기 등의 어떤 경쟁적인 상황에 놓이게 된다는 암시다.

자기가 쏜 화살이 표적에 맞는 꿈을 꾸면

☞ 소원하는 입학·취직·연애 등이 성사된다.

상대가 쏜 화살이 자기 몸에 맞는 꿈을 꾸면

☞ 병에 걸리거나, 비난을 당하거나, 청혼을 받게 된다.

활을 쏘아 나는 새를 맞히는 꿈을 꾸면

☞ 높은 관직에 오르거나, 공개적인 일거리를 성취하게 된다.

활줄이 풀어지거나 시위가 끊어지는 꿈을 꾸면

☞ 배신을 당해 좌절하거나, 형제간에 이별을 하게 된다.

이홍(利弘)이라는 신하가 쏜 화살이 자기 등에 맞았다는 신무왕(神武王)의 꿈은

☞ 얼마 뒤 등창〔背腫배종〕이 나서 죽게 된다는 암시였다.

꿈에 등장한 총(銃)은

☞ 협조자·감시자·방도·재원·명성·권세 등을 상징한다.

총을 쏘아 적을 사살하는 꿈을 꾸면

☞ 입학·취직·연애 등이 성사되거나, 복권에 당첨된다.

상대가 총구를 겨누어 벌벌 떠는 꿈을 꾸면

☞ 사업이 위태로워지거나, 질병에 걸리게 된다.

상대의 총탄이 자기 몸에 박히는 꿈을 꾸면

☞ 계약·결혼·결연·당첨 등의 일이 이루어진다.

♞ 자기가 쏜 총소리가 요란하게 느껴지는 꿈을 꾸면

☞ 세상에 큰 소문을 낼 일이 생긴다.

♞ 공포(空砲)를 쏘는 꿈을 꾸면

☞ 하는 일이 소문만 요란하고 실속이 없거나, 실현 불가능한 일에 매달려 애를 태우게 된다.

♞ 군인들이 착검(着劍)을 한 채 적진을 향해 돌진하는 꿈을 꾸면

☞ 다급한 일이 생기거나, 무엇인가를 강력하게 비판할 일이 있다.

♞ 상대에게 권총을 겨누거나 발사하는 등의 꿈은

☞ 권리행사를 하거나, 명성을 떨치거나, 소문을 내거나, 유리한 방도를 갖게 된다는 암시다.

♞ 상대의 권총을 빼앗아 손에 쥐는 꿈을 꾸면

☞ 누군가의 권리를 탈취하거나, 국면(局面)을 주도하게 된다.

♞ 상대가 자기를 겨누고 있던 권총을 떨어뜨리는 꿈을 꾸면

☞ 장애요소가 제거됨으로써 사활이 걸린 어떤 일거리가 손쉽게 성취될 조건을 갖추게 된다.

♞ 죽은 사람의 권총을 빼앗아 허리에 차는 꿈을 꾸면

☞ 어떤 소원을 성취할 것이나, 부채(負債)를 갚지 못해 마음의 부담을 남기게 된다.

♞ 무성권총(無聲拳銃)을 발사하는 꿈을 꾸면

☞ 어떤 은밀한 곳으로부터 소문나지 않게 자금을 조달하게 된다.

♞ 공중에서 수많은 총구가 자기를 겨누고 있었다는 어떤 경찰서장의 꿈은

☞ 관할구역에서 발생한 대규모 데모사태를 진압하는 과정에 물의를 빚어 내외부로부터 비난을 받고 징계를 당한다는 암시였

다.

꿈에 등장한 탄환(彈丸)은

☞ 자본 · 권세 · 방도의 상징이다.

수류탄 · 지뢰 · 폭탄 · 포탄 등은

☞ 명성 · 파괴력 · 경고 · 소문 · 돌발사고 등을 상징한다.

폭탄이 터져 화광이 충천(衝天)하고 폭음으로 천지가 진동하는 꿈을 꾸면

☞ 큰 일거리를 성취하거나, 해묵은 소원을 충족하거나, 소문을 내는 등의 통쾌한 체험을 하게 된다.

자기가 폭발물로 건물이나 교량을 폭파하는 꿈을 꾸면

☞ 자기의 사업이 폭발적으로 번창함으로써 세상 사람들의 관심 속에 명예와 권세를 획득하게 된다.

기관총 사수가 되어 언덕 아래에서 돌진해 오는 적병을 향해 기관총을 난사, 모조리 괴멸시켰다는 꿈 이야기가 있다.

☞ 이런 꿈은 자기에게 막강한 권한이 생겨 자기의 일을 강압적으로 성사시키게 된다는 암시다.

꿈에 등장한 박격포 · 야포 · 함포 등의 중화기(重火器)는

☞ 일반적으로 어떤 강력하고 거대한 세력을 상징한다.

아군이 발사한 포탄이 적진 속의 목표물에 적중되어 폭파되는 꿈을 꾸면

☞ 자기가 소속한 집단이 적대적인 상대방을 제압함으로써 승리를 쟁취하게 된다.

아군의 탱크부대가 적진을 휩쓸어 초토화시키는 꿈을 꾸면

☞ 자기의 후원세력이 적대적인 상대방을 굴복시킴으로써 배타적인 권리 · 영역 등을 획득하게 된다.

꿈에 등장한 군함(軍艦)은
☞ 협조기관 · 방도 · 권세 등을 상징한다.
꿈에 등장한 레이더는
☞ 정보기관 · 수사기관 등을 상징한다.
수사관의 경우, 레이더로 적기(敵機)를 추적하는 꿈을 꾸면
☞ 조만간 대형 범죄사건의 용의자를 추적하게 된다.

❖ 깃발(旗)

꿈에 등장한 깃발〔旗〕은
☞ 권세 · 명성 · 명예 · 사상 · 이념 · 간판 등을 상징한다.
국기(國旗)를 게양하는 꿈을 꾸면
☞ 국가적인 권세나 명예를 획득하거나, 공공사업을 하게 된다.
국기에 대한 경례를 하는 꿈을 꾸면
☞ 공무원 선서를 하는 등 국가에 대하여 충성을 맹세할 일이 생긴다.
꿈에 국기가 반기(半旗)로 달린 광경을 보면
☞ 국상(國喪)이 있거나 국가적인 불상사가 발생한다.
태극기가 태아표상으로 등장한 태몽을 꾸면
☞ 장차 출생할 아이는 국제사회에서 한국의 명예를 빛내거나, 국가적인 업적을 이루거나, 공직자로 출세를 하게 된다.
공공건물이나 고궁(古宮)에 만국기가 휘날리는 꿈을 꾸면
☞ 머지않아 국내에서 세계적인 행사를 개최하거나, 국가적인 경사를 맞게 된다.
올림픽 경기에서 승리하여 국기가 게양되는 가운데 애국가가 울려 퍼지는 꿈을 꾸면

☞ 훗날 국제적으로 명성을 떨칠 일이 생긴다.

♞ 군대가 군기를 앞세우고 행진하는 꿈을 꾸면

☞ 자기의 사상이나 주장을 세상에 널리 펼치게 된다.

♞ 아군의 군기를 적에게 빼앗기는 꿈을 꾸면

☞ 의기가 꺾임으로써 남의 주장에 굴복하거나, 자기의 세력・단체가 와해되는 것을 목격하게 된다.

♞ 꿈에 등장하는 정당・사회단체・회사・기관 등의 기(旗)는

☞ 그 집단과 관련이 있는 권세・선전・이념・상표 등을 상징한다.

♞ 공공건물에 걸려 있던 기를 내리는 꿈을 꾸면

☞ 국운(國運)이 기울거나, 기존의 가치관이 붕괴된다.

21

질병 · 치료 · 약(藥) 등의 꿈

❖ 질병(疾病)

현재 환자의 경우라면 자기의 병이 악화되거나 완쾌되는 꿈을 꿀 수도 있는데, 이런 꿈들이 그저 꿈속에서의 소원충족에 그칠 뿐이라거나, 현재의 상태를 표현하는 것에 불과하다고 속단하여 무시해버리는 것은 큰 잘못이다. 기실 어떤 치료법을 예시하는 경우가 의외로 많기 때문이다. 또한 병세와는 전혀 상관이 없는 어떤 소원이나 계획하는 일의 성사 여부를 암시하는 경우도 있기 때문이다. 일반인의 경우 질병(疾病)에 관한 꿈은 장차 어떤 정신적인 어려움에 처하여 고통받게 될 여러 가지 상황을 나타내거나, 자기의 이력 · 업적 등과 관계될 어떤 사건을 암시하는 것이다.

병이 낫기를 염원하는 간절한 소망으로 자기최면에 빠졌을 때
☞ 환자가 자기의 병이나 그 치료법에 관한 꿈을 꿀 수도 있다.

예로부터 가족 중의 한 사람이 꿈속에서 우연히
☞ 환자의 병세나 치료법을 예지하는 실제의 사례들은 많았다.

고대 그리스에서 성행했던 소위 꿈점〔夢占〕이라는 것도
☞ 환자가 잠재의식 상태에서 영감적 경지에 이르게 함으로써 소원에 대한 해답을 얻게 한 것이었다.

꿈에 등장한 감기 · 호열자 · 옴 등의 전염병은
☞ 사상의 전파 · 전도사업 · 선전활동 등을 상징한다.

병에 걸려 앓아눕는 꿈을 꾸면
☞ 하는 일이 난관에 봉착하여 고심하게 된다.

부모가 앓아눕는 꿈을 꾸면
☞ 어떤 벅찬 일의 성사단계에서 마지막 진통을 겪게 된다.

문둥병환자가 자기 집으로 들어오는 꿈을 꾸면
☞ 머지않아 전도사 · 선전원 · 판촉사원 등의 방문을 받게 된다.

유행성 감기에 걸렸다고 생각되는 꿈을 꾸면
☞ 어떤 사상에 감화를 받거나, 새로운 사회조류에 동화되게 된다.

감기로 열이 나는 꿈을 꾸면
☞ 학문・종교 등의 활동에 몰두하게 된다.

기침을 하는 꿈을 꾸면
☞ 어떤 학설이나 교리에 대하여 논쟁을 벌이게 된다.

먹은 음식이 체하여 복통을 느끼는 꿈을 꾸면
☞ 일이 벅차다고 생각하여 심적 부담을 느끼게 된다. 또는 뇌물을 받아 죄책감을 느끼게 된다.

아기를 낳는 순간에 배가 아파 몸을 비틀었다는 꿈은
☞ 성취단계에 있는 창조적인 일거리가 마지막 진통을 겪게 된다는 암시였다.

가슴 부위에 병이 생긴다거나, 가슴에 통증을 느끼는 꿈을 꾸면
☞ 어떤 일의 핵심사항에 대하여 심사・수정・보완할 일이 생긴다.

꿈속에 등장한 정신병자(精神病者)는
☞ 광신도(狂信徒)・문예작가・신문기자 등을 동일시한다.

자기가 충격을 받아 기절했다고 생각하는 꿈을 꾸면
☞ 외부로부터 큰 영향을 받아 벅찬 일거리를 성취하게 된다.

자기의 가축이 병들어 치료해야겠다고 생각하는 꿈을 꾸면
☞ 가족 중의 누군가가 사업상 또는 직장문제로 어려운 처지에 빠지게 된다. 또는 작품・일거리 등이 잘못되어 수정하게 된다.

❖ 치료(治療)

병을 치료한다는 관념이 상기되는 꿈을 꾸면 현실에서 어떤 사업・작품 등을 검사・심사・검토・감정・정리・보완・수정할 일이 생긴다. 병이

완치되거나 환자가 죽는다는 것은 종결을 뜻하는 상징표현이므로 사업 · 소원 · 계획한 일이 각각 성취됨을 암시한다. 치료가 중단되거나 치료 중인 장면만을 바라보다 꿈을 깨면 하는 일이 난관에 봉착하여 진전되지 않을 것이며, 일의 성사 여부도 알 수 없게 된다.

♞ 병원에서 진찰카드를 발급받는 꿈을 꾸면

☞ 취직을 하거나 좋은 방도를 얻게 된다.

♞ 진찰카드에 〈한 달간 입원치료를 요함〉이라고 적혀 있었다면

☞ 어떤 직장에서 1년 동안 일을 하게 되거나, 어떤 일이 성사되기까지 1년을 기다리게 된다.

♞ 의사에게 자기의 병세를 설명하는 꿈을 꾸면

☞ 협조자 · 상관 · 감독관 등에게 자기의 행적 · 이력 · 사업실적 등에 대하여 설명하게 된다.

♞ 의사 앞에서 진찰대에 눕는 꿈을 꾸면

☞ 상관이나 주무당국이 지시하는 대로 복종해야만 할 일이 생긴다.

♞ 의사가 청진기를 자기 몸에 대고 진찰을 하는 꿈을 꾸면

☞ 일거리 · 사업 등이 해당기관에 의하여 심사 · 검토를 받게 된다.

♞ 의사가 되어 환자로부터 병세에 관한 설명을 듣는 꿈을 꾸면

☞ 다른 사람의 사업 · 작품 등과 관계된 일로 고심하게 된다.

♞ 의사가 수술을 한다고 자기 머리에 메스를 가하여 뻐근한 감각이 느껴지는 꿈을 꾸면

☞ 작품 · 논문 등이 해당기관에 의하여 심사를 받거나, 기자 · 검사에게 자기 생각을 피력하게 된다.

♞ 꿈에 등장한 주사기 · 메스 · 침, 기타 여러 가지 치료기기들은

☞ 어떤 일의 심사 · 검토에 필요한 방도 · 자원 등을 상징한다.

♞ 자기가 의사가 되어 환자의 몸에 메스를 가하는 꿈을 꾸면

☞ 다른 사람에 대하여 혹독하게 비판을 가할 일이 생긴다.

♞ 병원의 각 진료과(診療科)는 그 말뜻과 음의 연상에서 유사성을 이끌어내 비슷한 사물을 암시하는 경우도 있는데

☞ 가령 내과가 회사 내의 내근 부서를, 정형외과가 외근 부서를, 산부인과가 기획실을 각각 암시할 수도 있다.

♞ 정신과의사가 되어 정신질환을 치료하는 심리요법, 즉 암시・최면・통찰 등을 시행하는 꿈을 꾸면

☞ 실제로 정신분석 분야에 종사하게 되거나, 남의 일로 근심걱정을 하게 될 어떤 사건을 접하게 된다.

❖ 약(藥)

약은 화학작용의 강한 자극성과 약리작용으로 병균을 구제하거나, 생체리듬을 정상화시킴으로써 병을 치료하는 기능이 있으나, 과용하거나 오용하면 독이 됨으로써 오히려 건강을 해치는 결과를 가져오기도 한다. 꿈은 약이 지닌 이러한 자극성이나 효력, 그리고 역효과 등의 특성에서 재료를 이끌어와 자기 소원에 영향을 미치는 어떤 방도・능력・성과 등을 상징적으로 표현한다.

♞ 의사가 주는 약을 먹는 꿈을 꾸면

☞ 상관에게서 어떤 임무를 부여받거나, 잘못된 업무처리에 대한 시정지시를 받게 된다.

♞ 그러나 전염병을 치료하기 위해 약을 먹는 꿈을 꾸면

☞ 타의로 신앙생활을 포기하거나, 사업체를 재편하게 된다.

♞ 병을 고치기 위해 약을 구하는 꿈은 근심걱정의 해소나 일의 성취를 위한 어떤 방도를 구하는 것과 연관이 있다

☞ 치료약을 구하면 현실에서의 소원이 충족될 것이지만, 그렇지

못하다면 미수·불만·종결·고통 등을 체험하게 된다.

- 신령이 나타나 치료약을 주거나, 약의 소재를 알려주는 꿈을 꾸면 실제 병이 치료되는 경우가 많은데, 이것은
☞ 건강을 회복하려는 절실한 소원이 꿈으로 발현됨으로써 그 해답을 구한 것이라 할 수 있다. 꿈속의 신령은 자기의 또 다른 자아다.
- 진열장 안에 즐비한 약병마다 약이 가득 들어있는 꿈을 꾸면
☞ 풍부한 학문적 자료를 얻거나, 상당한 재물을 모으게 된다.
- 약사 또는 의사가 되어 환자의 약을 처방·조제하는 꿈을 꾸면
☞ 작품·사업 등에 필요한 여러 가지의 학문적 자료를 얻게 된다.
- 양약국이나 한약방은 은행·백화점·서점 등의 바꿔놓기이며
☞ 약사(藥師)는 그 주인이거나 관리자를 동일시한다.
- 꿈에 등장한 독약(毒藥)은 극약처방이라는 관념이 재료가 되어
☞ 가장 효과적이고 적극적이며 최종적인 어떤 수단을 상징한다.
- 임금이 내린 사약(賜藥)을 마시고 죽는 꿈을 꾼 사람은
☞ 최후의 수단을 사용하여 어떤 벅찬 일을 성사시킴으로써 최고의 권리·명예 등을 얻게 된다.

22

의복·치장·재봉·소지품 등의 꿈

❖ 의복(衣服)

꿈은 현실의 어떤 인물에 대한 평가를 함에 있어 그 옷치장이 화려한 것인가, 소박한 것인가, 새 것인가, 헌 것인가, 또는 관복인가, 사복인가 하는 식의 상대적인 표현방식을 즐겨 사용한다. 옷은 협조자 · 보호자 등을 동일시하며, 빈부귀천 · 명예 · 권세 · 직장 · 집 · 은혜 · 직위 · 죄악 · 일거리 등을 상징한다. 꿈속에서 옷을 입고 벗는 것에 따르는 모든 정동(情動)의 쾌 · 불쾌, 만족 · 불만족은 현실에서 체험될 감정적 양태(樣態)를 그대로 묘사하는 경우가 많다.

- 새 옷을 입는 꿈을 꾸면
- ☞ 신분 · 직위 · 집 · 협조자 등이 새롭게 바뀐다.
- 입던 옷을 빨아서 잘 손질해 입는 꿈을 꾸면
- ☞ 근심걱정이 해소되거나, 새로운 일에 착수하거나, 생활형편이 나아지게 된다.
- 꿈에 중병환자가 새 옷을 입고 집 주변을 분주히 돌아다니거나 멀리 가고 있는 광경을 보면
- ☞ 그로 동일시되는 어떤 사람이 머지않아 사망하게 된다.
- 입고 있던 옷을 벗고 낡은 헌옷으로 갈아입는 꿈을 꾸면
- ☞ 직위 · 권리 · 협조자 등이 하락 · 쇠퇴하여 근심걱정이 생긴다. 또는 병에 걸리거나 누명을 쓴다.
- 윗사람에게서 옷을 선물로 받는 꿈을 꾸면
- ☞ 권한이 있는 윗사람에게서 권리 · 명예 · 직책 등을 받게 된다. 또는 집이나 협조자를 얻게 된다.
- 상대가 입고 있던 옷을 벗어 자기에게 건네주는 꿈을 꾸면
- ☞ 누군가의 지위 · 책임 · 권리 · 업적 등을 물려받거나, 남의 집을 임대하여 살게 된다.

꿈에 상대에게서 금실로 수놓은 화려한 예복이나 꽃무늬가 선명한 비단 관복을 얻으면

☞ 은인(恩人)의 도움을 받아 출세를 하게 된다.

벗어 놓은 옷을 잃어버리는 꿈을 꾸면

☞ 협조자 · 신분 · 직장 · 집 · 사업체 · 직위 등을 상실하여 고독과 빈곤을 면치 못하게 된다.

자기의 옷이 찢어지는 꿈을 꾸면

☞ 부부간이나 부(모)자간에 이별을 하거나, 직장을 옮기게 된다.

옷소매가 찢기거나 떨어져나가는 꿈을 꾸면

☞ 처자 또는 친구와 이별하거나, 현재의 사업에서 손을 떼게 된다.

옷고름이 떨어진 꿈을 꾸면

☞ 의지할 사람을 잃게 된다.

옷자락이나 저고리의 일부가 찢어지는 꿈을 꾸면

☞ 부모 슬하를 떠나 독립하거나, 본사에서 지사로 전출된다.

찢어진 옷을 꿰매어 입는 꿈을 꾸면

☞ 끊어졌던 인연이 다시 이어진다. 또는 수술을 하여 몸에 그 흔적을 남긴다.

여러 가지 다른 천으로 누덕누덕 기운 옷을 입는 꿈을 꾸면

☞ 신분 · 사업 등이 곤궁한 처지에 빠짐으로써 여러 사람의 도움으로 간신히 명맥만 유지하게 된다.

입고 있는 옷이 흙탕물 등의 오물로 더럽혀진 꿈을 꾸면

☞ 병에 걸리거나, 근심걱정이 생기거나, 창피를 당하게 된다.

옷에 기름때가 묻는 꿈을 꾸면

☞ 주관 없이 남의 생각에 동조하거나, 은인을 욕되게 한다.

꿈에 옷을 입은 채 물에 뛰어들었는데도 옷이 전혀 젖지 않았다

면

☞ 외래사상이나 사조가 자기의 주관을 변경시키지 못한 채 자기 주변에만 영향을 미치게 된다.

반면 옷이 물에 흠뻑 젖었다면

☞ 외세의 영향으로 자기의 주관이나 사상이 크게 변화한다.

때 · 기름 · 약 · 피 · 대소변 등 오물이 묻은 옷을 빠는 꿈을 꾸면

☞ 신분 · 연고 · 사업 등과 관련한 어떤 근거를 상실하거나, 오랜 근심이 사라지거나, 병이 치유된다.

우물 · 샘터 등에서 옷을 세탁하는 꿈을 꾸면

☞ 신분 · 직업이 바뀌거나, 과거를 청산하게 된다.

세탁한 옷가지를 말리는 꿈을 꾸면

☞ 자기의 업적이나 신분을 세상에 과시할 일이 생긴다.

말린 옷가지를 잘 다듬어 정리하는 꿈을 꾸면

☞ 하던 일을 잘 마무리하여 소기의 성과를 거두게 된다.

다림질하는 꿈은

☞ 하는 일을 정리 · 보완하게 된다는 뜻이다.

여러 가지 옷을 번갈아가며 이것저것 입어보는 꿈을 꾸면

☞ 협조자 · 작품 · 직장 · 신분 · 집 등을 여러 차례 변경하게 된다.

처녀의 경우 두 가지 이상의 드레스를 갈아입는 꿈을 꾸면

☞ 첫 결혼이 파경을 맞게 됨으로써 곧이어 또 다른 결혼식을 올리게 된다.

화려한 옷을 입는 꿈을 꾸면

☞ 신분이 상승하거나, 훌륭한 배우자를 만나게 된다.

그러나 상대가 화려한 옷을 입고 과시하는 꿈을 꾸면

☞ 경쟁에서 패배하거나, 남에게 정신적으로 압도당할 일이 생긴

다.

- 꿈에 등장한 대통령 · 스승 · 신령 등은 은혜 · 권위 · 권세 등을 상징하는데
- ☞ 그들의 옷이 매우 화려하여 인상적이었다면 권위 · 권세 등이 따르는 큰 명예를 획득하게 된다.
- 옷장이나 트렁크에 옷가지를 차곡차곡 채워 넣거나, 흐트러진 옷가지를 접어서 쌓아 놓는 꿈을 꾸면
- ☞ 조만간 자기 사업체나 생활주변을 대대적으로 정리하게 된다.
- 남성의 경우 상대 여성의 옷을 하나하나 벗기는 꿈을 꾸면
- ☞ 서적 · 문서 · 기계류 등의 내용을 조사 · 탐구하게 된다.
- 사회적인 꿈에 등장한 대통령의 옷차림이 단정하였다면
- ☞ 나라의 기강이 바로잡히고 좋은 정치가 펼쳐지게 된다.
- 이때 대통령의 옷차림이 어수선하여 산만해 보였다면
- ☞ 정치가 문란하고 부정부패가 만연하여 나라의 기강이 흔들린다.
- 남성의 경우, 자기도 모르는 사이 옷 밖으로 페니스가 노출되어 남의 시선을 느끼게 됨으로써 당혹해 하는 꿈을 꾸면
- ☞ 자기의 주장이 지나치게 강경하여 남의 시비를 받게 되는데, 스스로 깨달음이 있어 대오각성하고 자숙하게 된다.
- 옷차림이 단정한 어떤 여성의 몸에 손을 대니 옷을 그대로 통과하여 맨 살이 만져졌다는 꿈은
- ☞ 주장이 강해 자기 생각만을 고집하는 어떤 사람의 비밀이나 사생활을 속속들이 알게 된다는 암시였다.
- 맞춰 입은 옷이 크거나 작아서 마음에 들지 않는 꿈을 꾸면
- ☞ 새로 얻은 집 · 배우자 · 직장 등에 불만이 생긴다.
- 옷가게에서 옷을 사는 꿈을 꾸면

☞ 협조자·일거리·직업 등을 구하게 된다.

꿈에 흰 옷을 입은 사람은

☞ 소박하고 순진하며 결백한 사람이나 유산 상속자를 동일시한다.

자손 중의 누군가가 백설같이 빛나는 흰 옷을 입고 나타나면

☞ 그 사람이나 자기의 사업이 크게 성공하여 신분이 상승한다.

흰 상복(喪服)을 입는 꿈을 꾸면

☞ 유산을 상속받게 된다.

꿈에 여러 사람들이 흰 옷을 입고 웅성대는 광경을 보면

☞ 여러 사람들에게 집단적인 고소를 당하게 된다.

꿈에 등장하는 검은 옷이 모두 흉조(凶兆)의 상징이라고 생각하는 것은 잘못이다. 검은 천을 겉옷에 걸친다거나, 검은 천으로 몸의 일부를 감는다거나, 또는 검은 천의 옷고름·동정·소매를 달고 있다거나 하는 등의 꿈은 불길한 조짐이 틀림없으나, 전체가 검은 옷은 오히려 후덕함이나 온정(溫情)의 상징이다. 또한 꿈에 등장하는 검은색의 양복·드레스·유니폼·코트 등이 평상복이라고 생각될 때는 별다른 뜻이 없으나, 검은 관복을 입거나, 예복 위에 검은 덧옷을 걸치거나 하는 등의 꿈은 좋지 않은 의미에서 신분이 변화된다는 것을 암시한다.

검은 옷을 빨아 줄에 걸어놓는 꿈을 꾸면

☞ 부모상을 당한다.

꿈에 상대가 거무스름한 옷을 입고 등장하는 것은

☞ 그로 동일시된 누군가의 정체가 분명치 않다는 뜻이다.

꿈에 회색의 옷을 입고 등장한 사람은

☞ 이중인격자·환자·죄인 등을 동일시한다.

꿈에 상대가 얼룩무늬의 옷을 입고 등장하면

☞ 장차 상관하게 될 어떤 인물의 성격이 매우 복잡하여 판단하기 힘들다고 생각하게 된다.

꿈에 감색 · 푸른색 · 초록색 등의 옷을 입고 등장한 사람은

☞ 정조관념이 강하거나, 엄한 규율의 통제를 받고 있는 사람을 동일시한다.

꿈에 노란색 옷을 입고 등장한 사람은

☞ 유명 인기인 · 공무원 등을 동일시한다.

상대가 온몸에 붉은 옷을 걸치고 자기에게 다가오는 꿈을 꾸면

☞ 조만간 누군가와 심하게 다투게 됨으로써 그를 증오하게 된다.

그러나 자신이 붉은 관복을 입은 꿈을 꾸면

☞ 신분이 고귀해진다. 공직자라면 승진을 하게 된다.

자기의 옷에 붉은 장식이 달린 꿈을 꾸면

☞ 어떤 일에 열광적으로 몰입하게 된다.

분홍색 옷을 입는 꿈을 꾸면

☞ 가까운 사람으로부터 극진한 사랑을 받게 된다. 간혹 병에 걸린다는 암시인 경우도 있다.

관복(官服)이나 활옷(공주나 옹주의 대례복大禮服. 또는 새색시가 혼인 때 입는 예장禮裝)을 입는 꿈을 꾸면

☞ 명예를 얻거나, 좋은 협조자 · 배우자 등을 얻게 된다.

임금이 입었던 곤룡포(袞龍袍)를 입는 꿈을 꾸면

☞ 최고의 영예를 얻게 된다.

군인 · 경찰관 등 제복(制服)의 신분인 사람이 사복(私服)으로 갈아입는 꿈을 꾸면

☞ 휴가 · 휴직 · 퇴직 · 전역 등을 하게 된다.

군대에 간 아들이 사복을 입고 나타난 꿈을 꾸면

☞ 머지않아 그가 휴가를 나오게 된다.
♞ 미혼 여성의 경우 혼례용 드레스를 입는 꿈을 꾸면
☞ 실제 결혼을 하게 되거나, 취직을 하게 된다.
♞ 유부녀의 경우, 드레스를 입고 결혼식을 올리는 꿈을 꾸면
☞ 어떤 계모임·동창회·자모회 등을 주도하게 된다.
♞ 연미복이나 군인정복 등의 예복(禮服)을 입는 꿈을 꾸면
☞ 신분이 상승한다. 또는 은인·협조자 등을 만나게 된다.
♞ 여성이 예복을 입고 화려한 궁정을 출입하는 꿈을 꾸면
☞ 유산을 상속받거나, 행복한 결혼생활을 영위하게 된다.
♞ 두루마기·도포·마고자·망토·우의·코트 등의 덧옷은
☞ 은인·협조자를 동일시하거나, 신분·명예·권세 등을 상징한다.
♞ 도포에 갓을 쓴 도인이 등장하는 태몽을 꾸면
☞ 장차 학자로서 대성할 자손을 낳는다.
♞ 색동옷을 입는 꿈을 꾸면
☞ 인기직업에 종사하거나, 대중적인 인기인이 된다.
♞ 군인·관리·근로자 등의 직업을 가진 사람이 작업복을 입는 꿈을 꾸면
☞ 직장에서 고된 일에 시달리게 된다.
♞ 새로 사온 잠옷으로 갈아입는 꿈을 꾸면
☞ 집·배우자·직장 등을 얻거나 바꾸게 된다.
♞ 입던 잠옷이 헐렁하게 느껴지는 꿈을 꾸면
☞ 시가보다 비싼 전셋집을 얻게 된다.
♞ 수영을 할 것도 아닌데 수영복을 입고 있는 꿈을 꾸면
☞ 본의 아니게 자기의 사생활이 공개됨으로써 불쾌감을 느끼게 된다.

상・하의를 모두 갖추어 입은 상태에서 그 형태가 온전한 꿈을 꾸어야만 현실에서 자기가 관여한 일이 완전해진다. 가령 꿈에 상의만 걸친 채 아랫도리는 벌거숭이였다면 무엇인가 결여된 상태로 위험에 노출되어 있음을 암시하는 것이다. 윗옷을 벗었다, 저고리에 오물이 묻었다, 바지가 해졌다, 치마에 불이 붙었다, 스커트를 벗어서 남에게 주었다 하는 등의 꿈은 모두 그 각각의 고유한 상징의의로 표현되는 불길한 징조들이다. 분리된 상태의 상의는 윗사람이나 상층부(上層部), 하의는 아랫사람이나 하층부(下層部)를 암시하는 상징표상이다.

- 상의(上衣)를 잃어버리는 꿈을 꾸면
- ☞ 웃어른과 작별을 하거나 협조자를 잃게 된다.
- 입고 있던 윗도리를 벗어 벽에 거는 꿈을 꾸면
- ☞ 이제까지 자기를 보호・협조해 주던 사람이나 기관으로부터 직접적인 지원이 중단된다.
- 옷고름・단추・지퍼 등이 채워져 있지 않거나, 옷자락이 밖으로 튀어나와 단정치 못한 꿈을 꾸면
- ☞ 자기의 부정한 행실이 세상에 드러나거나, 신변이 정돈되지 않아 남에게 허점으로 보이게 된다.
- 하의(下衣)를 갈아입는 꿈을 꾸면
- ☞ 아랫사람과 새로운 인연을 맺거나, 산하단체를 새로 조직한다.
- 여성의 경우 치마가 등장하는 꿈은
- ☞ 잉태를 암시하는 경우가 많다. 태몽의 소재로 자주 등장한다.
- 치마에 해(태양)를 받거나, 치마 속으로 뱀이 들어가거나 하는 등의 태몽에서 치마는 모태의 상징으로서,
- ☞ 이때 치마에 받는 물건은 출생한 태아가 장성하여 이룩할 업적을 상징하는 경우가 많다.

- 검은 치마에 해(태양)를 받으니 갑자기 오색찬란한 숙소갑사(熟素甲紗) 치마로 변했다는 태몽은
- ☞ 평범한 가정에 출생한 태아가 장차 고귀한 신분이 된다는 암시였다.
- 와이셔츠를 갈아입는 꿈을 꾸면
- ☞ 직위·직책 등이 바뀌거나, 새로운 협조자를 얻게 된다.
- 러닝셔츠·팬티·거들·브래지어 등의 속옷〔內衣〕는
- ☞ 부모·배우자·자식 등 육친(肉親)에 관한 일이나 사건을 암시하는 표상이다.
- 내의 바람으로 돌아다니는 꿈을 꾸면
- ☞ 가족 외에는 의지할 만한 협조자가 없어 곤궁하고 불안한 상황에 처한다.
- 꿈에 등장한 행주치마는
- ☞ 여성의 상징이다. 며느리·딸·가정부·수하자·협조자 등을 동일시한다.
- 행주치마에 손을 닦는 꿈을 꾸면
- ☞ 출가한 딸이 찾아온다.
- 꿈에 등장한 양말·스타킹·버선 등은
- ☞ 손아래 협조자를 동일시하며 내력(來歷)·보호 등의 관념과 연관된 일이나 사건을 암시한다.
- 결혼을 앞둔 어떤 여성은 외국에 있는 애인이 자기가 신고 있던 양말을 보내온 꿈을 꾸었는데
- ☞ 그가 외국에서 여성편력이 많았던 사실이 밝혀지면서 결국 헤어지게 되었다고 한다.
- 꿈에 스타킹 세 켤레를 선물로 받은 어떤 여성은

☞ 갑자기 혼담이 세 군데에서나 들어와 어떤 곳을 선택해야 할까 고민하게 되었다고 한다.

양말 · 버선 · 스타킹 등을 벗어버리는 꿈을 꾸면

☞ 의지하던 자손이나 손아래 협조자와 당분간 헤어지게 된다.

해진 양말을 신는 꿈을 꾸면

☞ 자손에게 유고(有故)가 생기거나 직장생활이 불안하게 된다.

꿈에 등장한 목도리는

☞ 상하관계를 유지 · 보호하는 방도를 암시하거나, 윗사람이면서 보호자인 사람을 동일시한다.

꿈에 등장한 넥타이는

☞ 후계자 · 배우자를 동일시하고, 신분 · 계급 · 간판 등을 상징한다.

여성의 경우, 넥타이를 사오거나 선물로 받는 꿈을 꾸면

☞ 새 애인이 생긴다.

여성의 경우, 애인에게 넥타이를 매어주는 꿈을 꾸면

☞ 그로 동일시된 어떤 인물과 사랑에 빠지게 된다.

상대의 붉은 견장에 별이 달려있었다는 어떤 사람의 꿈은

☞ 붉은 바탕의 별무늬 넥타이를 맨 사람과 상관하게 된다는 암시였다.

꿈에 등장한 장갑은

☞ 형제 · 수하자 등과 관련하여 그 보호 · 은폐 등의 관념과 연관된 일이나 사건을 암시한다.

값비싼 가죽장갑이나 털장갑을 끼는 꿈을 꾸면

☞ 형제간의 우애가 두터워지거나, 집안일에 도움을 줄 믿음직한 협조자가 나타난다.

고무장갑을 보면 얼핏 콘돔을 연상하기 쉬운데, 꿈의 의도 역시

그와 같다.

☞ 남성들 간에 은어로서 인식되어 온 잠재지식이 그런 상징의의를 이끌어내기 때문이다.

♞ 오물로 더러워진 손을 감추려고 장갑을 끼는 꿈을 꾸면

☞ 나쁜 일을 저지르고 그것을 은폐하기 위해 전전긍긍하게 된다.

♞ 허리띠를 매는 꿈을 꾸면

☞ 결혼・결연 등의 일이 생긴다.

♞ 허리띠를 푸는 꿈을 꾸면

☞ 이혼・해약・해체 등의 일이 생긴다. 휴가를 암시하기도 한다.

♞ 허리띠가 끊어지거나, 잃어버리는 꿈을 꾸면

☞ 하는 일이 중단되거나, 협조자를 잃게 된다. 또는 어떤 구속으로부터 벗어나게 된다.

♞ 황금으로 만든 혁대의 버클을 팔려고 귀금속점에 들어가니 그 곳에 있던 금붙이가 모두 빛을 잃어 팔지를 못하고 나왔다는 꿈은

☞ 결혼 적령기에 이른 딸의 혼사와 관련하여 자기 딸을 너무 과대평가한 나머지 적당한 상대를 놓치게 된다는 암시였다.

♞ 비단이나 금장식 띠를 허리에 두른 꿈을 꾸면

☞ 관직(官職)을 얻거나 신분이 고귀해진다.

♞ 호주머니는 일반적으로 욕구충족을 표현하는 표상인데, 두 호주머니에 어떤 물건이 가득 들어있는 꿈을 꾸면

☞ 당면한 어떤 소원을 충족하게 된다. 호주머니 자체로는 마음씨・도량・금고・창고・집・그릇・연고지 등을 상징한다.

♞ 호주머니에 넣어둔 물건이 없어지거나, 호주머니 아랫단이 찢어져 새어나간 꿈을 꾸면

☞ 누군가에게 위탁한 일이나, 장차 추진하려던 사업계획이 쓸모없

게 된다.

♞ 돌아가신 시어머니에게서 청실홍실로 꽃과 용을 수놓은 꽃주머니를 받았다는 태몽은

☞ 장차 사업가로 성공하여 영귀(榮貴)해질 자식을 낳게 된다는 암시였다.

♞ 호주머니에 자질구레한 물건을 넣어두는 꿈을 꾸면

☞ 훗날 누군가와 심하게 다투게 된다.

♞ 꿈에 등장한 단추는

☞ 명예・계급・권세 등과 연관된 일이나 사건을 암시한다.

♞ 옷에 달린 단추가 인상적이었던 꿈을 꾸면

☞ 결합・인연・단속 등과 연관된 일이나 사건이 생긴다.

♞ 금은보석 단추가 달린 옷을 입는 꿈을 꾸면

☞ 훌륭한 협조자가 생기거나, 최고의 명예와 권세를 얻게 된다.

♞ 누가 황금색 단추 여섯 개를 건네는데 그 중 두 개만을 가졌다는 어떤 여인의 꿈은

☞ 장차 슬하에 아들 형제를 두어 훌륭한 인물로 키워내게 된다는 암시였다.

♞ 학생이 입고 있는 교복의 단추가 떨어지는 꿈을 꾸면

☞ 학교에서 퇴학을 당하거나, 가정 사정으로 자퇴를 하게 된다.

♞ 장관에게서 다이아몬드가 박힌 황금단추 두 개를 받았다는 어느 중앙부처 공무원의 꿈은

☞ 향후 2계급 특진이나 둘째 자리에 해당하는 직위가 주어진다는 암시였다.

♞ 투명한 옷을 입은 어떤 여성의 선정적인 몸매를 감상하였다는 어떤 사람의 꿈은

☞ 장차 상관하게 될 어떤 인물의 과거사가 낱낱이 밝혀지게 된다는 암시였다.

투명한 옷을 입고 적진을 활보해도 아무도 알아보지 못하였다는 꿈은

☞ 상대방의 사정을 염탐하거나, 자기의 신분을 감추고 누군가에게 접근할 일이 생긴다는 암시였다.

낡거나 해진 옷을 입는 꿈을 꾸면

☞ 남에게 냉대를 받거나, 사업·지위 등이 쇠퇴한다.

옷보따리에 관한 꿈은

☞ 근심걱정의 상징이다.

상대가 금실로 화려하게 수를 놓은 비단 보따리를 펴 보였다는 꿈은

☞ 누군가가 자기 가문과 신분이 훌륭하다고 자랑하는 것을 불쾌한 마음으로 바라보게 된다는 뜻이었다.

❖ 염색(染色)·재봉(裁縫)·세탁(洗濯)

염색을 하는 꿈은

☞ 사상의 감화·신분의 변동·이질적인 변화 등을 상징한다.

입고 있던 옷의 일부가 어떤 작용을 받아 색이 변하는 꿈을 꾸면

☞ 타인, 또는 사회적 영향을 받아 삶이 변하게 된다.

옷 전체를 다른 색으로 물들이는 꿈을 꾸면

☞ 사업목적을 바꾸거나, 재혼을 하거나, 직장을 옮기게 된다.

화가가 캔버스에 물감·페인트로 채색을 하는 꿈을 꾸면

☞ 어떤 사건에 관한 기록물을 남기거나, 누군가의 심리진단을 하게 된다.

벽이나 가구에 페인트칠을 하는 꿈을 꾸면

☞ 간판을 바꾸거나. 몸단장을 하거나, 죄과(罪過)를 숨기게 된다.

손발에 묻은 물감 · 먹물 · 잉크 따위가 지워지지 않는 꿈을 꾸면

☞ 누군가의 사상 · 행적 등의 영향권에서 벗어나지 못하게 된다. 또는 어떤 계약을 맺게 된다.

옷을 만드는 꿈은

☞ 작품 · 취직 · 결사 · 선택 등과 연관된 일이나 사건을 암시한다.

양복점 주인이 옷감을 재단하는 광경을 바라보는 꿈은

☞ 어떤 기관에 청탁한 자기의 일이 진행 중임을 암시한다.

재봉틀을 사오는 꿈을 꾸면

☞ 머지않아 큰 사업체를 운영할 만한 능력이 생긴다.

고급 양복지나 비단 옷감을 사오는 꿈을 꾸면

☞ 재물 · 권리 · 토지 · 명예 등을 얻게 된다.

꿈에 등장한 바늘〔針〕은

☞ 통찰력 · 자극 · 선도자 · 방도 등을 상징한다.

바늘에 꿰인 실〔絲〕은

☞ 조직 · 결사 · 결혼 · 연결 · 인연 등을 상징하거나, 시간의 길고 짧음을 비유한다.

바늘과 실을 한꺼번에 사오는 꿈을 꾸면

☞ 소원을 충족할 수 있는 유용한 방도를 마련하게 된다.

바늘에 실을 꿰는 꿈을 꾸면

☞ 협조자로부터 긴요한 도움을 받게 된다. 또는 누군가와 중요한 인연을 맺게 된다.

바늘을 잃어버리거나, 부러지는 꿈을 꾸면

☞ 꼭 필요한 협조자나 방도를 구할 수 없어 일이 중단된다.

바느질을 하다가 손가락이 찔려 통증을 느끼는 꿈을 꾸면

☞ 협조자에게 오히려 해를 입거나 배우자가 간통을 하게 된다.

누에고치 · 솜 · 털 따위로 실을 자아내는 꿈은

☞ 생산 · 선택 · 조직 등을 상징한다. 간혹 근심걱정이 끊이지 않는다는 뜻으로 표현되기도 한다.

직물(織物) · 편물(編物) · 자수(刺繡) 등을 하는 꿈은

☞ 결혼 · 계약 · 증산 · 사업 등과 연관된 일이나 사건을 암시한다.

천에 색실로 수를 놓는 꿈은

☞ 공적(功績) · 애정 등과 연관된 일이나 사건을 암시한다.

꽃무늬가 수놓인 물건을 선물로 받는 꿈을 꾸면

☞ 이성(異性)의 애정공세를 받아들이거나, 명예를 획득하게 된다.

실타래를 얻는 꿈은

☞ 할 일이 많다거나, 계획한 일이 오래 걸린다는 뜻이다. 간혹 병이 오래간다는 뜻으로도 표현된다. 태몽이라면 장수할 운세를 나타낸다.

처녀의 경우, 실타래를 남에게 주는 꿈을 꾸면

☞ 오래 기다려온 결혼이 성사된다. 환자의 꿈이라면 오랜 병상에서 일어나게 된다.

줄이 얼레에서 다 풀려나가도록 연(鳶)이 시원스럽게 공중을 나는 꿈을 꾸면

☞ 오랜 소망이 최대한 성취됨으로써 남에게 과시하게 된다.

❖ 모자(帽子) · 신

꿈에 등장한 모자(帽子)는

☞ 윗사람 · 협조자 · 보호자를 동일시하거나, 명예 · 권세 · 계급 ·

집 · 신분증 · 직업 · 간판 등을 상징한다.

- 감투를 쓰는 꿈을 꾸면

☞ 새로운 권리 · 직위 등을 얻게 되거나, 신분이 상승한다.

- 일반인이 정모(正帽)를 쓰는 꿈을 꾸면

☞ 관직에 진출하거나, 승진을 하거나, 협조자를 얻게 된다.

- 사병 출신의 예비역이 장교 모자를 쓰는 꿈을 꾸면

☞ 급작스런 출세를 하거나, 배타적인 권리를 획득하게 된다.

- 새 모자를 사서 쓰는 꿈은

☞ 입학 · 취직 · 자격갱신 등과 관련된 일이나 사건을 암시한다.

- 흰 갓이나 굴건(屈巾)을 쓰는 꿈을 꾸면

☞ 유산을 상속받거나, 타인의 권리를 넘겨받게 된다.

- 장례식을 하는데, 자기 말고도 굴건을 쓴 사람들이 많았다는 꿈은

☞ 자기와 유산을 나눌 사람들이 많다는 뜻이었다.

- 현재 장년층인 사람이 과거 학창시절로 돌아가 학생모를 쓰고 나타는 꿈을 꾸면

☞ 그 사람이 어떤 학업이나 연구에 몰두해 있음을 지켜보게 될 것이다.

- 학사모(學士帽)를 쓰는 꿈을 꾸면

☞ 학문적인 업적으로 큰 명예를 얻게 된다.

- 벗어 든 모자에 금은보화 · 동전 · 과일 등을 주워담는 꿈을 꾸면

☞ 지적활동(知的活動)을 통해 큰 재물을 얻게 된다. 학위 · 고시 · 발명 등의 소망을 성취할 수도 있다.

- 방한모를 쓰는 꿈을 꾸면

☞ 어려운 상황에 대비하여 협조자의 도움을 청하게 된다.

왕관을 쓰는 꿈을 꾸면

☞ 최고·최대의 소원을 충족할 수 있다.

월계관(月桂冠)을 쓰는 꿈을 꾸면

☞ 최고의 명예·권리·영광 등을 획득하게 된다.

유부녀가 족두리〔簇冠〕를 쓴 자신의 모습을 거울에 비춰보는 꿈은

☞ 출세한 친지나 반가운 사람을 만나게 된다는 뜻이다.

쓰고 있던 관(冠)이나 모자를 태우거나 찢는 꿈을 꾸면

☞ 현재의 지위·신분 등을 상실하고 새로운 신분을 얻게 된다.

꿈에 정모(正帽)를 쓰지 않은 경찰관은

☞ 신문기자·기관원·수사관 등을 동일시한다.

꿈에 등장한 신(발)은

☞ 의지가 되는 사람이나 협조자를 동일시하며, 집·신분·재산·직장 등을 상징한다.

신고 있던 신을 잃어버리는 꿈을 꾸면

☞ 의지가 되는 가족이나 친지를 잃게 된다. 또는 협조자·직장·재물을 잃을 수도 있다.

자기의 신을 찾지 못하여 남의 신을 신는 꿈을 꾸면

☞ 사정이 생겨 직장·직책·배우자·집·사업 등을 바꾸게 된다.

신령(神靈)에게서 신을 건네받는 꿈을 꾸면

☞ 위대한 학자·지도자 등의 후계자가 된다.

새신을 사거나 얻는 꿈을 꾸면

☞ 배우자·며느리·집·직장·협조자 등을 새로 얻게 된다.

낡고 해진 신을 신는 꿈을 꾸면

☞ 직장·사업·신분 등이 쇠락하거나, 협조가가 몰락한다.

결혼을 앞둔 사람이 신을 한 짝 잃어버리는 꿈을 꾸면

☞ 결혼 후 오래 지나지 않아 파경을 맞게 된다.

유부녀의 경우 신을 갈아 신는 꿈을 꾸면

☞ 현재의 남편과 이혼하고 다른 남자와 재혼하게 된다.

운동화를 빨거나, 구두를 닦는 꿈을 꾸면

☞ 영전을 하거나, 승진을 하게 된다.

유부녀의 경우 신던 신을 깨끗이 씻어 보자기로 싸놓는 꿈을 꾸면

☞ 한동안 남편이나 자식과 떨어져 살게 된다.

새로 산 신발이 크거나 작아 발이 맞지 않는 꿈을 꾸면

☞ 집·직장·사업 등이 분에 넘치거나, 기대에 못미처 불만을 갖게 된다.

미투리〔芒鞋망혜〕를 만드는 꿈을 꾸면

☞ 새로운 직장·사업체·직위 등을 얻기 위해 노력하게 된다.

짚신〔草鞋초혜〕을 신는 꿈을 꾸면

☞ 일군·하인·가정부 등을 고용하게 된다.

다른 사람의 집에서 신을 벗고 마루 위로 올라가는 꿈을 꾸면

☞ 본래의 직장이 아닌 타 기관에서 한동안 근무하게 된다.

다른 사람의 집 현관에 수많은 신발들이 놓여있는 꿈을 꾸면

☞ 어떤 기관에 일을 청탁함에 있어 경쟁자들에게 밀리게 된다.

그러나 자기 현관에 수많은 신발들이 놓여있는 꿈을 꾸면

☞ 자기 일에 협조해 줄 많은 사람들이 나타나게 된다.

어린아이에게 꽃신이나 구두를 선물하는 꿈에서 그 아이가 실존의 인물을 동일시하는 것이라면

☞ 실제 그 아이를 보살펴 줄 일이 생긴다. 자기 일거리를 상징하는 것이라면 훌륭한 협조자나 좋은 방도를 얻게 된다.

❖ 소지품

꿈에 등장한 안경(眼鏡)은

☞ 협조자나 후견인을 동일시하며, 지위·권리·명예·과장·위장·투시 등을 상징한다.

꿈에 새로 산 안경을 쓰면

☞ 직위·직책·권리 등이 바뀐다.

금은보석으로 장식된 고급 안경을 쓰는 꿈을 꾸면

☞ 직위나 신분이 고귀해지거나, 남에게 과시할 일이 생긴다.

검은 선글라스를 쓴 사람과 마주하는 꿈을 꾸면

☞ 음흉한 목적을 가진 어떤 불순한 자가 자기의 본심·정체 등을 숨기고 접근해온다.

상대가 쓰고 있는 안경이 유난히 인상적이었다는 어떤 사람의 꿈은

☞ 장차 상관하게 될 어떤 인물의 진의를 파악할 수 없거나, 그가 자신의 심중을 꿰뚫어본다는 뜻이었다.

꿈에 망원경(望遠鏡)을 통해 본 사물이나 사건들은

☞ 먼 훗날 발생할 사건이나, 먼 곳에서 도착할 소식을 나타낸다.

망원경을 통해 본 자연이 햇살을 받아 눈부시게 빛나는 꿈은

☞ 생각보다 먼 훗날에 이르러서야 호운(好運)이 찾아온다는 뜻이다.

꿈에 등장한 지팡이〔短杖〕는

☞ 협조자·방도·권리·세력 등을 상징한다.

쌍지팡이를 짚고 걷는 꿈을 꾸면

☞ 두 사람의 협조자나 협조기관의 도움을 받게 된다.

- 쥐고 있던 지팡이로 사람이나 동물을 때리는 꿈을 꾸면
☞ 자기의 인적 배경을 동원하여 적대적인 상대를 공략하게 된다.
- 쥐고 있던 지팡이가 갑자기 커지는 꿈을 꾸면
☞ 자기가 소유한 세력·권리·방도 등이 갑자기 확대된다.
- 꿈에 등장한 손목시계는
☞ 배우자·애인·협조자 등을 동일시하고, 직책·권리·방도 등을 상징한다.
- 훔친 손목시계를 항문 속에 감췄다는 어떤 사람의 꿈은
☞ 같은 직장의 여성과 은밀하게 동거생활을 하는 것으로 현실화 되었다고 한다.
- 새로 산 손목시계에서 흠이 발견되는 꿈을 꾸면
☞ 과거가 복잡한 여성과 사귀게 된다.
- 시계를 선물 받는 꿈을 꾸면
☞ 재물·권리 등을 얻게 된다.
- 시계가 고장이 나는 꿈을 꾸면
☞ 어떤 방도·협조자 등을 상실하거나, 배우자가 병에 걸린다.
- 손목시계를 잃어버리는 꿈을 꾸면
☞ 협조자·직책·권리 등을 잃게 된다.
- 시곗줄이 끊어지는 꿈을 꾸면
☞ 직책이나 권리를 유지하게 해주는 인적관계가 끊어진다.
- 꿈에 등장한 지갑은
☞ 기관·권리·신분·집 등을 상징한다.
- 검문소를 통과하기 위하여 경찰이나 초병(哨兵)에게 신분증을 제시하는 꿈을 꾸면
☞ 사업·취직·작품 등의 일과 관련하여 해당기관에 이력서·사

업계획서 · 내용설명서 등을 제출하게 된다.

지갑이 지폐로 꽉 차 있는 꿈을 꾸면

☞ 만족감을 느낄 만큼의 재물 · 권리 · 방도 등이 생긴다.

문서나 신분증 등을 지갑에 넣어두는 꿈을 꾸면

☞ 이제까지 애를 써온 어떤 일이 성사되기만을 기다리게 된다.

꿈에 등장한 손수건은

☞ 충복 · 협조자 등을 동일시하고 계약서를 상징한다.

다른 사람에게서 손수건을 받는 꿈을 꾸면

☞ 그로 동일시된 어떤 인물의 심복이 되거나 지도를 받게 된다.

새 손수건을 사오거나 만들어 가지는 꿈을 꾸면

☞ 고용인 · 가정부 등을 얻게 되거나, 어떤 계약을 맺게 된다.

손수건에 피가 묻은 꿈을 꾸면

☞ 계약이 성립한다.

꿈에 등장한 수건(手巾)은

☞ 협조자 · 추천서 · 소개장 · 직권 · 방도 · 보호책 등을 상징한다.

꿈에 길가에서 누런 타월을 주워 어깨에 걸쳤다는 어떤 사람은

☞ 윗사람의 추천으로 원하는 직책을 얻을 수 있었다고 한다.

머리에 〈승리〉라고 쓴 수건을 동이고 시위에 가담하였다는 꿈은

☞ 한동안 곤경에 처하지만 곧 극복하게 된다는 암시였다.

사람들이 수건을 머리에 질끈 동여매고 뛰어가는 꿈을 꾸면

☞ 불굴의 의지로 자기의 주장을 관철하려는 사람들과 상관한다.

꿈에 머리에 수건을 감고 묵묵히 앉아 있는 사람은

☞ 자기 의사에 순순히 응하지 않을 사람을 동일시한다.

어깨에 걸친 타월이 손목까지 늘어져 있었다는 꿈은

☞ 지금 하는 일의 전망이 좋을 것이라는 암시였다.

- 꿈에 등장한 손가방(핸드백)은
☞ 가정 · 직장 · 협조자 · 자금줄 · 고달픈 일거리 등을 상징한다.
- 가방이 열려있는 장면은 개방 · 공개의 뜻을 나타내는데, 이런 꿈을 꾸면
☞ 관심을 갖고 있는 어떤 기관 · 단체에서 주식을 공모하거나 공개채용을 하게 된다. 또는 어떤 내막이 드러나 의혹이 풀린다.
- 손가방에서 자질구레한 물건이나 잔돈이 없어진 꿈을 꾸면
☞ 근심걱정이 사라지거나, 좋은 방도가 떠오르게 된다.
- 우체부가 들고 온 가방이 열려 있었다는 꿈은
☞ 끊임없이 우편물을 받거나, 소식을 듣게 된다는 암시였다.
- 손가방에 금은보석이나 돈뭉치가 들어있는 꿈을 꾸면
☞ 큰 재물을 얻게 된다.
- 학생이 무거운 책가방을 들고 집으로 돌아오는 꿈을 꾸면
☞ 학업과 관련하여 많은 고통과 시련을 겪게 된다.
- 꿈에 등장한 라이터는
☞ 협조자를 동일시하며, 원인 · 번창 · 광명 · 자원 등의 관념과 연관된 일이나 사건을 암시한다.
- 라이터를 잃어버리는 꿈을 꾸면
☞ 협조자 · 재물 · 직장 등을 잃게 된다.
- 담배를 피우려고 라이터를 켜는데, 불이 일어나지 않아 애를 태우는 꿈을 꾸면
☞ 현재 추진 중인 일거리와 관련하여 필요한 자금이나 협조자의 도움을 얻을 수 없게 된다.
- 꿈에 등장한 성냥은
☞ 라이터의 상징의의와 같다. 다만 알갱이의 숫자로 어떤 일수

(日數)를 암시하는 경우가 있다.

- 꿈에 성냥을 그어 불을 일으키는 꿈을 꾸면

☞ 후일 크게 번창할 어떤 일을 이제 막 시작하게 된다.

- 성냥이 물기에 젖어 여러 번을 그어대도 불이 붙지 않은 꿈을 꾸면

☞ 어떤 목적을 달성하기 위해 여러 차례 시도를 하지만 성사시키지 못하게 된다.

- 많은 성냥갑을 얻어오는 꿈을 꾸면

☞ 횡재수를 만나거나, 가업(家業)이 폭발적으로 번창하게 된다.

- 물에 젖은 성냥 여러 갑을 부뚜막에 올려놓고 말리려는데, 어느 사이 그 중 하나에 불이 붙어 연쇄적으로 인화되면서 폭발하듯 발화하였다는 꿈은

☞ 하는 일이 처음에는 지지부진하다가 어떤 계기를 만나 급작스럽게 성사됨으로써 후속조치가 순조롭게 진척될 것이라는 암시였다.

- 담배는 금은보석이나 곡물류처럼 전형적인 재물의 상징이다. 꿈은 담뱃갑에 표기된 글자나 문양에 어떤 의도를 담아

☞ 재물이나 직위 · 신분 등과 관련된 미래사를 암시한다.

- 많은 담배를 사거나 얻어오는 꿈을 꾸면

☞ 큰 재물이 생긴다.

- 자기가 상대에게 담배를 권하여 그가 피우는 꿈을 꾸면

☞ 누군가에게 무엇을 청탁하게 되는데, 그 소망은 이루어진다.

- 상대가 주는 담배를 피우지 않고 가지는 꿈을 꾸면

☞ 누군가로부터 일거리 · 직책 · 재물 등을 얻을 수 있다.

- 꿈에 〈재건〉이라는 상표의 담배를 얻은 어떤 사람은

☞ 오래 기다리던 복직이 되었다고 한다.

♞ 〈새마을〉 담배를 얻은 사람은

☞ 한 계급 특진을 하였다고 한다.

♞ 자기가 버린 담배꽁초에서 발화된 불이 크게 번지는 꿈은

☞ 지지부진하던 일이 어떤 계기를 만나 급작스럽게 확대된다는 뜻이다.

♞ 꿈에 등장한 재떨이는

☞ 충복·배우자·관대한 사람 등을 동일시한다.

♞ 처녀가 재떨이를 얻는 꿈을 꾸면

☞ 어려운 일이나 격한 감정을 잘 컨트롤해 줄 사려 깊은 성격의 남성을 배우자로 맞게 된다.

♞ 꿈에 등장한 담뱃재는 질식된 관념의 분비를 표현하는 것으로

☞ 어떤 일의 내력이나 근심걱정의 해소를 상징한다.

♞ 꿈에 등장한 담뱃대〔煙竹〕는

☞ 소비조합·중개인·이력서 등을 상징한다.

♞ 새 담뱃대를 사는 꿈을 꾸면

☞ 새로운 생계수단을 얻게 된다.

♞ 꿈에 상아(象牙)로 만든 파이프를 얻으면

☞ 신분·지위가 상승한다. 관직에 진출할 수도 있다.

❖ 치장(治裝)

♞ 얼굴이 신분·간판·마음 등을 상징하므로 화장품(化粧品)은

☞ 과장·위장·선전 등과 연관된 일이나 사건을 암시한다.

♞ 여러 가지 화장용품을 놓고 화장을 하는 꿈을 꾸면

☞ 신분·지위·간판·명의 등을 바꾸거나 돋보이게 한다.

화장을 하는 꿈에서 거울에 비친 자기의 모습은

☞ 다른 사람을 동일시하거나, 자기의 일거리를 상징한다.

상대가 화장하는 모습을 지켜보는 꿈을 꾸면

☞ 누군가가 본심을 위장하거나, 과장된 선전을 하는 것에 불쾌감을 느끼게 된다.

아는 사람이 얼굴이 달라 보일 정도로 짙은 화장을 하고 나타나는 꿈을 꾸면

☞ 누군가의 사업체가 상호를 변경하거나, 명의 이전되는 것을 지켜보게 된다.

상대의 얼굴에 화장이 지워져 흉하게 보이는 꿈을 꾸면

☞ 누군가의 본색이 드러남으로써 그를 경원(敬遠)하게 된다.

비싼 화장품을 사오는 꿈을 꾸면

☞ 신분·지위·명예 등을 새롭게 할 자원·방도 등이 생긴다.

여성의 경우, 애인으로부터 화장품을 선물받는 꿈을 꾸면

☞ 실제의 그 애인으로부터 결혼선물이나 애정공세 받게 된다.

자신의 머리에 기름을 발라 윤기가 흐르는 꿈을 꾸면

☞ 조만간 신분상승과 관련한 어떤 소원을 충족할 수 있다.

꿈에 등장한 거울〔鏡〕은

☞ 협조자·애인·중계인·소식통 등을 동일시하며, 마음·영감(靈感)·사고·모범·성찰(省察) 등의 관념이 유발되는 일이나 사건을 상징한다.

꿈에 자기와 함께 거울에 비친 사람은

☞ 자기와 밀접한 관계에 있는 제삼자의 동일시이다.

거울에 자기의 얼굴을 여러 번 비춰보는 꿈을 꾸면

☞ 머지않아 같은 사람과 여러 번 만나게 된다.

꿈에 거울에 비친 자기의 얼굴이 평소보다 검게 보이면
☞ 훗날 탐탁하지 않은 사람을 만나 불쾌한 일을 겪게 된다.
화려한 옷을 입고 거울을 보는 꿈을 꾸면
☞ 불원간 귀한 손님이 찾아오게 된다.
거울 속의 자기 얼굴이 젊고 예쁘게 보이면
☞ 젊고 예쁜(잘생긴) 이성(異性)을 만나게 된다.
거울 속에 늘 미워하던 사람이 나타나는 꿈을 꾸면
☞ 현실에서도 어떤 미운 사람 또는 불쾌한 사람을 만나게 된다.
꿈에 거울을 들여다보았으나, 거기엔 자기의 얼굴조차 비치지 않았다면
☞ 먼 곳으로부터 소망하던 일이 실패하였다는 소식이 도착하게 된다.
거울이 흐려서 잘 보이지 않는 꿈을 꾸면
☞ 답답한 소식을 듣게 된다.
상대가 자기의 손거울을 들여다보거나, 호주머니에 넣는 꿈을 꾸면
☞ 누군가가 자기의 배우자를 희롱하거나, 서로 연애 중인 것을 알게 된다.
벽거울을 옮기는 꿈을 꾸면
☞ 배우자가 변심하게 된다.
누군가가 난데없이 거울을 들고 방안을 지나가는 꿈을 꾸면
☞ 남편(또는 아내)이 정부(情婦 또는 情夫)를 두게 된다.
미혼남녀의 경우, 거울을 얻는 꿈을 꾸면
☞ 활달하고 사교적인 이성을 배우자로 맞게 된다.
거울이 태아표상으로 등장한 태몽을 꾸면
☞ 도량이 넓고 사교술이 뛰어나 주변사람들의 마음을 사로잡을

자손이 태어난다.

♞ 거울이 깨지는 꿈을 꾸면

☞ 조만간 사랑하는 사람과 이별을 하게 된다.

♞ 그러나 자기가 일부러 거울을 깨뜨리는 꿈은

☞ 낡은 인연을 끊게 됨으로써 새로운 신분·믿음·협조자가 생긴다는 뜻이다.

♞ 꿈에 등장한 빗은

☞ 협조자·방도·배우자·치료수단·정리작업 등을 상징한다.

♞ 헝클어진 머리를 빗으로 곱게 빗는 꿈을 꾸면

☞ 어떤 방도나 협조자의 도움을 받아 복잡한 일이나 사건을 해결하게 된다. 성적 욕구충족이나 병 치료를 암시하는 경우도 있다.

♞ 빗질을 하는데, 비듬 같은 이물질이 우수수 쏟아지는 꿈을 꾸면

☞ 관심사인 소송·작품·의혹 등이 종결되거나 밝혀지게 된다.

♞ 빗을 사거나 얻는 꿈을 꾸면

☞ 배우자·협조자·방도·치료수단 등을 얻게 된다.

♞ 금비녀를 얻는 태몽을 꾸면

☞ 출생할 아이는 장성하여 높은 지위를 얻어 권세를 누리게 된다.

23

침구 · 가구 · 집기 · 도구 · 문구 등의 꿈

❖ 침구(寢具) · 가구(家具)

꿈은 이불을 덮고 눕는 것과 이불을 걷어 접어놓는 상반된 표현으로 현실의 결혼 · 사업 · 경력 · 이력 등에 있어 어떤 극적인 변화를 암시한다. 이불은 부부생활 · 건강 · 경력 · 보호책 · 안식처 등을 상징한다.

이부자리를 펼쳐 누울 자리를 마련하는 꿈은

☞ 곧 어떤 사업을 시작하거나, 병에 걸린다는 뜻이다.

이부자리를 걷어 올리는 꿈은

☞ 현재의 사업을 정리하여 새로운 사업을 시작하거나, 병석에서 일어난다는 뜻이다.

이불 · 요 등의 침구들을 첩첩히 쌓아놓은 꿈은

☞ 누군가에게 자신의 경력이나 병력 등을 공개한다는 뜻이다.

쌓아 놓은 이불 속에서 동물이 나오는 꿈을 꾸면

☞ 오랜 노력 끝에 어떤 괄목할 만한 성과를 얻어내게 된다.

이불 위에 동물이 앉아있는 꿈은

☞ 향후 인생의 여정이 다채롭게 전개된다는 뜻이다.

늘 사용하던 이불을 찢어버리는 꿈을 꾸면

☞ 결혼생활이 파경에 이르거나, 중요한 계약이 파기되게 된다.

한 이불을 두 사람 이상이 함께 덮고 자는 꿈을 꾸면

☞ 두 사람 이상과 동업을 하게 된다.

이성을 이불 속으로 끌어들이는 꿈을 꾸면

☞ 누군가와 동업 · 계약 · 결혼 등을 하게 된다.

비단이불을 덮고 눕는 꿈을 꾸면

☞ 결혼생활이 행복하고 사업이 번창하며 신분이 높아진다.

무엇인가에 쫓겨 이불속으로 몸을 숨기는 꿈을 꾸면

☞ 하는 일이 진통을 겪게 된다.

꿈에 등장한 요〔褥욕〕는

☞ 사업기반·자본·신분증·소개장 등을 상징한다.

꿈에 등장한 방석(方席)은

☞ 직책·지위·책임·기반 등을 상징하거나, 접대부를 동일시한다.

주인이 내주는 방석을 깔고 앉는 꿈을 꾸면

☞ 어떤 기관으로부터 직책을 부여받아 한동안 근무하게 된다.

꽃방석을 깔고 앉아 붉은 과일을 먹었다는 어떤 사람의 꿈은

☞ 조만간 아름다운 연사(戀事)가 생긴다는 암시였다.

꿈에 등장한 베개는

☞ 협조자·은인 등을 동일시하며, 사업기반·안식처 등을 상징한다.

두 사람이 한 베개를 같이 베고 자는 꿈을 꾸면

☞ 생각이 같은 사람을 만나 동업이나 공동연구를 하게 된다.

꿈에 등장한 자리(깔개)는

☞ 세력권·사업기반·연회석·집회·지역권 등을 상징한다.

방바닥에 깨끗한 돗자리를 까는 꿈을 꾸면

☞ 새로운 사업을 벌이거나, 연회를 벌여 많은 손님이 찾아오게 된다.

자리 위에 화문석(花紋席)을 덧까는 꿈을 꾸면

☞ 자기가 벌인 연회에 귀한 손님이 찾아오거나, 어떤 권리를 얻게 된다.

붉은 카펫〔絨緞융단〕위를 걸어가는 꿈을 꾸면

☞ 국가적인 명예나 권세를 획득하게 된다.

갈대로 자리를 만드는 꿈은

☞ 결사·결혼·결연 등과 연관된 일이나 사건을 암시한다.

화문석 위에 다른 사람들과 함께 앉아 있는 꿈을 꾸면

☞ 어떤 집회나 연회에 참석하거나, 다른 사람들과 동업을 하게 된다.

울퉁불퉁한 장소에 놓인 좁은 돗자리에 여러 사람이 옹색하게 앉아 있는 꿈은

☞ 어떤 공동사업이나 동업을 함에 있어 만사가 여의치 않아 불만·불쾌감 등을 느끼게 된다는 뜻이다.

꿈에 등장한 침대(寢臺)는

☞ 사업기반·결혼생활·직위·병상 등을 상징한다.

새 침대를 방안에 들여놓는 꿈을 꾸면

☞ 새로운 사업기반이 마련되거나 혼사(婚事)가 성립된다.

남이 쓰던 침대를 자기 방에 들여놓는 꿈을 꾸면

☞ 남이 하던 사업체를 인수하게 된다.

쓰던 침대를 밖으로 내가는 꿈을 꾸면

☞ 사업을 중단하거나, 권리를 이양하거나, 이혼을 하게 된다.

다른 사람과 함께 침대에 걸터앉은 꿈을 꾸면

☞ 동업이나 결혼을 하게 된다.

야전용(野戰用) 침대에 눕는 꿈은

☞ 조만간 병원에 입원하게 된다는 뜻이다.

환자가 되어 병상에 눕는 꿈은

☞ 직장에서 직무로 시달리게 된다는 뜻이다.

누워 있던 침대의 다리가 부러지는 꿈을 꾸면

☞ 사업기반이 흔들려 곤경에 처하거나, 충복·수하자 등을 잃게 된다.

침대 위로 개미나 빈대 같은 수많은 곤충들이 기어오르는 꿈을 꾸면

☞ 귀찮은 일이 생기거나, 금전적 출연(出捐)을 강요당하게 된다.

여성의 경우, 뱀이 침대 위로 기어오르는 꿈을 꾸면

☞ 정부(情夫)를 갖게 된다.

침대에서 떨어지는 꿈을 꾸면

☞ 안식처 · 직장 · 결혼 · 사업 · 지위 · 권리 등을 잃게 된다.

꿈에 등장한 장롱(欌籠)은

☞ 기관 · 집 · 은행 · 금고 · 사업기반 · 살림형편 등을 상징한다.

자기 방안에 고급스럽고 화려한 가구들이 가득 들어차 있는 꿈을 꾸면

☞ 살림이 윤택해지고, 결혼이나 직장생활이 행복해진다.

장롱이 열려 있는 꿈을 꾸면

☞ 개업 · 개방 · 채용 등의 일을 하게 된다.

장롱을 닫고 자물쇠로 채우는 꿈을 꾸면

☞ 종결 · 보존 · 폐쇄 등의 일을 하게 된다.

장롱에 물건을 넣어두는 꿈은

☞ 권리 · 성과 · 재물 등을 보존하게 된다는 뜻이다.

진열장 안에 전시된 어떤 물건을 꺼내는 꿈을 꾸면

☞ 그 물건 고유의 상징의의로 암시되는 어떤 일거리를 얻거나, 청탁을 하게 된다.

꿈에 등장한 금고(金庫)는

☞ 금융기관 · 관공서 · 학교 등을 상징하며, 기업주 · 은행가 · 전주(錢主) 등을 동일시한다.

금고에 보관하고 있던 보석이나 금화 등의 귀중품을 꺼내는 꿈을

꾸면

☞ 어떤 기관에서 권리 · 명예 등을 획득하거나, 은행에서 큰돈을 융자받거나, 서적을 통해 훌륭한 지식을 습득하게 된다.

♞ 보석 · 금화 등의 귀중품을 금고에 넣어두는 꿈을 꾸면

☞ 유무형의 재산(금전 · 보석 · 저작권 · 유서 · 특허권 등)을 금융 · 신탁기관에 위탁할 일이 생긴다.

♞ 금고가 털려 돈과 귀중품을 도난당하는 꿈을 꾸면

☞ 사업자금 · 권리 · 명예 · 지위 등이 남의 손에 넘어가게 된다.

♞ 다이얼을 맞춰 금고를 여는 꿈을 꾸면

☞ 윗사람에게 무엇인가를 요청하거나, 어떤 수속을 밟게 되거나, 새로운 지식을 습득하게 된다.

♞ 처녀의 경우, 새 화장대(化粧臺)를 사오는 꿈을 꾸면

☞ 청혼이 들어오고 유부녀의 경우라면 남편의 지위나 직장이 새로워진다.

♞ 꿈에 등장한 책상(冊床)은

☞ 사업기반 · 책임 부서 · 직위 · 세력권 등을 상징한다.

♞ 책상 앞으로 걸상을 끌어다가 앉는 꿈은

☞ 직장 내에서 직책과 부서가 결정된다는 뜻이다.

♞ 책상에서 집무를 하거나 공부를 하는 꿈은

☞ 맡은 바 직무나 학업에 몰두하게 된다는 뜻이다.

♞ 앉아 있던 책상에서 일어나 다른 곳으로 이동하는 꿈은

☞ 현재의 직무 · 사업 · 직책 등에서 떠나게 된다는 뜻이다.

♞ 새 책상에 앉는 꿈을 꾸면

☞ 새로운 직무를 맡게 된다.

♞ 낡거나 망가진 책상에 앉는 꿈을 꾸면

☞ 주어진 직책 · 권리 · 지위 등이 이전보다 못하거나, 실수 · 부정 등을 저질러 견책을 받게 된다.

♞ 자기의 책상이 다른 사람들의 것보다 아주 크다고 생각되는 꿈을 꾸면

☞ 영전 · 승진을 하거나, 포상을 받게 된다.

♞ 학창시절로 되돌아가서 자기 책상을 찾아 앉는 꿈을 꾸면

☞ 소망하던 취직 · 입학 · 출마 · 진급 등이 이루어진다.

♞ 상대와 한 책상을 사이에 두고 마주보는 꿈을 꾸면

☞ 누군가와 심한 의견충돌을 빚게 된다.

♞ 교실에서 맨 뒷자리에 앉는 꿈은

☞ 윗사람의 영향력이 적게 미치는 비교적 안정된 상황이라는 뜻이다.

♞ 꿈에 등장한 의자(椅子)는

☞ 지위 · 계급 · 권리 · 안식처 · 기관 · 책임부서 · 협조자 · 남편 · 집 등을 상징한다.

♞ 남이 자기 의자를 차지하거나, 빈 좌석이 없어 앉지 못하는 꿈을 꾸면

☞ 입학 · 취직 등이 실패하거나, 권리를 상실하거나, 애인을 남에게 빼앗기게 된다.

♞ 용상(龍床)에 앉는 꿈을 꾸면

☞ 최고의 권리 · 지위 · 명예 · 행운 등을 얻게 된다.

♞ 지도자의 위치에 있는 사람이 용상에서 내려오거나, 떠밀리는 꿈을 꾸면

☞ 현재 소유하고 있는 최고위 지위 · 명예 등을 잃게 된다. 유부녀의 꿈이라면 이혼의 상징이다.

♞ 텅 비어 있는 용상에 어떤 사람의 손이 닿아 있는 것을 목격했다는 꿈은

☞ 국가원수 · 정당대표 등 지도자적 위치에 있는 사람의 신변에 위험이 닥치거나, 누군가가 그 지위를 노리고 있다는 암시였다.

♞ 하늘에서 용상이 내려오고 그 뒤를 수많은 시녀들이 따라왔다는 태몽은

☞ 장차 태어날 자손이 국가적 권리 · 지위 등을 확보하여 수많은 추종자를 거느리게 된다는 암시였다.

♞ 푹신한 소파에 앉아 누군가를 기다리는 꿈은

☞ 어떤 직위에 한동안 머물거나, 무엇인가 중요한 일거리를 기다리게 된다는 뜻이다.

♞ 같은 소파에 여러 명이 함께 앉아 있는 꿈을 꾸면

☞ 일정한 기간 동안 동업자 · 동지 · 경쟁자 등과 함께 어떤 임무를 수행하게 된다.

♞ 공원(公園) 벤치에 앉아 있는 꿈을 꾸면

☞ 군대 · 기관 · 공공단체 등에서 어떤 직책을 받아 한동안 근무하게 된다.

♞ 병풍(屛風)을 둘러치는 꿈은 어떤 일을 함에 있어 훌륭한 협조자를 얻게 된다는 뜻이다. 이 병풍이 뒤집혀 있는 꿈을 꾸면

☞ 협조자가 도움을 거부하거나, 배신을 함으로써 곤경에 처한다.

♞ 병풍 속의 그림이 매우 인상적인 꿈을 꾸면

☞ 그 이미지가 암시하는 어떤 사건을 겪게 된다.

♞ 족자(簇子)를 벽에 거는 꿈을 꾸면

☞ 훌륭한 지도자나 스승을 만나게 된다.

♞ 족자 속의 그림이나 글씨를 보고 그 뜻을 이해하는 꿈을 꾸면

☞ 조만간 그 그림이나 글씨가 암시하는 어떤 운세가 도래한다.

♞ 액자(額子)나 사진틀은

☞ 족자의 상징의의와 같다.

♞ 사찰(寺刹)이나 고궁의 현판을 보고 그 뜻을 이해하는 꿈을 꾸었을 경우

☞ 그 뜻이 암시하는 바가 장차 세상에 과시할 자기 업적을 나타내는 것일 수 있다.

♞ 꿈에 등장한 장막(帳幕)은

☞ 차단・한계・비밀・시종(始終)・공개・폐쇄・인연・결혼 등을 상징한다.

♞ 침실에 분홍색 휘장을 치는 꿈을 꾸면

☞ 애인과의 애정이 깊어가거나, 부부간의 금슬이 좋아진다.

♞ 투명한 휘장 안에 불이 환하게 켜져 있는 꿈을 꾸면

☞ 어떤 사람을 멀리 떨어져 존경하거나 사모하게 된다.

♞ 애인이 창문에 커튼을 치는 광경을 밖에서 지켜보는 꿈을 꾸면

☞ 애인과의 사이에 마음의 벽이 생겨 자기의 마음을 제대로 전달할 수 없게 된다.

♞ 모기장을 치고 그 안에 누워있는 꿈을 꾸면

☞ 자기보호를 위해 용의주도한 대비책을 마련하거나, 어떤 일이 성사되기를 학수고대하게 된다.

♞ 천막을 치는 꿈을 꾸면

☞ 건설업에 종사하거나, 어떤 잠정적인 일거리를 맡게 된다.

♞ 벌판에 세워진 천막촌을 바라보는 꿈을 꾸면

☞ 어떤 개척적이고 모험적인 일에 뛰어들게 된다.

♞ 극장에서 연극을 관람하는 꿈에 막(幕)이 서서히 올라가는 것은

☞ 조만간 자기 운세에 큰 변화가 생긴다는 뜻이다.

♞ 극장의 막이 내리는 꿈은

☞ 어떤 일이 종결된다는 뜻이다.

♞ 방문에 걸어놓았던 발이 떨어지거나 떼어내는 꿈을 꾸면

☞ 며느리 · 양자 · 양부 · 의형제 등과의 인연이 끊어지게 된다.

♞ 뒤주에 쌀이 가득한 꿈을 꾸면

☞ 생활형편이 풍족해지거나, 사업이 번창한다.

♞ 뒤주를 열어보니, 쌀은 보이지 않고 사람의 시체가 들어 있었다는 꿈은

☞ 어떤 일이 본래의 목적과는 다른 결과를 가져오지만, 그로 인해 생각지도 못한 재물을 얻게 된다는 암시였다

♞ 찬장(饌欌)에 그릇을 넣거나 꺼내는 꿈은

☞ 직업소개소 · 위탁사무소 · 금융기관 등과 관계하여 일을 청탁하거나, 소개를 받거나, 융자를 받는 등의 일을 암시한다.

♞ 꿈에 등장한 냉장고는

☞ 은행 · 세무서 · 보건소 등을 상징한다.

♞ 음식물을 냉장고에 넣거나 꺼내는 꿈은

☞ 자기의 일거리나 재물을 어떤 기관에 위탁하거나, 회수하게 된다는 뜻이다.

♞ 두 사람이 한 상(床)에 마주앉아 같이 음식을 먹는 꿈을 꾸면

☞ 두 사람이 같은 일을 함께 추진하면서 의견충돌을 빚게 된다.

♞ 다른 사람들과 함께 원탁에 둘러앉아 식사를 하는 꿈을 꾸면

☞ 어떤 회의나 세미나에 참석하게 된다.

♞ 금으로 만든 소반(小盤)이 태아표상으로 등장하였다는 태몽은

☞ 출생할 아이가 장차 누군가로부터 사업체나 정신적 유업을 물려

받아 완성시키게 된다는 암시였다.

꿈에 등장한 상자(箱子)는

☞ 책 · 창고 · 기관 · 집 등을 상징한다.

선풍기 바람을 쏘이면서 시원함을 느끼는 꿈을 꾸면

☞ 누군가의 정신적 · 물질적인 도움을 받아 소원을 충족하게 된다.

꿈에 등장한 부채〔扇子선자〕는

☞ 협조자나 인기직업을 상징한다.

서류함은 대체로 기관의 상징이다. 서류함에서 문서를 꺼내는 꿈을 꾸면

☞ 어떤 기관으로부터 인 · 허가증이나 명령서 등의 문서를 받을 일이 생긴다.

꿈에 등장한 책장은

☞ 학교 · 서점 · 도서관 · 언론기관 등을 상징한다.

태몽에 등장한 화분(花盆)은

☞ 그 아이의 신분 · 출세기반 · 사업체 등을 상징한다.

꿈에 등장한 꽃병은

☞ 사업기반 · 신분 · 직위 · 집 · 결혼상대 등을 상징한다.

처녀가 꽃병을 얻는 꿈을 꾸면

☞ 평소 흠모하던 남자와 결혼할 수 있다.

꽃병이 깨지는 꿈을 꾸면

☞ 결혼 · 애정 · 신분 등과 관련하여 실패 · 파괴 · 몰락 등을 체험하게 된다.

꿈에 등장한 요강〔夜壺야호〕은 남녀 모두에 있어

☞ 배우자 · 기관 · 가정 · 하인 · 협조자 등을 상징하는 표상이다.

요강에 오줌을 누어 넘치는 꿈을 꾸면

☞ 소원・계획 등이 크게 성취되어 남에게도 영향을 주게 된다.

♞ 여성이 옥(玉)으로 만든 요강을 얻는 꿈을 꾸면

☞ 훌륭한 배우자를 만나 신분이 고귀해진다.

♞ 자기의 요강에 칼이 들어있는 꿈을 꾸었다는 어떤 여성은

☞ 현재 남편이 다른 여성과 동거하고 있지만 결국은 헤어지게 된다는 암시였다.

❖ 집기(什器)

♞ 꿈에 등장한 솥〔鼎정〕은

☞ 두뇌・생산기관・기획처・주모자・협조기관・방도・사업기반 등을 상징한다.

♞ 씻은 쌀을 솥에 집어넣거나 아궁이에 불을 지피는 등, 솥에 밥을 짓는 꿈들은

☞ 오랜 준비를 끝낸 상태에서 이제 곧 어떤 일을 시작하게 된다는 뜻이다.

♞ 솥에 애써 지은 밥이 설거나 타는 꿈을 꾸면

☞ 당면한 소망을 충족할 수 없게 된다.

♞ 다 된 밥이 솥에서 넘치는 꿈을 꾸면

☞ 과욕을 부려 사업을 지나치게 확장하게 된다.

♞ 솥에서 밥을 퍼 여러 그릇에 담는 꿈을 꾸면

☞ 여러 사람과 이윤을 나누어 갖거나, 많은 사람들을 고용하게 된다.

♞ 꿈에 등장한 솥이 크고 화려하였다면

☞ 든든한 사업기반이나, 막강한 인적 배경을 갖게 된다.

♞ 솥이 깨지는 꿈을 꾸면

☞ 생계수단이나 사업체를 잃게 된다. 또는 집안에 질병·이혼·사망 등의 가환(家患)이 생긴다.

- 솥에 어떤 음식물을 삶는 꿈은

☞ 어떤 수단을 동원하여 일을 본격적으로 추진한다는 뜻이다.

- 솥을 얻는 태몽으로 출생한 아이는

☞ 장차 장성하여 사업가로 성공하게 된다.

- 꿈에 등장한 번철(지짐판)은

☞ 사업기반·협조자·방도 등을 상징한다.

- 꿈에 등장한 주발·대접·접시 등의 식기(食器)는

☞ 사업기반·직책·방도 등을 상징한다.

- 꿈에 등장한 식기가 고급이면 고급일수록

☞ 그 사업·직책·신분 등이 더욱 훌륭하다는 뜻이다.

- 조상의 그릇을 얻는 태몽으로 출생한 아이는

☞ 장차 가업(家業)을 계승하거나, 전통적인 일에 종사하게 된다.

- 부엌에 많은 식기가 가지런히 쌓여있는 꿈을 꾸면

☞ 많은 사람들을 고용하거나, 풍성한 사업성과를 거두게 된다.

- 꿈에 식기를 엎어놓은 것은 사업의 중지나 종결을 뜻하고

☞ 식기를 제대로 놓은 것은 사업의 착수를 뜻한다.

- 식기가 더럽거나 녹이 슨 꿈을 꾸면

☞ 종업원이 병들거나 나태하여 골치를 썩이게 된다.

- 접시를 얻은 태몽으로 출생한 여성은

☞ 후처(後妻)로 들어가 여아를 낳게 된다.

- 꿈은 장차 현실에서 소원이 이루어지지 않거나, 계획 등이 실패하거나, 불쾌한 체험을 하게 되는 경우에 접시가 깨지는 장면을 연출하는 경우가 많다.

☞ 가정부가 접시를 깨는 꿈을 꾸면 쫓겨나게 되고, 처녀가 접시를 깨는 꿈을 꾸면 혼담이 깨어지며, 학생의 경우라면 선생에게 꾸지람을 듣는다.

♞ 컵에 물 등의 액체가 넘칠 만큼 가득 찬 꿈을 꾸면

☞ 매우 만족할 만한 일을 체험하게 된다.

♞ 처녀의 경우, 유리잔을 얻는 꿈을 꾸면

☞ 활달하고 시원한 남성을 배우자로 맞게 된다.

♞ 흠집이 있거나 금이 간 컵을 얻는 꿈을 꾸면

☞ 배우자·일거리 등이 완전하지 못하여 불만을 갖게 된다.

♞ 컵을 엎어놓는 꿈을 꾸면

☞ 지금 하고 있는 일을 중단하게 된다.

♞ 방안에 빈 병이 가득 쌓인 꿈을 꾸면

☞ 많은 빚〔負債〕을 걸머지게 된다.

♞ 날아오는 빈병들을 방망이로 연신 깨부수는 꿈을 꾸었다는 어떤 야구선수는

☞ 다음날 경기에 나가 통쾌한 홈런 볼을 날리게 됨으로써 꿈이 현실화되는 것을 체험했다고 한다.

♞ 술·기름·약 등이 들어있는 병을 얻는 꿈을 꾸면

☞ 그 개수나 분량이 암시하는 만큼의 재물이 생긴다.

♞ 꿈에 등장한 숟가락과 젓가락은

☞ 생계수단·수명(壽命)·방도·협조자 등을 상징한다.

♞ 수저를 얻는 꿈을 태몽으로 출생한 아이는

☞ 풍족한 환경에서 장수할 것이며, 사업가로 성공하게 된다.

♞ 수저를 잃어버리거나 부러뜨리는 꿈을 꾸면

☞ 사업수단·협조자를 잃어버려 실패를 하거나, 배우자와 이별

을 하게 된다.

- 찬장에 많은 수저가 쌓인 꿈을 꾸면

☞ 조만간 노인과 상관하거나, 직원이 많은 회사와 거래하게 된다.

- 처녀의 경우 큰 쟁반을 얻는 꿈을 꾸면

☞ 좋은 가문의 유망한 청년으로부터 청혼을 받게 된다.

- 과일이 담겨진 쟁반은

☞ 밥상의 상징의의와 같다.

- 주전자가 비어있어 물을 마시지 못하는 꿈을 꾸면

☞ 협조자를 상실하거나, 재물이 고갈되어 소망을 충족하지 못하게 된다.

- 꿈속에 등장한 대야의 물이 맑거나 탁한 것에 따라

☞ 소원·신분 등과 연관된 만족·불만족, 또는 쾌·불쾌 등의 체험을 암시한다.

- 큰 함지박에 물이 가득 들어있는 꿈을 꾸면

☞ 큰 재물이 생긴다.

- 꿈에 등장한 물통은 그 안에 담긴 물의 양에 따라

☞ 재물의 많고 적음과 소원충족의 정도를 암시한다.

- 독·항아리·자배기 등은 물통의 상징의의와 같으며,

☞ 재물의 다과(多寡)나 소원 충족의 정도를 나타내는 상징표상이다.

- 장독대에 큰 독들이 즐비하게 늘어선 꿈을 꾸면

☞ 가업이 번창하여 많은 재물을 축적하게 된다.

- 수많은 빈 독들을 실어다 집안에 들이는 꿈을 꾸면

☞ 그 수효가 암시하는 만큼의 재물이나 방도가 생긴다.

- 꿈에 독의 뚜껑이 열려있는 것은 어떤 일이 곧 시작된다는 뜻

이고,

☞ 그 독의 뚜껑이 덮여 있는 것은 일이 일시적으로 중단되거나, 상당히 오랜 기간이 지나서 다시 시작된다는 뜻이다.

♞ 독이나 항아리가 태아표상으로 등장한 태몽들은

☞ 장차 출생한 태아가 일생을 통해 누리게 될 부(富)의 규모나 양상을 표현하는 것이다.

♞ 꿈에 등장한 바가지는

☞ 방도 · 협조자 · 며느리 · 가정부 · 중개수단 등을 상징한다.

♞ 바가지가 깨지는 꿈을 꾸면

☞ 부부생활에 금이 가거나, 생계수단을 상실하게 된다.

♞ 바가지를 얻는 꿈을 꾸면

☞ 며느리나 가정부를 맞게 된다.

♞ 꿈에 등장한 두레박은

☞ 중계수단 · 사업방도 · 혼사 · 상거래 등과 연관된 일이나 사건을 암시하는 상징표상이다.

♞ 우물에서 두 사람이 번갈아 두레박질하는 꿈을 꾸면

☞ 결혼 · 사업 등에 있어 쌍방이 줄다리기를 거듭함으로써 난항이 지속될 것이다.

♞ 광주리 · 채반 등은 그 짜임새가 엉성한 것이 특징인데, 이것들이 등장한 꿈은

☞ 자기와 관련 있는 어떤 조직체가 느슨한 연결성을 가지고 있음을 나타낸다.

♞ 광주리나 채반에 음식이나 음식물을 담아오는 꿈을 꾸면

☞ 부실한 사업체로부터 재물을 얻거나, 자기의 작품이 허술하여 불만을 갖게 된다.

♞ 꿈에 등장한 복조리는
☞ 현실적 관념 그대로 복운(福運)의 상징이다.
♞ 고운 분말을 얻기 위해 곡식을 빻아 채에 넣고 흔드는 꿈을 꾸면
☞ 온전한 일거리를 마련하기 위해 돈·부동산·인재·권리 등을 분류하여 재정비하게 된다.
♞ 뜰채를 얻는 꿈은
☞ 분석·선별·당첨 등의 일과 관련이 있다.
♞ 개울에서 채로 물고기를 잡아 큰 것만 골라내는 꿈을 꾸면
☞ 사업상 어떤 취사선택(取捨選擇)을 하게 된다. 또는 복권에 당첨이 된다.
♞ 꿈에 등장한 호스〔管〕는
☞ 방도·중계·연결·산하단체 등을 상징한다.
♞ 호스를 연결하여 물을 끌어들이는 꿈을 꾸면
☞ 어떤 기관으로부터 재물을 얻거나, 새로운 사상·기술 등을 도입하게 된다.
♞ 마른 땅에 호스로 물을 뿌리는 꿈은
☞ 사상의 전파·기술보급·자원의 분배·투자 등을 상징한다.
♞ 꿈에 등장한 솔은
☞ 가정부·집사 등 집안의 고용인을 동일시한다.
♞ 꿈에 등장한 비는
☞ 협조자·머슴·가정부 등을 동일시하며, 문필과 관련하여 붓·펜·연필 등을 상징한다.
♞ 비로 마당을 쓸거나 방안에서 걸레질하는 꿈을 꾸면
☞ 귀한 손님이 찾아오거나, 사업기반을 다지거나, 근심걱정을 해소하게 된다.

꿈에 등장한 우산과 양산은
☞ 예방책 · 보호자 · 협조자 · 방도 · 중개인 등을 상징한다.
우산을 쓰고 빗길을 걷는 꿈을 꾸면
☞ 외부의 영향이나 간섭을 배제하고 독자적인 노선이나 행동을 고수하게 된다.
맑은 날 검은 우산을 쓰고 걸어가는 꿈을 꾸면
☞ 상부나 윗사람에게 반항을 하거나, 반대의사를 표하게 된다.
빗속에서 누군가와 우산을 같이 쓰는 꿈을 꾸면
☞ 동지나 연인이 생긴다.
우산이 작아 두 사람 중 하나가 비를 맞는 꿈을 꾸면
☞ 동업이나 연애 등을 함에 있어 어느 한쪽이 외부의 영향을 받아 흔들리게 된다.
여성의 경우, 땡볕을 피할 양산이 없어 안절부절 못하는 꿈을 꾸면
☞ 의지할 사람이나 보호책이 없어 무엇인가 심하게 고통 받을 일이 생긴다.
우비를 입고 일을 하는 꿈은
☞ 완벽한 예비 · 보호책을 강구하여 일을 추진한다는 뜻이다.
삿갓[笠]을 쓰고 길을 걷는 꿈은
☞ 신분을 감추고 어떤 일을 도모하거나, 상부의 명령으로 어떤 비밀임무를 수행한다는 뜻이다.

❖ 도구(道具)

생존에 필요한 여러 가지 연장을 도구라 부르는데 인류가 동물과 구별되는 특징 중의 하나다. 꿈은 그 의도를 표현함에 있어 보다 적은 힘으로 특

정한 목적을 효과적으로 실현하게 해 준다는 기능성을 재료로 도입한다. 형태적인 관점에서 성기의 상징으로 보는 것은 합당치 않다.

꿈에 등장한 도구(道具)는 일반적으로

☞ 협조자 · 권세 · 방도 · 정신력 · 능력 · 성격 등을 상징한다.

칼로 물건을 자르거나, 깎거나 하는 등의 꿈은

☞ 어떤 일을 분할 · 분배하거나, 가다듬게 된다는 암시적 표현이다.

도끼로 장작이나 통나무를 쪼개는 꿈은

☞ 협조자 · 방도 등을 동원하여 지금 추진 중인 일거리를 세분 · 정리하게 된다는 뜻이다.

길을 가로막는 나무를 베어낼 목적으로 그 밑동을 도끼로 찍는 꿈을 꾸면

☞ 적대적인 어떤 유력자나 큰 사업체를 제거하기 위해 강력한 수단을 동원하게 된다.

그러나 재목으로 쓰기 위해 나무를 베어내는 꿈을 꾸면

☞ 어떤 방도나 권리에 의해서 인재 · 재물 등을 얻게 된다.

벼의 생장을 돕기 위해 낫으로 논두렁의 풀을 깎는 꿈은

☞ 사업에 방해가 되는 불순한 요소들을 미리 제거한다는 뜻이다.

망치로 못을 박는 꿈을 꾸면

☞ 법규 · 계약 등에 의하여 튼튼한 마무리를 짓게 된다.

목수가 대패질을 하는 광경을 바라보는 꿈은

☞ 기자 · 학자 · 사업가 등이 재료를 선택하여 쓸모가 있는 것으로 가다듬고 있음에 비유된다.

펜치로 못을 뽑는 꿈은 꾸면

☞ 상대방과 해약(解約)·파기·절연(絶緣) 등을 하게 된다.

♞ 드라이버를 사용해서 나사못을 뽑는 꿈을 꾸면

☞ 유효한 수단을 동원하여 고착되고 결함이 생긴 어떤 일거리나 조직체를 해체하게 된다.

♞ 하늘에서 내려오는 큰 가위를 치마폭에 받았다는 태몽은

☞ 그 주인공이 장차 국가적 결속력을 와해시킬 만큼 강력한 권능을 소유하거나, 두 개의 강대한 세력을 자유자재로 조정할 수 있는 능력을 갖게 된다는 암시였다.

♞ 송곳은 어떤 적극적이고 충격적이며 신속한 수단임을 나타내는데,

☞ 통과·통찰·감염 등의 관념과 연관된 상징표상이기도 하다.

♞ 꿈에 괴한이 송곳으로 목을 찌르는 바람에 깜짝 놀라 깨었다는 어떤 사람은

☞ 이튿날 독감에 걸려 목이 붓는 것으로 꿈이 실현되었다고 한다.

자물쇠는 물건을 잠가 열지 못하게 하는 도구이고, 열쇠는 자물쇠를 열기 위한 도구다. 암쇠와 수쇠의 구실을 하는 이 한 쌍의 도구가 여성과 남성을 상징하기에 적합한 물건이어서 열쇠로 자물쇠를 여는 행동이 성교를 상징한다는 프로이트식의 해석도 나름대로 일리가 있다. 그러나 〈열다〉 라는 의미는 폐쇄·고정·단결·난제·미지 등에 대한 개방·해결·개척·성공·제거·통과 등의 뜻을 표현하는 것이므로 열쇠는 그러한 관념과 연관된 방도·능력·협조자 등을 상징하고, 자물쇠는 그에 상반된 방도·능력·협조자 등을 상징하는 것이다.

♞ 열쇠를 얻는 꿈을 꾸면

☞ 당면한 소원과 관련하여 여러 가지 문제를 해결할 수 있는 방

도나 능력을 얻게 된다.

- 남성의 경우, 잠긴 방문을 열쇠로 열고 들어가는 꿈을 꾸면
- ☞ 정조관념이 강한 어떤 여성을 정복할 수 있다.
- 황금으로 만든 행운의 열쇠를 얻는 꿈을 꾸면
- ☞ 당면한 최고·최대의 소망을 실현시킬 수 있다.
- 태몽에서 태아표상으로 등장한 열쇠는
- ☞ 재물의 소유와 관련하여 자유자재로 구사할 수 있는 만능의 능력을 나타내는 것이다.
- 소나 말에 쟁기를 메달아 논밭을 가는 꿈을 꾸면
- ☞ 유효한 방도를 마련하여 새로운 사업에 착수하거나, 새 작품을 집필하게 된다.
- 갈퀴로 가랑잎을 긁어모으는 꿈은
- ☞ 어떤 방도에 의하여 돈을 벌어 재물을 축적한다는 뜻이다.
- 꿈에 등장한 새끼줄·밧줄·자일 등은
- ☞ 수명·인연·세력·능력·방도·시간 등을 나타낸다.
- 암벽등반을 하다가 자일이 끊어져 밑으로 떨어지는 꿈을 꾸면
- ☞ 믿고 의지했던 사람·세력 등과의 인연이 끊어져 몰락한다.
- 줄타기를 하는 꿈은 주로 어떤 위기를 만났을 때 자주 꾸어지는데,
- ☞ 이쪽에서 저쪽으로 무사히 건너갔다면 호된 난관을 극적으로 극복하게 된다.
- 꿈에 두 집단이 줄다리기를 하여 어느 한쪽이 이기는 장면을 관람자의 입장으로 바라보았다면
- ☞ 마음의 갈등을 불러일으키던 두 개의 상반된 가치판단 중의 어느 하나를 선택하게 된다.

꿈에 등장한 어떤 줄이 두 개의 물체를 연결하고 있는 것은

☞ 인연·연락·소통 등이 유지되고 있다는 뜻이다.

꿈에 등장한 지게는

☞ 방도·협조세력·책임 등을 상징한다.

빈 지게를 지고 가는 꿈을 꾸면

☞ 실속이 없는 일에 관여하여 시간과 정력을 낭비하게 된다.

자기가 지고 있는 지게에 무거운 짐을 싣는 꿈을 꾸면

☞ 성과는 있겠으나, 그 과정이 고통스러운 어떤 일을 맡게 된다.

멍석을 펼치는 꿈을 꾸면

☞ 큰 사업을 시작하거나, 잔치를 벌이게 된다.

멍석에 곡식을 말리는 꿈을 꾸면

☞ 새 사업에 막대한 자금을 투입하게 된다.

멍석을 둘둘 말아 접는 꿈을 꾸면

☞ 하고 있는 사업을 중단하게 된다.

키질하는 꿈을 꾸면

☞ 선악을 분별할 일이 생긴다.

새끼줄을 늘여 날을 하고 짚으로 씨를 해서 가마니를 짜는 꿈은

☞ 조직·계약·생산 등의 관념이 유발되는 어떤 일이나 사건을 암시한다.

베틀로 베를 짜는 꿈은

☞ 가마니를 짜는 꿈과 같다.

탈곡기(脫穀機)로 벼를 터는 꿈을 꾸면

☞ 오랜 노력의 결과물을 정리하여 그 성과를 간추리게 된다.

꿈에 등장한 자〔尺〕는

☞ 방도·권리·가치판단·치적(治積)·한정 등을 상징한다.

- 자로 어떤 물체의 크기를 재는 꿈은
☞ 어떤 사물에 대한 가치판단을 하거나, 자로 잰 크기로 암시되는 직책·영토·사업기반 등을 소유하게 된다는 뜻이다.
- 신선(神仙)이 황금침척(黃金針尺)을 건네주며 「동국지방을 측량하는 데 쓰라」 라고 말했다는 이자춘의 꿈은
☞ 장차 아들 이성계가 이씨조선을 개국하여 한반도를 통치하게 된다는 태몽이었다.
- 자를 염두에 두고 어떤 사물의 넓이를 목측(目測)하는 꿈은
☞ 자신의 세력권이나 운신의 폭을 가늠하는 상징표현이다.
- 자를 이용하여 삼각형이나 장방형 등을 그리는 꿈을 꾸면
☞ 자신만의 책임 구역을 갖게 된다.
- 부피를 측정할 수 있는 말〔斗〕·되〔升〕 등의 용기는
☞ 재물의 크기나 사람의 도량을 암시하는 상징표상이다.
- 말〔斗〕을 얻는 태몽으로 출생한 아이는
☞ 장성하여 도량이 넓은 부자가 된다.
- 사업 초기에 말〔斗〕을 새로 사오는 꿈을 꾸면
☞ 그 사업이 번창하여 큰 성공을 거두게 된다.
- 말로 곡식을 되는 꿈을 꾸면
☞ 그 수량에 비견될 만한 재물을 얻게 된다.
- 꿈에 등장한 저울은
☞ 가치판단·비교·차별·평균·인격 등의 관념과 연관된 일이나 사건을 암시한다.
- 금·은으로 만든 저울을 태아표상으로 출생한 아이는
☞ 장차 장성하여 학자·심사관·재판관·평론가·문명비평가·시사평론가 등으로 성공한다.

세 곳의 옹달샘 물을 떠서 각각 저울로 달아보았다는 꿈은
☞ 세 가지 사업목적 중 하나를 선택하게 된다는 암시였다.

어떤 물건의 무게를 달려고 저울에 올려보니 추가 물건보다 무거웠다는 꿈은
☞ 선택한 일거리 · 재물 · 인재 등이 기대 · 기준 등에 못미처 실망하게 된다는 암시였다.

두 개의 물건을 천칭 저울 양쪽에 걸어 비교하는 꿈을 꾸면
☞ 인물 · 일거리 등을 선택함에 있어 둘 중의 하나만을 취하게 된다.

❖ 문방구(文房具)

붓 · 연필 · 펜 등의 필기도구는
☞ 소원의 충족이나 사상의 피력 등과 관련한 방도 · 능력 · 권리 등을 상징한다.

잉크 · 먹물 · 연필심 등은
☞ 그 재원(財源)을 뜻한다.

문방용구가 등장한 꿈은
☞ 지적(知的) 사업과 관련이 있다.

붓을 잡고 화선지에 글씨를 쓰는 꿈을 꾸면
☞ 자기의 사상이나 생각을 마음껏 피력할 일이 생긴다.

붓 · 먹 · 벼루 · 연적 등을 얻는 꿈을 꾸면
☞ 계획 · 학문 · 연애 · 취직 등의 소망이 성취될 방도가 생긴다.

붓대가 꺾이거나, 붓촉이 빠져 못 쓰게 되는 꿈을 꾸면
☞ 연애 · 작품 · 시험 등에 있어 실패하게 된다.

크고 좋은 펜대를 선물로 받았다는 꿈은

☞ 작품을 완성함에 있어 훌륭한 협조자를 얻게 된다는 암시였다.

♞ 윗사람으로부터 근사한 만년필을 선물로 받는 꿈을 꾸면

☞ 언론계에 투신하거나, 그와 연관된 직위·직책 등을 얻게 된다.

♞ 쓰던 만년필을 남에게 주는 꿈을 꾸면

☞ 명예·권리 등을 상실하거나, 서류문제로 시비할 일이 생기거나, 실직·이별 등의 불운을 겪는다.

♞ 연필 또는 색연필을 얻는 꿈을 꾸면

☞ 사업계획·건설 등과 관련된 직책이나 사업에 종사하게 된다.

♞ 학생이 좋은 연필을 얻는 꿈을 꾸면

☞ 성적이 향상되거나, 좋은 친구를 얻게 된다.

♞ 삼각자·T자 분도기 등을 사용하여 설계도면을 그리는 꿈을 꾸면

☞ 어떤 거대한 프로젝트를 완성한 다음, 각 부분 기술자들의 협조를 받아 본격 착수하게 된다.

♞ 컴퍼스로 원을 그리는 꿈을 꾸면

☞ 하고 있는 일이 원점(原點)으로 회귀하게 된다.

♞ 분도기로 어떤 물체의 각도를 재는 꿈을 꾸면

☞ 무엇인가 비율을 따질 일이 생긴다.

♞ 타이프를 치는데, 글자가 잘 찍히지 않거나 자주 오타가 나는 꿈을 꾸면

☞ 연인과의 사이가 원만하지 못하거나, 윗사람이 자기의 청을 들어주지 않아 초조하게 된다.

♞ 꿈에 등장한 종이〔紙〕는

☞ 이권·재물·자산·신문·잡지 등을 상징한다.

♞ 누군가가 종이로 얼굴을 가리는 꿈을 꾸면

☞ 그로 동일시된 어떤 인물이 행방불명된다.

♞ 상대에게 백지 한 장을 선물로 받는 꿈을 꾸면

☞ 새로운 분야를 개척하거나, 그러한 직업에 종사하게 된다.

♞ 자기가 글을 쓴 종이가 더러워지거나 구겨지는 꿈을 꾸면

☞ 미숙한 솜씨나 떳떳치 못한 과거사로 인하여 하는 일에 어려움을 겪게 된다.

♞ 이때 그 종이를 태워버리면

☞ 그러한 고통·근심에서 해방되게 된다.

24

음식과 음식재료에 관한 꿈

❖ 음식(飮食)

꿈에 음식을 먹는 행동과 쾌감을 성행위에 비교하는 사람들이 많다. 그러나 여성의 꿈이라면 몰라도 남성의 꿈에서는 어울리지 않고, 순가락을 사용하지 않고 먹는 행동은 또 어떻게 정의할 것인가 하는 점에서 판단할 때 이치에 합당하지 않다. 다만 식욕의 충족도 욕구충족이라는 점에서 성욕과 관련된 꿈일 경우 그 만족감을 표현하는 것일 수는 있다. 이 욕구충족의 상징의의는 음식을 먹을 때 느끼는 쾌감·미각(味覺), 그리고 포만감 등의 잠재지식에서 그 동일성과 유사성을 이끌어낸 것이다.

꿈에 등장한 음식물은

☞ 정신적·물질적 자산 또는 일거리의 상징이다.

꿈에 등장하는 음식물은 그 상태나 먹는 방법에 따라

☞ 각각의 상징의의가 달라진다.

음식물을 깨물어먹는 꿈은

☞ 어떤 일에 힘의 작용을 가하여 변형·재구성함으로써 목적한 바를 달성하게 된다는 뜻이다.

음식물을 마시거나 통째로 삼키는 꿈은

☞ 어떤 재물·업적 등을 원형이 훼손되지 않은 상태로 보존한다는 뜻이다.

상대에게서 음식을 대접받는 꿈을 꾸면

☞ 그 사람이 의뢰하는 일거리를 맡게 되거나, 그의 의사(意思)·지시 등에 순응하게 된다.

자기가 상대에게 음식을 대접하는 꿈을 꾸면

☞ 그로 동일시된 어떤 인물이 자기 의사에 순응하게 된다. 또는 그에게 어떤 일을 위탁하게 된다.

다른 사람들과 함께 음식을 먹는 꿈은

☞ 여러 사람들과 함께 할 어떤 일거리를 암시하는 것이다.

- 꿈속에서 음식을 먹는 곳으로 표현된 장소는

☞ 직장이나 사업장의 바꿔놓기인 경우가 많다.

- 꿈에 잘 차려진 음식을 보고도 바라만 볼 뿐 먹지 않았다면

☞ 제삼자가 위임하는 어떤 일을 직접 하지 않고 관망하게 된다.

- 남의 잔치에 초대되어 가는 꿈을 꾸면

☞ 회의 · 집회 · 세미나 등에 참석하게 된다.

- 남의 잔치에 초대되어 그 음식을 먹는 꿈을 꾸면

☞ 어떤 회의에 참석해서 중요한 역할을 맡거나, 어떤 기관에 취직하여 한동안 근무하게 된다.

- 겸상을 한 상대의 음식은 화려한데, 자기의 음식은 초라하여 불쾌감을 느끼는 꿈을 꾸면

☞ 동업자가 자기보다 많은 이익을 취함으로써 불만을 갖게 된다.

- 꿈에 애인과 마주앉아 음식을 먹으면

☞ 그 애인과 애정싸움을 하거나, 다른 누군가와 의견충돌을 빚게 된다.

- 꿈에 왕족이나 고관대작의 만찬에 초대되어 음식을 먹으면

☞ 권위가 있는 학술회 · 세미나 등에 참석하게 된다.

- 마땅한 음식점이 없어 이리저리 찾아 헤매다가 꿈을 깨면

☞ 취직이 어려워지거나, 성적 욕구를 해소하지 못해 불만을 갖게 된다.

- 꿈에 야외(野外)에서 음식을 먹으면

☞ 외근이나 현장근무를 하게 된다.

- 노점(露店)에서 음식을 사먹는 꿈은

☞ 본래의 일에 부가하여 가외의 일을 더 하게 된다는 뜻이다.

♞ 어두컴컴한 방에서 식사를 하는 꿈을 꾸면

☞ 생소하거나 비밀스런 일에 종사하게 된다.

♞ 음식이 갑자기 대변으로 변했다는 꿈은

☞ 자기의 일거리와 관련하여 굳이 애를 쓰지 않아도 저절로 재물이 생긴다는 암시였다.

♞ 볶고, 굽고, 삶는 등의 요리를 하는 일체의 꿈은

☞ 사업·소원 등을 성취하기 위하여 어떤 작용을 가한다는 암시적 표현이다.

♞ 숯불이 활활 피어오르고, 냄비에 찌개가 보글보글 끓는 상황에서 꿈을 깬 여성은

☞ 연정·성욕 등이 고조되기만 할 뿐 해소시킬 수 없거나, 해소시킬 대상을 기다리게 된다.

♞ 산·강·동물·바위·별 등의 자연물을 삼키는 태몽은

☞ 태아가 장차 이룩할 사업·일거리·권세·명예 등을 상징하는 것이 일반이다.

♞ 과일 등의 음식물을 삼키지 않고 깨물어먹는 태몽을 꾸면

☞ 태아가 유산되거나, 출산되더라도 요절하게 된다.

♞ 상한 음식을 먹는 꿈을 꾸면

☞ 노력이 모두 헛수고가 되거나, 불쾌한 체험을 하거나, 창피를 당하게 된다.

♞ 두 동물이 서로 싸우다가 어느 한쪽이 다른 한쪽을 잡아먹는 꿈은

☞ 가치관의 혼란이나 이념적 갈등을 극복함으로써 그 중 어느 한쪽을 선택하게 된다는 뜻이다.

❖ 여러 가지 음식

우리는 주식(主食)으로 밥, 그리고 부식(副食)으로 국과 반찬을 먹고 산다. 꿈에 주식이라고 상기되는 것은 본업(本業)을 상징하고, 부식은 부수적인 일거리를 나타내는 것이다. 꿈속에서 자기가 받은 밥상에 밥은 없고 반찬만 덜렁 놓여 있었다면 주체적인 일은 맡지 못하고 부수적인 일에만 관여하게 된다.

웟사람에게 좋지 않은 음식을 대접하는 꿈을 꾸면

☞ 자기의 실력이나 수완이 뛰어나지 못하여 소원을 충족하지 못하게 된다.

훌쩍이며 국물을 마시는 꿈을 꾸면

☞ 감기에 걸리거나, 남보다 적은 분배를 받게 된다.

미역국을 먹는 꿈을 꾸면

☞ 자기가 소속한 단체가 와해되거나, 시험에서 낙방하게 된다.

국수를 먹는 꿈은

☞ 집대성·연결·결합 등과 연관된 일을 성취하게 된다.

냉면을 먹는 꿈을 꾸면

☞ 통쾌한 일을 하거나, 근심걱정이 사라진다. 또는 누군가에게 냉대(冷待)를 당하게 된다.

떡을 먹는 꿈을 꾸면

☞ 잘 가다듬어 정선된 일거리를 맡거나, 지식·재물 등을 얻는다.

큰 시루에 가득 든 시루떡을 모두 먹어치웠다는 태몽은

☞ 출생할 아이가 일생을 통해 많은 일을 할 것이며, 풍요로운 삶을 누리게 된다는 암시였다.

떡장수에게서 떡을 사먹는 꿈을 꾸면

☞ 중개인·중매인 등을 통해 일·결혼 등이 이루어진다.

♞ 빵을 자르는 꿈을 꾸면

☞ 어떤 일거리를 여러 사람에게 분배할 일이 생긴다.

♞ 빵을 먹는 꿈은

☞ 밥을 먹는 꿈과 같다.

♞ 꿈에 등장한 술〔酒〕은

☞ 자극·흉계(凶計)·책임 등과 연관된 일이나 사건을 암시한다.

♞ 꿈에 상대가 권하는 술을 마시면

☞ 정신적인 자극이나 감화를 받게 된다. 또는 남의 흉계에 말려 들거나, 정신병에 걸린다.

♞ 꿈에 상대가 자기가 권한 술을 마시면

☞ 그로 동일시된 어떤 인물이 자기 계교에 넘어가거나, 자기에게 복종하게 된다.

♞ 대통령에게 술을 대접하였다는 꿈은

☞ 어떤 회사 사장에게 취직을 부탁하게 된다는 암시였다.

♞ 임금이 하사한 어주(御酒)를 마시는 꿈을 꾸면

☞ 사회적인 중책을 맡게 되거나, 국가적인 명예를 얻게 된다.

♞ 술에 취해 몸을 가누지 못하는 꿈을 꾸면

☞ 누군가에게 세뇌되어 어떤 집념에서 헤어날 길이 없거나, 유행성 질병에 걸리게 된다.

♞ 상대가 술에 취해 길거리에 쓰러진 꿈을 꾸면

☞ 자기 일거리를 의뢰할 어떤 인물이 병들고 나약하여 불안감을 느끼게 된다.

♞ 감주(甘酒 : 식혜)를 마시는 꿈을 꾸면

☞ 수월하고 부드러운 일거리를 맡게 된다.

상대와 같이 우유를 마시는 꿈을 꾸면

☞ 누군가와의 오랜 협상이 원만하게 타결된다.

커피・홍차・녹차 등은 술의 상징의의와 같다. 상대가 건네준 커피를 마시면

☞ 그로 동일시된 어떤 사람의 청을 들어주게 된다.

뜨거운 차를 마시는 꿈을 꾸면

☞ 어떤 자극을 받아 흥분할 일이 생긴다.

강물이 마르도록 모두 마셔버리는 꿈을 꾸면

☞ 최고・최대의 소원을 충족하게 된다. 갑부가 되거나, 대학자가 되어 일세를 풍미할 수도 있다.

괴한이 나타나 송도(松都)의 강물을 모두 마셔버렸다는 이성계(李成桂)의 꿈은

☞ 송도(개성)의 기가 쇠하여 만부득이 한양으로 천도하게 된다는 암시였다.

상대에게 과자나 사탕을 대접하는 꿈은

☞ 누군가가 자기의 의사를 따르도록 종용하거나, 그에게 무엇인가 청탁을 하게 된다는 뜻이다.

앞에 놓인 음식물에 구미가 당기는데도 먹지 않는 꿈을 꾸면

☞ 내적 욕구를 심하게 억제시킬 일이 생긴다.

음식물이 부족하여 불만을 느끼는 꿈을 꾸면

☞ 어떤 일을 처리하는 과정에 의욕만 넘칠 뿐 실현할 수 없는 상황에 처하여 좌절하게 된다.

밤・호두 등을 먹으면서 입안에서 소리를 내는 꿈을 꾸면

☞ 누군가와 심한 언쟁을 벌이게 된다.

기독교인의 경우 성체・성사의 꿈에 밀떡이나 포도주를 먹으

면

☞ 입학·취직·결혼 등 당면한 소원을 충족할 수 있다.

닭고기·쇠고기 등의 육류(肉類)를 입에 넣고 씹는 꿈을 꾸면

☞ 답답하고 따분한 상황에 처하게 된다.

소·돼지 등의 큰 동물을 통째로 구워서 여러 사람들과 함께 베어 먹는 꿈을 꾸면

☞ 여러 사람들과 함께 할 일이 생기거나, 어떤 관심사를 공론에 부쳐 논쟁을 벌이게 된다.

문서·신분증 등을 삼키는 꿈을 꾸면

☞ 난처한 상황에 처하여 비밀을 간직하려고 애를 쓰게 된다.

돈을 삼키는 꿈을 꾸면

☞ 공금을 횡령하게 된다.

바다를 표류하는 남파선원이 진수성찬을 먹는 꿈을 꾸면

☞ 무사히 구조되어 고향으로 돌아갈 수 있다.

❖ 음식재료(飮食材料)

음식물을 만들 수 있는 물건, 즉 곡식·과일·채소·음료·육류·조미료 등을 음식재료라 부를 수 있다. 완전히 조리된 음식물은 정신적·물질적 자산이나 일거리를 상징하므로 그 재료는 가공이나 완성, 또는 수속을 거치지 않은 재물이나 일거리의 상징물이다. 꿈은 이들 재료의 다과(多寡)·용도·형태·종류 등에 따라 다양한 상징의의를 나타낸다.

고추가 등장한 태몽이라 해서 모두 남아(男兒)의 출산을 암시하는 것은 아니다.

☞ 새파란 고추 한두 개는 분명 남아의 상징이지만, 그 양이 많은 것은 성별에 관계없이 태아가 누리게 될 재물을 상징하는 것이다.

볍씨나 보리씨 등 씨앗이라는 관념이 상기되는 곡물류는

☞ 자본 · 작품 · 약(藥) 등의 상징이다.

미혼녀가 밭에서 무를 뽑아 깨물어먹는 꿈을 꾸면

☞ 장차 결혼 상대자가 될 어떤 남성을 사귀게 된다.

약초(藥草)가 태아표상으로 등장한 태몽을 꾸면

☞ 출생할 아이는 장차 의사 · 학자 · 법률가 등으로 성공한다.

여성이 시장에서 찬거리를 푸짐하게 사오는 꿈을 꾸면

☞ 머지않아 집안에 큰돈이 들어온다.

요리를 하기 위해 육류(肉類)를 사오는 꿈을 꾸면

☞ 조만간 사업자금을 마련하게 된다.

쇠고기나 돼지고기 등의 육류를 자를 때 피가 뚝뚝 떨어지는 꿈을 꾸면

☞ 가족이나 지인(知人) 중의 누군가가 상처를 입어 피를 흘리는 광경을 목격하게 된다.

살을 모두 발라낸 육골(肉骨)을 사오는 꿈을 꾸면

☞ 실속 없는 사업에 투자하여 손해를 보게 된다.

통조림을 따는 꿈을 꾸면

☞ 어떤 비밀을 밝혀낸다.

통조림을 먹는 꿈을 꾸면

☞ 중요한 지식을 얻거나, 어떤 사상에 감화된다.

꿈에 상점에서 여러 가지 통조림이 진열된 광경을 바라보면

☞ 필요한 자료를 수집하기 위해 수많은 서적들을 섭렵하게 된다.

여성의 경우, 소시지나 바나나를 먹는 꿈을 꾸면

☞ 조만간 성교를 하게 된다.

음식물에 꿀이나 잼 등을 발라먹는 꿈을 꾸면

☞ 일에 대한 편의를 도모하거나, 스스로 의욕을 북돋울 일이 있다.

♞ 과일로 만든 주스는

☞ 지식 · 재물 등의 상징이다.

♞ 고급과자가 가득 들어있는 선물상자를 받는 꿈을 꾸면

☞ 품격이 높고 흥미로운 일거리가 생기거나, 혼담이 들어온다.

♞ 얼음과자나 아이스크림을 먹는 꿈은

☞ 어떤 일이 급속히 진행되다가 쉽게 결말을 맺는다는 뜻이다.

♞ 연애중인 남녀의 경우 애인과 함께 아이스크림을 먹는 꿈을 꾸면

☞ 빠르게 진행되던 혼담(婚談)이 갑자기 무산된다.

♞ 꿈에 김장을 하는 일련의 과정이 연출되는 것은

☞ 어떤 일이 진척되는 순차적인 과정에 비유되는 경우가 많다

♞ 그러나 무나 배추를 소금에 절이는 꿈은 불길한 징조인데,

☞ 성욕이 감퇴하거나, 사업이 침체되거나, 병에 걸린다는 뜻이다.

♞ 김장을 하기 위해 무 · 배추 등을 많이 들여오는 꿈을 꾸면

☞ 상당히 많은 사업자금이 마련된다.

♞ 꿈에 등장한 식초 · 간장 · 된장 · 고추장 · 소금 등의 조미료는

☞ 어떤 일에 필요한 수단 · 방도 · 재원 등을 상징한다.

♞ 식초병을 쏟아 방안이 신 냄새로 가득 차 불쾌하였다는 꿈은

☞ 주변에 좋지 않은 소문을 내게 됨으로써 마음을 진정할 수 없게 된다는 암시였다.

♞ 음식 맛이 너무 시다고 생각하는 꿈을 꾸면

☞ 자신의 일과 관련하여 무엇인가 잘못된 점을 발견하게 된다.

♞ 큰 독이 간장으로 가득 찬 꿈을 꾸면

☞ 집안살림이 풍족해진다.

♞ 장독대에 즐비한 간장독마다 가득 넘쳐흘렀다는 꿈은

☞ 장차 부자가 될 길몽이었다.

♞ 누군가가 자기 집 간장독에 물을 부어 짜지 않게 만드는 꿈을 꾸면

☞ 타인의 간섭으로 자기 사업이 쇠퇴한다.

♞ 간장을 아무리 먹어 봐도 빛깔만 검을 뿐 짜지 않았다면

☞ 어떤 욕구불만에 빠지게 된다.

♞ 간장독이 거품을 내는 등 지저분하게 보이는 꿈을 꾸면

☞ 집안에 풍파가 일거나 우환(憂患)이 생긴다.

♞ 간장을 팔거나 남에게 주는 꿈을 꾸면

☞ 재물이 흩어진다.

♞ 꿈에 등장한 소금〔鹽〕은

☞ 재물을 상징하며, 질병·액땜·부채·저축·충격 등과 연관된 어떤 일이나 사건을 암시한다.

♞ 창고가 소금으로 가득 찼다거나, 소금 가마니를 들여오거나 하는 등의 꿈을 꾸면

☞ 큰 재물이 생긴다.

♞ 그러나 이웃집에서 소량의 소금을 얻어오는 꿈을 꾸면

☞ 걱정거리가 생긴다.

♞ 된장 항아리가 구더기로 득실거렸다는 꿈은

☞ 지금의 사업을 기반으로 또 다른 사업을 하게 된다는 암시였다.

♞ 고추장으로 조리한 음식을 먹고 매운 감각을 느끼는 꿈을 꾸면

☞ 매우 자극적이고 정열적인 일에 종사하게 되거나, 그러한 체험을 하게 된다.

♞ 음식물에 설탕을 집어넣어 단 맛을 내는 꿈은

☞ 자기 직무나 사업과 관련하여 어떤 선행을 베풀게 됨으로써 사

람들을 감동시킨다는 뜻이다.

♞ 설탕물을 마시는 꿈을 꾸면

☞ 머지않아 어떤 사람으로부터 정신적 감화(感化)를 받게 된다.

♞ 꿈에 등장한 참기름·들기름 등의 식용유(食用油)는

☞ 지식·재물 등을 상징한다.

♞ 식용 기름에 음식물을 볶거나 튀기는 꿈을 꾸면

☞ 지지부진하던 일거리가 활성화된다. 또는 마음의 갈등이 생긴다.

♞ 파·마늘 등의 조미식품이 태몽의 표상인 아이는

☞ 장차 장성하여 교직자·목회자 등의 정신적인 지도자가 된다.

♞ 종교인이 마늘을 얻는 꿈을 꾸면

☞ 새로운 교리를 받아들이게 된다.

25

운동·오락·음악·연극·영화·미술의 꿈

❖ 운동경기(運動競技)

운동경기를 하는 장면들이 도입되는 꿈은 가까운 미래에 체험될 정신적인 갈등 · 사업의 성패(成敗) · 이데올로기의 선택 · 전쟁의 예측(豫測) 등과 관련이 있다. 꿈에 등장한 공설운동장 · 야구장 · 체육관 등의 경기장은 현실에서 체험될 어떤 사건현장의 바꿔놓기인 경우가 많다.

♞ 꿈에 집단체조(集團體操)를 하는 사람들은

☞ 자기의 사업이나 학문적 견해에 동조 · 협조해 줄 사람들을 동일시한다.

♞ 자기의 구령(口令)에 맞춰 많은 사람들이 맨손체조를 하는 꿈을 꾸면

☞ 많은 사람들이 자기의 이론 · 주장에 호응하거나, 하는 일이 일사분란하게 진행된다.

♞ 자기가 기계체조를 하는 꿈을 꾸면

☞ 자기의 재주 · 기예(技藝) · 능력 등을 한껏 뽐낼 일이 생긴다.

♞ 큰 돼지가 벙글벙글 웃으며 철봉체조를 하였다는 태몽은

☞ 출생한 아이가 뛰어난 재주로 부(富)를 축적하게 될 것이라는 암시였다.

♞ 마라톤에 관한 꿈은

☞ 오랜 기간이 소요될 어떤 일거리의 성패(成敗)를 나타낸다.

♞ 마라톤 경주에서 우승을 하는 꿈을 꾸면

☞ 사업 · 학문 · 진급 등과 관련하여 최고의 소망을 실현하게 된다.

♞ 국제경기에 출전한 우리나라 선수가 우승을 하는 꿈은

☞ 자기 또는 자기가 소속한 집단이 어떤 경쟁에서 승리하게 된다는 뜻이다.

▲ 릴레이 경기에서 앞의 선수에게 바통을 넘겨받아 뛰는 꿈을 꾸면
☞ 타인의 사업체를 인수하거나, 후계자·문하생의 자격을 인정받게 된다.
▲ 야구·럭비·농구 등의 집단구기(集團球技) 종목에서 자기 팀이 승리하는 꿈은
☞ 자기가 소속한 집단이나 우호세력이 어떤 경쟁적인 환경에서 승기(勝機)를 잡게 된다는 뜻이다.
▲ 축구·배구 등 구기(球技) 경기를 하는 꿈에 등장한 공은
☞ 승부의 목적이 되는 어떤 사물을 암시한다.
▲ 축구경기에서 자기가 찬 공이 하늘 높이 떠오르거나, 경기장 밖으로 날아가는 꿈을 꾸면
☞ 자기의 능력을 한껏 발휘하여 많은 사람들의 이목을 끌게 된다.
▲ 야구경기에서 홈런을 치는 꿈을 꾸면
☞ 당면한 소원을 충족하게 됨으로써 큰 영예를 얻게 된다.
▲ 축구·핸드볼·농구 등의 경기에서 골인을 시키는 꿈을 꾸면
☞ 여러 가지 난관을 극복하여 어떤 소망을 실현하게 된다.
▲ 경기 도중 상대에게 공을 빼앗겨 속이 상한 꿈을 꾸면
☞ 당면한 소망을 실현할 수 없어 좌절하게 된다.
▲ 그러나 배구경기에서 상대 진영으로 공을 넘기는 꿈은
☞ 자기에게 부여된 책무를 다하여 부담을 벗게 된다는 뜻이다.
▲ 구기(球技)를 하는 꿈에서 상대의 공을 빼앗거나 상대의 골에 공을 집어넣는 것은
☞ 소원충족의 표현이다. 경쟁에 승리함으로써 통쾌·만족감을 만끽하게 된다는 뜻이다.
▲ 배구나 탁구 경기에서 상대편과 공을 주고받는 꿈을 꾸면

☞ 어떤 업적에 대한 공과(功過)를 따지거나, 과실(過失)에 대한 책임공방을 벌이게 된다.

♞ 자기편으로 넘어온 공을 상대 진영에 넘기지 못하는 꿈을 꾸면

☞ 어떤 과실에 대한 책임을 지거나, 초조감을 불러일으킬 어떤 사건을 겪게 된다.

♞ 축구경기에서 자기가 응원하는 팀이 승리하는 꿈을 꾸면

☞ 어떤 경쟁적인 환경에서 적대적인 상대방을 패퇴시키거나, 자기의 주장을 관철하게 된다.

♞ 경기 도중 반칙이나 폭력 따위로 부당행위를 하는 것은 다만 욕구충족의 표현이므로

☞ 소원충족의 상징으로 해석된다. 그러나 심판의 제재를 받는 것은 좋지 않은 징조다.

♞ 권투·레슬링·씨름·유도·태권도 등 투기(鬪技)를 하는 꿈은

☞ 이념투쟁·권리다툼·책임공방 등과 연관된 일이나 사건을 암시한다.

♞ 운동경기에 등장한 심판·감독관 등이 인상적인 꿈은

☞ 선악(善惡)을 분별하는 자기암시인 경우가 많다. 또는 어떤 지도자·협조자 등을 동일시한다.

♞ 김일 선수가 외국선수와 레슬링 경기를 하는데, 외국선수가 승기를 잡는 것을 보았다는 꿈은 어느 소설가의 실제 사례다. 이것은,

☞ 작품을 구상함에 있어 신구(新舊)의 두 사조(思潮) 중 무엇을 취할 것인가 고민하다가 결국 신사조를 선택하게 된다는 암시였다.

♞ 검도·펜싱 등의 경기에서 칼싸움을 하는 꿈을 꾸면

☞ 누군가와 논쟁(論爭)을 벌이게 된다.

♞ 사이클·자동차·요트·스키·승마 등 승용구(乘用具)가 등장

하는 꿈들은

☞ 자기가 소속한 단체와 적대적인 상대세력, 또는 자기와 협조자와의 상관관계를 암시하는 경우가 많다.

♞ 원반 · 투포환 · 창던지기 등의 투척경기를 하는 꿈은

☞ 자기의 능력이나 세력의 정도를 예측하거나, 남에게 과시할 일이 있음을 암시한다.

♞ 경기에 우승하여 우승기 · 우승컵 · 메달 · 상금 등을 받는 꿈은

☞ 어떤 난관을 극복하고 소원을 성취함으로써 영예 · 권세 · 재물 등을 획득하게 된다는 암시다.

♞ 상장을 수여받는 꿈이

☞ 면허증 · 특허권 · 임명장 등을 획득한다는 암시일 수도 있다.

♞ 경기 도중 자기가 선두를 달리고 있는 장면에서 꿈을 깨면

☞ 경쟁자들로 인하여 불안 · 초조감을 불러일으키는 어떤 사건을 체험하게 된다.

♞ 자기가 선수로 등장한 경기장의 관람석에서 많은 관중들이 지켜보는 꿈을 꾸면

☞ 하는 일이 여러 가지 난관에 부딪치거나, 여러 사람들의 시빗거리가 될 수도 있다.

♞ 이런 꿈에선 경기장에 관중이 없는 것이 오히려 길조인데

☞ 복잡한 문제에 부딪치지 않고 수월하게 처리할 수 있다는 뜻이다.

♞ 응원단의 함성 · 북소리 · 나팔소리 등이 요란한 꿈을 꾸면

☞ 자기가 하는 일이 남의 이목을 끌어 시비가 끊이지 않는다.

♞ 등산장비를 등에 지고 산을 오르는 꿈은

☞ 소원 · 사업 등을 성취함에 있어 길고 고달픈 여정이 남아 있음

을 뜻한다.

♞ 목적한 산정(山頂)을 정복하는 꿈을 꾸면

☞ 취직 · 사업 · 시험 등의 당면한 소원을 충족하게 된다.

♞ 알프스나 에베레스트 등 세계적인 명산을 정복하는 꿈을 꾸면

☞ 최고 · 최대의 소망을 실현함으로써 국가적인 명예 · 권세 등을 획득하게 된다.

❖ 오락(娛樂)

야외에서 집단놀이를 하거나, 실내에서 기구를 가지고 게임을 하는 꿈들은 휴식을 뜻하는 것이 아니라, 현재 진행 중인 어떤 일거리에 관한 암시인 경우가 많다. 특히 여럿이 모여 즐기는 게임은 취직 · 진급 · 사업 등의 성공 여부를 가늠하거나 운세를 전망하는 암시적 표현이다.

♞ 소풍을 나간 꿈에서 보물찾기를 하는데 자기만이 보물을 찾지 못해 아쉬워하는 꿈을 꾸면

☞ 취직 · 진급 · 시험 등의 당면한 소원을 충족할 수 없다.

♞ 꿈에 보물을 찾으려 흙을 파헤치니 사람의 뼈가 나왔다는 어느 대학원생은

☞ 얼마 후 졸업논문이 통과되어 오랜 소망이던 학위를 수여 받게 되었다고 한다.

♞ 상대와 가위바위보 놀이를 하여 이기는 꿈을 꾸면

☞ 어떤 경쟁적인 환경에서 승리함으로써 소원을 충족하게 된다.

♞ 숨바꼭질을 하는 꿈에서 술래가 되어 숨은 사람을 찾으러 다니면

☞ 무언가를 잊어버려 심적 고통을 당하게 된다.

♞ 숨바꼭질을 하면서 자기가 몸을 숨기는 꿈을 꾸면

☞ 관심이 없다, 관여하지 않는다, 회피하다 하는 등의 관념이 유발

되는 어떤 일이나 사건을 겪게 된다.

♞ 딱지치기 · 공기놀이 · 자치기 등의 집단놀이를 하는 꿈은

☞ 그 승부로서 현실의 사업 · 소원 등의 성취 여부를 암시한다.

♞ 낚시질을 하는 꿈은

☞ 뇌물 · 계교 · 속임수 등의 불합리한 수단을 동원하여 재물이나 심복을 얻는다는 뜻이다.

♞ 낚시를 하는 꿈에 길게 풀려나간 낚싯줄이 인상적이었다면

☞ 현재 하는 일을 완수하는 데 상당한 기간이 소요될 것이며, 그 성공도 장담할 수 없다는 뜻이다.

♞ 낚아 올린 물고기를 되살려 주는 꿈을 꾸면

☞ 어렵사리 획득한 재물 · 명예 · 인재 등을 잃게 된다.

♞ 낚시도구를 얻는 꿈을 꾸면

☞ 재물을 획득하기 위한 묘안이 떠오르거나, 좋은 방도가 생긴다.

♞ 화투 · 카드 등의 놀이를 하는 꿈은

☞ 일의 성패 여부나 운세의 변화를 예측하는 것이다.

♞ 화투장으로 오관 떼기를 하는 꿈에서 어떤 그림이 인상적이면

☞ 조만간 그 화투장의 그림이 암시하는 운명적 변화가 닥친다.

♞ 간혹 화투장으로 상징되는 달〔月〕이 현실의 달을 암시하는 경우도 있다.

☞ 가령 목단이 유월을, 공산이 팔월을 나타낸다는 식이다.

♞ 방안에 화투장이 흩어져 있는 꿈을 꾸면

☞ 어떤 일거리나 사건이 정리되지 못하여 혼란한 와중에 심적 갈등을 겪게 된다.

♞ 상대와 단순히 하투놀이를 하는 꿈은

☞ 사업상 시비가 생기거나, 의견 대립을 하게 된다는 뜻이다.

♞ 그러나 화투 · 카드 · 마작 · 골패 등의 노름기구를 사용하여 도박을 하는 꿈은

☞ 부침(浮沈)을 거듭하는 사업이나 운세의 흥망성쇠를 가늠하는 암시적 표현이다.

♞ 화투로 노름을 해서 적은 액수의 돈을 따는 꿈을 꾸면

☞ 걱정거리가 생긴다.

♞ 반면 많은 액수의 돈을 따는 꿈은

☞ 숱한 우여곡절을 겪은 다음에야 많은 재물을 얻게 된다는 뜻이다.

♞ 노름을 하는 꿈에서 공포 · 패배감을 느끼면

☞ 극한적인 문제에 부딪쳐 상당한 심로(心勞)를 겪게 된다.

♞ 장기나 바둑을 두는 꿈은

☞ 서로 대립하는 두 사람이나 두 세력 간의 다툼을 표현하는 것이다. 전쟁의 상징일 수도 있다.

♞ 이런 꿈에서 장기판 · 바둑판은 세력판도를,

☞ 장기알 · 바둑알은 인적 · 물적 자원을 나타내는 것이다.

♞ 동자(童子)와의 내기바둑에 져서 바둑판과 바둑알을 빼앗겼다는 고종황제의 꿈은

☞ 외세(일제)에 국권을 찬탈당하여 국운이 기운다는 암시였다.

♞ 꿈에 장기 · 바둑을 두는 상대가 자기와 동년배라면 적수가 되는 어떤 사람을 동일시하는 것이고,

☞ 노인이라면 노련한 학자나 오랜 적성국을, 그리고 어린이라면 미숙한 사람을 동일시하는 것이다.

♞ 상대와 바둑을 두어 승부를 내지 못하는 꿈을 꾸면

☞ 누군가와의 논쟁이나 시비가 결말을 맺지 못한다.

♞ 상수(上手)와 바둑을 두어 이기는 꿈을 꾸면

☞ 벅찬 일을 성취할 수 있다.

♞ 바둑을 두는 꿈에서 상대의 돌을 따내는 꿈을 꾸면

☞ 경쟁자를 패퇴시켜 그 권리·영역 등을 탈취하게 된다.

♞ 윷이나 주사위놀이에서 만들어진 숫자는

☞ 운명적 추세를 암시하는 중요한 수리(數理)표현일 수 있다.

♞ 슬롯머신 등 기계를 이용하여 도박을 하는 꿈은

☞ 어떤 기관과 연관된 자기의 운명적 추세를 암시하는 것이다.

❖ 소리(音)·음악(音樂)

수면 중 청각기관으로 느낄 수 있는 극히 미세한 소리라도 능히 꿈을 만들어 낼 수 있다. 과거 서구학자들은 이러한 자극현상을 설명하기 위하여 실험대상인에게 인위적인 자극을 가하거나, 자기 자신의 체험을 통하여 그것을 입증하려고 부단히 노력하였다. 그러나 똑같은 소리라 할지라도 꿈꾸는 사람이 가진 소원의 경향에 따라 각기 다른 꿈을 형성한다는 점은 알아내지 못하였다. 가령 같은 천둥소리를 똑같은 시간, 똑같은 장소에서 들었다 해도 누구는 전쟁터의 한복판에 서 있는 꿈을 꾸고, 누구는 주변에 벼락이 떨어지는 꿈을 꾼다. 꿈이 감각자극을 통하여 재료를 얻어오기는 하지만, 그 의도성은 전혀 다르기 때문이다.

♞ 꿈에 등장하는 각종 소리〔音〕는

☞ 소문·소식·명성·감동 등을 상징한다.

♞ 수면 중 현실에서 발생한 어떤 소리가 귀를 통해 들어올 때, 비슷한 이미지의 영상을 만들어내는 경우가 많다.

☞ 가령 교회 첨탑에서 울려퍼지는 종소리를 듣고 꿈을 깨었을 때 자명종이 울리고 있었다는 경우가 그런 사례 중의 하나다.

♞ 뇌성·굉음·폭음·포효 등으로 천지가 진동하는 꿈을 꾸면

☞ 자기가 국가적 명성을 떨치게 되거나, 사회를 뒤흔드는 일대사

건이 발생한다.

지진 · 화산폭발 · 폭탄 등의 소리가 산야에 울려 퍼지는 꿈은

☞ 사회적인 명성을 떨침으로써 크게 소문낼 일이 생기거나, 어떤 사회변화가 도래하여 그 영향을 받게 된다는 뜻이다.

가냘프고 희미한 소리가 인상적인 꿈은

☞ 은밀한 가운데 나타났다 사라질 어떤 사건을 암시한다. 또는 타인과의 시빗거리를 암시한다.

멀리서 짐승의 포효(咆哮)나 총성(銃聲)이 희미하게 들려오는 꿈은

☞ 먼 곳으로부터 도착할 어떤 소식이나 먼 훗날 일어날 어떤 사건을 암시하는 것이다.

자기가 무엇인가 고함을 지르는 꿈을 꾸면

☞ 사회적 명성을 떨치거나, 주변에 큰 소문을 내게 된다.

상대의 신음소리나 비명소리를 듣고 마음이 흔들리는 꿈을 꾸면

☞ 그로 동일시된 어떤 인물로 인하여 불쾌한 체험을 하게 된다.

수면 중 현실에서 들려오는 짐승의 울음소리가 꿈의 영상을 만들어 내었을 경우

☞ 그 짐승의 상징의의와 부합되는 어떤 현실사건을 암시하는 경우가 많다.

파돗소리 · 바람소리 · 빗소리 등 자연의 소리가 인상적인 꿈은

☞ 자기에게 영향을 미칠 어떤 중요한 사회변화를 암시하는 것이다.

먼 곳의 소나기소리가 점점 가까이 들려오는 꿈은

☞ 자신의 명성이 점점 더 널리 퍼지게 된다는 뜻이다.

노래를 부르는 꿈은 일반적으로

☞ 감정 · 사상 등과 연관된 어떤 일이나 사건을 암시한다.

♞ 혼자 노래를 부르는 꿈을 꾸면

☞ 애인에게 연정을 호소할 일이 생긴다.

♞ 대중 앞에서 노래를 부르는 꿈을 꾸면

☞ 여러 사람들에게 자기의 생각이나 사상을 피력하여 그들로 하여금 자기를 따르게 한다.

♞ 상대가 구슬픈 노래를 부르는 꿈을 꾸면

☞ 남의 일로 불쾌한 체험을 하거나, 남의 사주에 놀아나거나, 남의 슬픈 처지를 동정하게 된다.

♞ 높은 산에 올라가 상쾌한 기분으로 노래를 부르는 꿈을 꾸면

☞ 신분이 고귀해지고, 자기의 권세나 명예를 널리 떨치게 된다.

♞ 낮은 언덕에 올라 구슬픈 노래를 부르는 꿈이

☞ 상을 당해 하관시 호곡(號哭)하는 것으로 현실화될 수도 있다.

♞ 가수가 되어 무대에 올라 노래를 부르고 청중으로부터 박수갈채를 받는 꿈을 꾸면

☞ 자기의 독창성 · 장기(長技) · 작품 등이 여러 사람들에게 공개되어 칭찬을 듣게 된다.

♞ 가사를 잊거나, 음이 틀리거나 하여 노래를 중단하는 꿈을 꾸면

☞ 당면한 소망을 실현할 수 없게 된다.

♞ 유명 가수나 저명한 음악가와 데이트를 하는 꿈을 꾸면

☞ 대중적 인기직업에 종사하거나, 인기를 끌게 될 창작물을 만들게 된다.

♞ 악보(樂譜)를 그리면서 작곡을 하는 꿈을 꾸면

☞ 사업계획을 세우거나, 새 작품을 구상하게 된다.

♞ 합창단원의 일원이 되어 청중 앞에서 노래 부르는 꿈을 꾸면

☞ 시위에 가담하여 단체적인 요구사항을 당국에 제시하게 된다.

♞ 꿈에 청중의 한 사람이 되어 합창단의 노래를 들으면

☞ 어떤 단체가 요구조건을 내걸고 시위를 하거나, 선전·압박을 가해와 마음의 동요를 느끼게 된다.

♞ 남성의 경우, 아내나 애인이 부르는 노래에 매혹되는 꿈을 꾸면

☞ 그녀가 울면서 불평을 늘어놓음으로써 마음이 상하게 된다.

♞ 상대가 춤을 추면서 노래를 부르는 꿈을 꾸면

☞ 누군가가 지나친 자기주장을 내세워 시비를 벌이게 된다.

♞ 상대의 악기 장단에 맞춰 춤추고 노래 부르는 꿈을 꾸면

☞ 어떤 교활한 자의 교사(敎唆)를 받아 남에게 해를 끼치게 된다.

♞ 시(詩)를 읊는 꿈을 꾸면

☞ 그 시의 내용이 암시하는 어떤 생각이나 사상을 다른 사람들에게 피력하게 된다.

노래나 춤의 반주기능으로 발전해 온 기악(器樂)은 음의 표현영역이 성악보다 넓어 듣는 이로 하여금 쉽게 황홀감에 젖고 감동하게 한다. 과거 서구 심리학자 중에는 이렇듯 마음을 뒤흔드는 음률에 빠져드는 것을 빗대어 성교의 클라이맥스에 비유하는 사람도 있었다. 그러나 악기를 연주하는 본래의 목적이 아름다운 선율을 들려줌으로써 어떤 감동을 불러일으킨다는 점에서 현실에서 정적을 깨는 힘의 작용·감정상의 기복·어떤 반사작용이나 그에 대한 반응 등과 연관된 일이나 사건을 암시한다.

♞ 자기가 악기를 연주하는 꿈을 꾸면

☞ 상대의 마음을 움직여 자기의 목적을 달성하게 된다.

♞ 상대의 악기 연주에 감동하는 꿈을 꾸면

☞ 남의 부추김에 넘어가거나, 누군가의 재능에 감복하게 된다.

♞ 실내악이나 교향악단의 연주를 듣고 감동하는 꿈을 꾸면

☞ 정신적 감화를 받거나, 선전에 혹하거나, 사상적으로 세뇌된다.

악마에게 영혼을 팔아 불멸의 명작 〈악마의 드릴로〉를 완성했다는 타르티니의 꿈은

☞ 혼을 내던질 만큼 강렬했던 그의 열정이 잠재의식화 됨으로써 만들어진 영감(靈感)의 결과였다.

군악대가 행진곡을 연주하며 전진하는 꿈을 꾸면

☞ 격정적이며 도전적인 일거리를 성사시키게 된다.

농악대가 신명나게 농악(農樂)을 연주하는 꿈을 꾸면

☞ 남에게 무엇인가를 선전·광고·과시하거나, 세상에 명성을 떨칠 일이 생긴다.

자기의 피아노 연주에 상대가 감동하는 꿈을 꾸면

☞ 애인이나 배우자의 마음을 움직여 어떤 반응을 얻어내게 된다.

밖에서 들려오는 피아노 소리가 시끄럽게 생각되는 꿈을 꾸면

☞ 누군가의 시비를 받게 된다.

꿈에 등장한 바이올린·첼로·거문고·가야금 등 현악기(絃樂器)는

☞ 애인·배우자·협조자·방도 등을 동일시한다.

자기 현악기의 줄이 끊어지는 꿈을 꾸면

☞ 애인·협조자 등과의 인연(因緣)이 끊어지거나, 방도를 상실하거나, 일이 실패로 끝나게 된다.

기타를 치는 소년을 바라보았다는 어느 여성의 꿈은

☞ 연인으로부터 사랑의 고백을 듣게 된다는 암시였다.

남성의 경우, 젊은 여자가 가야금이나 거문고를 뜯는 꿈을 꾸면

☞ 어떤 여성에게 매혹되거나, 교활한 자에게 조롱을 당하게 된다.

큰 북을 마음껏 두들겨 큰 소리를 내는 꿈을 꾸면

☞ 적극적이고 공격적인 수단으로 소원을 충족하게 된다.

♞ 스님이 문전에서 꽹과리를 두드리는 태몽을 꾸면
☞ 장차 가문의 명성을 빛낼 아이가 태어난다.
♞ 무당이 꽹과리를 치면서 굿을 하는 꿈을 꾸면
☞ 매스컴을 통해 대대적으로 선전할 일이 생긴다.
♞ 자기가 나팔(喇叭)을 부는 꿈을 꾸면
☞ 남을 움직여 권세·명예 등을 획득하게 된다.
♞ 상대가 나팔을 부는 꿈을 꾸면
☞ 누군가가 선전·경고·과시하는 것을 보게 된다. 또는 시국에 중대 변화가 생길 수도 있다.
♞ 남의 피리소리에 장단을 맞춰 춤을 추는 꿈을 꾸면
☞ 남의 사주를 받아 누군가와 다툴 일이 생긴다.
♞ 아름다운 피리소리에 도취되어 넋을 빼앗기는 꿈을 꾸면
☞ 매우 슬프거나 불쾌한 일이 생긴다.
♞ 꿈에 축음기(蓄音機)를 통해 재생된 소리는
☞ 광고·선전·소문거리·잔소리 등을 상징한다.
♞ 꿈에 등장한 녹음기(錄音器)는
☞ 증거·행적·수사·취재 등과 관련이 있다.
♞ 같은 소리가 계속 들리는 꿈은
☞ 인기를 얻는다는 뜻이다.

❖ 연극(演劇)·영화(映畵)

연극은 배우의 연기·무대장치·조명효과 따위를 통하여 희곡을 무대에서 시각적으로 연출하는 종합예술이다. 극단은 감독·배우·스템 등이 하나의 각본에 의해 유기적으로 연결된 정밀한 조직체라 할 수 있다. 꿈속에서는 자기 자신이 배우로 분장하여 연기를 하는 경우와 관람자의

입장으로 감상하는 경우가 있고, 때로는 자기의 두 개의 자아가 동시에 등장하여 하나는 연기자가 되고 또 다른 하나는 관람자가 되는 경우도 있다. 연극은 인간사의 온갖 희비애락(喜悲哀樂)을 원형적(原型的)으로 표현함으로써 어떤 의미를 던져주는 것이 목적이므로 〈연극은 인생의 축소판〉 이라는 비유도 생겨났다. 꿈속에 도입되는 연극 역시 이러한 잠재지식을 십분 활용하여 인생 그 자체를 표현하는 최적의 도구로서 기능하는데, 일반적으로 자기의 사업이나 소망·운세 등의 변화를 상징적으로 암시한다. 따라서 연극의 한 장면은 당연히 꿈의 한 장면으로 편입됨으로써 전체를 구성하는 부분적 의미를 갖게 되며, 때로는 꿈속의 꿈이 될 수도 있다. 설령 자기가 관람자의 입장에 있다고 해도 꿈속의 연극은 어디까지나 자기에 관한 표현들이라는 점에 주목해야 한다.

♞ 극중 주인공은 자기의 또 다른 자아로서
☞ 그 연기는 자기의 운세를 표현하는 것이다.
♞ 텔레비전 드라마와 영화는
☞ 연극의 상징의의와 같다.
♞ 스크린에 똑같은 장면이 계속 나타나는 꿈은
☞ 그 장면으로 암시되는 어떤 운명적 변화를 강조하는 것이다. 간혹 매스컴을 통한 광고를 뜻하는 경우도 있다.
♞ 꿈에 자기가 만나는 유명한 배우는
☞ 장차 상관하게 될 어떤 중요한 인물을 동일시한다.
♞ 인기배우와 키스를 하는 꿈을 꾸면
☞ 자기 운명적 추세에 영향을 미칠 중요한 소식을 듣게 된다.
♞ 배우의 화려한 의상을 보고 부러워하는 꿈을 꾸면
☞ 누군가의 재능·지위 등에 위축되어 열등감을 느끼게 된다.
♞ 유명배우의 옷가지를 얻는 꿈을 꾸면
☞ 저명인사·권력자 등의 협조를 받거나, 그 후광을 업게 된다.

영화촬영장에서 여러 가지 광경을 바라보는 꿈은

☞ 자기 사업이 진척되는 과정에 벌어질 여러 사건들을 암시한다.

원맨쇼(모노드라마)를 구경하는 꿈을 꾸면

☞ 자기 자신을 냉철하게 반성하거나, 남들에게 시비를 받게 된다.

서커스를 구경하는 꿈을 꾸면

☞ 선거유세나 약장수의 가두 공연을 구경하게 된다.

❖ 미술(美術)

미술은 미(美)를 공간이나 시각적으로 표현하고 감상하는 예술로서 곧 그림·조각·건축 따위를 말한다. 미술에 관한 꿈은 창조된 미를 감상하면서 주관적인 관찰과 판단으로 어떤 가치를 판정한다는 의도성에서 선악(善惡)·분별(分別)·인기·명예·공적 등의 관념과 결부된 일이나 사건을 암시한다.

꿈에 등장한 미술관이나 미술품 전시장은

☞ 도서관·연구소·박람회장·신문사 등의 바꿔놓기일 수 있다.

꿈에 등장한 미술학도(美術學徒)는

☞ 진리탐구자나 어떤 종교의 신도(信徒) 등을 동일시한다.

꿈에 어떤 화가가 나체 모델을 앞에 두고 그림을 그리는 장면을 보면

☞ 심리학자·점쟁이 등이 그 의뢰인들과 상담을 하는 광경을 목격하게 된다.

나체화(裸體畵)를 보고 성적 충동을 느끼는 꿈을 꾸면

☞ 어떤 사람이나 그의 작품에서 불쾌감을 느끼게 된다.

자기가 정물화(靜物畵)나 풍경화(風景畵)를 그리는 꿈을 꾸면

☞ 마음의 성찰을 통해 어떤 운명적 결정을 내리게 된다.

♞ 풍경화를 감상하는 꿈은 자기의 운명적 추세를 나타내는 경우가 많은데, 꿈은 각 피사체(被寫體)의 의미를 종합하여

☞ 하나의 판단이 내려지기를 요구한다. 그림이 만족스럽게 느껴지지 않았다면 현실에서 어떤 불만을 느끼거나, 미수에 그칠 일이 생긴다.

♞ 추상화(抽象畵)를 그리는 꿈을 꾸면

☞ 하는 일이 정돈되지 못하여 혼란스럽게 되거나, 마음의 갈등을 일으킬 어떤 일이 생긴다.

♞ 꿈에 만화(漫畵)나 공상화(空想畵)로 묘사되는 장면들은

☞ 미래의 어느 시점에서 겪게 될 자기 마음의 상태를 나타낸다.

♞ 선생이 칠판에 그린 그림을 학생인 자기가 따라 그리는 꿈을 꾸면

☞ 상부로부터 새로운 직책이나 근무처를 배정받게 된다.

♞ 영감 능력이 뛰어난 화가는 꿈속에서 얻은 심상(心象)을

☞ 현실의 실제 화폭에 옮겨내기도 한다.

♞ 그림을 사오는 꿈을 꾸면

☞ 상장·학위 등을 수여받거나 진귀한 서적을 얻게 된다.

♞ 춘화도(春畵圖)를 보면서 성적 충동을 느끼는 꿈을 꾸면

☞ 누군가의 편지나 전화 등을 통해 불쾌감을 느끼게 된다.

♞ 꿈에 등장한 조각품은

☞ 서적·업적·사업체·사진·인물 등을 상징한다.

♞ 인형(人形)이 말을 하는 꿈은

☞ 선악을 분별하는 자기 암시거나, 내면 깊숙이 숨겨진 사악한 마음의 일각을 표현하는 것이다.

♞ 꿈에 등장한 사진(寫眞)은

☞ 책·신문기사·상장·증서 등을 상징한다.

자기가 다른 사람의 사진을 찍는 꿈을 꾸면

☞ 누군가의 행적을 조사하거나, 기록물을 만들기 위해 자료들을 녹취(錄取)할 일이 생긴다.

결혼사진을 찍는 꿈을 꾸면

☞ 당면한 계약·결사·결혼 등의 일이 확정된다.

고적지나 유물을 사진으로 촬영하는 꿈을 꾸면

☞ 어떤 사건이나 업적 따위를 기록물로 남기게 된다.

상대가 자기를 사진으로 촬영하는 꿈을 꾸면

☞ 누군가가 자기의 신상에 관한 것을 꼬치꼬치 캐묻거나, 자기 일이 신문기사화될 일이 생긴다.

가족사진을 찍는 꿈을 꾸면

☞ 결사·다중계약(多重契約) 등의 일들이 문서화된다.

지인(知人)의 사진을 우편으로 받는 꿈을 꾸면

☞ 그로 동일시된 어떤 인물에 관한 이야기가 신문·잡지 등에 실린 것을 보게 된다.

사진첩을 들여다보는 꿈을 꾸면

☞ 멀리 떨어져 있는 가족이나 지인(知人)으로부터 반가운 소식을 듣게 된다.

필름이 없어 사진을 찍지 못하는 꿈을 꾸면

☞ 당면한 소원을 충족할 수 없게 된다.

현대해몽법

초판 1쇄 발행 2005년 5월 30일
초판 5쇄 발행 2024년 8월 24일

원 저 자 한건덕
편 저 자 한재욱
발 행 자 김동구
발 행 처 명문당(1923. 10. 1 창립)
주 소 서울시 종로구 윤보선길 61(안국동)
국민은행 006-01-0483-171
전 화 02)733-3039, 734-4798, 733-4748(영)
팩 스 02)734-9209
Homepage www.myungmundang.net
E-mail mmdbook1@hanmail.net

등 록 1977. 11. 19. 제1~148호
ISBN 89-7270-777-5 (03180)

25,000원